तेरा क्या होगा कालिया

तेरा क्या होगा कालिया

रवीन्द्र कालिया

वाणी प्रकाशन

वाणी प्रकाशन
4695, 21-ए, दरियागंज, नयी दिल्ली 110 002

शाखा

अशोक राजपथ, पटना 800 004

फ़ोन: +91 11 23273167 फ़ैक्स: +91 11 23275710

www.vaniprakashan.in
vaniprakashan@gmail.com

TERA KYA HOGA KALIYA
by Ravindra Kaliya

ISBN : 978-93-5072-145-2
Satire

प्रथम संस्करण
मूल्य : ₹ 425

ओम ऑफ़सेट, दिल्ली-110093 में मुद्रित

वाणी प्रकाशन का लोगो मक़बूल फ़िदा हुसेन की कूची से

सन् अस्सी के दशक में पूर्व प्रधानमन्त्री श्री विश्वनाथ प्रताप सिंह ने अन्तर्रात्मा की आवाज़ सुनी थी। शायद इस अन्तर्रात्मा की आवाज़ ने ही उन्हें प्रधानमन्त्री पद तक पहुँचा दिया था। उन दिनों पत्र-पत्रिकाओं में इसकी बहुत चर्चा थी। मेरे मित्र कन्हैयालाल नन्दन को उन्हीं दिनों 'दिनमान' के सम्पादकत्व की भी ज़िम्मेदारी सौंपी गयी थी। एक दिन दोपहर में मैंने उन्हें अन्तर्रात्मा की आवाज़ पर एक छोटा-सा पत्र लिखा। मैं उन दिनों इलाहाबाद में इलाहाबाद प्रेस का संचालन कर रहा था। उस काम से ऊब कर कभी-कभार लिखने बैठ जाता। शाम को देवीप्रसाद त्रिपाठी रानी मंडी आये और महफ़िल जम गयी। मैंने उन्हें नन्दनजी को लिखा गया पत्र सुनाया। उन्होंने पत्र जेब में रख लिया और बोले, कल दिल्ली जा रहा हूँ, आपका पत्र पहुँचा दूँगा। देवीप्रसाद उन दिनों इलाहाबाद विश्वविद्यालय में राजनीति शास्त्र के लेक्चरार थे। उन्होंने तीन-चार दिन बाद दिल्ली से फोन किया कि आपका पत्र 'दिनमान' के ताज़ा अंक में छपा है, 'इतिश्री' स्तम्भ के अन्तर्गत। मैंने अंक देखा तो पाया, वह सही बता रहे थे— बाक़ायदा फोटो के साथ अन्तिम पृष्ठ पर मेरा पत्र छपा था। शाम तक ननदनजी का आगामी अंक के लिए सामग्री भेजने का तकाज़ा आ गया। यह क्रम कुछ इस घड़ी शुरू हुआ कि जबतक नन्दनजी 'दिनमान' के सम्पादक रहे, बन्दा अन्तिम पृष्ठ पर मौजूद रहा।

श्रीलालजी इलाहाबाद आये तो बोले, रवीन्द्र तुम शायद एक बात नहीं जानते कि व्यंग्य लेखन एक नीच कार्य है। कई सप्ताह से तुम्हारा स्तम्भ पढ़ कर यक़ीन होता जा रहा है कि तुम उच्च कोटि के नीच बन सकते हो। दरअसल स्तम्भ लिखते हुए मैंने भी महसूस किया था कि मैं दिनभर राजनेताओं के अन्तर्विरोध ढूँढ़ता था। यह भी महसूस होने लगा था कि किसी सकारात्मक पहलू पर व्यंग्य लेखन बहुत कठिन कार्य है। दूसरे अधिसंख्य व्यंग्य लेखक दूसरे को तो भ्रष्ट, नासमझ और नादान समझते हैं, मगर अपने को इससे एकदम अछूत मानते हैं। अभ्यास करते-करते व्यंग्य लेखन बहुत सरल हो जाता है। दरअसल यह आपकी शैली का, दृष्टि का अंग हो जाता है। आप उसी कोण से सोचने लगते हैं। शायद यही कारण है कि

जो व्यंग्य लेखक पहले महीने में एक बार स्तम्भ लिखते थे, वे बाद में साप्ताहिक और कालान्तर में दैनिक रूप से व्यंग्य लेखन करने लगे। परसाई अथवा शरद जोशी से मिलकर लगता था कि आप साक्षात् व्यंग्य देवता से बात कर रहे हैं। उनकी भाषा शैली में ही नहीं, पूरे व्यवहार पर व्यंग्य हावी हो गया था।

मेरा स्तम्भ जल्द ही लोकप्रिय हो गया। नन्दनजी एक अंक की छुट्टी देने के लिए भी राज़ी न होते थे। किसी-न-किसी को पीछे लगा देते जो जीना हराम कर देता और तंग आकर मुझे एक दिन बैठना ही पड़ता। किसी भी समाचार के पन्ने पलटते हुए कोई-न-कोई विषय मिल ही जाता। अब अपने स्तम्भ के पृष्ठ पलटते हुए महसूस होता है कि ये पन्ने अपने उस समय को समझने की भरपूर जानकारी देता है, इनके माध्यम से उस काल के राजनीतिक, सामाजिक और साहित्यिक घटनाक्रम को समझा जा सकता है। इस लिहाज़ से यह अपने समय का एक ख़ास तरह का दस्तावेज़ है। अब इतने वर्षों बाद इन्हें पुस्तक रूप में संकलित करते हुए यह एहसास बार-बार हुआ। अब यह सारी सामग्री एक जगह संकलित है। उम्मीद है पाठक इन लेखों का आनन्द लेंगे। ये कालखंड से सम्बन्धित होते हुए भी उससे मुक्त हैं।

—रवीन्द्र कालिया

नयी दिल्ली
वसन्त पंचमी, 2012

श्रीलाल शुक्ल की स्मृति में

अनुक्रम

तेरा क्या होगा कालिया

आप विदेश की सैर कर रहे हैं और आपके पीछे देश में चीज़ें बड़ी तेज़ी से बदल रही हैं; और तो और, जगन्नाथ मिश्र भी पहचान में नहीं आ रहे। स्वदेश लौट कर आप परेशान न हों, इसलिए पहले से सूचित कर रहा हूँ कि डॉक्टर जगन्नाथ और कोई नहीं, अपने वही जगन्नाथ मिश्र हैं। वे तो कह रहे हैं कि उन्होंने अपने नाम के पीछे से 'मिश्र' उड़ा दिया है, मगर मुझे शंका हो रही है कि कहीं ऐसा तो नहीं कि उनका नाम ही घिस गया हो अथवा सिकुड़ रहा हो। आपकी पत्रकार बिरादरी ने माननीय मुख्यमन्त्रीजी का नाम इतना घिसा कि नतीजा सामने है। ख़ुदा न खास्ता, वे कुछ दिन और मुख्यमन्त्री रह लिये तो 'नाथ' के लिए भी ख़तरा पैदा हो जाएगा।

यह भी हो सकता है कि वे स्वयं ही 'नाथ' को त्याग दें और डॉ. जगत के नाम से पुकारा जाना पसन्द करें। हम लोग जिस देश के वासी हैं, उस देश में साधुओं, संन्यासियों ने नाम की कभी चिन्ता नहीं की। हमेशा अनाम रहना पसन्द किया। अब अगर जगन्नाथ मिश्र केंचुल की तरह धीरे-धीरे अपना नाम त्याग रहे हैं तो आपको आश्चर्य नहीं प्रकट करना चाहिए। कौन माई का लाल इस बात का खंडन कर सकता है कि पंडित जगन्नाथ मिश्र ने अपने राजनैतिक जीवन में सदैव जातिवाद के ख़िलाफ़ आवाज़ उठायी। सचाई तो यह है कि जगन्नाथ मिश्र ही एकमात्र ऐसे मुख्यमन्त्री थे, जिन्होंने मुख्यमन्त्री बनने के लिए कभी जातिवाद का सहारा नहीं लिया। जाति के आधार पर कभी चुनाव नहीं लड़ा। यह जगन्नाथ मिश्र के ही प्रयत्नों का फल है कि आज बिहार से जातिवाद सिर पर पैर रखका भागता नज़र आ रहा है। बल्कि यह कहना भी ग़लत न होगा कि नज़रों से ओझल हो चुका है, इतिहास के गर्त में जा गिरा है। बिहार में जातिवाद को समूल नष्ट करने के लिए इतिहास के पृष्ठों पर जगन्नाथ मिश्र का नाम सुनहरे अक्षरों में लिए जायेगा।

यह निर्विवाद रूप से कहा जा सकता है कि जगन्नाथ मिश्र ने अपनी शिनाख़्त मिटाने के लिए अपना जातिनाम नहीं छोड़ा, बल्कि जातिवाद विरोधी अभियान के चलते अपने जातिनाम की आहुति दे दी। कुछ दिन बाद आप स्वयं अनुभव करेंगे कि वह कोई दूसरा आदमी था, जगन्नाथ मिश्र था, जिसने 'प्रेस विधेयक' पारित

करना चाहा था, जिसके ऊपर लोग भ्रष्टाचार तक के आरोप लगाया करते थे।

मगर जगन्नाथ एक भिन्न व्यक्ति है, जिसकी छवि निर्मल है, जिसका दामन पाक है। यह कहना ग़लत न होगा कि जगन्नाथ राजीव युग की देन है। यह त्याग का युग है। अपने जातिनाम का त्याग कीजिए अथवा पद नाम का, अपना हाथ हमेशा जगन्नाथ नहीं होता। सही में, जगन्नाथ मिश्र का मेटामार्फोसिस हो गया है, कायाकल्प हो गया है, मगर केन्द्रीय गृह-मन्त्रालय का नहीं हुआ। जगन्नाथ का दावा है कि प्रेस विधेयक मर चुका है, इतिहास की चीज़ है, दुःस्वप्न है, जबकि गृहमन्त्रालय के एक मन्त्री के अनुसार प्रेस विधेयक अभी जीवित है। बहरहाल, प्रेस विधेयक जीवित हो अथवा मृत, जगन्नाथ से उसका कोई सम्बन्ध नहीं, जगन्नाथ मिश्र से हो सकता है।

मैं भी सोच रहा हूँ, अपना सरनेम हटा दूँ। जगन्नाथ मिश्र के लिए जो काम प्रेस विधेयक ने किया था, मेरे लिए फ़िल्म 'शोले' के एक संवाद ने कर डाला कि 'तेरा क्या होगा कालिया'? यह संवाद इतना लोकप्रिय हुआ कि मुझे विश्वास हो चला था कि सचमुच कालिया का अब कुछ नहीं होगा। बाद में 'कालिया' फ़िल्म बनने से मेरा और मेरे बच्चों का मॉरेल काफ़ी बूस्ट हुआ। स्थिति यहाँ तक बिगड़ चुकी थी कि अगर मैं कभी अपने किसी अफ़सर मित्र के यहाँ फोन करता कि 'मैं कालिया बोल रहा हूँ, जरा साहब को फोन दे दो' तो अर्दली, जिसे मेरा मित्र 'टेलीफोन' कहकर ही पुकारता था, इस ज़िम्मेदारी से बहुत घबराता था। फ़िल्म 'शोले' का संवाद सुन-सुनकर अर्दली को विश्वास हो चुका था कि कालिया किसी डाकू का नाम है, जो बीहड़ों से निकल आया है और अब उसके साहब को धमकी देना चाहता है।

बहरहाल, मैंने तय किया कि मैं जगन्नाथ मिश्र की तरह सरनेम छोड़ने की अक्लमन्दी नहीं दिखाऊँगा। इसके कई कारण हैं, मुझे साफ़-साफ़ दिखाई दे रहा है कि नामों पर दोतरफ़ा हमला हो रहा है। एक तरफ़ नाम के जातिबोधक अंश लुप्त हो रहे हैं, दूसरी ओर स्थापित हो रहे हैं। केन्द्रीय श्रम राज्यमन्त्री धर्मवीर, जब तक प्रदेश की राजनीति करते थे, धर्मवीर लिखते थे। इधर कई समाचार-पत्रों में उनके नाम के अन्त में 'सिंह' भी जुड़ा हुआ देखा गया। अगर जगन्नाथ मिश्र जगन्नाथ रह गये हैं तो धर्मवीर, धर्मवीर सिंह हो गये हैं। कई पत्र-पत्रिकाओं में कथाकार मार्कंडेय का नाम भी मार्कंडेय सिंह के रूप में दिखायी दिया है। यह नहीं कहा जा सकता कि ये लोग अपनी शिनाख़्त मिटाने के लिए क़दम उठा रहे हैं या शिनाख़्त क़ायम करने के लिए।

मैं सहर्ष 'कालिया' का त्याग कर सकता हूँ, मगर इसका भरोसा नहीं कि

कालिया मेरा त्याग करेगा या नहीं। हर आदमी जगन्नाथजी की तरह भाग्यवान नहीं होता। मुझे सर्वेश्वरजी से भी सतर्क रहना चाहिए। न जाने उनकी भैंस को कब हँसी आ जाये। यह दूसरी बात है कि यह खोजते-खोजते मुझे रुलाई आ गयी कि सर्वेश्वरजी की भैंस क्यों हँसी थी? सर्वेश्वरजी मेरे जैसे पाठकों के सामने बीन बजाएँगे तो यही होगा। उनकी भैंस हँसेगी और मेरे जैसे पाठक बगलें झाँकेंगे। इतना ज़रूर स्पष्ट हो गया कि आदमी और भैंसें अलग-अलग बातों पर हँसते हैं।

कासिद की लाश आयी है, ख़त के जवाब में

कुछ लोग ख़त लिखने में बहुत मुस्तैद होते हैं, कुछ लोग सुस्त। मुस्तैद पत्र लेखकों के बारे में चर्चा ग़ालिब ने ठीक ही लिखा है : 'कासिद के आते-आते ख़त यक और लिख रखूँ। मैं जानता हूँ जो वह लिखेंगे, जवाब में।'

गो पिछले सवा साल से मैं आपको नियमित रूप से ख़त लिख रहा हूँ। मेरे दोस्त मुझे नालायक ही कहेंगे। मेरे मित्र, परिवार के लोग और पाठक अब तक मेरे स्वभाव के इस पक्ष से पूर्ण रूप से परिचित और निराश हो चुके हैं और मेरा कुशल-क्षेम जानने के लिए टेलीफोन, तार और इधर दिनमान की मदद लेने लगे हैं। मैं ख़त नहीं लिखता, मगर डाकिए का इन्तज़ार करता रहता हूँ। इसे ख़ुशक़िस्मती ही कहा जायेगा कि डाकिया निराश नहीं करता— कोई न कोई पत्र दे ही जाता है; चाहे सन्तोषी माँ के किसी भक्त का ही क्यों न हो! मैं इस परिणाम पर पहुँचा हूँ कि आदमी की लोकप्रियता का राज़ पत्रों की संख्या में ही छुपा होता है।

हमारे समाज में व्यक्ति की लोकप्रियता की पहली पहचान यह होती है कि उसके पास सन्तोषी माँ के भक्तों के पत्र आने लगे हैं या नहीं। भक्त लोगों का आग्रह रहता है कि ऐसे ही बीस-पच्चीस पत्र हम भी लिखें, वरना परिणाम अच्छा न होगा। जिस लेखक के पास ऐसे पत्र नहीं आते, उसे यह सोचकर सन्तोष कर लेना चाहिए कि यह लोकप्रिय लेखक नहीं है। जिस नेता के पास ऐसे पत्र नहीं आते चुनाव में उसकी जमानत जब्त हो जाती है। जो अभिनेता ऐसे पत्र प्राप्त नहीं करता उसकी फ़िल्म बॉक्स ऑफ़िस पर पिट जाती है। मैं उन भाग्यशाली लेखकों में हूँ जिन पर सन्तोषी माँ की कृपा बनी हुई है और उनके भक्तों के पत्र भविष्य का सुनहरा सपना दिखाते रहते हैं। कुछ पाठक सचमुच बहुत सुचिन्तित पत्र लिखते हैं, जिनका एक रचना की तरह आनन्द लिया जा सकता है और कुछ पाठक मात्र यह जानने के लिए पत्र लिखते हैं कि आप विवाहित हैं, अथवा अविवाहित; तलाक़शुदा हैं कि विधुर। कुछ दार्शनिक क़िस्म के पाठक भी होते हैं, जो हमेशा यह जानना

चाहते हैं कि आपकी आस्था किस चीज़ में है। ऐसे पाठकों के लिए मेरा एक ही उत्तर होता है, कि मेरी आस्था शोधी हुई हर्रे और च्यवनप्राश में है। चन्द पाठक लेखक से हत्या, आत्महत्या और अपहरण तक के मामलों में नेक सलाह चाहते हैं, जिस लेखक का इन तीनों स्थितियों से दूर का भी सम्बन्ध न रहा हो उसके लिए यह एक बहुत टेढ़ा सवाल बनकर रह जाता है। कुछ ऐसे ही पाठक होते हैं जो महज़ ख़त लिखने के लिए ही ख़त लिखते हैं, गोया कला कला के लिए होती है— गोया ख़त लिखेंगे, गरचे मतलब कुछ न हो। मगर ख़त तो ख़त है, ख़ुशी ज़रूर देता है, अकेलापन मिटाता है, जैसे, 'कीजे हमारे साथ, अदावत ही क्यों न हो।'

जब से मैंने दिनमान के लिए लिखना शुरू किया है, ममता की डाक और बढ़ गयी है। ममता की डाक की वजह से ही अब तक डाकिए को हमारे घर का नम्बर याद है; वरना मेरा पता भूल जाता। यह तो ऐसा ही हुआ कि सुरापान तो पति करे, रक्तचाप पत्नी का बढ़ जाये। बरसात इलाहाबाद में हो और वाराणसी में गंगा में बाढ़ आ जाये। आजकल ममता को ऐसे अनेक पत्र मिल रहे हैं कि रवीन्द्र कालिया से उसका क्या रिश्ता है। आगरा की एक पाठिका ने लिखा है कि रवीन्द्र कालिया, जो दिनमान में अन्तिम पृष्ठ पर नन्दनजी को हर सप्ताह पत्र लिखते हैं, क्या आपके नज़दीकी रिश्तेदार हैं या आपके ... हैं?

नन्दनजी, आप तो जानते ही हैं कि मैं ममता कालिया का ... (डैश-डैश-डैश) हूँ। शादी के कुछ वर्ष बाद पति पत्नी का ... (डॉट-डॉट-डॉट) ही हो जाता है। उसकी संज्ञा शून्य हो जाती है। एक ज़माना था जब राजेन्द्र यादव जवान थे। अपने लेखन में '...' से बहुत सहायता लिया करते थे। वह तो समर्पण तक इसी प्रकार करते थे— '...ी को।' ई की मात्रा का सहारा लेकर राजेन्द्र यादव ने अपने समय में बहुत कुफ्र ढाये।

अब राजेन्द्र यादव की शिनाख़्त इतनी पक्की हो चुकी है कि लोक उन्हें उदाहरण की तरह पेश करने लगे हैं। अभी हाल में मुज़फ़्फ़रपुर के एक पाठक ने ममता से दरियाफ़्त किया है कि क्या उसका रवीन्द्र कालिया से वही रिश्ता है जो, अनधिकृत सूचना के अनुसार, मन्नू भंडारी का राजेन्द्र यादव से है? पाठकों की सहृदयता का जवाब नहीं। दिल्ली के एक सहृदय पाठक ने अभी हाल में ममता को बहन बनाने के चक्कर में मुझे अपना जीजा बना डाला और रवीन्द्र कालिया उर्फ़ जीजाजी को दिल्ली आने का निमन्त्रण दे डाला। भोपाल के एक पाठक ने शिक़ायत की है कि उन्हें विश्वास है कि पति लोग पत्नियों तक डाक पहुँचने नहीं देते, बीच में ही सेंसर कर देते हैं। फिर भी वह पत्र लिख रहे हैं, जब कि सचाई यह है कि हम पति-पत्नी एक दूसरे की डाक अवश्यक पढ़कर आनन्दित होते हैं। भले ही

रचनाएँ पढ़कर हों न हों। ममता ने मेरी तमाम प्रेमिकाओं के पत्र पढ़े हैं, जबकि मैं जीवन में एक भी प्रेमिका अर्जित न कर पाया। प्रेमिका आय की तरह होती है, जिसे अर्जित करना पड़ता है। ममता ने भी आज तक मुझसे अपने पत्र नहीं छिपाये; पूर्वप्रेमियों के गालीगलौज भरे पत्र हों, अथवा शादी के बाद आने वाले शादी के प्रस्ताव। इसे पाठकों का अतिरिक्त उत्साह ही कहा जायेगा, जो बग़ैर पुष्टि किये लेखिकाओं के पास शादी के प्रस्ताव भेजते रहते हैं। आपको जानकर हर्ष होगा कि अभी हाल में ममता के पास सात समुन्दर पार सूरीनाम से शादी का एक बहुत अच्छा प्रस्ताव आया था। स्वीकृति मिलते ही पन्द्रह सौ रुपये महीना प्राप्त होने की भी आशा है। रिश्ता तय हो गया तो आपको सूचित करूँगा।

क्या तुर्की चला जाऊँ?

यह निषेध युग है। कहीं मद्यनिषेध है, कहीं धूम्रपाननिषेध, बीच में 'निषेध' नाम से एक काव्यान्दोलन भी चला था। पश्चिम बंगाल में डिस्को निषेध है। 'काम रोको' भी एक तरह का निषेध ही है। मगर तुर्की के उच्च शिक्षा विभाग ने एक नयी तरह का निषेध लागू किया है, 'दाढ़ी-मूँछ निषेध'। अलबानिया के बाद अब तुर्किस्तान के नवयुवक दाढ़ी-मूँछ न रख पाएँगे। वहाँ के हाकिम इस नतीजे पर पहुँचे हैं कि दाढ़ी और मूँछ राष्ट्रीय एकता के लिए बाधक हैं। तरह-तरह की दाढ़ी की तरह-तरह की मूँछें राष्ट्रीय एकता को भंग करती हैं। कहा बताया जाता है कि कट्टर और रूढ़िवादी मुस्लिम नवयुवक घनी और चौड़ी दाढ़ी रखते हैं। दक्षिणपन्थी राष्ट्रवादी विचारधारा के समर्थक नवयुवक लम्बी और ऊपर को उठी हुई तावदार मूँछों में विश्वास रखते हैं। वामपन्थी विचारधारा के नवयुवकों की रुचि में कोई विशेष परिवर्तन नहीं आया। वे आज भी मेहनत से तराशी गयी लेनिन कट दाढ़ी से आकर्षित होते हैं।

इस्ताम्बूल विश्वविद्यालय में एक उड़नदस्ते का गठन किया गया है, जो दाढ़ी-मूँछ वाले नवयुवकों की धर-पकड़ करता रहता है। यह समाचार पढ़कर उन तमाम लोगें को राहत मिलेगी जो दाढ़ी-मूँछ नहीं रखते। इस समाचार से यह स्पष्ट नहीं होता कि तुर्की में विचारधारा का सफ़ाया किया जा रहा है या दाढ़ी-मूँछ का।

मेरे कहने का यह अभिप्राय नहीं है कि जिसके दाढ़ी-मूँछ नहीं, उसकी कोई विचारधारा नहीं। मैं हमेशा से मानता आया हूँ कि दाढ़ी और मूँछ आदमी की शख़्सियत का आईना होती हैं। अगर साहित्य समाज का दर्पण है तो दाढ़ी-मूँछ आदमी का। दाढ़ी मिथक बन सकती है, किंवदन्ती बन सकती है। मैंने देखा है दाढ़ी-मूँछ को मिथक बनते। लेनिन की दाढ़ी एक मिथक है। मार्क्स की दाढ़ी एक दूसरा मिथक। गुरु गोलवलकर की दाढ़ी भी इस दिशा में पीछे नहीं है। राज कपूर की मक्खीछाप मूँछों ने क्या-क्या ग़जब नहीं ढाया! हाल ही में भूतपूर्व हुए महाराष्ट्र इंका के अध्यक्ष असीर साहब ने असीरकट बालों की चर्चा की थी मगर असीर साहब से मुलाक़ात करने पर लगा, उनके सिर पर बहुत कम बाल थे। वास्तव में

असीर साहब ऐसे पेशे में हैं, जहाँ सबसे पहले बाल ही बेवफ़ाई करते हैं। राजीव गाँधी राजनीति में आये थे तो अच्छे-ख़ासे बाल थे, अब दूरदर्शन पर हर बार कम बालों के साथ दिखायी पड़ते हैं। इस मामले में इन्दिराजी अधिक भाग्यशाली हैं। उनके बाल सफ़ेद ज़रूर हुए हैं, मगर उन्होंने इन्दिराजी का साथ नहीं छोड़ा है।

जब से मैंने तुर्किस्तान का समाचार पढ़ा है, मैं समाचार-पत्रों और पत्र-पत्रिकाओं में लोगों के चित्र देखकर उनकी दाढ़ी-मूँछ का विश्लेषण करता रहता हूँ, किसी से भेंट होती है तो सबसे पहले निगाह दाढ़ी-मूँछ पर जाती है। मैं इस नतीजे पर पहुँचा हूँ कि तुर्किस्तान का तर्क हू-ब-हू हिन्दुस्तान पर लागू नहीं होता। अगर कहीं लागू हो जाता तो बाबा नागार्जुन की बेतरतीब दाढ़ी देखकर उन्हें कोई भी धर्मान्ध, कट्टर और रूढ़िवादी कवि मान लेता।

अभी हाल में सुल्तानपुर में, जो न केवल राजीव गाँधी के निर्वाचन क्षेत्र का मुख्यालय है, वरिष्ठ प्रगतिशील कवि त्रिलोचनजी का जन्मस्थान भी है, त्रिलोचनजी की दाढ़ी देखकर तुर्किस्तान के विश्लेषण से असहमत होना पड़ा। यह दूसरी बात है कि त्रिलोचनजी की दाढ़ी मौलाना बुखारी के पदचिह्नों पर ही बढ़ रही है। ज्ञानरंजन इधर अपनी दाढ़ी की कतर-ब्यौंत करने लगे हैं, वरना उनकी दाढ़ी भी उसी दिशा में प्रगति कर रही थी।

हिन्दुस्तान में दाढ़ी को तर्क की कसौटी पर नहीं कसा जा सकता। मेरा ख़्याल है, मूँछों को ज़रूर कसा जा सकता है। अपने 'दिनमान' में पत्रकार सुरेशचन्द्र गुप्त की हत्या के अभियोग में अभियुक्त बबेरू थानाध्यक्ष का चित्र प्रकाशित किया गया था। उनकी मूँछें देखिए, गहरी, घनी और स्याह मूँछों ने गालों के नीचे कुंडल बना लिये हैं। वीर योद्धा ऐसी ही मूँछें रखा करते थे। आज़ादी के बाद मूँछों का यह सामन्ती तेवर अब पुलिसकर्मियों में ही देखा जा सकता है। ज़मींदारी उन्मूलन के बाद सामन्त लोग भी अपनी मूँछों की इतनी देखभाल न करते होंगे। थानाध्यक्ष की मूँछों के सामने स्वर्गीय पत्रकार सुरेशचन्द्र गुप्त की मूछें देखिए। मूँछों की यह विशेषता ही पूरी कहानी कह देगी। एक ओर ऊर्ध्वगामी मूँछें हैं, जो सत्तारूढ़ दल के सांसद के रिश्तेदार की ही हो सकती हैं, दूसरी ओर नीचे को झुकी मासूम निरीह मूँछें। ज्यों-ज्यों भारत सामन्तवाद की चंगुल से निकलकर अद्योगीकरण में प्रवेश कर रहा है, मूँछें झुकती चली जा रही हैं, वे चाहे कपिल देव की क्यों न हों, सन्दीप पाटिल की क्यों न हों, यशपाल शर्मा की क्यों न हों, इन झुकी विनम्र मूँछों के बल पर हमने विश्व कप जीत लिया। हमारी राष्ट्रीय एकता भी खंडित नहीं हुई।

हम तुर्किस्तान के तर्क से काम लेंगे तो दूरदर्शन के दसियों कार्यक्रम संयोजक, जिनकी मूँछें कार्यक्रम से अधिक व्यवस्थित होती हैं, वामपन्थी करार दे दिये जाएँगे।

भारत में दाढ़ी राष्ट्रीय एकता की प्रतीक है। झुकी हुई मूँछों की शैली इस बात की गवाह है कि भारत में परिवर्तन की प्रक्रिया गतिशील है। औद्योगीकरण अपने साथ सेल्समैन लेकर चलता है। सेल्समैन के बग़ैर औद्योगीकरण अपंग हो जाता है। उसे अपना माल खपाना है। माल खपाना है तो मूँछों का कोण उसमें विशिष्ट भूमिका निभाता है। माल खपाना है तो मूँछों पर ताव मत दीजिए, उन्हें झुकने दीजिए, जब से चीन ने हाँगकाँग की वापसी की बात शुरू की है, बरतानिया में झुकी मूँछों का रिवाज़ बढ़ गया है। मूँछों पर ताव देने से केवल युद्ध की ही सम्भावनाएँ बढ़ती हैं।

ममता ने इस शर्त पर मुझसे शादी की थी कि मैं विवाह के कार्यकाल के दौरान कभी दाढ़ी-मूँछ नहीं रखूँगा। मगर मैं देख रहा हूँ, इधर दूरदर्शन पर वह उन्हें चेहरों की तारीफ़ करती है, जिन पर ख़ूबसूरत दाढ़ी हो। अब जब दाढ़ी के बाल तेज़ी से सफ़ेद हो रहे हैं, मैं क्या करूँ? क्या तुर्की चला जाऊँ?

अश्कजी के आँसू

आगामी चौदह दिसम्बर को हिन्दी के वयोवृद्ध साहित्यकार श्री उपेन्द्रनाथ अश्क अपनी चौहत्तर पुस्तकों के साथ चौहत्तरवें वर्ष में प्रवेश कर रहे हैं। सुप्रसिद्ध अभिनेता राज कपूर व दिवंगत युवा नेता संजय गाँधी भी चौदह दिसम्बर को ही पैदा हुए थे। तीनों कलाकार अपने-अपने क्षेत्र में लोकप्रिय व विवादास्पद रहे हैं। जिन्होंने अश्कजी की बाँकी अदा, लाल टोपी और रेशमी रूमाल देखा है, विश्वासपूर्वक कह सकते हैं, अश्कजी साहित्यकार न होते तो अदाकार होते।

अश्कजी बात करते-करते अचानक कब सीटी बजाने लगें, कब अपने किसी समकालीन लेखक की नक़ल उतारने लगें, यह बताया नहीं जा सकता। हाल ही में विश्व हिन्दी सम्मेलन में उन्होंने रोने या आँसू बहाने का भी सफल अभिनय कर दिखाया। यहाँ अश्कजी आपत्ति कर सकते हैं कि वे अभिनय नहीं कर रहे थे, सचमुच रो रहे थे। यह भी हो सकता है, वह एक सफल अभिनेता की भाँति रोने का अभिनय करते हुए सचमुच रोने लगे हों। हमें हमेशा ध्यान में रखना चाहिए कि अश्कजी उम्र के जिस मरहले पर पहुँच चुके हैं, वहाँ स्नायुओं पर क़ाबू रख पाना मुश्किल होता है। हमें मान कर चलना चाहिए कि अश्कजी से लेखकों की दुर्दशा देखी नहीं जा रही थी और वे मंच पर धाराप्रवाह आँसू बहा रहे थे। अश्कजी एक दूरद्रष्टा लेखक हैं, उन्होंने आज से पचास वर्ष पूर्व अपना उपनाम 'अश्क' यानी 'आँसू' यों ही न रखा होगा। वास्तव में, आज तक अश्कजी अपना उपनाम रोशन करने में व्यस्त थे, अब सार्थक कर रहे हैं।

हिन्दी साहित्य की चारों दिशाएँ अश्कजी के आँसुओं से आर्द हो चुकी हैं। शोध छात्रों को शोध का एक अछूता विषय मिल गया है कि आयोजकों को अगर अश्कजी व अन्य वरिष्ठ लेखकों का अपमान करना ही था तो उन्हें तीन सितारा होटल में क्यों ठहराया गया? यह सोचकर ही बदन में कँपकँपी छिड़ जाती है कि जिन युवा लेखकों को तारकहीन होटल में ठहराया गया था, उनका क्या हाल हुआ होगा!

नन्दनजी, आस के पास तो संवाददाताओं की ख़ासी टीम है, हिन्दी साहित्य

की ख़ातिर उनकी मदद से आप यह अवश्य दरियाफ़्त करवा लें कि तारकहीन लेखक बन्धु दिल्ली से प्राण बचाकर अगर अपने-अपने क्षेत्र में पहुँच चुके हैं तो उनकी मानसिक और शारीरिक हालत में अपेक्षित सुधार हो रहा है कि नहीं। तृतीय विश्व हिन्दी सम्मेलन के आयोजकों ने अश्कजी पर यह आरोप भी लगाया है कि वे जाते समय अपने सारे कपड़े ड्राईक्लीन करवा ले गये और धुलाई का बिल भी विश्व हिन्दी सम्मेलन के खाते में डलवा गये। लगता है यहाँ अश्कजी से एक तकनीकी भूल हो गयी। अव्वल तो अश्कजी को अपने कपड़े ड्राईक्लीन करवाने ही नहीं चाहिए थे, करवा लिये थे तो इस तथ्य को छिपा कर रखना था। हो सकता है, विश्व हिन्दी सम्मलेन की लेखकों से यह अपेक्षा रही हो कि वे अपने कपड़ें न धुलवाएँ और मैले कपड़े पहन कर सम्मेलन में हाज़िर हों, जिससे विदेशी अतिथियों की नज़र में हम ऊँचा उठ सकें। हिन्दी के लेखक उजले कपड़े पहनेंगे तो हिन्दी को संयुक्त राष्ट्र संघ में मान्यता कैसे मिलेगी? जब तक हिन्दी और गाय को दया का पात्र नहीं बनाया जाएगा, हिन्दी को विश्व में समुचित स्थान नहीं दिलाया जा सकता। अश्कजी भाग्यशाली थे कि उन पर यह आरोप नहीं लगा कि वे अपनी बीमारी, कमज़ोरी और उम्र के बावजूद तीन सितारा होटल में रोज़ नहा कर बाथरूम को गीला करते रहे।

एक ज़माना था, उर्दू में एक अच्छे शायर की यह पहचान बन गयी थी कि उसका दामन चाक हो, दाढ़ी बढ़ी हुई हो, कपड़े बेसीदा हों, आँखों और दाँतों पर मैल की मोटी परतें जमा हों, नहाने से उसे विरक्ति हो चुकी हो। विश्व हिन्दी सम्मेलने की भी हिन्दी लेखकों से इसी हुलिये की अपेक्षा रही होगी, वरना अश्कजी द्वारा चड्ढों, बनियान और रूमाल धुलवाने पर इतना शोर बरपा न हो जाता। इसे अब कौन नहीं जानता कि अश्कजी ने जो रूमाल धुलाया था, वह विश्व हिन्दी सम्मेलन में आँसू पोंछते-पोंछते ही गीला हुआ था। अश्कजी ने क्या बुरा किया कि अपना अश्रुसिंचित रूमाल लांड्री भिजवा दिया, बीच बाज़ार निचोड़ नहीं दिया। अब अगर विश्व हिन्दी सम्मेलन के आयोजक यह समझते हैं कि दो करोड़ रुपये में से एक अठन्नी अश्कजी का रूमाल धुलाने में क्यों खर्च हो गयी तो वे अश्कजी के साथ अन्याय कर रहे हैं। आयोजकों ने यह कह कर भी अपनी मूढ़मति का परिचय दिया है कि अश्कजी अपने सारे कपड़े ड्राईक्लीन करवा ले गये। इससे तो यही ध्वनि निकलती है कि अश्कजी विश्व हिन्दी सम्मलन में भाग लेने नहीं, कपड़े ड्राइक्लीन करवाने आये थे, जैसे लन्दन से लौटते समय अपने सुपुत्र नीलाभ के कपड़े भी उठा लाये हों कि बेटे विश्व हिन्दी सम्मेलन में जा रहा हूँ, तुम्हारे कपड़े भी धुलवा लाऊँगा। यह दूसरी बात है कि अब अश्कजी के आँसू रूमाल तो

क्या तौलिये से भी नहीं पुँछ सकते।

अश्कजी एक ज़िद्दी इंसान हैं। वे अपने बहुमूल्य आँसुओं का पूरा दाम वसूल किये बग़ैर चैन से न बैठेंगे। मुझे तो ऐसा लगने लगा है कि ये आँसू अब केवल नोबेल पुरस्कार से पुँछ सकते हैं। जितना मैं अश्कजी को जानता हूँ, विश्वासपूर्वक कह सकता हूँ, वे ज्ञानपीठ पुरस्कार से भी अपने आँसू पोंछ सकते हैं। अगर उन्हें अब तक साहित्य अकादेमी का पुरस्कार नहीं मिला तो मैं उनके ऊपर दबाव डाल सकता हूँ कि वे साहित्य अकादेमी के पुरस्कार पर समझौता कर लें। इससे कम पर अश्कजी न मानेंगे। ज़्यादा से ज़्यादा यह किया जा सकता है कि न सही हिन्दी, उन्हें साहित्य अकादेमी का उर्दू पुरस्कार दिला दिया जाये। आयोजकों का कर्तव्य है कि वे अभी से अश्कजी को पुरस्कार दिलाने में जुट जायें। इस वृद्धावस्था में उन्होंने अश्कजी को यह दर्द दिया है, आशा की जानी चाहिए वही दवा देंगे। वरना अनर्थ हो जायेगा, लोग अश्कजी को साहित्य के लिए कम, आँसुओं के लिए ज़्यादा याद करेंगे। उन्हें सोचना चाहिए, आँसू घड़ियाल के ही नहीं, अश्कजी के भी होते हैं। घड़ियाल लाख आँसू बहाते रहें, आँसू अश्कजी के हो जाएँगे। मुहावरों को बदलना पड़ेगा।

जिस प्रकार स्वतन्त्रता सेनानियों ने देश की स्वाधीनता के लिए अपने रक्त का आख़िरी कतरा तक बहा दिया था, अश्कजी हिन्दी लेखकों की अस्मिता और स्वाभिमान की रक्षा के लिए अपने आँसुओं का एक-एक कतरा बहा देंगे।

अन्त में अश्कजी को जन्म दिन पर बधाई और साथ में यह कामना कि न सही पुरस्कार, प्रयाग के खुसरो बाग़ रोड, जहाँ अश्कजी गत तीन दशकों से भी अधिक समय से रह रहे हैं, उसका नाम उपेन्द्रनाथ अश्क रोड हो जाये। देश में भ्रष्टाचारियों, काले बाज़ारियों और तस्करों के नाम पर बहुत-सी सड़कें हैं, बल्कि तमाम सड़कें उधर ही मुड़ती हैं। एक सड़क, एक छोटी-सी सड़क, साहित्यकार के नाम की भी हो जाये।

ग़रीब अश्क

आख़िर अश्कजी को वक्तव्य जारी करना पड़ा कि वह विपन्न नहीं हैं। समाचार-पत्रों में उनकी ऐसी तस्वीर पेश की गयी कि संस्थाएँ उनकी सहायता के लिए चन्दा उगाहने लगीं। यह भी कोई अनहोनी स्थिति नहीं है। हमारे देश में बहुत-सी संस्थाएँ केवल चन्दा उगाहने के लिए ही पैदा होती हैं। पाठकों से मेरा अनुरोध है कि वे अपना मन खट्टा न करें, अश्कजी मज़े में हैं। बहुत सम्भव है, अश्कजी को यह भ्रम हो गया हो कि जयशंकर प्रसाद की सफलता का प्रमुख कारण यह था कि वह तम्बाकू बेचते थे। अश्कजी अगर घी बेच कर साहित्य में स्थापित होने का प्रयत्न कर रहे हैं तो इसे उनकी मासूमियत ही कहा जायेगा। वास्तव में, अश्कजी हिन्दी के एकमात्र लेखक हैं, जिन्हें अकसर साहित्येतर प्रसंगों से ही ख्याति मिली है। कभी वह अपनी बीमारी के कारण चर्चित रहे, कभी विश्व हिन्दी सम्मेलन में आँसू बहाने की वजह से और हाल में संसद से सड़क तक उनकी परचून की दुकान की चर्चा है। प्रयाग में तीर्थ यात्रा के लिए आये यात्री संगम स्नान के बाद भारद्वाज आश्रम तो जाते ही हैं, अश्कजी की परचून की दुकान भी नहीं भूलते।

मैंने फोन पर अश्कजी से इंटरव्यू के लिए समय माँगा तो उन्होंने इच्छा ज़ाहिर की कि क्यों नहीं ख़ुद ही सवाल-जवाब कर लेता। अश्कजी ने कहा : 'मैंने अनेक बार तुम्हारे नाम से सवाल करके जवाब दिये हैं, लम्बे-लम्बे इंटरव्यू छपवा डाले हैं, इस बार तुम भी इसका आनन्द ले लो। मेरी स्थिति से वाक़िफ़ हो, तुम्हें मैं क्या जवाब दूँगा। दूसरे, मेरे पास समय नहीं है। आज अरहर की दाल ख़त्म हो गयी है, काली मिर्च बाज़ार से ग़ायब है, मैं ख़रीदारी के लिए निकल रहा हूँ। लौटते-लौटते दुकानदारी का समय हो जायेगा।' बहरहाल, अश्कजी की व्यस्तता को देखते हुए मैंने उनका समय नष्ट करना उचित न समझा और उन्हीं की शैली में एक इंटरव्यू ले डाला—

कालिया : अश्कजी, क्या सार्वजनिक हित में आप अपने परिवार की चल-अचल सम्पत्ति का ब्यौरा देंगे? इलाहाबाद के एक प्रकाशक का अनुमान कहाँ तक ठीक है कि आपके पास पचीस लाख से अधिक की सम्पत्ति है?

अश्कजी : मेरे पास कुछ नहीं है। जो कुछ है कौशल्या का है।

कालिया : क्या कौशल्याजी यह सम्पत्ति दहेज़ में लायी थीं?

अश्कजी : नहीं। मैं दहेज़ प्रथा की घोर विरोधी हूँ। मेरे दोनों लड़कों ने भी शादी में दहेज़ नहीं लिया। मुझे पूर्ण विश्वास है, मेरे पोते भी इसी परम्परा का पालन करेंगे। दुकान न खोली होती तो मैं दहेज़ प्रथा पर एक नाटक लिख रहा होता। मगर नाटक लिखकर भी क्या कर लेता! आकाशवाणी और दूरदर्शन भ्रष्टाचार का अड्डा बनते जा रहे हैं। केवल उन्हीं लेखकों को प्रोत्साहन दिया जाता है, जो चापलूसी करते हैं, घूस देते हैं, अफ़सरों के तलुए चाटते हैं। ग्रीब अश्क यह सब नहीं कर सकता, वह स्वाभिमान से ज़िन्दा रहा है और ज़िन्दा रहेगा।

कालिया : इलाहाबाद का कोई भी लेखक यह मानने को तैयार नहीं है कि आप ग्रीब अथवा ग़रीब है। आपके मित्र लेखकों का विश्वास है कि आपके पास कई लाख रुपये के फिक्स्ड डिपॉजिट हैं।

अश्कजी : ये लेखक मुझसे ईर्ष्या करते हैं। दूसरे, जो पैसा बैंक में चला जाता है, उसे मैं अपना नहीं मानता। मैं मानता हूँ, बैंक उसका उपयोग राष्ट्र निर्माण की योजनाओं के लिए कर रहे हैं। जब राष्ट्र की अर्थव्यवस्था नाजुक दौर से गुज़र रही हो, मैं अपना पैसा निकलवा कर राष्ट्र के साथ विश्वासघात नहीं कर सकता। मैंने सदैव राष्ट्रहित में कार्य किया है। मेरे पिता ने बचपन में ही मेरे भीतर राष्ट्रप्रेम की भावना कूट-कूटकर भर दी थी।

कालिया : तब तो आप स्वाधीनता आन्दोलन के दौरान कई बार जेल गये होंगे?

अश्कजी : नहीं, मैं साहित्यसाधना में लीन था। जेल जाने की औपचारिकता मैंने नहीं निभायी।

कालिया : तब तो इसे विरोधाभास ही कहा जायेगा कि आपकी तत्कालीन रचनाओं से आभास ही नहीं मिलता कि देश में कोई स्वाधीनता आन्दोलन भी चला था या आपके पिता ने बचपन में ही आपके भीतर राष्ट्रप्रेम की भावना कूट-कूटकर भर दी थी।

अश्कजी : तुम्हारे जैसे मूढ़ और दृष्टिहीन लोग ऐसा ही सोचते हैं। फ्रांस में, पाकिस्तान में, इस्राइल और पश्चिम जर्मनी में, अमेरिका में मेरी रचनाओं का सही मूल्यांकन हुआ है। इन मुल्कों में हर साल अश्क पर दसियों पर्चे शाया होते हैं। भारत ही एक ऐसा मुल्क है जहाँ अश्क की लगातार अवहेलना हुई है। ठीक भी है। जिस देश में भ्रष्टाचार, भाई-भतीजावाद, जातिवाद और चोरबाज़ारी का दौर-दौरा हो, अश्क को नहीं समझा जा सकता। मैं नियतिवादी हो सकता हूँ, मगर निराशावादी

नहीं। मुझे पूर्ण विश्वास है कि इक्कीसवीं सदी के भारत में मेरी रचनाओं का वस्तुपरक मूल्यांकन अवश्य होगा। बीसवीं सदी ने मुझे धोखा दिया है।

कालिया : आजकल आप क्या लिख रहे हैं?

अश्कजी : फ़िलहाल लिखना स्थगित है। मेरी चिन्ता का विषय तो यह है कि दाल-चीनी का भाव यकायक क्यों बढ़ रहा है, कैरोसिन काला बाज़ार में बिक रहा है। तुम तो मेरे हमवतनी हो, समझ सकते हो कि हर धन्धे की अपनी समस्याएँ हैं। हर चीज़ महँगाई की लपेट में आ चुकी है। परचून की दुकान खोलकर मालूम हुआ कि यदि गत दशक में काग़ज़ का दाम चार गुना बढ़ा है तो अनारदाने का दाम दस गुना बढ़ा है। अब बताओ मैं क्या करूँ? क्या परचून की दुकान बन्द कर दूँ? कई बार तो लगता है कि व्यवस्था ने ग़रीब अश्क को परेशान करने के लिए कमर कस ली है। कभी दुकान इंस्पेक्टर आ टपकता है, कभी बाँट-तौल इंस्पेक्टर...।

कालिया : अश्कजी, इंस्पेक्टर ही आते हैं या आपकी दुकान पर लेखक भी आते हैं?

अश्कजी : लेखकों से भगवान बचाये। परचून की दुकान पर भी रॉयल्टी माँगने चले आते हैं। मैं एक ईमानदार प्रकाशक हूँ, सब लेखकों को रॉयल्टी दूँगा, चाहे नमक बेचकर ही क्यों न देनी पड़े! कल मार्कण्डेय आये थे, बात-बात में दूध का एक पैकेट ले गये। नरेश मेहता बधाई देने क्या आये, सौ ग्राम सौंफ खा गये। शेखर जोशी से मुझे बहुत आशाएँ थीं। मैंने सोचा था कि वे अपना सारा घरेलू सामान मेरी दुकान से ख़रीदेंगे। कल जब सेतु ने बताया कि वे खुल्दाबाद में अजवाइन ख़रीद रहे थे तो मुझे बहुत बुरा लगा। पचास की पीढ़ी से मुझे यही उम्मीद थी। इस मामले में अमृतराय का जवाब नहीं। जब से मैंने दुकान खोली है, उन्होंने माचिस की डिबिया तक कहीं और से नहीं ख़रीदी।

कालिया : कहीं ऐसा तो नहीं कि अमृतराय इसलिए आपकी दुकान से सामान ख़रीद रहे हों कि आपकी दुकान न चली तो आप पुनः साहित्य की ओर लौट आएँगे?

अश्कजी : मैंने जो रास्ता एक बार छोड़ दिया, दुबारा उसकी ओर मुँह नहीं किया।

कालिया : अश्कजी, दूधनाथ ने कुछ ख़रीदारी आपके यहाँ से की या नहीं?

अश्कजी : दूधनाथ कोई भी सामान नगद नहीं ख़रीदता और मेरी दुकान नयी है, मैं उधार देता नहीं। मैंने तो दुकान में लिखकर लगा दिया है— 'उधार मोहब्बत की कैंची है।' मैं खरा आदमी हूँ। अपने साहित्यिक जीवन के आरम्भ में मैंने रूमाल बेचकर नगद सामान ख़रीदा। किसी से उधार नहीं लिया। अब दूधनाथ को कौन

समझाये! आज अगर मैं नोन, तेल, लकड़ी बेचकर अपनी साहित्यिक छवि को बरक़रार रखना चाहता हूँ तो समाज को तक़लीफ़ क्यों हो रही है! रोज़ कहीं न कहीं से कोई पत्रकार चला आता है। मैं तब तक किसी भी पत्रकार के प्रश्न का उत्तर नहीं देता जब तक वह सामान नहीं ख़रीद लेता। बम्बई से एक पत्रकार आया था। जब तक उसने साबुन की दो बट्टियाँ नहीं ख़रीदी, मैंने सीधे मुँह बात नहीं की। मेरी समझ में ये नहीं आता कि लोगों को मेरी दुकान से तक़लीफ़ क्यों है।

कालिया : अश्कजी, लोगों को तक़लीफ़ नहीं, चिन्ता हो रही है। आपने जो धारा प्रवाहित की है, उससे कई क़िस्म के ख़तरे पैदा हो गये हैं। अगर काग़ज़ का दाम इसी तरह बढ़ता रहा तो कोई आश्चर्य नहीं कि सतीश जमाली प्रकाशन छोड़कर ताँगा ख़रीद लें, अमरकान्त मुख्य डाकघर के बाहर अर्जीनवीसी करते मिलें अथवा नरेश मेहता पान की दुकान खोल लें?

अश्कजी : नरेश मेहता क्या खाकर पान की दुकान खोलेगा! उसके लिए जिगरा चाहिए, जिगरा। जो लेखक एक वर्ष में 50-50 हज़ार रुपये के इनाम झटक सकता है, उसके पतन का अनुमान लगा सकते हो। कौन नहीं जानता कि आज केवल अयोग्य, भ्रष्ट और ख़ुशामदी लेखक ही पुरस्कार पा रहे हैं। मैं पुरस्कार प्राप्त करके अपमानित नहीं होना चाहता। ये बात नहीं कि मैं अब तक पुरस्कृत नहीं हुआ, अनेक बार पुरस्कृत हुआ हूँ, मगर उन पुरस्कारों को दिलाने में मेरे मित्रों का ही सहयोग रहा है। मित्रों से अपमानित होने में मुझे कोई गुरेज नहीं। मित्रों को मैंने खुली चुनौती दे रखी है कि कोई भी मित्र मुझे पुरस्कृत करके अपमानित कर सकता है। अभी कल ही इलाहाबाद के कुछ पत्रकार मित्रों ने मेरा सम्मान किया है और मैं ख़ुशी-ख़ुशी अपमानित हो गया। मगर कालिया, तुम मेरे मित्र हो, इन लोगों को समझाओ कि अगर अश्कजी को पुरस्कार ही देना है तो कुछ पैसा-वैसा भी दें। महज़ राष्ट्रीय गीत सुनाकर या फूलों की माला पहनाकर मेरा सम्मान नहीं करना चाहिए। 500 रुपये का भी इन्तज़ाम कर देते तो मैं दो बोरे गेहूँ ख़रीद लेता।

कालिया : आपने कभी पुरस्कार प्राप्त करने के लिए प्रयत्न किये?

अश्कजी : मैंने प्रयत्न किया होता तो अब तक नोबेल पुरस्कार प्राप्त कर लेता। एक बार इस इरादे से निकला भी, मगर लन्दन से लौट आया। पश्चिम में मुझे दमे का दौरा पड़ जाता है। मैं तो रवीन्द्रनाथ टैगोर जितना समय भी पश्चिम में नहीं बिता पाया।

कालिया : अश्कजी, देश में भी तो अच्छे-अच्छे पुरस्कार हैं। ज्ञानपीठ पुरस्कार है, साहित्य अकादेमी पुरस्कार है!

अश्कजी : साहित्य अकादेमी पुरस्कार की राशि इतनी कम है कि उसने मुझे

कभी आकर्षित नहीं किया। इतना पैसा तो मैं इस साल अपने किराने की दुकान से कमा लूँगा।

मुझे पूर्ण विश्वास है, अश्कजी ज्ञानपीठ पुरस्कार भी किराने की दुकान से कमा लेंगे। हमारी शुभकामनाएँ उनके साथ हैं।

कामरेड मार्कण्डेय सिंह 'धेनु'

हिन्दी में पुरस्कारों की संख्या बढ़ती जा रही है। नये-नये सरकारी और ग़ैरसरकारी पुरस्कार जन्म ले रहे हैं। सन्तों का ध्यान भी साहित्यकारों की तरफ़ गया है— और एक नये मौलिक और स्वास्थ्यवर्धक पुरस्कार की घोषणा हुई है। पुरस्कार का नाम है 'धेनु पुरस्कार'। प्रथम धेनु पुरस्कार अमेठी में आयोजित विराट् सन्त सम्मेलन में, जिसमें जगद्गुरु शंकराचार्य बद्रिकाश्रम, जगद्गुरु शंकराचार्य सुमेरु, पीठाधीश्वर काशी, गोरक्षपीठाधीश्वर महन्त अवैद्यनाथ आदि सन्त महात्मा शामिल हुए हैं, हिन्दी के विख्यात जनवादी कथाकार मार्कण्डेय को दिया जा रहा है। अब तक की मेरी सूचना के अनुसार मार्कण्डेयजी ने अपनी स्वीकृति दे दी है और कुछ लोग तो यह भी कहते हैं कि मार्कण्डेयजी ने कहा है कि अब गाय ही देश में समाजवाद ला सकती है। गाय भारतीय कृषक के जीवन और अर्थव्यवस्था का अनिवार्य अंग है और जनवाद भारत में तब तक सफल नहीं हो सकता जब तक भारतीय कृषक को विश्वास में नहीं लिया जाता।

यह सम्भावना भी प्रकट की जा रही है कि मार्कण्डेयजी को प्रथम धेनु पुरस्कार देश के गणमान्य सन्त महात्माओं की उपस्थिति में अमेठी के सांसद श्री राजीव गाँधी के हाथों प्राप्त होगा। बहरहाल, यह सुझाव बुरा नहीं है। जनवाद और प्रगतिशीलता की मिली-जुली परम्परा के अगुवा कवि नागार्जुन तथा अन्य साहित्यकार श्रीमती इन्दिरा गाँधी से और भीष्म साहनी आदि विशुद्ध प्रगतिशील लेखक श्री राजीव गाँधी से पुरस्कार ग्रहण कर चुके हैं तो मार्कण्डेयजी को इस उज्ज्वल परम्परा का पालन करने से कौन रोक सकता है! यह तो प्रयाग के लेखकों की पुरानी आदत है कि जब-जब कोई लेखक पुरस्कृत हुआ है, उसका विरोध बढ़ गया है। महादेवीजी को दो-दो लखटकिया पुरस्कार मिले, प्रयाग के लेखकों ने चार-चार विरोध-पत्र जारी कर दिये। मार्कण्डेयजी को पुरस्कार तो आज दिनांक 18 दिसम्बर को मिलने वाला है, जबकि लतीफ़े हफ़्तों से चल रहे हैं।

कुछ लेखकों का मत है कि मार्कण्डेयजी धेनु पुरस्कार की आशा में ही 'दाना भूसा' नामक कहानी लिखी थी और बाद में अपने कथा संकलन का नाम ही 'दाना

भूसा' रख दिया था। इस बीच 'दाना भूसा' का तो दूसरा संस्करण भी प्रकाशित हो गया था, मगर गैया नहीं आयी थी। आख़िर सन्त महात्माओं ने मार्कण्डेयजी की गुहार सुन ही ली। हो सकता है मार्कण्डेयजी सोचते रहे हों कि 'दाना भूसा' की रायल्टी से गैया ख़रीद लेंगे, मगर जब तक उन्हें रॉयल्टी मिलती, गैया के दाम और बढ़ चुके थे। वे चाहते तो 'सेमर के फूल' और 'महुए के पेड़' की रॉयल्टी मिलाकर समय पर गैया ख़रीद सकते थे। मगर वे महुए का पेड़ भी बेच डालते तो गैया को खिलाते क्या? दरअसल, मार्कण्डेयजी 'दाना भूसा', 'महुए का पेड़' और 'सेमर के फूल' आदि कहानियाँ लिखकर वर्षों से गैया के चारे का इन्तज़ाम कर रहे थे। धेनु पुरस्कार प्राप्त करने के बाद मार्कण्डेयजी के भावी जीवन की यही तस्वीर जेहन में उभरती है कि मार्कण्डेय गैया के पास ही खटिया डालकर बैठे हैं और हुक़्क़ा गुड़गुड़ाते हुए टकटकी लगाकर उसे निहार रहे हैं। उनके पड़ोसी ओंकार शरद पगहे से खेल रहे हैं। उपेन्द्रनाथ अश्क, भैरवप्रसाद गुप्त और सतीश जमाली दूध का बर्तन थामे 'पंक्तिबद्ध' खड़े हैं। लेखकों को जैसे विश्वास हो गया है कि मार्कण्डेय और कुछ भी कर सकते हैं, दूध में पानी नहीं मिला सकते। हालात बता रहे हैं कि मार्कण्डेयजी का आने वाला समय साहित्यिक की सेवा में कम, गैया की सेवा में अधिक बीतेगा। सुनने में आया कि उन्होंने अपने इकलौते उपन्यास 'अग्निबीज' की नायिका श्यामा के नाम पर गैया का नाम भी श्यामा रख लिया है।

कहा जाता है कि प्रयाग के लेखकों के एक शिष्टमंडल ने टीकरमाफी के ब्रह्मचारीजी को एक ज्ञापन दिया है कि वे मार्कण्डेयजी को बग़ैर अनुबन्ध किये धेनु पुरस्कार न दें। इस शर्त के साथ पुरस्कार दिया जाना चाहिए कि वे दूध का सदुपयोग करेंगे यानी पूरा दूध बेच नहीं डालेंगे। जितना दूध बेचेंगे, सरकार द्वारा निर्धारित मूल्य पर ही बेचेंगे। पूरा दूध स्वयं नहीं पी जाएँगे, अपनी लेखक बिरादरी का भी ध्यान रखेंगे। शारीरिक रूप से दुर्बल वर्ग के लेखकों की आलोचना करते समय तो उन्होंने कोई मदद नहीं की थी, अब दूध के माध्यम से अवश्य मदद करेंगे। मसलन सन् साठ की पीढ़ी के कुछ प्रतिभाशाली लेखकों— दूधनाथ सिंह, विजयमोहन सिंह, काशीनाथ सिंह, ज्ञानरंजन और इन पंक्तियों के लेखक का स्वास्थ्य एकदम चौपट हो गया है, पुरस्कार की धारा एक (1) के अधीन वे नियमित रूप से इन लेखकों के यहाँ एक-एक लिटर दूध मुफ़्त पहुँचाते रहेंगे, तब तक पहुँचाते रहेंगे जब तक डॉ. जगदीश गुप्त, डॉ. रामस्वरूप चतुर्वेदी और डॉक्टर सत्यप्रकाश मिश्र आदि डॉक्टरों की समिति इन लेखकों को फिटनेस सार्टिफिकेट नहीं दे देती। पुरस्कार की धारा दो (2) के अधीन गैया को बेचने का अधिकार मार्कण्डेय का न होगा। जानकार सूत्रों से समाचार मिले हैं, पुरस्कार मिलने से पूर्व ही मार्कण्डेय ने ग्राहक

खोजने शुरू कर दिये हैं। भैरवप्रसाद गुप्त की श्यामा में गहरी दिलचस्पी बतायी जा रही है। मगर यह सौदा पटेगा नहीं। मार्कण्डेय जितने अच्छे सेल्समैन हैं, भैरव प्रसाद गुप्त उससे कहीं अच्छे ख़रीददार। जिन लोगों को मार्कण्डेय की सेल्समैनशिप का तनिक भी अनुभव है, विश्वासपूर्वक कह सकते हैं कि वे गैया के दुगुने-चौगुने दाम अवश्य वसूल लेंगे। सेल्समैन तो वे इतने उच्च स्तर के हैं कि अगर चाह लेंगे तो श्यामा को चार ग्राहकों के हाथ बेच लेंगे। पुरस्कार के हित में यही है कि धेनु पुरस्कार एक 'ट्राफी' की तरह दिया जाये, एक वर्ष मार्कण्डेयजी लाभान्वित हो जाएँ और दूसरे वर्ष कोई दूसरा लेखक।

प्रगतिशील और जनवादी खेमे में 'गौ आकांक्षी' लेखक नहीं, 'गौ-पूजक लेखक' भी मिल जाएँगे। मगर यहाँ एक प्रश्न उठता है कि अगर धेनु पुरस्कार भी मार्क्सवादी लेखक झटक ले जाएँगे तो नरेश मेहता आदि वैष्णव कवि कहाँ जाएँगे? यह अत्यन्त उपयुक्त समय है कि किसी मार्क्सवादी ट्रेड यूनियन द्वारा लेनिन पुरस्कार की तुरन्त घोषणा कर दी जाए और प्रथम भारतीय लेनिन पुरस्कार किसी वैष्णव कवि को दे दिया जाए, वरना असन्तुलन हो जायेगा।

देरवादी और अंधेरवादी प्रकाशक

हिन्दी के एक ख़ानदानी प्रकाशन ने अपने प्रकाशन के मुखपत्र में एक रहस्योद्घाटन किया है कि 'रॉयल्टी' के भुगतान में देर-सबेर ज़रूर हो सकती है (कार्यालय में सौ काम होते हैं और किसी काम से विलम्ब हो ही जाता है), अँधेर नहीं। जो प्रकाशक अँधेर करते हैं, वे उसे छिपाने के लिए कभी देर नहीं करते।

ये विचार न्याय के पक्षधर और भ्रष्टाचार के जानी दुश्मन ऐसे प्रकाशक ने व्यक्त किय हैं, जो लेखकों पर बक़ाया राशि बट्टेखाते में डालकर सन्तोष कर लेता है और जो 'किसी की गाली सुनने और किसी का धक्का सहने के लिए प्रकाशक नहीं बना'। इसे दुर्भाग्यपूर्ण ही कहा जायेगा, अगर लेखक वर्ग गुंडई पर उतर आया है। लगता है लेखकों की मति मारी गयी है जो वे धक्का देकर बक़ाया रकम बट्टे खाते में डलवा रहे हैं और गाली देकर '1240 रुपये 61 पैसे का चेक पाने के बाद भी अभियान जारी रखते हैं'। इससे यही ध्वनि निकलती है कि जिस गति से लेखकों का पतन हो रहा है, प्रकाशकों का नैतिक उत्थान हो रहा है। लेखक आक्रामक होते जा रहे हैं और प्रकाशक सहनशील। लेखक शेर हो रहा है और प्रकाशक भीगी बिल्ली। लेखक हिंसक हो रहा है और प्रकाशक ने अहिंसा का मार्ग अपना लिया है। यानी कि दोनों के रास्ते अलग-अलग हो गये हैं। एक गोहाटी या अमृतसर की तरफ़ चल पड़ा है और दूसरा शान्तिवन या पवनार की ओर। इसका यह अर्थ कदापि न निकालना (साप्ताहिक भविष्य की टकसाली भाषा) कि अगर लेखक वर्ग नैतिक उत्थान के मार्ग पर चल पड़ेगा तो प्रकाशक मजबूर होकर पतन की पगडंडी पर चल पड़ेंगे।

मैं बहुत देर से सिर खपा रहा हूँ कि कौन हैं ऐसे प्रकाशक, जो पहले तो अँधेर करते हैं और फिर उसे छिपाने के लिए देर नहीं करते। इस अँधेर से प्रकाशक महोदय का क्या अभिप्राय है? मेरी मन्द बुद्धि में यह बात भी नहीं आ रही कि जो प्रकाशक एक के बाद एक 'बिना बाप के', 'टोपी उछाल', 'छद्म बुद्धिजीवियों' की फ़ेहरिसत गिना सकता है, अँधेरगर्दी फैलाने वाले प्रकाशकों का नाम गिनाने में क्यों संकोच कर गया? कहने वाले इस मामा-भाँजावाद कहेंगे। इस तेवर से तो सत्य की

तलाश में निकला सिद्धार्थ भटक जायेगा, अर्द्धसत्य तक भी न पहुँए पायेगा। इस बीच 'अँधेर' शब्द को लेकर मैंने बहुत माथापच्ची की है, तमाम कोश पलट डाले हैं, मेरी बुद्धि में आ रहा है कि प्रकाशक महोदय कहना चहाते हैं कि समय पर रॉयल्टी देने वाले प्रकाशक लेखक को ठगते हैं। पाँच हज़ार प्रतियाँ छापते हैं और लेखक की तीन हज़ार प्रतियों पर रॉयल्टी देते हैं, सजिल्द संस्करण बेचते हैं और अजिल्द संस्करण की रॉयल्टी देते हैं, पुस्तकें पाठ्यक्रम में निर्धारित कराते हैं और लेखक को इसकी भनक तक नहीं लगने देते। इसके अलावा 'अँधेर' शब्द का कोई दूसरा अर्थ मेरे पल्ले नहीं पड़ रहा।

प्रकाशय महोदय के इस रहस्योद्घाटन के बाद मैं अपनी पत्नी ममता की रॉयल्टी को लेकर चिन्तित हो गया। ममता के कुछ प्रकाशक इधर पुस्तकों का बाक़ायदा अनुबन्ध कर रहे हैं, बग़ैर स्मरणपत्र के रॉयल्टी का स्टेटमेंट ही नहीं, रॉयल्टी की रकम कर भुगतान भी कर रहे हैं। मेरा माथा ठनका। मैंने उसे बताया कि जग जाहिर हो गया है, जो प्रकाशक रॉयल्टी देने में देर नही करते, अँधेर करते हैं, उसे सावधान हो जाना चाहिए। मेरी चेतावनी का ममता पर कोई असर नहीं हुआ। उसका मत है कि अगर उसके प्रकाशक अँधेर करके भी 'देरवादी' प्रकाशकों से दुगुनी और कभी-कभी तिगुनी रॉयल्टी दे देते हैं, तो उसका 'अँधेर' में विश्वास बढ़ता जायेगा। प्रकाशक महोदय के विचारों से मेरे भीतर आत्मविश्वास का जो दीया टिमटिमाया था, अचानक बुझ गया। मैं अपने को भाग्यशाली समझ रहा था कि मेरे प्रकाशक कितने अच्छे हैं कि रॉयल्टी का हिसाब देने में 'देर' और रॉयल्टी देने में 'सबेर' कर देते हैं। और इस तर्क से ज़ाहिर है 'अँधेर' नहीं करते होंगे। मध्य प्रदेश शासन द्वारा अब तक मेरी अनेक पुस्तकों की ख़रीद हो चुकी है, किसी प्रकाशक ने मुझसे अब तक बीस प्रतिशत रॉयल्टी के भुगतान का प्रमाणपत्र नहीं माँगा, 20 प्रतिशत रॉयल्टी देना तो दरकनार, न जाने मेरे जैसे कितने लेखक होंगे जिनके प्रकाशक देर ही नहीं करते, अँधेर भी करते हैं। बीस प्रतिशत रॉयल्टी के प्रश्न को लेकर अनेक प्रकाशक जी भरकर छाती पीट चुके हैं, इसके अनौचित्य पर लम्बे-लम्बे वक्तव्य जारी कर चुके हैं, कोर्ट-कचहरी के दरवाज़े खटखटा चुके हैं। अगर शासन की ओर से बीस प्रतिशत रॉयल्टी के भुगतान का कड़ाई से पालन नहीं कराया जाता तो यह तमाम बहस बेमानी है। एक प्रकाशक बन्धु से, जो मध्य प्रदेश शासन के बीस प्रतिशत रॉयल्टी के प्रावधान को लेकर प्रायः उत्तेजित रहते हैं, मैंने पूछा कि 'आप जब किसी लेखक को समय पर पूरी रॉयल्टी देते ही नहीं हैं, आप क्यों परेशान है?' तो प्रकाशक ने निहायत सादगी से कहा, 'इससे टेंशन तो बना ही रहता है।'

वास्तव में, सरकार को सहानुभूतिपूर्वक प्रकाशकों की इस माँग पर विचार करना चाहिए। जिस प्रकार तमाम बदनामी उठाने के बाद जगन्नाथ मिश्र ने प्रेस विधेयक वापिस ले लिया, श्री अर्जुन सिंह को भी रॉयल्टी विधेयक वापिस ले लेना चाहिए। भविष्य में केवल उन लेखकों की पुस्तकों की ख़रीद की जानी चाहिए, जो अपने प्रकाशकों से रॉयल्टी नहीं माँगेंगे। 'बिना बाप के, टोपी उछाल, छद्म बुद्धिजीवियों' के प्रति शासन ने अपना रवैया न बदला तो कोई न कोई माई का लाला पुस्तक जगत को बहकाने का साहस करता ही रहेगा।

'भाँग की पकौड़ी' लिखिये

हिन्दी का पाठक 'ग़रीब, अनपढ़, पुस्तक संस्कार से शून्य और बेख़बर है। ज़िन्दगी का जद्दोजहद में ख़ुद साँस लेने का अवकाश नहीं पा रहा।' हिन्दी का लेखक 'भयानक आत्महीनता, कुंठाओं और अन्तर्विरोधों का शिकार है— किताबें नहीं बिकतीं तो प्रकाशक का सिर फोड़ता है। वह कब तक घाव दिखा-दिखाकर जनता की दया वसूलता रहेगा। यह केवल लाभांश से ही मतलब रखता है, हानि में या पूरी प्रक्रिया में उसकी कहीं कोई हिस्सेदारी नहीं। जिस व्यवसाय में लाभ ही न हो, वहाँ केवल लाभांश का आग्रही हिस्सेदारी एक बोझ या अतिरिक्त देनदारी लगने लगता है। उसे तो सिर्फ़ अपनी रॉयल्टी से मतलब है।'

ये विचार प्रकट किये हैं, हिन्दी के एक सुप्रसिद्ध प्रकाशक राजेन्द्र यादव ने। हो सकता है, यह वही राजेन्द्र यादव हों, जो जनवादी लेखक संघ के उपाध्यक्ष भी हैं। अगर यह वही राजेन्द्र यादव हैं तो हमें यह मानकर चलना चाहिए कि उन्होंने ये विचार एक प्रकाशक के नाते ही प्रकट किये हैं, जनवादी लेखक संघ के पदाधिकारी के रूप में नहीं। इसे षड्यन्त्र नहीं, संयोग ही कहा जायेगा कि जनवादी लेखक संघ के एक अन्य उपाध्यक्ष मार्कण्डेय तथा अध्यक्ष भैरवप्रसाद गुप्त भी प्रकाशक हैं। जितना मैं भैरवजी और मार्कण्डेयजी को जानता हूँ, विश्वासपूर्वक कह सकता हूँ। वे दोनों लेखकों के प्रति निर्दय नहीं हैं। जनवादी लेखक संघ भी लेखकों के प्रति अनुदार नहीं हैं। इसे महज़ संयोग ही कहा जायेगा कि जलेस के पदाधिकारियों की नामावलि से यह भ्रम अवश्य पैदा होता है कि यह जनवादी लेखक संघ है या जनवादी प्रकाशक संघ।

लगता है, राजेन्द्र यादव क्षुब्ध हैं। लेखक से, पाठक से, अपनी हर असफलता और बेईमानी को विश्वव्यापी फिनोमिना बताने वाली सरकार से (जबकि मैं इसी तर्क से प्रकाश्कों से क्षुब्ध हूँ,) काग़ज़ के दाम से, डाक खर्च से। राजेन्द्र यादव का दर्द है कि प्रकाशकों ने कोठियाँ नहीं ख़रीदीं (क्या लेखकों ने महल खड़े कर लिये हैं?) जबकि सचाई यह है कि अनेक प्रकाशक कोठी ख़रीदने, हथियाने या निर्मित करने का पूरा श्रेय अपनी पत्नी को दे डालते हैं।

अभी पिछले दिनों हिन्दी के जाने माने लेखक ज्ञानरंजन बता रहे थे कि हिन्दी के प्रकाशक रातोंरात नव-धनाढ्य वर्ग में शामिल होना चाहते हैं। उनके आदर्श हैं काला बाज़ारिये। उनकी यह इच्छा पूरी नहीं होती तो कसमसाते हैं, लेखक को गाली बकते हैं, लागत से पाँच-पाँच छह-छह गुना पुस्तकों का दाम रखते हैं और लेखक की रॉयल्टी मारने के लिए नये से नये तर्क खड़े करते रहते हैं। पुस्तकों की सरकारी ख़रीद के लिए बड़े-बड़े अधिकारियों के यहाँ जी-हजूरी करते हैं और भुगतान हो जाने के बाद इसे सरकारी कबाड़खानों की संज्ञा से विभूषित कर देते हैं।

लगता है, हिन्दी का लेखक महामूर्ख है, नासमझ है। उसे अक्ल होती तो लिखना छोड़कर बँधुआ मजदूर के रूप में प्रकाशन में अपनी सक्रिय हिस्सेदारी दिखाता। उसका एजेंट होकर दर-दर का दौरा करता। न केवल अपनी पुस्तकों के ऑर्डर जुटाता, प्रकाशक के बीवी-बच्चों की पुस्तकों को पाठ्यक्रम में निर्धारित कराता। लेखक केवल पांडुलिपि देकर अपनी हिस्सेदारी से मुक्त नहीं हो सकता। प्रकाशक को राहत पहुँचाने के लिए उसके प्रकाशनों की प्रूफ रीडिंग भी करता। लेखक और भी कई काम कर सकता था। लेखक को समझना चाहिए कि प्रकाशक वीतरागी है। साहित्य और कला से मिलने वाला मानसिक सन्तोष ही उसे प्रकाशक बनाये हैं। लेखक का कर्तव्य हो जाता है कि ऐसे त्यागी प्रकाशक के लिए सुख के साधन उपलब्ध कराये।

रॉयल्टी तो प्रकाशक के लाभ का अंश है और जिस व्यवसाय में लाभ ही न हो, वहाँ रॉयल्टी माँगने का प्रश्न ही न उठना चाहिए। लेखक को इस सचाई से आँखें नहीं चुरानी चाहिए कि वह अपना जायज़ अधिकार यानी रॉयल्टी लेता है तो प्रकाशन बन्द होता है। उसे रॉयल्टी की हवस है तो 'रंगीन रातें' लिखे, 'भाँग की पकौड़ी' का बाज़ार सदाबहार है। वह आर्थिक रूप से परेशान है तो राजेन्द्र यादव के सुझाव पर 'मस्तानी जवानी' लिखे, लेकिन प्रकाशक को हरगिज परेशान न करे। क्योंकि प्रकाशक की गाड़ी कीचड़ में धँस चुकी है। लेखक का धर्म है कि वह पहले उसकी गाड़ी कीचड़ से निकाले, वर्ना प्रकाशक देश-विदेश की कॉपीराइट मुक्त किताबें छाप लेगा या घूस देकर लाखों करोड़ों की कमाई वाले किसी भी व्यवसाय में चला जायेगा (ईश्वर से प्रार्थना है कि चला ही जाये)।

अगर लेखक चाहते हैं कि प्रकाशक दूसरे व्यवसाय में न जाये तो समय रहते अपनी रॉयल्टी की बलि दे दें। इस कुर्बानी से लेखकों को अपनी जी छोटा न करना चाहिए। राजेन्द्र यादव ने लेखकों को ज़िन्दा रहने का एक नायाब नुस्खा दिया है, 'लेखक के पास उन्हीं रचनाओं के टीवी, फ़िल्म, अनुवाद, पत्रिकाएँ, संकलन, पॉकेट बुक्स, पुरस्कार, फैलोशिप सभी कुछ की सम्भावनाएँ खुली हैं।'

प्रकाशक की नज़र अब लेखक की इन सम्भावनाओं पर भी पड़ चुकी है, अल्लाह ख़ैर करे!

रकीबों ने लिखायी है रपट जा-जाकर थाने में

अँग्रेज चले गये, मगर भाषा की ग़ुलामी छोड़ गये। यह अकारण नहीं है कि आज भी देश में अँग्रेजी शोषण का एक सशक्त माध्यम बनी हुई है। इस भाषागत ग़ुलामी का सबसे ताज़ा और ज्वलन्त उदाहरण है, हिन्दी के एक व्यवसायी कथाकार का एक लेख, जो उसने हिन्दी पत्रकारिता की दुर्दशा और पिछड़ेपन पर अँग्रेजी के एक साप्ताहिक पत्र में प्रकाशित कराया है। लेखक को हिन्दी के सम्पादकों से इतनी शिक़ायतें हैं कि लेख पढ़कर लगता है, जैसे अँग्रेजी का पत्र कोई थाना हो, जहाँ हिन्दी की प्रताड़ित बहू अपनी प्राथमिकी दर्ज करवा रही हो। मैं ग़लत कह गया। लगता है, जैसे भाभी को सास से दंडित कराने के लिए कोई चंचल ननद अपनी माँ के कान भर रही हो। सचाई यही है कि ग़ुलाम मानसिकता के लिए आज भी अँग्रेजी एक थाना है, सास है, दारोगा है, तहसीलदार है या अमीन है।

लेखक ने दावा किया है कि उसे दो-टूक बात करने के लिए अँग्रेजी पत्रकारिता की शरण में इसलिए जाना पड़ा कि हिन्दी के किसी भी सम्पादक में इस लेख को प्रकाशित करने का साहस नहीं था। यह भी लेखक की एक किशोर ग़लतफ़हमी है। सम्पादकों के पास आये दिन अनेक यश:प्रार्थी लेखकों के ऐसे चुनौतीपूर्ण पत्र आया करते हैं कि हिम्मत हो तो लेख छापकर दिखाइए। नन्दनजी, एक बार आपने बताया था कि ऐसे अधिसंख्य लेखों में हिम्मत दिखाने लायक़ कुछ नहीं होता, सिवाय अतिरिक्त व्यक्तिगत कुंठाओं की अभिव्यक्ति के। आशा करता हूँ, अपना यह आलेख प्रकाशित कराने के लिए मुझे आपसे वही मुद्रा अपनाकर आपके साहस को चुनौती नहीं देनी पड़ेगी।

लेखक को इतना तो मालूम होना चाहिए कि हिन्दी के ख़िलाफ़ लिखकर कोई भी लेखक आसानी से अँग्रेजी पत्र-पत्रिकाओं में स्थान पा सकता है। यह सर्वविदित है कि अश्कजी अपने बहुमूल्य आँसू विश्व हिन्दी सम्मेलन में बहाये थे, मगर इसका सर्वाधिक प्रचार किया अँग्रेजी पत्र-पत्रिकाओं ने। मेरा तो विश्वास है कि जब तक हिन्दी के लेखक हिन्दी में रोना नहीं सीखेंगे, हिन्दी सही मायने में राष्ट्रभाषा का

दर्जा हासिल नहीं कर सकती। जाने हिन्दी के लेखक अँग्रेजी पत्रिकाओं में प्रलाप करके अपने साथ कब तक हिन्दी की फ़जीहत कराते रहेंगे। लेखक ने यह कहकर कि हिन्दी के सम्पादक उनकी आवाज़ का गला घोंट देंगे, अपने उन टुटपुंजिये साथी सम्पादकों के साथ भी बेवफ़ाई की है, जो चन्द साहित्य-प्रेमी अफ़सरों के तलुए चाटकर दर-दर विज्ञापन माँगते हैं और इस पैसे का इस्तेमाल विज्ञापन विशेषांक निकालकर व्यवस्था के तथाकथित विरोध की दुहाई देने में करते हैं। ऐसी अनेक पत्रिकाएँ लेखक के क्रान्तिकारी लेख प्रकाशित करती रही है। और इस लेख के प्रकाशन से तो कुछ अँग्रेजीदाँ अफ़सर कुछ और विज्ञापन दिला सकते थे। यह कहना कठिन है कि शहीदाना मुद्रा दिखाकर लेखक अपने को दिवालिया बना रहा है या अँग्रेजी सम्पादकों को।

लेखक का मत है कि हिन्दी में केवल पीत पत्रकारिता हो रही है और हिन्दी के सम्पादन की स्थिति मुख़बिर, चापलूस, खुदगर्ज़, अनपढ़, प्रूफरीडर, ट्यूटर से भिन्न नहीं है और उसका अपना कोई चरित्र नहीं है। हिन्दी पत्रकारिता से अनुवाद की बू आती है और सम्पादकों को राजनैतिक, सामाजिक और आर्थिक यथार्थ की कोई समझ नहीं है। लेख के आरम्भ में लेखक यह बताना भी नहीं भूला है कि आज से इक्कीस वर्ष पूर्व उससे भी सम्पादन की पेशकश की गयी थी, जिसे उसने उस वक़्त कुबूल नहीं किया था। इससे यही ध्वनि निकलती है कि हिन्दी पत्रकारिता के लिए कितना अच्छा होता अगर इक्कीस वर्ष पूर्व इस लेखक की बुद्धि भ्रष्ट न हुई होती। पिछले इक्कीस वर्षों से इस लेखक के मन में सम्पादकीय ठुकराने की रह-रहकर टीस उठती रही है। जब आरोपित बहादुरी कुंठा में तब्दील हो जाती है तो मासूम लोग ऐसा ही अटपटा व्यवहार किया करते हैं। 'कफ़न' में जिस प्रकार घीसू-माधो को दावत की याद सताती रहती है, इस लेखक को भी सम्पादन का प्रस्ताव नहीं भूलता। वह सम्भावित मालिकों के पास अपनी खोयी हुई सम्पादकी माँगने जाता है और माँग बैठता है चीनी और काग़ज़ मिल की मैनेजरी।

अँग्रेजी पत्रिका के सम्पादक के सम्पादन-कौशल की दाद देनी पड़ेगी कि उसने हिन्दी के स्वनामधन्य लेखक का लेख छापने से पूर्व अत्यन्त शालीनता-पूर्वक यह टिप्पणी भी प्रकाशित की है कि अँग्रेजी पत्रकारिता की स्थिति भी हिन्दी से बेहतर नहीं है। सम्पादक का 'इंट्रो' पूरे लेख पर हावी हो जाता है। देश की सामाजिक संरचना तथा आर्थिक-राजनैतिक ढाँचे से अनभिज्ञ लेखक पत्रिका का 'इंट्रो' पढ़कर चीज़ों को सही परिवेश में पकड़ने की शुरुआत कर सकता है। अँग्रेजी पत्रकारिता के थाने में जाकर लेखक ने जो रिपोर्ट दर्ज़ करायी है, उससे पूर्व उसने अँग्रेजी पत्रकारिता की शोचनीय स्थिति का जायज़ा ले लिया होता तो लेख इतना

हास्यास्पद न हो जाता। आप कोई भी औसत अँग्रेजी पत्रिका उठा लीजिए, उसके पास सिर्फ़ सनसनीखेज और तहलका छाप विषय रह गये हैं। लेखन के नाम पर कमलादास, कमला मार्कण्डेय और नमिता गोखले की बेबाक सेक्स के चटखारे लेने वाली रचनाएँ अथवा इन लेखिकाओं के ग़ैर-ज़िम्मेदार इंटरव्यू, प्रधानमन्त्री निवास के निकट के लोगों का खुलासा, जयललिता का लार टपकाऊ अभिनन्दन, सावित्री के नग्न सेल्फ पोर्ट्रेट या मर्दों की निवर्सन कृतियाँ, चन्द्रशेखर और सुब्रह्मण्यम स्वामी की नोक-झोंक और पद्मिनी कोल्हापुरे का कभी न टूटने वाला कौमार्य— यही सब मुद्दे हैं अँग्रेजी पत्रकारिता के। पता नहीं आपको क्या लगता है, लेकिन कम से कम मुझे तो यही लगता है। जो अपवाद आपके मन में उठ रहे होंगे, वे मेरे मन में भी हैं। लेकिन अपवादों से तस्वीर कभी मुकम्मल नहीं मानी जाती।

कविता की टाँग और जगदीश चतुर्वेदी

जानकर कष्ट हुआ कि जगदीश चतुर्वेदी की टाँग की हड्डी टूट गयी है और वे पलंग पर लेटे-लेटे छोटी कविताओं का संकलन तैयार कर रहे हैं।

हिन्दी साहित्य में रुचि रखने वाले पाठकों को याद होगा, जगदीश चतुर्वेदी अब तक साहित्य की अनेक विधाओं की टाँग तोड़ चुके हैं। ख़ासकर, कविता को तो उन्होंने अकविता ही नहीं, पंगु भी बना दिया था। दूसरे शब्दों में कहा जा सकता है कि हिन्दी कविता की उन्होंने ऐसी टाँग तोड़ी और ऐसी-ऐसी परम्पराभंजक कविताएँ लिखीं कि वह बरसों लँगड़ाते हुए चलती रहीं। नयी पीढ़ी के बीसियों युवा कविताओं ने दिन-रात हिन्दी कविता की सेवा-सुश्रुषा करके उसे चलने लायक़ किया। लगता है, कविता ने आख़िर जगदीश चतुर्वेदी से बदला ले ही लिया। इस बात की पुष्टि इस तथ्य से भी होती है कि उनकी टाँग एक कवि के घर पर ही टूटी। इसे कविता की एक अहिंसक कवि पर हिंसात्मक कार्यवाही ही कहा जायेगा।

जगदीश चतुर्वेदी से मेरा बहुत पुराना सम्बन्ध है। आज से बीस बरस पूर्व हम एक ही दफ़्तर के एक ही कमरे में काम करते थे। जगदीश के साथ रोज़ आठ घंटे दफ़्तर में और लगभग चार घंटे कनाट प्लेस में बीतते थे। मैंने पाया कि जगदीश दोस्तों का दोस्त है, दुश्मनों का भी दोस्त है। वह सिर्फ़ अपना दुश्मन है। मगर जगदीश चतुर्वेदी का मेरी मानसिकता और रचनाशीलता पर बहुत विपरीत असर पड़ रहा था। यह तो अच्छा हुआ मैंने समय रहते वह नौकरी छोड़ दी वरना कोई ग़ैर-साहित्यिक कारनामा कर बैठता। उन दिनों जगदीश चतुर्वेदी की दुनिया बहुत सीमित थी। उसे दो ही चीज़ों से इश्क़ था, लड़कियों से और कविता से। कई बार जगदीश से मिलकर लगता था, आप जगदीश से बात नहीं कर रहे हैं, 'लोलिता' पढ़ रहे हैं या आप जगदीश से मिल कर नहीं, 'लेडी चैटरलीज़ लवर' से मिलकर लौट रहे हैं। जगदीश कितना भी सुस्त और क्लान्त बैठा हो, आप किसी लड़की का जिक्र कर दीजिए, वह तुरन्त वाश बेसिन पर जाकर हाथ-मुँह धो आयेगा और बालों कर कंघी फेरते हुए कहेगा, 'ज़रा तफसील से सुनाओ।'

जगदीश चतुर्वेदी पर मैं इसलिए भी अधिकारपूर्वक लिख रहा हूँ कि मैंने

जगदीश चतुर्वेदी के बहुत पराँठे खाये हैं। उनकी पत्नी सुबह-सुबह बहुत ख़ूबसूरत पराँठे और सूखी सब्ज़ी नफ़ासत से पैककर दफ़्तर भेजती थीं। जगदीश चतुर्वेदी को देखकर भी यही लगता था कि उनकी पत्नी ने ही उन्हें छोटे बच्चों की तरह बहुत मेहनत से तैयार करके दफ़्तर भेजा है। सिर का एक भी बात बेतरतीब न होता। न सिर्फ़ जगदीश का चेहरा दमकता, उनके जूते भी। मैं उन दिनों अविवाहित था और मेरा दोपहर का भोजन इस तरह से तैयार होता कि एक पराँठा जगदीश का, एक पराँठा के. खोसा का और एक एम.एल. ओबरॉय का (दोनों कलाकार)। श्याममोहन श्रीवास्तव अब इस दुनिया में नहीं है, वह भी हमारे साथ भोजन करता।

दरअसल मैं बहुत दिनों से जगदीश पर लिखने की सोच रहा था। बीच में गोयनका का पत्र भी आया, मगर लिखना टलता रहा। इस बीच जगदीश की टाँग ही नहीं टूटी तो मैं क्या करता। पत्रकारिता ने ही सिखाया है कि जब तक जगदीश चतुर्वेदी की टाँग न टूटे, उस पर मत लिखो। इस बीच उसे कोई ऐसा पुरस्कार भी नहीं मिला कि उस पर लिखना ज़रूरी हो जाता। जगदीश उन लेखकों में भी नहीं हैं, जो हमेशा रुग्ण रहते हैं। आप जब चाहिए उन पर लिख डालिये।

आजकल जगदीश चतुर्वेदी टाँग पर प्लास्टर चढ़ाये आराम फ़रमा रहे होंगे और मैं जानता हूँ, वे जल्दी स्वस्थ हो जाएँगे, मगर ख़तरा यही है कि वे अपना पूरा ग़ुस्सा बेचारी कविता पर न उतार डालें। वे जब अस्वस्थ होते हैं, उनके सर पर कविता सवार हो जाती है। मुझे याद है, उनका हॉर्निया का ऑपरेशन हुआ था तो उन्होंने एक-एक दिन में छत्तीस-छत्तीस कविताएँ लिख मारी थीं। उनमें कुछ अत्यन्त भावप्रवण कविताएँ भी थीं। ऑपरेशन से वह इतना घबराते थे कि उन्हें लग रहा था कि ऑपरेशन का दिन उनकी ज़िन्दगी का अन्तिम दिन है। जब उन्हें स्ट्रेचर पर डालकर ऑपरेशन थियेटर की ओर ले जाया जा रहा था, उनके दोनों गालों पर आँसू लुढ़क रहे थे। बाद में मुझे पता चला, वे आँसू नहीं थे, कविता थी। जगदीश स्वस्थ हो गये तो मैंने रोने का कारण जानना चाहा। जगदीश ने कविता सुना दी—

चाहता हूँ
मरने से पहले किसी मलयाली लड़की से प्यार
करूँ
तमाम प्रेयसियों को अन्तिम आशीर्वाद देते हुए
लम्बे-लम्बे ख़त लिखूँ
मगर
मौत पंजे बढ़ाती है
कटोरा भर ख़ून लिये

एक नर्स पास से गुज़र जाती है
दहशत में नींद नहीं आती है।

जगदीश चतुर्वेदी के मित्रों का मत है कि उन्हें कविता ने उतना परेशान नहीं किया, जितना लड़कियों ने। जबकि मेरी राय भिन्न है। सच तो यह है कि जगदीश ने लड़कियों को भी परेशान किया और कविता को भी। अब जगदीश सारा दोष जैनेन्द्रजी के चिन्तन पर डालकर दोषमुक्त हो जाना चाहते हैं कि 'जैनेन्द्रजी अब इस उम्र में भी ऐसी दोस्ती के हामी हैं तो मैं तो उनसे अट्ठाइस बरस छोटा हूँ।' जगदीश चतुर्वेदी ने शिमला में जैनेन्द्रजी को देखा होता, जहाँ वे सपत्नीक आये हुए थे, तो अपनी राय बदल देते। शिमला में साथ-साथ टहलते हुए जैनेन्द्र दम्पती सुखी वैवाहिक जीवन की साक्षात् तस्वीर लग रही थी। मेड फॉर ईच अदर।

जगदीश अस्वस्थ हैं। उम्मीद है, 'गेट वेल सून' की ये पंक्तियाँ उन तक भी पहुँचा देंगे।

'भूख' से कौन डरता है?

अब तक साहित्य की अनेक परिभाषाएँ की जा चुकी हैं। इधर साहित्यकार के दायित्व को लेकर बहुत-से लोग और बहुत-सी संस्थाएँ चिन्तित हो रही हैं। प्रयाग से लेकर भोपाल तक चिन्ता का एक ही विषय है— साहित्य। मैं ग़लत कह गया, चिन्ता के दो विषय हैं— साहित्य और मन्त्रिमंडल का विस्तार। भोपाल ने तो मन्त्रिमंडल का विस्तार करके एक समस्या को हल कर लिया है, प्रयाग में यह चिन्ता अभी बनी हुई है। विधायक लोग अरुण नेहरू की तरफ़ कुछ इस अन्दाज़ से टकटकी लगाकर देख रहे हैं जैसे सूखा पड़ने पर किसान आसमान की तरफ़ देखता है।

नन्दनजी, साहित्य को लेकर लोग यकायक चिन्तित क्यों हो गये हैं? क्या साहित्य दल बदल रहा है? मैंने देखा है कई तथाकथित अध्यात्मवादी इस बात को लेकर चिन्तित हैं कि साहित्य में पेड़-पौधों की उपेक्षा की जा रही है। राजनीति में जो भूमिका मेनका गाँधी निभा रही हैं, साहित्य में ये नव्य अध्यात्मवादी। उनकी चिन्ता का विषय है कि चाँदनी अब कवियों को उद्वेलित क्यों नहीं करती, अब कविता में चिड़िया क्यों नहीं चहकती? कुछ लोग साहित्य में आज भी परमार्थ तत्त्व की मध्ययुगीन धूनी रमा रहे हैं। वे साहित्यकार को उसके परिवेश में एकदम काटकर देखना चाहते हैं। उनके निकट साहित्य का आसपास (परिवेश) मात्र वह है जो उसके शरीर से, भूख से, रोटी से, योनि से और त्वचा से जुड़ता है। आध्यात्मिक संवेदना से ओतप्रोत ये लोग प्रेस की आज़ादी के भी प्रबल समर्थक हैं। अपने दिमाग़ पर बहुत दबाव देने पर भी मैं तय नहीं कर पका रहा कि नव्य अध्यात्मवाद का प्रेस की आज़ादी से कैसा गुप्त सम्बन्ध है। वरना, जो आध्यात्मिकता में अथवा नव्य आध्यात्मिकता में लीन हो गया, उसके लिए क्या प्रेस और क्या उसकी आज़ादी! भोपाल में एक वर्ग ऐसे लोगों का भी उभर रहा है जो उसी रचना को साहित्य की कोटि में रखना चाहता है, जिसे वे अपने परिवार के बीच पढ़ सकते हैं।

नन्दनजी, इन तमाम चर्चाओं को पढ़कर लगता है कि साहित्य जैसे आरती है।

चिड़ियाख़ाना है। पौधशाला है। गौशाला है। बेधशाला है। प्रयोगशाला है। जाने क्यों लोगों को मनुष्य, उसके शरीर, भूख, रोटी, योनि, इतिहास और परिवेश से वितृष्णा हो गयी है। भूख का तो लोग नाम लेना पाप समझते हैं। अभी पिछले दिनों भोपाल की एक पत्रिका 'साक्षात्कार' ने सुप्रसिद्ध दलित कवि नामदेव ढसाल की कविता 'भूख' प्रकाशित करके जैसे तहलका मचा दिया। और तो और, विधायक तक साहित्य पर अपना मत प्रकट करने लगे। विधायकों का विचार है कि कविता अश्लील है। यह सच है कि सभ्य समाज में भूख से अश्लील कुछ नहीं हो सकता। मुझे लग रहा है विधायक लोग शायद इसलिए उत्तेजित हैं कि भूख का राजनीति से गहरा रिश्ता है। भूख एक राजनीतिक प्रश्न है। उनका चिन्तित होना जायज़ है। आपने देखा होगा, जो लोग 'भूख' के नाम पर भड़कते हैं, भ्रष्टाचार के प्रश्न पर मौन रहते हैं। यह अकारण नहीं है। ये लोग अच्छी प्रकार जानते हैं कि भूख चुनाव में हरा सकती है और भ्रष्टाचार जिता सकता है।

कुछ महानुभावों ने यहाँ तक कहा कि कोई भी तहज़ीबयाफ़्ता व्यक्ति ऐसी पत्रिका न अपने घर ले जाना पसन्द करेगा और न ही अपने बच्चों को पढ़ने की अनुमति देगा। नन्दनजी, अगर यह सच है तो लोग बच्चों के सामने समाचार-पत्र किस मुँह से पढ़ते हैं? समाचार पत्रों में बलात्कार और भूख से हुई मौतों के समाचार पढ़कर बच्चों पर क्या असर पड़ता होगा? बच्चे ज़िन्दा स्त्रियों के जलाये जाने के समाचार पढ़ते होंगे तो न जाने उनके माता-पिता पर क्या गुज़रती होगी, आये दिन प्रकाशित होने वाले भ्रष्टाचार, अन्याय, घूस और बँधुआ मजदूरों के साथ होने वाले अत्याचार के समाचार बच्चों से कब तक छिपा कर रखे जा सकते हैं?

मुझे लग रहा है, जिस गति से भोपाल देश की सांस्कृतिक राजधानी के रूप से विकसित हो रहा है, उससे लोगों के मन में दहशत पैदा हो रही है। शायद वे चाहते हैं, मध्य प्रदेश को केवल आदिवासियों के रूप में याद किया जाए। साहित्यकार भूख पर, ग़रीबी पर लिखना तत्काल बन्द कर दें। अगर लिखना ज़रूरी हो तो उसके लिए पूरा ब्रह्मांड पड़ा है। उस पर लिखें। परमार्थ तत्त्व की खोज में जुट जाएँ। प्रकृति पर लिखें। जीव-जन्तुओं पर लिखें। इस देश में मनुष्य केवल मतदाता है, उसे राजनीतिज्ञों के हाल पर छोड़ दें। नामदेव ढसाल की हिम्मत ही कैसे हुई ये पंक्तियाँ लिखने की—

भूख आग की कविता हो सकती है
भूख की आग में संगीत की हत्या हो सकती है।

तनख़्वाह माँगी थी, पुरस्कार तो नहीं माँगा था

आपने ग़ौर किया होगा, देश में हर चीज़ नयी होती जा रही है। सबसे पहले पैसा नया हुआ, फिर ताक़त नयी हो गयी, कहानी नयी हो गयी और अब बीस सूत्री कार्यक्रम नया हो गया। नया बीस सूत्री कार्यक्रम। सबकी नज़रें इस कार्यक्रम पर टिकी हैं। इंका का पूरा दारोमदार इसी पर केन्द्रित है। इस नये बीस सूत्री कार्यक्रम में इतनी क्षमता है कि अगर ईमानदारी से लागू हो जाए तो विपक्ष की जमानत जब्त करा सकता है। इसके कार्यान्वयन में ढिलाई हो गयी तो इंका की जमानत जब्त होते देर न लगेगी। सत्तारूढ़ दल के पास यह अन्तिम अस्त्र है। देखना यह है कि इसका उपयोग सत्तारूढ़ दल कर ले जाता है या विपक्ष।

नन्दनजी, इसके कार्यान्वयन में कुछ व्यावहारिक कठिनाइयाँ आएँगी। ये कठिनाइयाँ कविता-कहानी के विकास में भी आयी थीं। आपको याद होगा एक सुहानी सुबह नयी कविता अचानक अकविता हो गयी थी और नयी कहानी अकहानी। मुझे आशंका है नया बीस सूत्री कार्यक्रम साहित्य की शैली में कहीं अ-बीस सूत्री कार्यक्रम न हो जाए। नये को अ होते अब देर नहीं लगती। पहाड़िया नये थे, देखते-देखते 'अ' हो गये। अन्तुले 'अ' हो गये। विश्वनाथप्रताप सिंह, विद्याचरण शुक्ल, अंजैया, चरणजीत चानना आदि को 'अ' होने में कितना समय लगा?

नन्दनजी, देखा जाए तो हिन्दुस्तान धीरे-धीरे 'अ' की ओर बढ़ रहा है। दूसरे शब्दों में कहा जायेगा कि हिन्दुस्तान का 'ह' जो देवनागरी वर्णमाला का अन्तिम अक्षर है, 'अ' की तरफ़ बहुत लाचारी से देख रहा है। मेरा मतलब है हिन्दुस्तान अभी 'अ' तक ही पहुँचा है, जाने 'ह' तक कब पहुँचेगा। इस गति से तो सदियाँ बीत जाएँगी। यह आकरण नहीं है कि देश में 'अ' प्रधान चीज़ें यकायक लोकप्रिय होती जा रही हैं। अगर आप 'अ' नहीं हैं तो आपकी पूछ नहीं है। आजकल 'अ' के वारे-न्यारे हैं। 'अ' से अमेठी है, 'अ' से अमृतसर है, 'अ' से असम है और 'अ' से अकाली है। 'अ' की महिमा अपरम्पार है। 'अ' अन्तुले है, अरुण नेहरू है,

अमिताभ बच्चन है, अरुण शौरी है। मैं जानता था कि इस दौड़ में आप भी पीछे न रहेंगे। आपने न केवल डॉ. अनिल कालिया को 'दिनमान' का लेखक बना दिया, बल्कि एक क़दम आगे बढ़कर, मेरा मतलब 'अ' से 'आ' तक की यात्रा करके, आलोक मेहता को जर्मनी से वापस बुला लिया।

नन्दनजी, 'अ' के सन्दर्भ में मैं 'अप्पू' का भी नाम लेना चाहता था, मगर संकोचवश तुरन्त नहीं ले सका। अप्पू से हाथी तो ईर्ष्या कर ही रहे थे, अब मन्त्री लोग भी ईर्ष्या करने लगे हैं। अप्पू का भाग्य ही ऐसा है। मुझे कहना चाहिए, अप्पू नाम ही ऐसा है कि तुरन्त चर्चा के केन्द्र में आ जाता है। इस देश में अब तक कई 'अप्पू' चर्चा का विषय बन चुके हैं। मगर नन्दनजी, बूटासिंह को यह क्या सूझी कि अप्पू से ही परास्त हो गये! ये कैसे खेलमन्त्री हैं? यह कैसी खेल भावना है? वैसे, इससे एक शिक्षा मिलती है। इन्दिराजी को इस पर ध्यान भी देना चाहिए। भविष्य में अगर कभी भारत में एशियाड या ओलम्पिक हो तो तत्कालीन खेलमन्त्री को ही 'शुभंकर' के रूप में स्वीकार कर लेना चाहिए। इससे पशु जगत में आदमियों के प्रति एकात्मक भाव की लहरें उठने लगेंगी।

यह सच है कि हम लोग अभी 'वर्णमाला' के 'अ' तक ही पहुँचे हैं, मगर यह बहुत दुर्भाग्यपूर्ण है कि हम अभी तक 'अ' और 'आ' का ठीक से तालमेल नहीं बैठा पाये। तालमेल बैठते ही देश में क्रान्ति आ जाएगी। आप स्वयं ही कल्पना कीजिए, अगर अरुण शौरी और अरुण नेहरू मिल जाएँ तो देश कहाँ से कहाँ चला जाए! मुख्यमन्त्रियों में भगदड़ मच जाएगी। अरुण शौरी ने जब से अन्तुले को 'क्लीन बोल्ड' किया है, लोग अरुण नेहरू की गेंदबाज़ी देखने को आतुर हैं, मगर लोगों को यह आभास नहीं कि अरुण नेहरू का विश्वास किसी मुख्यमन्त्री को 'आउट' करने में नहीं 'गेट आउट' करने में रहता है।

वास्तव में, वाद-विवाद कोई अच्छी चीज़ नहीं है। इसका नतीजा बुरा ही निकलता है। आप अन्तुले-अरुण शौरी विवाद को ही ले लीजिए। नतीजा क्या निकला? दोनों की नौकरी छूट गयी। माना कि अरुण शौरी को इधर बहुत पुरस्कार मिल रहे हैं, मगर पुरस्कार लेकर कोई क्या करेगा? चाटेगा क्या? पुरस्कार वेतन तो नहीं होते। यह दूसरी बात है कि इधर पुरस्कार भी वेतन की तरह बँटने लगे हैं।

एक अन्य मोर्चे पर दो 'अ' लड़ रहे हैं। दोनों में घमासान युद्ध चल रहा है। एक ओर अरुण नेहरू हैं, दूसरी ओर अकबर अहमद। दोनों के लिए एक ही प्रार्थना की जा सकती है कि इनका हश्र अरुण शौरी और अन्तुले जैसा न हो। कहीं ये दोनों भी वेतन के स्थान पर पुरस्कार न पाने लगें।

कालिदास अपनी पुस्तकों के प्रकाशक नहीं थे

प्रकाशक लोग कहते हैं, किताबें नहीं बिकतीं। किताबें नहीं बिकतीं तो वे कोई दूसरा धन्धा क्यों नहीं शुरू कर देते? ऐसी बहुत सी चीज़ें हैं, जो ख़ूब बिकती हैं। लेखकों की शिक़ायत है कि उन्हें रॉयल्टी नहीं मिलती। लेखकों को रॉयल्टी नहीं मिलती, तो वे अपनी पुस्तकों का स्वयं ही प्राकशन क्यों नहीं करते? पाठकों का मत है, ज़िन्दगी से कटी, उबाऊ और कुंठाजन्य किताबें क्यों पढ़ें? पाठक अब बेचारा नहीं रह गया। उसके पास अब अनेक विकल्प हैं। पत्र-पत्रिकाएँ हैं, नाट्य प्रदर्शन हैं, टीवी है, सिनेमा है, वीडियो है। इस लिहाज से पाठक भाग्यशाली है। लेखक व प्रकाशक से अधिक भाग्यशाली है। लेखक व प्रकाशक तो समाज सेवा में मरे जा रहे हैं। घाटे का सौदा कर रहे हैं। एक-दूसरे पर कीचड़ उछाल रहे हैं। कहने का अभिप्राय यह है कि समूची बिरादरी एक-दूसरे से बुरी तरह ख़फ़ा है। एक-दूसरे पर पत्थर फेंक रही है। इसकी वजह यह है कि किताबें हैं, पाठक नहीं हैं। डॉक्टर है, रोगी नहीं हैं। आकाशवाणी है, श्रोता नहीं हैं। राष्ट्रीय कार्यक्रम हैं, दर्शक नहीं हैं। अजीब माहौल है!

मगर प्रकाशकों को निराश न होना चाहिए। आकाशवाणी और दूरदर्शन से सबक लेना चाहिए। अगर आकाशवाणी श्रोताओं की उदासीनता के बावजूद ज़िन्दा रह सकती है, दूरदर्शन एक से एक कल्पनाहीन, जड़ और फूहड़ कार्यक्रम प्रसारित कर सकता है तो प्रकाशकों ने मुँह क्यों लटका लिया है? प्रकाशक चिन्तामुक्त हो जाएँगे, जब जान लेंगे कि पुस्तकें कहाँ 'डम्प' की जा सकती हैं। पाठक पुस्तकें नहीं ख़रीदते तो क्या हुआ? कुछ हुआ है, न होगा। न सही पाठक, पंचायतें तो हैं। जनजातियों के कल्याण और विकास की योजनएँ तो हैं। उन प्रकाशकों को हमेशा निराशा के दौरे पड़ते रहेंगे, जो यह सोचते हैं कि इस देश में पंचायतों का गठन पुस्तकों की ख़रीद के लिए नहीं, सत्ता के विकेन्द्रीकरण के लिए किया गया था। प्रकाशकों के लिए ज़रूरी हो गया है कि वे किताबी ज्ञान पर ज़्यादा भरोसा न करें,

पंचायतों की क्षमताओं को समझने की कोशिश करें। पंचायत एक सपना है, सम्भावना है। प्रकाशकों को अपना भविष्य पंचायतों में ही खोजना चाहिए। निराश तो एक कमज़ोर आदमी होता है, प्रकाशक एक ताक़तवर आदमी होता है। जनीतियों को दिखाने के लिए पुस्तकों की ज़्यादा से ज़्यादा थोक ख़रीद की जानी चाहिए। वे पुस्तकें देखेंगी तो पुस्तक पढ़ने की इच्छा भी पैदा होगी, पुस्तकें पढ़ने की इच्छा होगी तो लोग वर्णमाला ज़रूर सीखेंगे। हमारी विकास योजनाओं का यही विरोधाभास है कि जहाँ पेय जल दरकार है, वहाँ पुस्तकों से प्यास मिटायी जा रही है। मुझे लगता है, यह हमारा साक्षरता आन्दोलन है। आन्दोलन अन्धा होता है, वह यह नहीं देखता कि किताबों से प्यास मिटाई जा सकती है या नहीं। योग्य प्रकाशक तथा उनसे भी योग्य प्रशासक पंचायतों के विकास के नाम पर समाज सेवा का पुनीत कार्य किये जा रहे हैं। प्रकाशकों को निर्विघ्न अपने कार्य में रत रहना चाहिए। वही प्रकाशक सफल प्रकाशक होता है जो एक-सूत्री कार्यक्रम को लेकर चलता है। पुस्तक बिकनी चाहिए, चाहे पशुपालन विभाग में ही क्यों न बिक जाये! प्रकाशक को एक निःस्वार्थ शहीद की तरह किसी भी विभाग में अपना बलिदान दे देना चाहिए।

आप पूछ सकते हैं, मैं इस सुनहरे मौक़े का फ़ायदा क्यों नहीं उठा रहा! अपनी और पत्नी की दो दर्जन पुस्तकें ख़ुद ही छाप कर प्रकाशक क्यों नहीं हो जाता! आपकी जिज्ञासा जायज़ है। मैंने इस प्रस्ताव पर ख़ूब ग़ौर किया है। दरअसल मुझे दो नावों पर पैर रखकर चलना नहीं आता। मैं आरामपसन्द आदमी हूँ। मैं यह नहीं कर सकता कि अपनी लेखकीय अस्तिमता को क़ायम रखने के लिए अपनी रचनाओं और भाषणों द्वारा व्यवस्था के परखचे उड़ाऊँ, व्यवस्था पर थूकता नज़र आऊँ, लेखक सम्मेलनों में धुआँधार क्रान्तिकारी विचारों के गोले फेंकूँ और सम्मेलन समाप्त होते ही दूसरा मुखौटा पहनकर पुस्तकों की सरकारी मंडी भोपाल की तरफ़ रवाना हो जाऊँ। कोई भी लेखक-प्रकाशक मूलरूप से लेखक होता है, यह दूसरी बात है कि विख्यात लेखक-प्रकाशक उपेन्द्रनाथ 'अश्क' मूलरूप से कवि हैं। आदमी की पहचान इस बात से नहीं होती कि वह क्या है, आदमी की सही पहचान इस बात से होती है कि वह मूलरूप से क्या है! आजकल मुझे लोग 'दिनमान' के कारण व्यंग्य लेखक ही मानने लगे हैं। लेकिन मैं मूलरूप से लेखक हूँ, व्यंग्य लेखक नहीं हूँ। आयोजकों से मेरी प्रार्थना है कि वे अपने मुख्यमन्त्रियों से मेरा परिचय व्यंग्य लेखक के रूप में न कराएँ। मैं नाराज़ हो जाता हूँ, यह दूसरी बात है कि अपनी नाराज़गी प्रकट नहीं करता। यही सोच कर मैं प्रकाशक नहीं बना। मेरे दब्बू स्वभाव का लाभ उठाकर मेरा प्रकाशक मुझे रौंद डालता। आप तो जानते ही हैं कि मेरा लेखक बहुत 'टची' और स्वाभिमानी है। मेरे लेखक का स्वाभिमान मेरे

प्रकाशक को चुटकियों में बर्बाद कर देता। मेरा लेखक इतना नादान है कि कभी भी घोषणा कर सकता है कि मैं किसी भी सरकारी आयोजन में हिस्सा न लूँगा। होगा कोई कालिदास जिसने राज्याश्रय लिया होगा, होगा कोई खुशवन्त सिंह जिसने राज्यसभा की सदस्यता क़ुबूल की होगी। मैं यही सोच कर प्रकाशक नहीं बना कि प्रकाशन शुरू करते ही मेरा प्रकाशक मेरी क़लई खोल देता। 'जा जा डींग न हाँक' व्यवस्था को दुत्कारोगे तो तुम्हारी किताबें दीमक चाट जाएँगी। मकान की किस्तें कैसे उतरेंगी? बिटिया की शादी कौन करेगा? क़ाग़ज़िए, दफ़्तरी और मुद्रक से रोज़-रोज़ अपमानित होने से कहीं बेहतर है कि अपनी लेखकीय अस्मिता ताक पर रखकर अपने साथियों की तरह अशोक वाजपेयी को पटा ले, नामवर सिंह और शिवमंगल सिंह 'सुमन' को पटा ले। मुझे हर शख़्स की बात ग़ौर से सुनने का रोग हो गया है, मैं अपने भीतर के प्रकाशक की बात को ध्यानपूर्वक सुनता और तर्क-वितर्क करने लगता। प्रकाशक की बात मान जाओ। उसके किराये के गोदाम में तुम्हारी पुस्तकें दीमक चाटें, उससे कहीं बेहतर है कि सरकारी गोदामों में सरकारी दीमक तुम्हारी पुस्तकें चाटें। सरकारी दीमक अधिक हृष्ट-पुष्ट होती हैं, जल्दी चाट जाएँगी। तुम्हारी गोदाम की तो हालत ख़राब है, सिर्फ़ किताबों के बल पर वे कब तक ज़िन्दा रहेंगी।

जितना आप मुझे जानते हैं, विश्वासपूर्वक कह सकते हैं कि मैं प्रकाशन नहीं करूँगा। भूखों मर जाऊँगा, प्रकाशन नहीं करूँगा। आत्मरति में मेरा कभी विश्वास नहीं रहा। शायद यही कारण है कि मैं सोचता हूँ, ख़ुद से शोषित होने से कहीं अच्छा है, दूसरों द्वारा अपना शोषण कराया जाये। कालिदास ने प्रकाशन नहीं किया था, शेक्सपियर प्रकाशक नहीं था, टॉल्सटॉय प्रकाशक नहीं था, फिर रवीन्द्र कालिया को ही प्रकाशन करने की क्या ज़रूरत है! जहाँ तक किताबों की बिक्री का सवाल है, उसके लिए मैंने जमकर अनुसन्धान किया है। मेरी किताबें बिकेंगी, देखते-देखते बिक जाएँगी। अगली चिट्ठी में मैं विस्तारपूर्वक लिखूँगा, किताबें क्यों नहीं बिकतीं, या किताबें कैसे बिकें!

पचास ठो रुपइया और दीजिएगा

बाज़ारों में भीड़ बढ़ती जा रही है। हर शै बिक रही है। साबुन बिक रहा है, रेकार्ड बिक रहे हैं, रेडियो, टी.वी. और वीडियो बिक रहे हैं, कॉपियाँ बिक रही हैं, टूथपेस्ट बिक रहा है, मगर किताबें नहीं बिकतीं। किताबें क्यों नहीं बिकतीं, यह एक ऐसा प्रश्न है, जिसके बारे में मैंने शोध कार्य किया है। बिकौल बाबा नागार्जुन—

ठीक ही तो फरमाते हैं आप
मार्केट डल है जेनरल बुक्स का,
चारों ओर स्लम्पिंग है, मगर...

किसी भी लेखक के लिए यह चिन्ता का विषय हो सकता है कि प्रकाशन व्यवसाय में यह मन्दी क्यों है, यह सन्नाटा क्यों है? किसी भी लेखक की तरह मैं इसी नतीजे पर पहुँचा हूँ कि इसके लिए प्रकाशक ज़िम्मेदार हैं। प्रकाशक लोग पुस्तक के प्रचार-प्रसार की तरफ़ उतना ध्यान भी नहीं देते जितना गरम मसाला, दाल मसाला बनाने वाले व्यवसायी देते हैं। वे छोटा-सा सूचीपत्र छाप कर ही सन्तुष्ट हो जाते हैं। जो लोग प्रचार-प्रसार के मामले में सजग हैं, वे भी पुस्तकों के बीच किसी रूपसी की तस्वीर नहीं छपवाते। सोचने की बात है कि अगर कोई रूपसी डिटर्जेंट बार इस्तेमाल कर सकती है, सुनहरी दमक और मोती-सी चमक के साथ नाख़ूनों के शृंगार कर सकती है, बरसाती कोट पहन सकती है, अपने तन, मन और भरोसे के साबुन से स्नान कर सकती है, तो वह निश्चित रूप से पुस्तक पढ़ते हुए भी तस्वीर खिंचवा सकती है। मगर प्रकाशक लोग उदासीन हैं। वे उसकी सेवाएँ ही नहीं ले रहे। प्रकाशकों को मालूम होना चाहिए कि पाठक सौन्दर्यप्रिय हो गया है। पुस्तकों के विज्ञापन में वह लेखक की नहीं, ख़ूबसूरत मॉडल को देखना चाहता है। रूपसी किताब पढ़ेगी तो सम्पूर्ण समाज किताब पढ़ेगा। वह एक किताब ख़रीदेगी, समाज दस किताबें ख़रीदेगा।

यह स्पर्धा का युग है। अब बग़ैर विज्ञापन के चीज़ें नहीं बिकतीं। उपभोक्ताओं के सामने कई क़िस्म के चारे डाले जाते हैं। उसे बताया जाता है कि एक किलो साबुन ख़रीदोगे तो चम्मच मुफ़्त मिलेगा, चार किलो का पैक ख़रीदोगे तो बाल्टी

मुफ़्त मिल जाएगी, वनस्पति, साबुन, टूथपेस्ट, बालसफा पाउडर के विज्ञापनों का सूक्ष्म अध्ययन करने पर मैं इस नतीजे पर पहुँचा हूँ कि प्रकाशकों को भी पुस्तकों के साथ कोई न कोई तोहफ़ा ज़रूर देना चाहिए।

आपने देखा होगा कि बहुत से पाठकों को यह शिक़ायत रहती है कि पुस्तक पढ़ते ही सिरदर्द हो गया। ऐसे विशाल और निरीह पाठकवर्ग के लिए प्रकाशक क्या कर रहे हैं? वे ऐसे पाठकों के प्रति क्रूरता की हद तक उदासीन हैं। अगर वे किसी विवशतावश बोर, उबाऊ पुस्तकें प्रकाशित करने का लोभ संवरण नहीं कर सकते तो उन्हें चाहिए कि पाठकों की सुविधा के लिए पुस्तक के अन्तिम पृष्ठ पर लाइब्रेरी कार्ड की तरह सिरदर्द मिटाने वाली टिकिया का स्ट्रिप रख दें। इससे पुस्तक पढ़कर दर्दनाशक टिकिया के लिए भटकते पाठकों को राहत मिलेगी। आपने ऐसे पाठक भी देखे होंगे जो किताब का इस्तेमाल नींद की गोली की तरह करते हैं। पहले ही पैराग्राफ़ से उनकी आँखें मुँदने लगती हैं। ऐसे पाठकों के लिए पुस्तकों की बाइंडिंग कुछ इस प्रकार करायी जानी चाहिए कि वे नींद लगने पर पुस्तक से तकिये का काम भी ले सकें। रेक्सीन के नीचे फ़ोम की हल्की-सी तह रहेगी तो पाठक को गहरी, मीठी और सुखद नींद आएगी; वास्तव में विज्ञापनदाताओं ने उपभोक्ता को बाल्टी, चम्मचें, कटोरियाँ और ऐसे ताहफ़े देकर लालची बना दिया है। इस आज़मायी हुई शैली में अगर अश्कजी की पुस्तकों के साथ मेरी या गोविन्द मिश्र की पुस्तकें फ्री दी जाएँ या मन्नू भंडारी की पुस्तकों के साथ राजेन्द्र यादव की पुस्तकें अथवा राजेन्द्र यादव की पुस्तकों के साथ योगेश गुप्त की पुस्तकें मुफ़्त मिलने लगें, तो विशाल पाठक वर्ग को पुस्तकें ख़रीदने की प्रेरणा मिल सकती है। कई पुस्तकें अपच करती हैं। ऐसी पुस्तकों के साथ हिंगाष्टक चूर्ण की नन्ही-सी थैली भेंट की जा सकती है।

इधर अनेक लेखक लेखिकाओं पर और लेखिकाएँ लेखकों पर रोचक उपन्यास लिख रही हैं। ऐसी छींटाक़श रचनाओं को सेट बनाकर बेचा जा सकता हे। लेखिकाओं के उपन्यास पढ़कर जो पाठक लेखकों के जवाबी उपन्यास पढ़ना चाहेंगे, उन्हें किताब की खोज में अनावश्यक रूप से भटकना नहीं पड़ेगा। निश्चित रूप से ऐसी पुस्तकों के प्रकाशक अलग-अलग होंगे। मगर पाठकों के हित में वे संयुक्त रूप से पुस्तकों की बिक्री की व्यवस्था कर सकते हैं। इसके अलावा हिन्दी में कई सुदर्शन लेखक-लेखिकाएँ हैं। उनके पिक्चर पोस्टकार्ड वितरित किये जा सकते हैं।

हिन्दी में इधर क्लिष्ट, दुरूह और आंचलिक भाषाओं में भी उपन्यास लिखने का रिवाज़ हो गया है। पाठक सर फोड़कर रह जाता है, शब्दकोश तक जवाब दे देते हैं, मगर पाठक के पल्ले कुछ नहीं पड़ता। प्रकाशक ऐसी महान रचनाओं का हिन्दी

अनुवाद मूल रचना के साथ मुफ़्त देंगे तो कोई कारण नहीं कि पुस्तकें न बिकें। प्रकाशक अगर इन सुझावों पर अमल करेंगे तो किताबें मूँगफली की तरह बिकेंगी। हर घर में किताब होगी। मगर इसके साथ ही एक और अहम सवाल उठता है कि इसके लेखक की स्थिति में सुधार होगा कि नहीं। फ़िलहाल तो उसकी स्थिति भयावह है। वह बँधुआ मजूदर होकर रह गया है। सरकार के पास भी उसके पुनर्वास की कोई योजना नहीं है। कई बार तो यह तय करना मुश्किल हो जाता है कि वह प्रकाशक से रॉयल्टी माँग रहा है या भीख। नागार्जुन के शब्दों में—

मगर दो साल हो गये
बेटा जकड़ा है बोन टी.बी. की गिरफ़्त में
पचास ठो रुपइया और दीजिएगा
ऐं हें हें कृपा कीजिएगा
अबकी बचा लीजिएगा। ...ऐं हें हें हें
पचास ठो रुपइया लौंडे के नाम पर।

तुम चुनो, मुझमें और अमेरिका में

हिन्दी के महान साहित्यकारों की सूची 'आउट' हो गयी है। डॉ. नामवर सिंह के सम्पादकत्व में निकलने वाली सर्जनात्मक समीक्षा की पत्रिका त्रैमासिक 'आलोचना' में सूची छप गयी है। पत्रिका का नाम इसलिए देना ज़रूरी हो गया कि लेखकों और पाठकों को इधर-उधर भटकना न पड़े। उ.प्र. में हाई स्कूल परीक्षा का परिणाम किसी एक पत्र में न छप कर, उ.प्र. से निकलने वाले अनेक समाचार पत्रों में खंड-खंड प्रकाशित होता है, जिससे परीक्षार्थियों को अपना रोल नम्बर खोजने में बेहद परेशानी उठानी पड़ती है। साहित्यकारों को अपना रोल नम्बर टटोलने में कठिनाई न हो, इसे दृष्टिगत रखते हुए यह बताना ज़रूरी हो गया है कि महान साहित्यकारों की सूची 'आलोचना' त्रैमासिक के अंक 64-65 के पृष्ठ 23 पर मुद्रित है। उन साहित्यिक बन्धुओं को यह जानकारी देना भी ज़रूरी हो गया है कि सूची के अन्त में 'आदि-आदि' जैसा प्रोत्साहन पुरस्कार भी उसको नहीं दिया गया है, जो वर्षों से आदि-आदि में अपना चेहरा तलाशने के आदी हो चुके हैं। पाठकों की सुविधा के लिए जस की तस सूची उद्धरित की जा रही है।

"प्रसाद, निराला, अज्ञेय, केदारनाथ सिंह, रेणु और मनोहर श्याम जोशी का भी साहित्य आदि महान साहित्य नहीं, तो महान साहित्य कोई काल्पनिक पदार्थ ही होगा।"

इस सूची में प्रेमचन्द, हजारीप्रसाद द्विवेदी, यशपाल, रामविलास शर्मा, मुक्तिबोध, भीष्म साहनी, अमरकान्त, धूमिल आदि का नाम न पाकर मुझे कोई आश्चर्य नहीं हुआ। मेरे आश्चर्य का कारण यह है कि इस सूची में जैनेन्द्र कुमार, इलाचन्द्र जोशी, नरेश मेहता, निर्मल वर्मा तक के नाम नदारद हैं। यह नामवरजी का अन्याय है। इन लेखकों के प्रति ही नहीं, 'प्रगतिशील आलोचना दृष्टि परिपोषित' करने वाली पत्रिका के प्रति भी। दिवंगत लेखकों के बारे में कुछ कहने की स्थिति में मैं नहीं हूँ। मगर जीवित लेखकों में मैं जितना मनोहर श्याम जोशी को जानता हूँ, विश्वासपूर्वक कह सकता हूँ कि वे नामवरजी की इस उदार दृष्टि पर झेंप रहे होंगे या ठहाका लगा रहे होंगे। नामवरजी ने जो 'मारगाँठ' लगायी है, वह उससे बच निकलेंगे, भाग जाएँगे।

आजकल लेखकों के खेमों में लेखकों को प्रगतिशील और जनवादी सिद्ध करने की होड़ लगी हुई है। कोई भी लावारिस मिल जाता है तो उसे समीक्षक लोग पंडों की तरह घेर लेते हैं। पिछले दिनों मन्नू भंडारी का घेराव हुआ था, कुछ लोग उन्हें इस शैली में जनवादी सिद्ध करने में तुल गये कि हम तो आपको जनवादी मानेंगे, आप मानें या न मानें। इधर नामवरजी के नेतृत्व में कुछ समीक्षकों ने मनोहरश्याम जोशी को घेर लिया है। लगता है, निर्मल वर्मा जब से बाग़ी हुए हैं और उषा प्रियंवदा सात समुन्दर पार जा बसी हैं तब से नामवरजी को महान बनाने लायक कोई कवि अथवा कथाकार नहीं मिल रहा। कवियों में केदारनाथ सिंह निर्विवाद जैसे थे और वे सूची में आ गये।

असल समस्या कथाकार को लेकर थी। मनोहर श्याम जोशी कब तक ख़ैर मनाते? आख़िर महान हो ही गये, सेनापति ने कहा। "मनोहर श्याम जोशी तुम महान हो। महान हो, इसलिए प्रगतिशील हो। प्रगतिशील हो, क्योंकि तुम्हारे उपन्यास में डी.डी. नाम का कम्युनिस्ट पात्र है। मनोहर श्याम जोशी! यह कोई गम्भीर बात नहीं है कि 'एक प्रतिशोध डी.डी. को अमेरिका भिजवाता है तो दूसरा डी.डी. के बहाने भारतीय साम्यवादियों को गाली दिलवाता है।' और कुछ नहीं तो भारतीय साम्यवादियों की गाली देने के लिए प्रगतिशील बने रहो। अब कभी अमेरिका मत जाना, देश में तुम्हारी सख़्त ज़रूरत है। अगर विदेश जाने की लालसा हद से गुज़र जाए तो हंगरी चले जाना। चेकोस्लोवाकिया चले जाना। अफ़गानिस्तान बहुत पास है, सैर कर आना।"

मनोहर श्याम जोशी को अपने उपन्यास की तीन-तीन समीक्षाएँ पढ़ कर काफ़ी सदमा लगेगा कि वे इसलिए महान और प्रगतिशील हैं कि उनके उपन्यास 'कसप' में—

* वासना के इतने बोलते हुए चित्र, इतना ज़िन्दा खाका मिलेगा, जो अन्यत्र अलभ्य नहीं है, लेकिन बहुत सुलभ भी नहीं है।
* इस उपन्यास की सफलता से आकृष्ट होकर हिन्दी के कथाकारों में मल-मूत्र विसर्जन का अतिरिक्त उत्साह नहीं जागृत हुआ।
* अमेरिकन मुहावरों के इतने अच्छे अनुवाद भी शायद कहीं और न मिलेंगे।
* नायक-नायिका की मुलाक़ात किसी फुलवाड़ी में न कराके एक बेहद अटपटी जगह, पाखाने में करायी गयी है।
* इस उपन्यास में 'सन्देश' या 'उपदेश' ढूँढ़ना होतो वह यही होगा कि सभी लड़कियाँ बेबी जैसी हो सकती है।

* उसमें (उपन्यास में) ब्रह्मांड दिखाई देगा।
* 'कसप' की दुनिया उतनी ही और उसी अर्थ में मिथ्या है, जितना और जिस अर्थ में जीवन।
* 'धराशायी गू' को कुछ स्थूल अर्थ में भी इस उपन्यास में समेटा गया है।
* कोई भी प्रेम निरपेक्ष नहीं होता। तुम चुनो मुझमें अमेरिका में।
* डी.डी. आयुर्वेदिक तैल की गन्ध के पीछे एक और आदिम गन्ध पाता है, बबली दी के उरोजों में। तो यह है रिश्तों के चित्रकूट की वास्तविकता। उरोजों की आदिम गन्ध और अमेरिकी पैसा। (ये तमाम उद्धरण 'आलोचना' से साभार लिए गये हैं)।

पोलैंड में भी परिवर्तन की प्रक्रिया इतनी तेज़ नहीं है, जितनी तेज़ी से हमारे यहाँ प्रगतिशील समीक्षा के मानदंड बदल रहे हैं। सचाई तो यह है कि सौन्दर्यवादी, कलावादी और शिल्पवादी समीक्षा के मानदंड भी बदल रहे हैं। इन समीक्षकों को अपनी ही बात प्रभावित नहीं करती, जब तक मार्क्स अथवा एंगेल्स के लेखन से सन्दर्भच्युत कर दो-बार उद्धरण न पेश कर दें। 'लहर' का ताज़ा अंक इस दृष्टि से महत्त्वपूर्ण और रोचक है। 'आलोचना' के अंक की तरह ही संग्रहणीय। दोनों सिक्कों का एक-सा पहलू उजागर होता है।

जब साहित्यकार ठगे गये

अगर उधार मुहब्बत की कैंची है तो पुरस्कार मुहब्बत का गोंद। हर आदमी को ज़िन्दगी में मुहब्बत की किसिम-किसिम की कैंचियाँ देखने का मौक़ा मिलता है। मुहब्बत में कैंचियों के महात्म्य पर ग़ौर किया जाए तो मुहब्बत को साक्षात् मेरठ कहा जा सकता है। मेरठ कैंची के लिए मशहूर है और दंगे के लिए। मुहब्बत कैंची है और दंगा भी। डिस्को सुनकर यही लगता है कि आप मुहब्बत नहीं, दंगा कर रहे हैं। कैंचियाँ बजा रहे हैं।

उत्तर प्रदेश हिन्दी संस्थान ने इस बरस पुरस्कार की घोषणा के महीनों बाद डिस्को शैली में ही पुरस्कार बाँटे हैं। तय करना मुश्किल है, यह पुरस्कार है या तिरस्कार, मुहब्बत है या दंगा, गोंद है या कैंची, चैक है या ड्राफ़्ट, इस जन्म का पुरस्कार है या पूर्व जन्म का। लेखकों से जन्म-जन्मान्तर का सम्बन्ध स्थापित करते हुए उत्तर प्रदेश हिन्दी संस्थान ने हाल ही में पुरस्कृत लेखकों के नाम एक प्रपत्र जारी किया है। "उत्तर प्रदेश हिन्दी संस्थान की पुरस्कार योजना वर्ष 1980-81 के अन्तर्गत प्राप्त पुरस्कार से सम्बन्धित प्रशस्ति पत्र आपको भेजा गया था। उक्त प्रशस्ति पत्र में ग़लती से वर्ष 1880-81 छप गया है। अत: आपसे अनुरोध है कि उक्त प्रशस्ति पत्र संस्थान को वापस लौटा देने का कष्ट करें। पुरस्कार से सम्बन्धित संशोधित प्रशस्ति पत्र इस पत्र के साथ संलग्न कर आपको प्रेषित है।"

जिन लेखकों ने वर्ष 1880-81 वाला प्रशस्ति पत्र लौटा दिया हो, उसे संस्थान के संग्रहालय में रखा जाना चाहिए, जिन्होंने नहीं लौटाया वे अपने पूर्वजन्म का फल समझ कर उसे अपने ही पास सुरक्षित रखें। हो सकता है आने वाली पीढ़ियाँ इस पर शोध करें कि अमरकान्त बीसवीं सदी में पैदा हुए थे या उन्नीसवीं सदी में। 1983 में किसी अन्य नागार्जुन ने श्रीमती गाँधी के हाथों पुरस्कार ग्रहण किया था।

मगर यह कैसा मनहूस पुरस्कार है कि मिलकर भी न मिला। बैंक ने पुरस्कार के ड्राफ़्ट लौटा दिये। बैंक ने देश की प्रधानमन्त्री के हाथों दिये पुरस्कार के ड्राफ़्ट सधन्यवाद लेखकों को लौटा दिये। अख़बार में छपा कि 'साहित्यकार ठगे गये।'

प्रतिष्ठित कवि शमशेर बहादुर सिंह और नागार्जुन ने बैरंग लौटा चैक (अथवा ड्राफ़्ट?) संस्थान को वापिस कर दिया है। अन्य साहित्यकार भी चैक संस्थान को वापिस कर रहे हैं। बैंक ने बड़ा जुल्म किया। किसी व्यापारी का चैक होता तो मैनेजर महोदय टेलीफोन पर अवश्य सूचना देते कि आपके चैक या ड्राफ़्ट में अमुक गड़बड़ी है, मगर यहाँ मैनेजर महोदय ने चुप्पी साध ली।

देश के प्रधानमन्त्री के हाथों दिये गये ड्राफ़्ट राष्ट्रीयकृत बैंक ने लौटा दिये और सिद्ध कर दिया कि बैंक किसी की परवाह नहीं करता। अनुमान लगाया जा सकता है कि देश के औसत उपभोक्ता की क्या स्थिति होगी!

प्रधानमन्त्री को बैंक की अवमानना से सबक लेना चाहिए। पुरस्कार वितरण से पूर्व प्रधानमन्त्री को संस्थान का खाता मँगवा कर देख लेना चाहिए कि संस्थान के खाते में पैसा है या नहीं। ड्राफ़्ट देते समय एक उड़ती नज़र से देख लेना चाहिए कि ड्राफ़्ट की तारीख़ सन् बयासी की है या तिरासी की। प्रशस्ति पत्र 1881 का है या 1981 का। प्रधानमन्त्री यह काम न करेंगी, तो कौन करेगा! क्या मुख्यमन्त्री करेंगे? शिक्षामन्त्री करेंगी? शिवमंगल सिंह सुमन करेंगे?

संस्थान के अधिकारियों के पास फ़ुर्सत होती तो वे पुरस्कृत लेखकों के पते ही खोज निकालते। हिन्दी के एक वरिष्ठ लेखक को संस्थान ने ढाई हज़ार रुपये का प्रोत्साहन दिया। इसकी सूचना लेखक को प्रकाशक के माध्यम से मिली। शायद संस्थान के पास लेखक का पता नहीं था। लेखक ने तुरन्त पत्र लिखकर संस्थान को अपने पते से अवगत कराया और प्रार्थना की कि भविष्य में उन्हीं के पते से पत्र व्यवहार किया जाये। मगर संस्थान ने लेखक के पत्र पर कोई ध्यान न दिया। हो सकता है खोलकर पढ़ा भी न हो और लेखक के पत्र का सम्मान करते हुए पुरस्कार की राशि का ड्राफ़्ट प्रकाशक के माध्यम से ही भिजवा दिया।

इसे लेखक का दुर्भाग्य ही कहेंगे कि लेखक ने उक्त प्रकाशक ने अपनी बिटिया की शादी के लिए दो-चार हज़ार रुपये उधार ले रखे थे, जो लेखक की पुस्तकों की रॉयल्टी के हिसाब के रूप में चुकाये जाने थे। प्रकाशक ने पुरस्कार की राशि हड़प ली, लेखक को अपमानित करके ड्राफ़्ट के पीछे उसके दस्तख़त करवा लिये। लेखक उतना पुरस्कृत नहीं हुआ, जितना तिरस्कृत।

आशा की जानी चाहिए कि संस्थान द्वारा भविष्य में अन्य लेखकों के पुरस्कार की राशि भी प्रकाशकों के माध्यम से भेजी जाएगी। इससे प्रकाशकों को लेखकों के हिसाब-किताब करने की सुविधा रहेगी। मध्य प्रदेश सरकार की, जो लेखकों को प्रोत्साहित करने के लिए पुस्तकों की ख़रीद करती है, इस घटना से प्रेरणा लेकर

प्रकाशकों को पुस्तकों के आदेश लेखक के पते से भेजने चाहिए, वरना असन्तुलन हो जायेगा।

एक सरकार लेखकों को प्रोत्साहित करती है तो दूसरी सरकार को प्रकाशकों को प्रोत्साहित करने का पूर्ण अधिकार है। प्रकाशकों को प्रोत्साहित करना आवश्यक है। अच्छा तो यह हो कि भविष्य में पुरस्कार लेखक को न देकर प्रकाशक को दिया जाए। काग़ज़ महँगा होता जा रहा है, छपाई की दरें बढ़ रही हैं। पुस्तकालयों के पास पुस्तकें ख़रीदने के लिए बजट नहीं है, पाठक किफ़ायती संस्करण तक ख़रीदने में गुरेज कर रहा है, ऐसी स्थिति में किसी भी सरकार का प्रकाशकों के प्रति दायित्व बढ़ जाता है। आशा है राज्य सरकारें स्थिति को समझते हुए प्रकाशकों के हित में कुछ ठोस क़दम उठाएँगी।

अन्त में श्रीमती महादेवी वर्मा को बधाई देना अप्रासंगिक न होगा। समाचार-पत्रों में यह समाचार पढ़कर अत्यन्त प्रसन्नता हुई कि संस्थान की ओर से उन्हें एक लाख रुपये का चैक नहीं, ड्राफ़्ट मिला था और उसका भुगतान हो गया है। महादेवीजी की सिद्धावस्था चल रही है। ज्ञानपीठ पुरस्कार उनकी झोली में गिरा और हिन्दी संस्थान का ड्राफ़्ट भी भुन गया। दोहरी बधाई। जैसे महादेवीजी का ड्राफ़्ट भुना, सबके ड्राफ़्ट भुनें! समय आ गया है, लेखक बन्धु ड्राफ़्ट से पुरस्कार न लेकर, राजनेताओं की तरह थैली के रूप में ही ग्रहण किया करें।

साहित्यकार, नेता और भिखारी

साहित्यकार, नेता और भिखारी चार तरह के होते हैं— स्थानीय, प्रान्तीय, राष्ट्रीय और अन्तरराष्ट्रीय। स्थानीय नेता की राजनीति थाने से शुरू होती है और चुंगी पर समाप्त। प्रान्तीय नेता स्थानीय नेता को बहुत हेय दृष्टि से देखता है। प्रान्तीय नेता कुछ-कुछ वकील की तरह होता है। उसके पास मुवक्किलों की कमी नहीं रहती। ट्रांसफ़र-पोस्टिंग में ही उसकी ज़िन्दगी गुज़र जाती है। अपने मुवक्किलों से टिकट आदि का पैसा लेकर वह प्रायः राजधानी की यात्रा करता रहता है।

राष्ट्रीय स्तर के नेता का सत्ता-केन्द्र से ज़रूर कोई सम्बन्ध रहता है। वह स्थानीय और प्रान्तीय नेताओं से घिरा रहता है। उसकी आत्मा तब तक सन्तप्त रहती है, जब तक उसे संसद अथवा मन्त्रिमंडल में प्रवेश नहीं मिल जाता। अन्तरराष्ट्रीय नेतृत्व में भी भारत अपनी जगह बनाता जा रहा है।

स्थानीय साहित्यकार जीवन पर्यन्त स्थानीय पत्रों में छपता रहता है। स्थानीय साहित्यिक गोष्ठियों में वह शेर की तरह दहाड़ता है। और अपने प्रदेश के जाने-माने साहित्यकारों की जम कर धुनाई करता है। वापस आयी हुई रचनाएँ सधन्यवाद प्राप्त करते-करते वह असहिष्णु हो जाता है।

प्रान्तीय स्तर का साहित्यकार अपेक्षाकृत अधिक सन्तुष्ट नज़र आता है। सरकार द्वारा प्रकाशित की जाने वाली पत्रिकाओं में उसकी रचनाओं के साथ उसके चित्र भी प्रकाशित होने लगते हैं। नगर के आकाशवाणी केन्द्र से उसकी रचनाएँ प्रसारित होने लगती हैं और शाम के समय उसे आकाशवाणी के किसी अधिकारी के साथ कॉफ़ी हाउस वग़ैरह में चाय पीते हुए या समोसा ऑफ़र करते हुए देखा जा सकता है। अपनी सफलता से प्रभावित होकर ऐसे साहित्यकारों को दाढ़ी बढ़ाते हुए भी देखा गया है। अवकाश मिलने पर वह साहित्यिक तीर्थ-स्थलियों की यात्रा पर निकल जाता है।

राष्ट्रीय स्तर के साहित्यकार अब ट्रेन से नहीं चलते, विमान से ही यात्रा करते हैं। आज अहमदाबाद में हैं, कल शिमला में दिखायी दे सकते हैं और परसों कलकत्ता। विश्वविद्यालयों में जो टुच्ची राजनीति चलती है, वह उसका भरपूर

फ़ायदा उठाते हैं। अपनी इन्हीं करतूतों से राष्ट्रीय स्तर के अनेक साहित्यकार अपना पारिवारिक जीवन नष्ट कर बैठते हैं। वैसे भी सफलता दाम्पत्य जीवन की दुश्मन होती है। यह कहना भी ग़लत न होगा कि राष्ट्रीय स्तर के साहित्यकार सफलता प्राप्त करते ही अपना दाम्पत्य जीवन राष्ट्र को समर्पित कर देते हैं।

अन्तरराष्ट्रीय स्तर का साहित्यकार दुनियावी झंझटों से ऊपर रहता है। वह विमान की तरह आकाश में ही उड़ता रहता है, वह आकाशचारी होता है। स्वदेश में जिस तरह उसकी प्रतिष्ठा घटती है, विदेशों में उसी तरह बढ़ती रहती है। आपने भी हिन्दी के ऐसे अनेक अन्तरराष्ट्रीय साहित्यकार देखे होंगे, जिन्हें देश में कोई नहीं जानता, मगर विदेशों में जिनकी तूती बोलती है। उनकी मूल रचनाएँ अप्रकाशित रह जाती हैं और उन रचनाओं के अनुवाद सुदूर देश की पत्रिकाओं में धड़ल्ले से प्रकाशित होते हैं। जिस भाषा से उनकी कविताओं का अनुवाद किया जाता है, उस भाषा के काव्यप्रेमी उस रचना के आस्वादन से वंचित रह जाते हैं।

कुछ ऐसे भी साहित्यकार होते हैं, जो महज़ पाकिस्तान, बांग्लादेश, नेपाल और श्रीलंका में छपकर अन्तरराष्ट्रीय स्तर के साहित्यकार हो जाते हैं। कुछ साहित्यकारों की रचनाएँ रूस तक उड़ान भर कर अन्तरराष्ट्रीय स्तर के साहित्यकारों की श्रेणी में आ जाती हैं। वास्तव में अन्तरराष्ट्रीय साहित्यकारों के अपने पॉकेट हैं। किसी का पॉकेट 'ओसाका' है, किसी का 'वाशिंगटन'। कोई 'टोरांटो' में झंडा गाड़े है, तो कोई 'बीजिंग' में।

यही दशा भिखारियों की है। स्थानीय भिखारियों का एक निश्चित भिक्षा-स्थल होता है। अगर वे घूम-फिरकर भिक्षा ग्रहण करते हैं तो एक निश्चित मार्ग होता है। वर्षों की एक अथक साधना के बाद वे खोज पाते हैं कि किस मन्दिर अथवा मजार पर उत्तम भिक्षा प्राप्त होती है। प्रान्तीय स्तर के भिखारी ज़िला तहसील में भीख नहीं माँगते। उनका कार्यक्षेत्र प्रदेश की राजधानी रहता है। वे अपने अधिकारों के प्रति अधिक जागरूक रहते हैं। अगर भिखारियों ने बहिष्कार न किया होता तो देश में अभी तक एक नया पैसा, दो नये पैसे और तीन नये पैसे के सिक्के चलते रहते। आजकल पाँच नये पैसे के सिक्के के प्रति उनका क्षोभ बढ़ता जा रहा है। पाँच नये पैसे का अब भगवान ही मालिक है।

हाल में कलकत्ता के भिखारियों ने जुलूस निकाला और स्थानीय विधायक को माँगपत्र प्रस्तुत किया कि दुर्गापूजा के अवसर पर उन्हें नये वस्त्र मिलने चाहिए। जिस प्रकार एक श्रमिक गन्दे कपड़े उतार कर फैक्टरी से निकलता है, भिखारी को भी अपमान और यातना के लम्बे घंटों के बाद नये कपड़े पहनने का हक़ हासिल है।

ज़ाहिर है, अपना धन्धा चौपट करने के लिए भिखारी लोग नये कपड़ों की माँग नहीं कर रहे।

राष्ट्रीय और अन्तरराष्ट्रीय भिखारियों की झलक लेनी हो तो किसी भी वी.आई.पी. के चुनाव क्षेत्र का दौरा किया जा सकता है। सम्पूर्ण चुनाव क्षेत्र में भिखारियों का मेला लग जाता है। लगता है चुनाव नहीं, कोई अखिल भारतीय भिखारी सम्मलेन होने जा रहा है। सड़क पर, पेड़ के नीचे, ढाबे के पास, चुनाव-कार्यालयों की ओट में, तरह-तरह के भिखारी देखने को मिलेंगे। उम्मीदवार से चिन्ता प्रकट करने पर मालूम हुआ कि भिखारियों की इस भीड़ में न केवल एल.आई.यू. स्तर के भिखारी हैं, रॉ और आई.बी. के भिखारी भी मिल जाएँगे। सी.आई.ए. और के.जी.बी. के भिखारियों की उपस्थिति से भी इंकार नहीं किया जा सकता।

मुग्ध होना अपने ही निर्वसन शरीर पर

औसत हिन्दुस्तानी भगवान से इतना डरता है कि नहाते समय भी निर्वसन नहीं होता। लगता है, मेरा पहला वाक्य ही ग़लत हो गया। मुझे कहना यह चाहिए था कि औसत हिन्दुस्तानी के पास स्नान करने की भी 'प्राइवेसी' नहीं है। इसलिए अँगोछा लपेटकर या अंडरवियर पहनकर नहाता है। मगर वहाँ क्या कीजिएगा, जहाँ किसी छुट्टी के रोज़ कोई अपनी एकमात्र चड्ढी धोने का निर्णय ले ले और उसके ख़िलाफ़ प्रथम सूचना रिपोर्ट दर्ज हो जाए। मुझे लग रहा था प्रथम सूचना रिपोर्ट के भय से लोग कमीज़, कुर्ता अथवा बुश्शर्ट तो साफ़ पहनते हैं और बनियान, गंजी अथवा ब्रा की स्वच्छता के प्रति उदासीन हो जाते हैं।

मुझे लगता है, साहित्य भी दो तरह का होता है। गंजी छाप और कम्बल छाप। गंजी छाप साहित्य पढ़कर लगता है, लेखक बेवजह निर्वसन हो रहा है। कबल छाप साहित्य ज़्यादा ख़तरनाक होता है। लगता है, बेवजह इतना सम्भ्रान्त दिख रहा है। गंजी के ऊपर कुर्ता, कुर्ते के ऊपर जैकेट, जैकेट के ऊपर शेरवानी, शेरवानी के ऊपर कम्बल। ऐसा साहित्य जब नंगई पर उतर आता है तो समाज के लिए सरदर्द हो जाता है। समाज उसे छोड़ना चाहता है, वह समाज को नहीं छोड़ता।

समाज की भी अपनी कुछ सीमाएँ हैं। कई बार वह भी अपने को निर्वसन देखना चाहता है। अख़बार में जब हम किसी स्त्री के जलाये जाने की ख़बर पढ़ते हैं तो लगता है, समाज बरामदे में निर्वसन खड़ा होकर अपनी एकमात्र चड्ढी सुखा रहा है। समाज ही नहीं, हर व्यक्ति के जीवन में ऐसे क्षण आते हैं। ये अवसर तभी आते हैं जब आदमी अकेला होता है, मुख्य धारा से कटने लगता है। अगर समाज में इस वक़्त रंगीन टीवी की मुख्य धारा बह रही हो तो रंगीन टीवी विहीन समाज बहू की तरफ़ बहुत अपेक्षा से देखने लगता है। बहू अपेक्षा नहीं जगा पाती तो कैरोसिन अपेक्षा जगा देता है। समय आ गया है कि कैरोसिन ख़रीदने वालों से लिखित आश्वासन ले लिया जाए कि वे उसका उपयोग स्त्रियों पर नहीं करेंगे।

अपने पंजाबी दोस्तों की भाषा में कहूँ तो कहूँगा, अकेलापन भी बहुत 'कुत्ती

चीज़' है। यानी अकेलापन कुतिया की तरह हरजाई बना देता है। अकेलेपन पर विजय पाने की कोशिश में लोग विचित्र क़िस्म की हरक़तें करते पाये गये हैं। आईने के सामने निर्वसन होकर टकटकी लगाकर अपने को देखना भी इसी कोटि में आता है। पड़ोसियों के किवाड़ों की सन्धों में आँख गड़ा देना भी लगभग वैसी हरक़त है। कालिन विल्सन ने एक जगह इसकी भी व्याख्या की है। उनका निष्कर्ष है कि कैसे लोग सन्धों में झाँककर अपना अकेलापन मिटाना चहते हैं। समाज से जुड़ना चाहते हैं। आत्मकेन्द्रित लोग ऐसा नहीं करते। वे अपने ही निर्वसन शरीर पर मुग्ध होने लगते हैं। यह एक प्रकार की आत्मरति है। हमारे साहित्य में इसका अभाव नहीं है, संस्कृति और कला में भी अभाव नहीं है।

संसार के अनेक कलाकारों ने नारी की देहयष्टि के सौन्दर्य को अत्यन्त कलात्मक रूप से उजागर किया है। अनेक स्त्री कलाकारों ने स्वयं भी अपने निर्वसन चित्र बनाये हैं जो आज भी कला जगत में आदर की दृष्टि से देखे जाते हैं। वास्तव में निर्वसन चित्र दो प्रकार के होते हें। अपनी देहयष्टि की आत्मीय मुद्राओं का अंकन एक बात है और अपनी देह की स्तुति दूसरी बात। इधर 'दिनमान' और अन्य पत्रिकाओं में सावित्री रमन के निर्वसन चित्र प्रकाशित हुए हैं। इन चित्रों को देखकर लगता है कि सावित्री रमन को अभी सवस्त्र चित्रों पर और अधिक अभ्यास करना चाहिए था। कलाकार के लिए यह जानना बहुत आवश्यक होता है कि वह अपना 'सेल्फपोर्टेट' कर रहा है अथवा अपना मोहाविष्ट प्रस्तुतिकरण। सावित्री रमन ने अपना मोहाविष्ट रूप ही प्रस्तुत किया है। इस दृष्टि से उनका छायाचित्र अधिक प्रामाणिक लगता है। छायाचित्र में उभरे मध्यवर्गीय भाव निर्वसन चित्रों में ग़ायब हैं।

प्रसिद्ध छायाकार अश्विन गाथा ने इधर अपनी पत्नी के निर्वसन रूप का छायांकन किया है। छायाचित्रों में निस्संगता के साथ संलग्नता भी है। संगीतमयी संलग्नता और कलात्मक निस्संगता। इन चित्रों के सम्बन्ध में अश्विन गाथा के मन में कोई कुंठा नहीं, उनका मत है कि निर्वसन चित्र देखकर लोग इसलिए भड़कते हैं कि वे स्वयं कुंठित हैं, अपराध भावना से ग्रस्त हैं। जिस प्रकार हम एक फूल की श्लाघा करते हैं, उसी प्रकार एक सुन्दर शरीर की श्लाघा की जानी चाहिए। यदि उनकी पत्नी ने एक विलक्षण देह पायी है तो एक कलाकार के नाते वे उसके शारीरिक सौन्दर्य को अवश्य उजागर करेंगे।

चूँकि चित्र खींचते समय उनके मन में कोई विकृत यौन भाव नहीं रहता, इसलिए ये चित्र किसी भी कोण से अश्लील नहीं। अश्लीलता 'बिकिनी' से आती है। जहाँ वह सब दिखाने का भाव रहता है, जो आप सहज रूप से नहीं देख पाते।

ज़िन्दगी इक प्यास बन कर रह गयी...

किसी भी राष्ट्र के मूड का पता लगाने के कई तरीक़े होते हैं। एक तरीक़ा चुनाव है। दूसरा तरीक़ा अख़बार है, 'दिनमान' है। एक तरीक़ा पदयात्रा भी है। मगर सबसे सरल तरीक़ा है, फ़िल्मी संगीत। प्राय: देखा गया है कि वही गाने लोकप्रिय होते हैं, जो जनता की तात्कालिक मन:स्थिति को रेखांकित करते हैं। राष्ट्र में उमंग होती है, तो पूरा समाज गाता है : 'जवाँ है मुहब्बत, हसीं है ज़माना'। एक ज़माना था जब देश स्वाधीनता के लिए संघर्ष कर रहा था, तो हर लब पर राष्ट्रीय भावना से ओतप्रोत गाने थे। देश युद्ध की गिरफ़्त में था तो हर चौराहे पर, विवाह से लेकर उपनयन संस्कार तक के आयोजन में, यही सुनायी पड़ता था, 'अपनी आज़ादी को हम हरगिज़ मिटा सकते नहीं।' देश को मुद्रा स्फीति ने दबोच लिया तो लोग गाने लगे, 'महँगाई मार गयी।' भ्रष्टाचार असहनीय हो गया, तो हर जुबाँ पर यह तराना था, 'गोलमाल है, भई सब गोलमाल है।'

आज जाने क्या हो गया है कि हर जुबान पर एक ही गाना है—'दिल के अरमाँ आँसुओं में बह गये।' लगता है देश में, समाज में इस वक़्त गहरी निराशा व्याप्त है। विवाह, मुंडन अथवा नये पुल के उद्‌घाटन का शुभ अवसर ही क्यों न हो, लाउडस्पीकर पर यही एक धुन सुनाई पड़ रही है। 'दिल के अरमाँ आँसुओं में बह गये।' आज़ादी के बाद जनता ने जो सपने बुने थे, लगता है आज़ादी के छत्तीस बरस बाद वह सपना पिघल कर परनाले की तरह आँसुओं में बह रहा है। हर अरमाँ आँसू बन गया है।

घंटों अँगुलियाँ घुमाने पर भी जब टेलिफोन नहीं मिलता तो लगता है, यह टेलिफोन नहीं, यह आँसू है। डाक तार सेवा का उल्लेख किन शब्दों में किया जाए? केवल सिसकियाँ भरी जा सकती हैं। मुझे नहीं लगता, आँसुओं और सिसकियों के इस मातमी माहौल में मध्यावधि चुनाव की कोई धूमिल सम्भावना भी बनती है। बिजली, पानी, डाक, तार, रेल, टेलिफोन की मौजूदा हालत देखकर कोई ग़ैर-राजनीतिक आदमी ही सोच सकता है कि देश में मध्यावधि चुनाव का वातावरण निर्मित हो रहा है। इन महकमों की हालत देखकर तो लगता है कि मन्त्री लोग यह

मानकर चल रहे हैं कि अब देश में चुनाव होंगे ही नहीं। मद्रास ने तो जल आपूर्ति में पिछले सौ बरस के रिकार्ड तोड़ दिये हैं। एक बूँद जल के लिए जनता तरस रही है। 'ज़िन्दगी इक प्यास बनकर रह गयी। दिल के अरमाँ आँसुओं में बह गये।' हमारे देश की भोली जनता ने न जाने किस मुहूर्त में अरमान सँजोये थे कि कभी बाढ़ में बह जाते हैं, कभी चुनाव में बह जाते हैं, कभी सूखे में झुलस जाते हैं। हर सिम्त अरमानों की होली जल रही है। महँगाई, बेरोज़गारी और भ्रष्टाचार के संगम तट पर खड़ा राष्ट्र गा रहा है कि 'हम वोट देकर भी तनहा रह गये।' जनता को गाने दीजिए, मगर बढ़-बढ़कर दावे न कीजिए। इसका कई बार विपरीत प्रभाव पड़ जाता है। अभी हाल में हरियाणा विद्युत बोर्ड के अध्यक्ष के इस दावे से सोनीपत की जनता भड़क उठी कि 'प्रदेश में विद्युत का अतिरिक्त उत्पादन हो रहा है।' इसका क्या परिणाम निकला? अनियमित विद्युत आपूर्ति से क्षुब्ध जनता भड़क उठी। उसने स्थानीय बिजली घर पर चढ़ाई कर दी, अधिशासी अभियन्ता के घर की खिड़कियों के काँच तोड़ डाले। दरअसल प्रदेश की झूठी-सच्ची उपलब्धियों के पूरे-पूरे पृष्ठों के जो विज्ञापन इन्दिराजी व राजीव गाँधी को प्रभावित करने के लिए छपाये जाते हैं, उन्हें जनता भी पढ़ लेती है। राज्य सरकारों को मेरा सुझाव है कि वे विज्ञापनों के नीचे छह प्वाइंट में एक पंक्ति अवश्य दे दिया करें कि 'केवल राजीव गाँधी के अवलोकनार्थ।' इससे जनता, सरकार की कठिनाई समझ लेगी और उत्तेजित नहीं होगी। मद्रास की जनता इसका ज्वलन्त उदाहरण है। एक मटका पानी के लिए लम्बी कतारें लगी हैं। जनता की अश्रुधारा के समक्ष नल भगवान की तरह शान्त, निरपेक्ष और उदासीन खड़ा है। तमिलनाडु के मुख्यमन्त्री एम.जी.आर. ने जल संकट का निहायत फ़िल्मी हल ढूँढ़ निकाला, जो जनता के किसी काम न आया। लगता है, उन्हें पूर्ण विश्वास था कि भजन-कीर्तन, पूजा पाठ और हवा से वरुण देवता और इन्द्र प्रसन्न होकर प्रदेश को जल संकट से उबार देंगे। जैकब नाम का व्यक्ति कई दिनों तक टेलिफोन और रेडियो ट्रांसमीटर की मदद से वातावरण में 'कोडेड रेडियो इम्पल्सेज़' प्रेषित करता रहा, मगर कोई परिणाम न निकला। टेलिफोन सेवा यहाँ भी मार खा गयी। नतीजा यह निकला कि इस लम्बे अर्थहीन इन्तज़ार में डेढ़ किलोमीटर लम्बी 'रेड हिल्स लेक' का एक करोड़ पचास लाख लीटर पानी भी सूखकर स्वाहा हो गया। एम.जी.आर. अभी फ़िल्म जगत को भूल नहीं पा रहे हैं। राजनीति करते हुए भी वे फ़िल्मी दुनिया में जीते हैं, कौन उन्हें समझाये कि मद्रासी फ़िल्म का यथार्थ, जीवन के यथार्थ से बहुत भिन्न होता है। दोनों में उतना ही फ़ासला है, जितना 'रेड हिल्स लेक' और 'पवई लेक' में है। किसी फ़िल्म में जल संकट की इतनी विकराल स्थिति होती तो एम.जी.आर. अब तक इन्द्र देवता को पटा चुके

होते। पूरे प्रदेश में धुआँधार वर्षा हो जाती। 'रेड हिल्स लेक' में बाढ़ आ जाती। जयललिता के साथ वर्षा में भीगते हुए वर्षागीत फ़िल्माया जा चुका होता। मगर अफ़सोस राजनीति में दूसरी योग्यताएँ दरकार हैं। यहाँ अनिर्णय, लापरवाही और योजनाहीनता के लिए खलनायक को ही ज़िम्मेदार ठहराया जाता है। शायद यह धुन एम.जी.आर. के कानों तक भी पहुँची हो—

शायद उनका आख़िरी हो यह सितम
हर सितम यह सोचकर हम सह गये।

एक शाम, सलमा आग़ा के नाम

मेरी पत्नी को मुझसे सिर्फ़ दो शिक़ायतें हैं। मैं प्रसन्न हूँ कि सिर्फ़ दो ही शिक़ायतें हैं। वरना गुंजाइश कहीं ज़्यादा है। इन दो शिक़ायतों को ही बार-बार सुनकर यह आलम हो गया है कि लगता है, किसी शिक़ायत से शादी कर ली है। मेरी पत्नी की पहली शिक़ायत यह है कि मैं उसे फ़िल्म नहीं दिखाता। दूसरी शिक़ायत है कि चाट नहीं खिलाता। आख़िर एक दिन एक ज़िम्मेदार पति की तरह मैं पत्नी के साथ जाकर फ़िल्म देख आया। फ़िल्म देखने इसलिए भी चला गया कि उसमें एक पत्रकार की भी भूमिका थी। पत्रकार लेखक की बिरादरी का होता है, मैंने सोचा चलो भाई का हालचाल देख आएँ। पत्रकार भाई के रंगढंग कुछ ठीक नहीं लगे। वह गाना गाते और कमर मटकाते हुए लड़कियों के पीछे घूमता है, आहें भरता है, बीच-बीच में लम्बे उबाऊ भाषण भी देने लगता है। पूरा एक्टर हो गया है। वह और सबकुछ लगता है, पत्रकार नहीं लगता। लगता है यही फ़िल्म की ख़ूबसूरती है, सफलता का रहस्य है। अच्छी बम्बइया फ़िल्म वही होती है, जिसमें शोषित, शोषक लगता है, ब्याहता नायिकाएँ कुँआरी लगती हैं, और कुँआरी कन्याएँ शादीशुदा। कहने का अभिप्राय यही ही कि पत्रकार, पत्रकार तो कतई नहीं लगता। कभी तस्कर लगता है, कभी दिलफेंक मजनूँ, कभी भावुक शायर, कभी फ़िलॉसफ़र। अभी 'कुली' फ़िल्म रिलीज़ होने दीजिए। आप देखेंगे कि ऋषि कपूर पत्रकार की भूमिका करते हुए कैसा लगता है। आप एक चौथाई सदी से पत्रकारिता कर रहे हैं, आपने किस पत्रकार को सूट, हैट और बो-टाई में देखा है? मानकेकर, धर्मवीर भारती, अज्ञेय, खुशवन्त सिंह, शामलाल, गिरिलाल जैन अनेक पत्रकार आपने देखे होंगे, इस पोशाक में शायद ही कोई पत्रकार देखा होगा। राजेन्द्र अवस्थी भी पत्रकार हैं, मगर इधर कई वर्षों से उनसे भेंट नहीं हुई। आप लिखेंगे, आजकल वे क्या पहन रहे हैं? वैसे बम्बईया फ़िल्मों में यह कभी महत्त्वपूर्ण नहीं होता कि हीरो क्या है? पत्रकार है अथवा बटमार। डॉक्टर है अथवा वकील। वह कुछ भी होगा, उसके पास एक ठो कार ज़रूर होगी। फ़्लैट होगा, प्रेमिका होगी, पत्नी होगी। सन्तान नहीं होगी।

आजकल तस्करों, डाकुओं और पुलिसकर्मियों के बाद अब फ़िल्मों में पत्रकार की बहार आयी है। 'निकाह' क्या सफल हो गयी, निर्माताओं ने रातों रात 'पत्रकार हीरो' बना डाले। इसमें ज़्यादा मेहनत भी नहीं पड़ती। सबकुछ तो वही रहता है, पोशाक से लेकर कार तक, संवाद बदलने की भी ज़रूरत नहीं पड़ती। सिर्फ़ कार्यालय बदल दिया जाता है। फ़िल्म निर्माताओं के मनोविज्ञान से तो आप परिचित ही हैं। जब तक एक सफल फ़िल्म की नक़ल में दस असफल फ़िल्में नहीं बन जातीं, निर्माता लोगों का उत्साह कम नहीं होता। यही कारण है कि इधर देवानन्द, बी.आर. चोपड़ा, सई परांजपे, महेश भट्ट आदि दिग्गज निर्माता पत्रकारों को लेकर फ़िल्में बना रहे हैं।

पत्नी के साथ मैंने 'निकाह' फ़िल्म देखी। सलमा आग़ा ख़ूबसूरत है। आवाज़ भी बहुत प्यारी है। सुरैया और शमशाद की आवाज़ का मिश्रण है। मेरे मित्र अमरकान्तजी को सलमा आग़ा की आवाज़ तो पसन्द है, सूरत नहीं। उनका मत है कि वह एक सफल 'वैम्प' हो सकती है, तारिका नहीं। आजकल मैदान ख़ाली है। हेलेन लापता है, बिन्दु, पद्मा खन्ना का कोई नामलेवा नहीं रहा। ले-देकर एक कल्पना अय्यर है, जो सलमा आग़ा के मैदान में कूदते ही भागती नज़र आएगी। इसी समस्या पर विचार करते हुए मैं सोया हुआ था कि रात को सलमा आग़ा से न जाने कैसे भेंट हो गयी! दीपक पाराशर और राज बब्बर भी वहीं दरवाज़े के पास खड़े थे और उन दोनों के बीच सलमा आग़ा क्रुद्ध और आहत शेरनी की तरह चिल्ला रही थी। मैंने ध्यानपूर्वक उसकी बात सुनी और अचानक उन तीनों के बीच कूद पड़ा। 'तुम चलो मेरे साथ। ये दोनों मूर्ख हैं। तुम्हें ज़ेहनी तौर पर मार डालेंगे। इनके नज़दीक तुम सिर्फ़ मादा हो।' सलमा आग़ा ने एक उड़ती नज़र से राज बब्बर की तरफ़ देखा, फिर दीपक पाराशर की तरफ़। पर्स से रूमाल निकालकर आँसू पोंछे और मेरे साथ चल दी। बम्बई के उसी होटल के उसी कमरे में, जहाँ वह अलग-अलग दोनों के साथ रह आयी थी। हम दोनों देर तक उसी खिड़की से समुद्र की लहरें देखते रहे। मौक़ा अच्छा था, मैंने सलमा को समाज में औरतों की दयनीय स्थिति पर एक लम्बा भाषण पिलाया और सलमा आग़ा के उस भाषा की भी तारीफ़ की जो वह दोनों दुष्टों को देकर आयी थी। मेरे यह पूछने पर कि 'उसे उन दोनों में से किसी की याद आ रही है या नहीं?' सलमा आग़ा ने मुँह फेर आँसू पोंछ लिये। बहुत अनुरोध करने पर उसने दिल की बात बतायी कि 'पहले प्यार को कोई कैसे भूल सकता है! वह तो रूह का हिस्सा हो जाता है। राज बब्बर भी मेरे बग़ैर बहुत उदास होंगे। वे मुझे बहुत चाहते थे।' सलमा आग़ा रोने लगी। मुझे ग़ुस्सा आ गया, मैंने कहा, 'तुम ख़ुद ही आज़ाद होना नहीं चाहतीं। मैं तुम्हारी कोई मदद नहीं कर

पाऊँगा। स्वाभिमान याद से बड़ा होता है। बिल्ली पाल लोगी तो उसकी भी याद आएगी। याद एक धोखा है, छलावा है, पलायन है। कहीं नौकरी कर लो और आर्थिक रूप से स्वतन्त्र हो जाओ।'

मुझे चिल्लाते देख पत्नी की नींद खुल गयी। 'किस पर चिल्ला रहे हो?' उसने पूछा। 'सलमा आग़ा पर।' मैंने बताया और नमक मिर्च लगाकर सपने की ऐसी चाट पेश की कि पत्नी ने फ़िल्म और चाट दोनों से तौबा कर ली, 'अब कभी फ़िल्म दिखाने न ले जाऊँगी।' मैं अभी सपने का विस्तार कर रहा था कि पत्नी उठकर चल दी, सीढ़ियों की तरफ़। 'कहाँ जा रही हो?' मैंने पूछा। 'रोने।' पत्नी ने सलमा आग़ा के अन्दाज़ में कहा, और जीना चढ़ गयी।

तुसीं रोज नहाया करो

वातावरण में नाक़ाबिले बर्दाश्त चिपचिपाहट है। पंखे से भी राहत नहीं मिल रही। शरीर जैसे बर्फ़ की तरह पिघल रहे हैं। भारत यात्रा से लौट कर चन्द्रशेखर ने बताया था कि देश में पेय जल की भारी कमी है। यह दूसरी बात है कि इस तथ्य से अवगत होने के लिए चार हज़ार किलोमीटर लम्बी पदयात्रा की मशक़्क़त करने की ज़रूरत नहीं थी।

कई बार तो लगता है देश में पीने के पानी की ही नहीं, नहाने के पानी की भी कमी होती जा रही है। आजकल लॉटरी का ज़माना है, पानी भी लॉटरी की तरह व्यवहार करने लगा है। किसी प्रदेश की लॉटरी खुल जाती है और किसी की नहीं खुलती तो वहाँ सूखा पड़ जाता है। बरसात का मौसम है, अधिकारी लोग मुँह बाये बाढ़ की प्रतीक्षा कर रहे हैं। उनके जीवन में बहार की तरह बाढ़ आती है, अपने साथ राहत कोष के रूप में लाखों की राशि बहा लाती है। जिन ज़िलों में बाढ़ नहीं आती, अधिकारी लोग यह सोचकर सन्तोष कर लेते हैं कि 'न सही बाढ़, सूखा ही सही।'

सबकुछ अधर में लटका हुआ है, चिपचिपा रहा है! चिपचिपाहट के इस मुबारक मौक़े पर पंजाबी का एक टप्पा अर्ज कर रहा हूँ, जिसे जगजीत सिंह और चित्रा सिंह ने लन्दन के अलबर्ट हॉल में पेश किया था। टप्पे में लड़की फरमाती है—

बागे विच आया करो
जदों असीं सो जाइए
तुसीं मक्खियाँ उड़ाया करो।

(बगिया में आया कीजिए, जब हम सो जाएँ, आप मक्खियाँ उड़ाया कीजिए।)

लड़के का जवाब बहुत चिपचिपाहट भरा है। लगता है नहाने के पानी की भी कमी हो गयी है। वह कहता है—

तुसीं रोज़ नहाया करो
मक्खियाँ तो डरदे हो

गुड़ थोड़ा खाया करो।

(आप रोज़ नहाया करो और अगर आप मक्खियों से डरती हैं तो गुड़ कम खाया कीजिए।)

वास्तव में, सुखी दाम्पत्य जीवन के लिए रोज़ नहाना बहुत ज़रूरी है। नहाने से भी ज़रूरी है— रोज़ दाँत साफ़ करना। मैं अगर जनता को राहत पहुँचाने की स्थिति में होता तो टूथपेस्ट पर से तमाम टैक्स उठा लेता। यही नहीं, टूथ ब्रश 'निरोध' से भी अधिक सुलभ करा देता। इससे लोगों के दाम्पत्य जीवन में ताज़गी भर जाती। साँस की बदबू सम्बन्धों में सड़न पैदा कर देती है। दाम्पत्य सम्बन्धों पर अनुसन्धान करने वाली एक अमेरिकी महिला के इस निष्कर्ष से लोग चौंकेंगे कि अधिसंख्य भारतीय दम्पती अन्तरंग क्षणों में भी चुम्बन नहीं लेते। इधर यह देखा जा रहा है कि दूसरे देशों के लोग हमें बताने लगे हैं कि हम क्या करते हैं या क्या नहीं करते। दूसरे देश हमें बताते हैं कि इस वर्ष हमारे देश में चीनी का कितना उत्पादन हुआ है। कई बार तो हमें बजट बनाने के लिए भी दूसरे देशों की सहायता लेनी पड़ती है। आँकड़े पूछने पड़ते हैं कि 'भैया ज़रा यह तो बता दीजिए कि इस वर्ष हमारे देश से गेहूँ की कितनी खपत होगी? इस वर्ष बेकारों की फ़ौज में कितने प्रतिशत वृद्धि होने की सम्भावना है?'

फ़िलहाल चुम्बन की समस्या है। एक विदेशी महिला ने हमारा ध्यान इस ओर आकृष्ट किया है। चुम्बन को भावना की तीव्रतम अभिव्यक्ति माना जाता है। क्या हमारा समाज भावनाहीन और जड़ होता जा रहा है या पेस्ट के दाम बहुत बढ़ गये हैं, टूथ ब्रश महँगा हो गया है?

अभी हाल ही में एक ऐसे परिवार में जाने का अवसर मिला, जहाँ घर के तमाम सदस्य बारी-बारी से एक ही ब्रश से दाँत साफ़ कर रहे थे, जैसे टूथ ब्रश कोई गिलास हो, जिसे धोकर तमाम लोग पानी पी सकते हैं। इससे तो दातौन भली थी। कीटाणुओं का आदान-प्रदान तो नहीं करती थी। मगर आज दातौन दुर्लभ होती जा रही है। नीम की जगह युक्लिप्टस लेता जा रहा है। जिस देश में फ़िल्मों तक में चुम्बन वर्जित हो, उस समाज में चुम्बन का क्या भविष्य हो सकता है? हमारी फ़िल्मों में चुम्बन वर्जित है, बलात्कार वर्जित नहीं है। समाज उसी को आदर्श मानता है, जो वह फ़िल्मों में देखता है। यही कारण है कि समाज ने भी चुम्बन की उपेक्षा कर दी और बलात्कार की ओर बढ़ता जा रहा है। समाचार-पत्र नित्यप्रति इसका साक्ष्य प्रस्तुत करते हैं।

देश में टूथ पेस्ट के दाम गिर जाएँगे तो परिवर्तन की प्रक्रिया तेज़ हो जाएगी। पति-पत्नी के बीच प्यार के समुद्र उमड़ आएँगे, प्रेमी-प्रेमिका विश्वासपूर्वक नया

जीवन शुरू करेंगे, देश में हड़तालें कम हो जाएँगी, विधायक इतनी जल्दी असन्तुष्ट नहीं होंगे। पहले मैं सोचा करता था, टूथ पेस्ट का दाम परिवार नियोजन कार्यक्रम के अन्तर्गत बढ़ाया गया है, मगर जनसंख्या विस्फोट ने मेरी धारणा निर्मूल सिद्ध कर दी। जनसंख्या निर्बाध गति से बढ़ती जा रही है। मगर यह तय है कि टूथपेस्ट के दाम पति-पत्नी के बीच समाज की दीवार की तरह खड़े हो गये हैं। दोनों एक-दूसरे के पास जाने से कतरा रहे हैं। इसका प्रभाव लोकगीतों पर भी देखने को मिल रहा है। अब युगल गीत भी साथ-साथ नहीं गाये जाते। पहाड़ की एक चोटी पर से प्रेमी करबद्ध प्रार्थना कर रहा है कि देश में पानी की इतनी कमी नहीं हो गयी, जो तुमने नहाना छोड़ दिया है। वह कहता है— 'तुसीं रोज नहाया करो।'

पहाड़ की दूसरी चोटी से लड़की की ललकार भरी आवाज़ सुनायी देती है कि टूथपेस्ट के बारे में ही न सोचते रहो—

कोठे ते आ माहिया
मिलणा ताँ मिल आके
नई ताँ खसमाँ नूँ खा माहिया।

(ऐ मेरे महबूत तुम्हें मिलना हो तो छत पर आकर मिल लो, वरना भाड़ में जाओ।)

लड़की के स्वर में यह आत्मविश्वास, स्वाभिमान और साहस टूथपेस्ट से ही पैदा हुआ जान पड़ता है।

क्या आकाशवाणी दूरदर्शन की सौत है?

'बच्चन रचनावली' का विमोचन करते समय प्रधानमन्त्री श्रीमती इन्दिरा गाँधी ने ठीक ही कहा था कि 'आकाशवाणी तथा दूरदर्शन कविता को जन-जन तक पहुँचाने में विशेष भूमिका निभा सकते हैं। आकाशवाणी इस दिशा में सक्रिय है। मगर दूरदर्शन का सक्रिय होना शेष है।' आशा की जानी चाहिए कि दूरदर्शन हिजड़ों की तरह कमर मटकाते हुए लड़कियों के पीछे भागने वाले फ़िल्मी नायकों को जन-जन तक पहुँचाने के बाद कविता की ओर भी ध्यान देगा। व्यापक अर्थ में लिया जाये तो प्रधानमन्त्री का कविता से आशय साहित्य ही रहा होगा।

प्रधानमन्त्री के इस वक्तव्य से सहमत होना पड़ेगा कि आकाशवाणी द्वारा अपने प्रसारण में दूरदर्शन से कहीं अधिक साहित्य को समय और सम्मान दिया जाता है। इसका कारण है। आकाशवाणी के पास एक लम्बा अनुभव है, जबकि दूरदर्शन के मुँह से अभी दूध की गन्ध आती है। जन-जन की रुचि का परिष्कार करने की जो सार्थक भूमिका दूरदर्शन निभा सकता था, उसके प्रति वह अभी तक लापरवाह ही रहा है। समय रहते अगर दूरदर्शन नहीं चेता तो तब तक जनरुचि इतनी भ्रष्ट हो चुकेगी की औसत दर्शक केवल 'चित्रहार' अथवा फ़िल्म ही देखना चाहेगा और साहित्यिक कार्यक्रम उसे कड़वी दवा की तरह लगेंगे।

श्री एच.के.एल. भगत के लिए यह विश्लेषण कराना रोचक होगा कि फ़िल्म और खेलकूद के अनुपात में साहित्य को कितना स्थान दिया जाता है! कला की कितनी प्रदर्शनियाँ दिखायी जाती हैं और साहित्यिक गोष्ठियों का कितना योग रहता है! आशा की जानी चाहिए कि भगतजी असीर साहब की तरह प्रधानमन्त्री के वक्तव्य पर खुर्राटे नहीं भरते रहेंगे। उसका परिणाम वह देख रहे हैं। यहीं एक दूसरा सार्थक प्रश्न उठता है। साहित्य को दूरदर्शन पर जो थोड़ा बहुत प्रतिनिधित्व दिया जा रहा है, उसका निर्णय कौन करता है? क्या वह प्रोड्यूसरों को निजी रुचि-अरुचि पर आधारित है अथवा उसका कोई दूसरा मानदंड है? स्वतन्त्रता दिवस की पूर्व सन्ध्या पर प्रसारित तथाकथित अखिल भारतीय कवि सम्मेलन किस रूप में अखिल भारतीय था? क्या उसमें अखिल भारत के कवियों का प्रतिनिधित्व था? कवियों के

नाम कौन तय करता है? क्या इसके लिए किसी समिति का गठन किया गया है?

ज़्यादा ध्यान इस बात पर दिया जा रहा है कि दूरदर्शन पर कौन-सी फ़िल्म दिखायी जाए। इसके लिए समिति का गठन किया गया है, जिसके अध्यक्ष स्वयं महानिदेशक महोदय हैं। कलाकारों का चुनाव किसी अर्द्धशिक्षित, असाहित्यिक और भ्रष्ट अधिकारी के ऊपर न छोड़कर प्रतिष्ठित साहित्यकारों, कलाकारों और बुद्धिजीवियों की टीम के द्वारा किया जायेगा तो दूरदर्शन की विश्वसनीयता में इजाफ़ा होगा। वरना कुछ दिनों के बाद यही देखने को मिलेगा कि जिस प्रकार उ.प्र. के एक दूरदर्शन केन्द्र के 'सरस्वती' कार्यक्रम के प्रोड्यूसर प्राय: अपनी ही जाति के कवियों-लेखकों को आमन्त्रित करके उत्तरप्रदेश में दूरर्शन का नाम रोशन कर रहे हैं, शेष केन्द्रों के प्रोड्यूसर भी इसी शैली में राष्ट्रीय एकता क़ायम करना शुरू कर देंगे।

जिस राष्ट्रीय एकता की दुहाई दूरदर्शन थोड़े-थोड़े अन्तराल के बाद देता है, उसकी क़लई खुलते देर न लगेगी अगर भगतजी कथित दूरदर्शन केन्द्र में न सही राष्ट्रीय एकता, जातीय एकता ही स्थापित कर देंगे। देखा गया है कि दूरदर्शन के लगभग प्रत्येक केन्द्र के आसपास कुछ उपजीवी लोगों की जमात इकट्ठी हो गयी है, जो केवल ख़ुशामद, जातिवाद और घूस के बल पर अपना आसन जमाये हैं। घटिया, अप्रासंगिक और पटाऊ क़िस्म के कवियों को स्थान देने से बेहतर है, दूरदर्शन केवल देश के विकास की झाँकी प्रस्तुत करता रहे। अधकचरी कविताओं का पाठ कराने से कहीं बेहतर है कि श्रोताओं को कोल्हापुरी चप्पलों पर परिश्रम और कलात्मकता से तैयार किये गये कार्यक्रम दिखाये जाएँ। इनसे श्रम के महत्त्व की जानकारी तो मिलती है।

माइक्रोवेव अथवा उपग्रह की सहायता से दिल्ली दूरदर्शन का विस्तार दूर-दूर तक होता जा रहा है, मगर इन दूरवर्ती क्षेत्रों के कलाकारों को दिल्ली दूरदर्शन में सानुपातिक प्रतिनिधित्व नहीं मिलता। यह देखकर ठीक वैसा ही लगता है, जैसे भोपाल में बैठ कर दिल्ली के सुपर बाज़ार के भाव की जानकारी हासिल किया जाए। हमारे यहाँ अभी दूरदर्शन दाँत निकलने की उम्र से गुज़र रहा है। बहुत आवश्यक था कि आकाशवाणी की देखरेख में उसका विकास होता, मगर जैसा कि शीर्षक में कह चुका हूँ, दूरदर्शन आकाशवाणी को अपनी सौत समझता है। इसका इससे अधिक ज्वलन्त उदाहरण क्या दिया जा सकता है कि आकाशवाणी द्वारा स्वाधीनता दिवस की पूर्वसन्ध्या पर प्रसारित राष्ट्रपति के भाषण को दूरदर्शन ने अपने अगले सामाचार बुलेटिन में स्थान नहीं दिया।

आकाशवाणी द्वारा दूरदर्शन से पहले प्रसारित किये गये राष्ट्रपति के सन्देश का अगर दूरदर्शन द्वारा आधा घंटे तक ब्लैकआउट किया जा सकता है तो इसे सौतिया

डाह के अतिरिक्त कोई दूसरा नाम नहीं दिया जा सकता। जो लोग आकाशवाणी और दूरदर्शन दोनों के समाचार सुनते हैं, उनका मत है कि आज भी आकाशवाणी के समाचारों का 'कवरेज' दूरदर्शन से कहीं बेहतर है, इसलिए विश्वसनीय है। दूरदर्शन और आकाशवाणी के आपसी सम्बन्धों को देखते हुए एक शेर याद आ रहा है, जिस पर दूरदर्शन के अधिकारी लोग ग़ौर फरमाएँगे—

ले मेरे तजुर्बों से सबक, ऐ मेरे रकीब,
दो-चार साल उम्र में तुझ से बड़ा हूँ मैं।

दूरदर्शन का पाक्षिक धर्म

किसी भी मन्त्रालय में विशेषज्ञों और सलाहकारों की एक विशिष्ट भूमिका रहती है। मन्त्रालय में ही नहीं, राजनीति में भी। कहा जाता है कि जब-जब श्रीमती इन्दिरा गाँधी के पास सलाहकारों की अच्छी टीम रही है, उनकी सरकार की छवि में निखार आया है। राजीव गाँधी की आज जो 'मिस्टर क्लीन' की छवि है, उसके पीछे उनके प्रोफ़ेशनल सलाहकारों का भी योग है। श्री सुमित्रानन्दन पन्त, श्री नरेन्द्र शर्मा आदि विशिष्ट कवि एक अर्से तक आकाशवाणी से सम्बद्ध रहे। 'विविध भारती' नाम की परिकल्पना इन्हीं दो में से किसी कवि की होगी। यही नहीं, 'विविध भारती' के तमाम कार्यक्रमों— हवामहल, झरोखा, वन्दनवार, तरंग, जयमाला, छाया गीत के नाम अत्यन्त सटीक व कल्पनाशील हैं। ये नाम पुकार-पुकारकर कहते हैं कि आकशवाणी के साथ श्रेष्ठ कवियों का सहयोग रहा है। ये नाम किसी आला अफ़सर के दिमाग़ की उपज नहीं हो सकते। मगर नौकरशाही प्रतिभा की दुश्मन होती है। वह अपने ऊपर किसी प्रकार का अंकुश पसन्द नहीं करती— न राजनीति, का न प्रतिभा का। कमलेश्वर का अनुभव सामने है। अगर किसी बुद्धिजीवी को व्यवस्था में प्रवेश मिल भी गया है तो वह यह गुनगुनाते हुए बाहर आ गया है कि बड़े बेआबरू होकर तेरे कूचे से हम निकले।

जबसे प्रधानमन्त्री ने चिन्ता प्रकट की है कि दूरदर्शन पर साहित्य को सही प्रतिनिधितव नहीं मिल रहा, दूरदर्शन ने कविता के प्रति अपना पाक्षिक धर्म निभाना शुरू कर दिया है। कविता के अखिल भारतीय स्वरूप की पहचान कराने वाले इस कार्यक्रम का नाम है : कवि के मुख से। उद्देश्य है कवि द्वारा कविता का पाठ। कार्यक्रम का यह नाम अत्यन्त सपाट और हास्यास्पद है। यह कहना भी ग़लत न होगा कि अश्लील है। स्पष्ट है, कोई भी कवि अपने मुख से ही कविता पाठ करेगा, नासिका अथवा कान से नहीं। इस शीर्षक से तो यह भ्रम भी होता है कि जैसे अभी आपने कुछ कविताएँ कवि के मुख से सुनी हैं, अब शेष कविताएँ कवि की नाभि से सुनिए। 'कवि के मुख से' से यह ध्वनि निकलती है कि मुख सिर्फ़ कवि के पास होता है, कथाकार के पास नहीं होता। अन्य कलाकारों के केवल हाथ होते हैं।

श्रीमती सुनीता बुद्धिराजा कार्यक्रम का संचालन अत्यन्त प्रभावशाली ढंग से करती हैं, जितना उनसे बन पड़ता है। लेकिन क्या राष्ट्रीय स्तर पर प्रतिष्ठित कोई रचनाकार इसके लिए ढूँढ़ा जा सकता था जो कवियों और उनकी रचना को प्रस्तुत करते हुए वैचारिक स्तर पर उस कवि की साहित्यिक भूमिका भी उभार सके। थोड़ा होमवर्क तो बुद्धिराजाजी करें। परन्तु श्रीमती बुद्धिराज करेंगी भी क्या, जब दूसरे केन्द्रों से आने वाली वीडियो फ़िल्मों में कवि के कविता पाठ के साथ-साथ कवि के घर के बाहर रस्सी पर सूखते हुए पेटीकोट और पायजामे भी फ़िल्मा दिये जाएँ। कवि को अपनी बगिया में टहल कर कविता पाठ करते हुए अथवा आरामदेह अध्ययन-कक्ष में बैठकर काव्य रचना करते हुए वही व्यक्ति दिखा सकता है, जिसकी कविता से दूर-दूर तक रिश्ता न हो, जो कवि की रचना-प्रक्रिया से एकदम अनभिज्ञ हो। कवि की यह प्रस्तुतियाँ एकदम कल्पनाहीन हैं। इस कार्यक्रम में कवियों के भव्य अध्ययन-कक्ष देखकर लगता है कि हमारे समाज में कवि नाम का प्राणी अत्यन्त ख़ुशहाल जीवन बिता रहा है।

यह भी हो सकता है, संघर्षशील कवियों को इस कार्यक्रम से बेदख़ल रखा जा रहा हो। कार्यक्रम की पहली शर्त यही हो कि आपके पास अध्ययन-कक्ष है कि नहीं, आपकी बगिया यानी गुलशन-गुलशन फूल खिले हैं कि नहीं? अगर नहीं तो आप एक घटिया कवि हैं। आपके पास दिखाने लायक कुछ नहीं है तो पढ़ने लायक क्या होगा? जाइए पहले आप ड्राइंग-रूम ठीक कीजिए, अध्ययन-कक्ष का जुगाड़ बैठाइए, आप इस हैसियत में नहीं हैं तो हमारे स्टूडियो में चले आइए, आपको वहीं रिकार्ड कर लिया जायेगा। हिन्दी के प्रतिष्ठित कवि लीलाधर जगूड़ी को शायद इसी तर्क से स्टूडियो में रिकार्ड किया गया। कार्यक्रम अत्यन्त जीवन्त हो जाता, अगर दिखाया जाता कि कवि जगूड़ी सुबह-सुबह कितने यत्न के घर से दफ़्तर तक का लम्बा फ़ासला तय करते हैं, खचाखच भरे टैम्पो में पिसते हुए कवि जगूड़ी कैसे दफ़्तर पहुँचते हैं। क्या कवि के इस नित्य के संघर्ष का उसकी रचना-प्रक्रिया पर कोई प्रभाव नहीं पड़ता?

यह कार्यक्रम लोकप्रिय हो सकता है अगर विभिन्न भारतीय भाषाओं की मूल कविताओं के साथ उनके हिन्दी-अँग्रेजी अनुवाद की भी व्यवस्था को। वास्तव में दूरदर्शन के पास साधनों का नहीं, दृष्टि का अभाव है। जब तक मूल कविताओं का भाव दर्शक के पल्ले नहीं पड़ता, यह कार्यक्रम सरकारी क़िस्म की राष्ट्रीय एकता का जड़ पोस्टर बना रहेगा।

इस कार्यक्रम की यही उपलब्धि होगी कि कविता के प्रति दर्शकों के मन में हमेशा-हमेशा के लिए अरुचि पैदा हो जाए। दर्शक इस 'साहित्यिक चित्रमाला' का

तभी आनन्द ले सकेंगे अगर कवि लोग भी चित्रमाला की शैली में फूहड़ हरक़तें करते हुए कविता पाठ करें, कभी गिलहरी की तरह पेड़ पर चढ़ जाएँ और कभी नदी में तैरते हुए कविता पाठ करें।

'कवि के मुख से' कार्यक्रम राष्ट्रीय प्रसारण के अन्तर्गत प्रसारित किया जाता है। यह एक अच्छी शुरुआत है। राष्ट्रीय प्रसारण में राष्ट्रीय प्रतिभा को अधिक से अधिक स्थान दिया जाना चाहिए। मगर राष्ट्रीय कार्यक्रम को राष्ट्रीय एकता के रूप में ही विकसित करना चाहिए। तिलचट्टों, चमगादड़ों और अन्य पशु पक्षियों की कलात्मक सम्भोग क्रियाएँ, 'लूसी शो' तथा ऐसे ही भाड़े के अन्य कार्यक्रम अन्य प्रसारणों के अन्तर्गत दिखाये जा सकते हैं। राष्ट्रीय प्रसारण के द्वारा राष्ट्रीय उपलब्धियों, समस्याओं और राष्ट्र की विराट सांस्कृतिक सम्पदा से सीधा साक्षात्कार कराया जा सकता है।

दूरदर्शन की अदूरदर्शिता

आजकल दूरदर्शन पर समाचार के दौरान एक दृश्य बार-बार दिखायी देता है। बी.बी.सी. द्वारा भारत विरोधी प्रसारण के विरोध में इंका के किसी न किसी हृष्ट-पुष्ट नेता के नेतृत्व में ब्रितानी उच्चायुक्त के समक्ष प्रदर्शन। ये प्रदर्शन बार-बार, प्राय: नित्य दिखाये जाते हैं और इन प्रदर्शनों के तुरन्त बाद बी.बी.सी. की कोई सीरियल फ़िल्म दिखाकर इन प्रदर्शनों की नि:सारता सिद्ध की जाती है, जैसे अभी अभी आप बी.बी.सी. के विरोध में प्रदर्शन देख रहे थे, अब देखिए एक उत्कृष्ट बी.बी.सी. फ़िल्म। इसे यों भी कहा जा सकता है कि अभी आप एक निकृष्ट कोटि का प्रदर्शन देख रहे थे, अब देखिए एक उच्च कोटि की फ़िल्म। बी.बी.सी. की इन फ़िल्मों के एवज में लाखों रुपये दिये जाते हैं। इसमें कोई बुराई नहीं है। आख़िर बी.बी.सी. को भी पैसे की ज़रूरत है। कोई भी संस्था बग़ैर दृढ़ आर्थिक आधार के भारत विरोधी प्रसारण कब तक चालू रख सकती है? जब तक हम बी.बी.सी. का आर्थिक आधार दृढ़ नहीं करेंगे, उससे बेहतर कार्यक्रमों की अपेक्षा कैसे कर सकते हैं?

मैं अगर ललित माकन होता या शास्त्री, तो लगे हाथ एक प्रदर्शन, एक भव्य प्रदर्शन सूचनामन्त्री हरकिशनलाल भगत के दरवाज़े पर भी करवा देता और माँग करता कि चाहे एक सप्ताह के लिए ही क्यों न हो, दूरदर्शन पर बी.बी.सी. के समस्त कार्यक्रम रद्द किये जाएँ। भगतजी का यह क़दम फिजूल की हाय-हाय से अधिक प्रभावी होता। इस क़दम से पूरा देश आन्दोलित हो जाता। उनकी पार्टी की साख भी बन जाती। मगर भगतजी का विश्वास साख नहीं, शाख बनाने में अधिक है, जिस पर अयोग्यता और अकर्मण्यता के उल्लू दिन पर ऊँघा करते हैं। दूरदर्शन ने इस बीच धड़ल्ले से बी.बी.सी. कार्यक्रम दिखाकर अपनी अदूरदर्शिता का ही परिचय दिया है। इस दृष्टि से सूचना मन्त्री व सूचना मन्त्रालय दोनों परोक्ष रूप से बी.बी.सी. के भारत विरोधी प्रसारण के लिए ज़िम्मेदार हैं। लगता है, भगतजी का विश्वास किसी ठोस क़दम में नहीं है। यह केवल प्रदर्शन में विश्वास रखते हैं। वह सोचते हैं, ठोस काम नहीं ठोस प्रदर्शन करना चाहिए। प्रदर्शन से तमाम व्याधियों का उपचार किया जा सकता है। प्रदर्शन से सफलतापूर्वक ग़रीबी हटायी जा सकती है,

बीस सूत्री कार्यक्रमों को लागू कराया जा सकता है, भ्रष्टाचार समाप्त किया जा सकता है, चुनाव जीता जा सकता है, राजीव गाँधी को प्रसन्न किया जा सकता है, दुश्मनों की ख़बर ली जा सकती है। क्या-क्या नहीं किया जा सकता प्रदर्शन से!

इसे दुर्भाग्य ही कहा जायेगा कि लगातार सत्ता में बने रहने से इंका के कार्यकर्त्ता प्रदर्शन करना भी भूल गये हैं। प्रदर्शन देखकर पता ही नहीं चलता कि आप प्रदर्शन देख रहें हैं या स्यापा! यह प्रदर्शन है अथवा डिस्को? वैसे स्यापा भी प्रदर्शन की ही एक शैली है। इसे स्वीकार करने में कोई संकोच न होना चाहिए कि इंका के प्रदर्शन का स्तर भी गिर गया है। स्वाधीनता आन्दोलन के दौरान प्रदर्शन की जो गरिमा थी, वह समाप्त हो चुकी है। बहुत ज़रूरी हो गया है कि इंका कार्यकर्ताओं को विधिवत प्रदर्शन का प्रशिक्षण दिया जाए और समय रहते प्रदर्शन-प्रशिक्षण शिविर का आयोजन कर लिया जाए। चुनाव सिर पर आ रहे हैं, आये दिन प्रदर्शनों की ज़रूरत पड़ेगी। इन शिविरों में बताया जाना चाहिए कि प्रदर्शन किसे कहते हैं। अर्थात् प्रदर्शन की परिभाषा क्या है, प्रदर्शन कितने प्रकार के होते हैं, अच्छे प्रदर्शन की क्या शर्तें हैं, प्रदर्शन और स्यापा में क्या अन्तर है? प्रदर्शन और स्यापा की समानताओं और विषमताओं पर प्रकाश डाला जाना चाहिए। डिस्को का प्रदर्शन पर क्या प्रभाव पड़ रहा है? देश में प्रदर्शन के गिरते हुए स्तर की विशद व्याख्या की जानी चाहिए।

अगर सत्तारूढ़ दल के प्रदर्शनों का स्तर इसी गति से गिरता रहा तो विपक्ष के प्रदर्शन की क्या गति होगी? कांग्रेस के पास प्रदर्शन की इतनी शानदार परम्परा थी, जिसे नयी पौध ने एकदम बर्बाद कर दिया। आज भी कांग्रेस में ऐसी विभूतियों की कमी नहीं है, जिन्हें देखकर लगता है कि ये नेता या मन्त्री कम, प्रदर्शनकारी अधिक हैं। यों तो मन्त्रिपरिषद में मन्त्रियों की रंगारंग प्रदर्शनी लगी हुई है, मगर मन्त्रिपरिषद में एक भी प्रदर्शनकारी नहीं है। यह ठीक इस प्रकार है कि भिन्न-भिन्न पोर्टफोलियो होने पर भी मन्त्री लोग केवल एक काम पूर्ण मनोवेग से करते हैं, वह है उद्घाटन का काम। उद्घाटन करते-करते ही उनका कार्यकाल समाप्त हो जाता है। ऐसा कोई बिरला मन्त्री ही होगा जिसने अब तक उद्घाटन शतक न लगा लिया हो। मन्त्रिमंडलों का विस्तार देखकर यह भ्रम उत्पन्न होना स्वाभाविक है कि उद्घाटन के बढ़ते हुए दबाव को देखते हुए ही मन्त्रियों की संख्या निरन्तर बढ़ती रहती है। इससे तो कहीं अच्छा यह होता कि उद्घाटन मन्त्री के पद का सृजन करके अन्य मन्त्रियों को अपने विभाग का काम देखने का भी अवसर दिया जाता। मन्त्रिमंडल के अगले विस्तार में उद्घाटनमन्त्री और प्रदर्शनमन्त्री की नियुक्ति के प्रस्ताव पर गम्भीरतापूर्वक विचार किया जाना चाहिए। प्रदर्शनमन्त्री की नियुक्ति नहीं हुई तो देश में प्रदर्शन का स्तर गिरता चला जायेगा।

यह आकाशवाणी है

देश में आजकल जो कुछ हो रहा है, बीस सूत्री कार्यक्रम के अन्तर्गत हो रहा है। मुझे पूर्ण विश्वास है, आप भी बीस सूत्री कार्यक्रम के अन्तर्गत ही विशेष भ्रमण कर रहे हैं। मैं इस नतीजे पर पहुँचा हूँ कि अगर बाज़ार से किरोसिन ग़ायब है, तो इसका एक ही अर्थ है कि बीस सूत्री कार्यक्रम का कड़ाई से पालन हो रहा है। गल्ले का भाव बढ़ रहा हो, विद्युत अथवा जल आपूर्ति में विघ्न आ रहे हों, तुरन्त इस नतीजे पर पहुँच जाना चाहिए कि सरकार बीस सूत्री कार्यक्रम लागू करने पर आमादा है। इंका में तो बीस सूत्री कार्यक्रम इतना लोकप्रिय हो रहा है कि विधायक लोग बीस सूत्री कार्यक्रम के अन्तर्गत असन्तुष्ट होने लगे हैं। जो थोड़े-बहुत सन्तुष्ट पार्टी के पास रह गये हैं, वे भी बीस सूत्री कार्यक्रम के अन्तर्गत ही सन्तुष्ट हैं। कुछ राज्य सरकारों ने तो दो क़दम आगे बढ़कर बीस सूत्री कार्यक्रम के अन्तर्गत क्षेत्रीयता और प्रान्तीयता की भावना को मजबूत बनाने का संकल्प ले लिया है। इस दिशा में केन्द्रीय सरकार के कुछ मन्त्रालय भी सक्रिय नज़र आते हैं।

सबसे पहले केन्द्रीय सूचना और प्रसारण मन्त्रालय की नीतियों का जायज़ा लेना ज़रूरी हो गया है। अभी हाल में केन्द्रीय सूचना प्रसारण मन्त्रालय ने बीस सूत्री कार्यक्रम के अन्तर्गत शायद मितव्ययिता को दृष्टिगत रखते हुए, कलाकारों के अन्तर-प्रान्तीय कार्यक्रमों पर रोक लगा दी है। अब इलाहाबाद का कथाकार कहानी पढ़ने जबलपुर नहीं जा सकता। अमज़द अली मध्य प्रदेश की सीमा का उल्लंघन नहीं कर पाएँगे। कुमार विकल आकाशवादी के चंडीगढ़ केन्द्र से चाहे जितनी कविताएँ सुनाएँ, कवि सम्मेलन में भाग लेने हैदाराबाद नहीं बुलाये जाएँगे। सुब्बलक्ष्मी को वाराणसी केन्द्र पर बुलाना कठिन हो गया है। ऐसा क्रान्तिकारी क़दम उठाने के लिए श्री एच.के.एल भगत को बधाई दी जानी चाहिए। उन्होंने सूझबूझ का परिचय दिया है। कलाकारों के अन्तर-प्रान्तीय कार्यक्रमों द्वारा राष्ट्रीय एकता स्थापित होने का ख़तरा पैदा हो सकता था।

इस देश में गधे अखिल भारतीय पशु मेले में भाग लेने प्रयाग जा सकते हैं, अन्तर-प्रान्तीय कथा सम्मेलन में भाग लेने लेखक नहीं जा सकता। संगम तट पर

अखिल भारतीय पशु मेले का उद्‌घाटन करके प्रधानमन्त्री ने सिद्ध कर दिया कि सूचना प्रसारण मन्त्रालय से तो पशुपालन मन्त्रालय अधिक सक्रिय है। यह दूसरी बात है कि जब श्रीमती गाँधी उद्‌घाटन भाषण दे रही थीं तो बत्तखें ज़रूरत से ज़्यादा शोर मचा रही थीं। श्रीमती गाँधी के जाने के बाद जब मैंने दाना चुगाते हुए, एक बत्तख से बहुत प्यार से पूछा कि प्रधानमन्त्री के भाषण के दौरान तुम इतना शोर क्यों मचा रही थी, तो बत्तख ने निहायत सादगी से जवाब दिया, 'वह तथा दूसरी बत्तखें दरअसल प्रधानमन्त्री से प्रार्थना कर रही थीं कि देश में कलाकारों और लेखकों को भी यह सुविधा दी जानी चाहिए जो पशुओं और पक्षियों को दी जा रही है। इस देश में गधों का दाम बढ़ता जा रहा है और कलाकारों का घटता जा रहा है। आप स्वयं प्रदेश के पशुपालन मन्त्री संजय सिंह से पूछ लीजिए कि प्रदर्शनी में एक ऐसा गधा आया है, जिसका दाम एक लाख रुपये है।' बत्तख कुछ परेशान नज़र आ रही थी। मेरे पूछने पर कि 'इतना पौष्टिक दाना चुगते हुए भी वह परेशान क्यों नज़र आ रही है।' बत्तख ने बताया कि बत्तखों के बीच इधर यह चर्चा आम है कि यदि स्थिति में सुधार न हुआ तो हो सकता है भगतजी हम लोगों पर आकाशवाणी और दूरदर्शन के लिए कार्यक्रम प्रसारित करने के लिए दबाव डालें। आज हरियाणा से आये एक बैल ने यह रहस्योद्‌घाटन करके पशु-पक्षी जगत में उत्तेजना पैदा कर दी कि बीस सूत्री कार्यक्रम के अन्तर्गत उत्तर प्रदेश में सांस्कृतिक मामलों से सम्बन्धित सीमियों में ग़ैर-सांस्कृतिक लोगों की भर्ती शुरू हो गयी है। बैल ने यह भी बताया कि श्रीमती गाँधी की उपस्थिति में जो गैया उत्तेजित हो गयी थी, वह भी प्रदेश में साहित्य, संस्कृति और कला की शोचनीय स्थिति पर प्रधानमन्त्री को एक ज्ञापन देना चाहती थी, मगर प्रदेश के पशुपालन मन्त्री ने पुचकार कर गैया को शान्त कर दिया।

बत्तख की भावनाओं ने मुझे द्रवित कर दिया। मैं खुशवन्त सिंह की तरह ऐसे भी नहीं सोचता कि एशियाड और निर्गुट सम्मेलन पर खर्च हुई धनराशि से हुगली पर नया पुल बनाया जा सकता था या दक्षिण में पेय जल का संकट दूर किया जा सकता था अथवा थेन डैम के निर्माण में गति लाकर पंजाब, हरियाणा और राजस्थान की जल समस्या हल की जा सकती थी। मैं दूसरी तरह से सोचता हूँ। अपनी बात स्पष्ट करने के लिए मैं एक उदाहरण दूँगा। उ.प्र. के भूतपूर्व मुख्यमन्त्री ने प्रदेश के सांस्कृतिक विकास के लिए दस करोड़ रुपये की राशि का प्रावधान किया था। प्रदेश में व्याप्त सांस्कृतिक सन्नाटे से आतंकित होकर जब कुछ पत्रकारों ने वर्तमान मुख्यमन्त्री से पूछा कि 'वह दस करोड़ रुपये कहाँ गये?' तो मुख्यमन्त्रीजी ने सूचना दी कि 'वह धनराशि विद्युत बोर्ड को सूद पर दे दी गयी है, क्योंकि उनकी सूद की दरें बहुत आकर्षक हैं।' मुख्यमन्त्रीजी शायद यह नहीं जातने कि विद्युत बोर्ड एक

प्रदूषित समुन्दर है। एक ऐसा समुन्दर कि उसे आई.एम.एफ. का पूरा ऋण पिला कर देख लीजिए, डकार तक न लेगा। प्रदेश का साहित्य, उसकी संस्कृति और कलाएँ उसके उदर में विलीन होती जा रही हैं। प्रदेश की सांस्कृतिक छवि देखकर लगता है कि बीस सूत्री कार्यक्रम के अन्तर्गत विद्युत बोर्ड सूद की रकम नियमित रूप से भुगतान नहीं कर रहा। सूद की दरें आकर्षक न भी हों, साल भर का सामान्य सूद कम से कम एक करोड़ रुपये होता है। सूद का भुगतान समय पर हो गया होता तो उस सूद के शतांश से हिन्दी की वयोवृद्ध कवियत्री श्रीमती महादेवी वर्मा को एक लाख रुपये का पुरस्कार अब तक मिल जाना चाहिए था, जिसकी वीर घोषणा एक वर्ष पूर्व उ.प्र. शासन ने की थी। हो सकता है, महादेवीजी की पुरस्कार राशि बीस सूत्री कार्यक्रम के अन्तर्गत किसी अन्य विभाग में सूद कमा रही हो।

कल उनका है तो आज किसका है?

विजयवाड़ा थर्मल पावर स्टेशन के हिलटॉप गेस्ट हाउस से विपक्ष के चौदह राजनैतिक दलों के चौबीस धुरन्धर नेता केन्द्र की उतनी कड़ी आलोचना न कर पाएँ जितनी कड़ी आलोचना भारत सरकार का केन्द्रीय सूचना और प्रसारण मन्त्रालय कर रहा है। अब विपक्ष की यह सनातन शिक़ायत दूर हो जानी चाहिए कि केन्द्रीय सूचना और प्रसारण मन्त्रालय विपक्ष के साथ सौतेला व्यवहार करता है। सूचना और प्रसारण मन्त्रालय ने अब अपनी ही सरकार के साथ सौतेला व्यवहार शुरू कर दिया है। आकाशवाणी द्वारा बीस सूत्री कार्यक्रम के क्रियान्वयन की दिशा में 'मिलावट, मिलावट, मिलावट, मिलावट' का राग मिलावट मालकौंस आप प्राय: सुनते होंगे, अब पढ़िए नये बीस सूत्री कार्यक्रम के प्रचार के बहाने आजकल के हालात पर भारत सरकार के सूचना प्रसारण मन्त्रालय की दो-टूक टिप्पणी।

प्रधानमन्त्री, डॉ. फ़ारूख़ अब्दुल्ला से ख़फ़ा हैं कि उन्होंने विजयवाड़ा में विपक्ष का साथ दिया, जबकि सचाई यह है कि सूचना प्रसारण मन्त्री श्री एच.के.एच. भगत बग़ैर विजयवाड़ा गये, विपक्ष की ठोस भूमिका निभा रहे हैं। डी.डी.ए. की दीवारें गिराने के बाद अब भगतजी सूचना प्रसारण में पधारे हैं। समाचार-पत्रों तथा पत्र-पत्रिकाओं से उनके आगमन का आभास मिल रहा है। नये बीस सूत्री कार्यक्रम के नये विज्ञापन पर आपकी दृष्टि ज़रूर गयी होगी—

कल उनका,
जो पसीना बहाकर भूखे सो जाते हैं।

'बात बोलेगी हम नहीं' की शैली में भगतजी ने सिद्ध कर दिखाया है कि देश में आज़ादी के छत्तीस बरस बाद भी ऐसे लोग हैं, जो दिन भर पसीना बहाते हैं और भूखे सो जाते हैं। भगतजी से पूछा जाना चाहिए कि अगर लोग दिन भर पसीना बहाकर भूखे सो जाते हैं तो इसके लिए कौन ज़िम्मेदार है? क्या इसके लिए मोरारजी देसाई, चरण सिंह, अटलबिहारी वाजपेयी और ज्योति बसु ज़िम्मेदार हैं? क्या नये बीस सूत्री कार्यक्रम का यही उद्देश्य है कि लोग दिन भर पसीना बहाएँ और कल के इन्तज़ार में भूखे सो जाएँ? विज्ञापन पढ़कर किसी भी पाठक के मन में एक

और जिज्ञासा उठेगी कि अगर कल उनका है, जो पसीना बहाकर भूखे सो जाते हैं, तो फिर आज किनका है?

इस विज्ञापन से तो यही ध्वनि निकलती है कि आज उन्हीं का है जो पसीना नहीं बहाते और भरपेट भोजन करते हैं। आज किसका है? लोकदल, भाजपा, माकपा का तो आज नहीं है। अगर आज एच.के.एल. भगत, भजनलाल, जगन्नाथ, अर्जुन सिंह का है तो उनसे पूछा जाना चाहिए कि लोग दिन भर पसीना बहा कर भूखे क्यों सो रहे हैं? मगर भगतजी कल तक का समय चाहते हैं। लगता है उनके हाथ में कोई जादू की छड़ी आ गयी है। उन्हें पूर्ण विश्वास हो गया है कि कल उनका है, जो शोषित हैं, पीड़ित हैं, अपमानित हैं। जो जेठ की चिलचिलाती धूप, पूस की सनसनाती बर्फ़ीली हवा और भादों के घनघोर मेह में भी पसीना बहा रहा हैं। मगर यह कल कब आयेगा? कल कितने वर्ष का होता है? अगर यह कल सन् पचासी तक भी न आया तो क्या होगा?

इंका का क्या होगा, भगतजी क्या करेंगे, कहाँ जाएँगे, किसका मुँह ताकेंगे? मतदाता उन्हें डी.ए.वी.पी. के विज्ञापन दिखा-दिखाकर चिढ़ाएँगे। मतदाता को आनेवाले कल का हल्का-सा आभास रोज़ मिलता है। इस बरस राजधानी में ज़्यादा औरतें जलायी जा रही हैं। महँगाई बढ़ रही है, भ्रष्टाचार बढ़ रहा है, दिन-ब-दिन आदमी ज़्यादा पसीना बहाने को मजबूर हो रहा है। एक बूँद जल के लिए मद्रास की जनता तरस रही है। हो सकता है भगतजी अपनी खिल्ली उड़ा रहे हों। आदमी जब हताश हो जाता है तो यही करता है। अपना गिरेबान ख़ुद ही फाड़ने लगता है। अपनी ही सरकार को जनता की अदालत के कठघरे में खड़ा कर देता है। यह काम कोई कर्तव्यनिष्ठ राष्ट्रप्रेमी और साहित्यिक सुरुचि सम्पन्न नेता ही कर सकता है।

यह कहना ग़लत न होगा कि तमाम ख़ामियों के बावजूद उक्त विज्ञापन साहित्य की कसौटी पर एकदम खरा उतरता है। श्रेष्ठ साहित्य वही होता है जो अपने समय के यथार्थ को रेखांकित करने के साथ-साथ, सुनहरे उज्ज्वल भविष्य की तस्वीर भी पेश करता है। हमारे समय की यथार्थ यही है कि दिन भर पसीना बहाओ और रात को भूखे पेट सो जाओ। सूचना प्रसारण मन्त्रालय राष्ट्र को अन्धकार में नहीं रखना चाहता, कल का सपना दिखाकर वह यथार्थ के साथ आदर्श का पुट जोड़ देता है। इस दृष्टि से यह विज्ञापन आदर्शोन्मुख यथार्थवाद का सटीक उदाहरण है। सूचना प्रसारण मन्त्रालय गर्व के साथ राष्ट्र का यथार्थ से साक्षात्कार करा रहा है। श्रेष्ठ साहित्य की यही भूमिका है। डी.ए.वी.पी. ने कल के प्रति आशा जगाकर अपने प्रगतिशील दृष्टिकोण का परिचय दिया है। प्रतिगामी शक्तियाँ ही भविष्य के अन्धकारमय पक्ष को उजागर करती हैं। प्रगतिशील शक्तियों का दृष्टिकोण सदैव

सकारात्मक रहता है। डी.ए.वी.पी. की चिन्ता का विषय यह हो ही नहीं सकता कि लोग चिलचिलाती धूप में पसीना बहाकर, भूखे पेट सो रहे हैं; उसकी चिन्ता का विषय यह जान पड़ता है कि लोग पसीना क्यों बहा रहे हैं, जबकि वे जानते हैं कि उन्हें भूखे पेट सोना है।

अगला विज्ञापन उन्हें कुछ इस शैली में जारी करना चाहिए कि 'भूखे पेट सोइए, पसीना मत बहाइए।' वास्तव में डी.ए.वी.पी. के उक्त विज्ञापन में अनेक सम्भावनाएँ हैं। यह एक बहुआयामी विज्ञापन है। प्रगतिशील होते हुए भी प्रतिगामी है; क्योंकि इसका एक यह भी अर्थ निकलता है कि कल उनका नहीं है, जो पसीना बहाते हैं और भरपेट भोजन कर के सोते हैं। 'दिनमान' के पाठक इस विज्ञापन का मनन करेंगे तो पाएँगे, अन्य अनेक अर्थ और संकेत उनके सामने मुँह बाये खड़े हैं।

नींद क्यों नहीं आती

मुझे और कुछ आती हो या न आती हो, नींद ख़ूब आती है। आप कह सकते हैं कि यह वाक्य ग़लत है। मैं इस वाक्य को शुद्ध करने की कोशिश करूँगा तो दूसरी ग़लती कर बैठूँगा। ज़ेहन में नया वाक्य कुछ इस प्रकार उभर रहा है : 'मुझे और कुछ आता हो या न आता हो नींद ख़ूब आता है।' पाठक सोच रहे होंगे, मैं बंगभाषी हूँ। एक हद तक उनका अनुमान सही है। मैं बंगभाषी तो नहीं, अहिन्दीभाषी ज़रूर हूँ। लोगों को नींद नहीं आती, मुझे हिन्दी नहीं आती। जी हाँ, नींद भी एक भाषा है। नींद का निजी व्याकरण होता है और निजी शब्द भंडार। आपने अकसर खुर्राटे सुने होंगे, खुर्राटा नींद का एक छोटा-सा मुहावरा है। मेरे लिए नींद कभी समस्या नहीं बनी। ले-देकर नींद ही मेरी पूँजी है, मेरा समूचा बैंक बैलेंस है। हर मजदूर को यह पूँजी अनायास उपलब्ध हो जाती है। वह क़लम का मजदूर हो या कुदाल का। चचा ग़ालिब अपवाद थे, जिन्होंने बिस्तर पर करवटें बदलते हुए ज़िन्दगी बसर कर दी। दरअसल चचा ग़ालिब क़लम के मजदूर नहीं, क़लम के बादशाह थे। नवाबों की तरह दिन भर सोते थे और रात भर करवटें बदलते थे। यह अकारण नहीं था। दरअसल चचा ग़ालिब के ज़माने में नोबेल पुरस्कार की व्यवस्था नहीं थी। आज के साहित्यकारों की नींद तो पुरस्कारों ने हराम कर रखी है। आये दिन कोई न कोई लेखक पुरस्कृत हो जाता है, जिसका साथी लेखकों की नींद पर बहुत बुरा असर पड़ता है। एक पुरस्कार में सौ लेखकों की नींद हराम करने की शक्ति होती है। लेखक समुदाय के स्वास्थ्य को दृष्टिगत रखते हुए सरकार को पुरस्कारों की सीमा निश्चित कर देनी चाहिए। जिस प्रकार सरकार ने भूमि की सीमा निर्धारित कर दी है, अब पुरस्कारों पर भी अंकुश लगाना ज़रूरी हो गया है।

यह तो सरासर अन्याय है कि महादेवी वर्मा ने एक ही वर्ष के भीतर दो-दो लखटकिया पुरस्कार प्राप्त कर लिये। अज्ञेय ने राष्ट्र के लगभग तमाम पुरस्कार बटोरने के बाद अब अन्तरराष्ट्रीय पुरस्कार प्राप्त करने शुरू कर दिये हैं। इसका आने वाली पीढ़ियों पर बहुत बुरा असर पड़ेगा। श्रीकान्त वर्मा न जाने कहाँ से संयुक्त राष्ट्र की भारतीय परिषद का पुरस्कार खोद लाये। हरशिंकर परसाई के बारे में अब

क्या कहा जाये, वरिष्ठ व्यंग्य लेखक हैं, बीस हज़ार रुपये का 'चकल्लस' पुरस्कार स्वीकार करके अपने किये-कराये पर पानी फेर दिया। हरशिंकर परसाई और भीष्म साहनी को हम प्रगतिशील लेखक मानते थे। हिन्दी जगत उन पर आस लगाये बैठा था। मगर दोनों दग़ा दे गये। फिर भी दोनों लेखकों की जीवनशक्ति की दाद देनी पड़ेगी कि उन्होंने साहित्य अकादेमी से जीते जी पुरस्कार लेकर दिखा दिया, वरना साहित्य अकादेमी मरणोत्तर पुरस्कारों की अखंड परम्परा विकसित करने पर अमादा है। पुरस्कार प्राप्त करने के लिए लेखक को अपने प्राणों की आहुति देनी पड़ती है। जिस माई के लाल में दम हो, पुरस्कार लेकर दिखा दे। साहित्य अकादेमी के पुरस्कार की चर्चा आने पर पिछले दिनों हिन्दी के वरिष्ठ लेखक श्री उपेन्द्रनाथ अश्क ने कहा कि वे साहित्य अकादेमी का पुरस्कार लेना नहीं चाहते, वे ज़िन्दा रहना चाहते हैं। सर्वेश्वर दयाल सक्सेना जब तक जीवित रहे, साहित्य अकादेमी के कुचक्र से बचते रहे। साहित्य अकादेमी ने उनकी असामयिक मृत्यु के बाद उन्हें भी न बख़्शा, इस वर्ष का पुरस्कार उन्हें देकर ही मानी। सर्वेश्वरजी जीवित होते तो साहित्य अकादेमी यह गुस्ताख़ी न करती।

पुरस्कारों से त्रस्त होकर मेरे एक लेखक मित्र को 'प्राइज़ फोबिया' हो गया है। स्थितियाँ इतनी विषम हैं कि यह किसी भी संवेदनशील लेखक को हो सकता है। प्रत्येक पुरस्कार की घोषणा के साथ मेरे मित्र की नींद फाख़्ता हो जाती है, जाने कहाँ चली जाती है, साइबेरिया चली जाती है या अन्दमान। एक ज़माना था, देसी पुरस्कारों से वे विचलित नहीं होते थे, मगर जब से लखटकिया पुरस्कारों का दौर आया है, उनका रक्तचाप बढ़ गया है। डिप्रेशन का दौरा पड़ जाता है। नींद तो चौपट हुई ही थी, अब लेखन भी चौपट हो रहा है। आजकल उन्हें प्रत्येक पुरस्कार के पीछे एक सुनियोजित षड्यन्त्र नज़र आता है या गुटबन्दी। मैंने उन्हें सलाह दी कि इस तरह रुग्ण रहने के कहीं अच्छा है कि वे भी इस षड्यन्त्र में शामिल हो जाएँ और समय रहते अपना गुट बना डालें, मगर मेरी बात उनके भेजे में उतर नहीं रही।

आप आश्चर्य करते होंगे कि मैं अपनी नींद की बात न करके, दूसरों की नींद का ब्यौरा क्यों पेश कर रहा हूँ! लगता है, मैं बहक रहा हूँ, क्या किया जाए, अब उम्र ही ऐसी है! मैं उम्र के उस स्टेशन पर पहुँचने वाला हूँ, जहाँ से बुढ़ापे की सरहदें शुरू हो जाती हैं। सब जानते हैं, बुढ़ापा नींद चोर होता है। यही वजह है कि मैंने भगवान से अभी से प्रार्थना करना शुरू कर दिया है कि हे भगवान, बुढ़ापे को आना है, ज़रूर आए, उसका स्वागत है, मगर जब आए नींद को साथ लेकर आए। निन्दिया रानी के बग़ैर वह न कटेगा। आप मेरे शब्दों से ही मेरी उम्र का अनुमान लगा सकते हैं। 'निन्दिया रानी' जैसे शब्दों का इस्तेमाल मैंने कभी नहीं किया था।

दरअसल ज्यों-ज्यों आदमी की उम्र बढ़ती है, वह कमज़ोर होता जाता है। उसे हसीन चेहरे और हसीन नज़र आते हैं। चरित्र जवाब देने लग जाता है। सुखी जीवन की कुंजी इसी में है कि आदमी पुरस्कार रहित और मच्छर सहित जीवन का वरण कर ले। शुरू-शुरू में मैंने मच्छरों के ऊपर कीटनाशक दवाइयों का छिड़काव करने की हिमाक़त ज़रूर की थी, मगर जब से मैंने देखा है, छिड़काव के बाद वे नशे में आ जाते हैं, उनके स्वास्थ्य में भी सुधार होने लगता है, मैंने उनके साथ छेड़खानी करना छोड़ दिया है। वे लाख मेरी नींद के साथ छेड़खानी करते रहें।

अन्तरात्मा की आवाज़ उर्फ़ हरा पुदीना

आपको जान कर हर्ष होगा कि बरसों बाद मेरी अन्तरात्मा से भी आवाज़ें आने लगी हैं। इन वर्षों में मेरी अन्तरात्मा इतनी कुन्द हो गयी थी कि लकड़ी के कुन्दे की तरह निर्जीव-सी पड़ी रहती थी। उत्तर प्रदेश के मुख्यमन्त्री श्री विश्वनाथप्रताप सिंह ने अन्तरात्मा की आवाज़ से प्रेरित होकर इस्तीफ़ा क्या दे दिया, मेरी सोई हुई अन्तरात्मा को सहसा जगा दिया। मेरी ही नहीं, देश के अनेक नेताओं की अन्तरात्मा जग गयी है। जब नेताओं की अन्तरात्मा जागती है तो अपने साथ कुछ नयी शब्दावली ज़रूर लाती है। आपात्काल में राजेश्वर राव की अन्तरात्मा जगी थी और उन्होंने समाज को कई नये शब्द दिये थे, जैसे काकस, कोटरी आदि। जनता पार्टी की आत्मा जगी तब भी नये-नये शुब्द सुनने में आये, जैसे मीसाबन्दी, टिकटार्थी।

मैं अपने अनुभव से कह सकता हूँ कि जब आत्मा जगती है या बोलती है तो आदमी कुछ खो देता है। श्री विश्वनाथप्रताप सिंह ने अपना पद खो दिया। कई बार इसी प्रकार मैं भी अपनी नौकरियों से हाथ धो चुका हूँ। इसलिए मेरी कोशिश यही रहती है कि मेरी आत्मा सोई रहे और मैं उसकी आवाज़ अनसुनी करता रहूँ।

भारतीय राजनीति में आत्मा की आवाज़ के चर्चे शुरू होते ही मेरा माथा ठनक गया कि कुछ अशुभ होने जा रहा है, विपक्ष के नेताओं ने राष्ट्रपति चुनाव में मुख्य मुद्दा अन्तरात्मा की आवाज़ को ही बना लिया है। यह एक शुभ लक्षण है। इससे पता चलता है कि हमारे देश में आर्थिक, सामाजिक, सांस्कृतिक और राजनैतिक समस्याएँ समाप्त हो चुकी हैं। अगर ये समस्याएँ समाप्त न हुई होतीं, तो विपक्ष को ज़रूर कोई दूसरा मुद्दा मिल गया होता। मगर जिस देश में हरिजनों पर अत्याचार यकायक समाप्त हो जाएँ और मलखान सिंह जैसे दस्यु सम्राट आत्मसमर्पण जैसे कायरतापूर्ण व्यवहार पर उतर आएँ और मुख्यमन्त्री के क़दमों में हथियार डाल दें (यह दूसरी बात है कि कुछ मनचले पत्रकार अर्जुन सिंह की लोकप्रियता से जल भुन कर एक तस्वीर लिये घूम रहे हैं, जिसमें अर्जुन सिंह दस्यु सम्राट के सामने हाथ जोड़े खड़े हैं), जिस समाज में रातों-रात भ्रष्टाचार समाप्त हो जाए, समाजवाद और धर्मनिरपेक्षता का इतना बुरा प्रभाव पड़े कि देश में साम्प्रदायिक दंगे इतिहास का

हिस्सा हो जाएँ, उस समाज में केवल आत्मा की आवाज़ जैसे अमूर्त, सूक्ष्म, छायावादी और कलात्मक मुद्दा ही शेष रह जाए तो आश्चर्य नहीं करना चाहिए।

नन्दनजी, आप शायद नहीं जानते कि आत्मा की आवाज़ ने राष्ट्रीय एकता के लिए संकट उत्पन्न कर दिया है। उत्तर प्रदेश की आत्मा कहती है, डाकुओं का संहार करो। मध्य प्रदेश की आत्मा की आवाज़ है कि डाकुओं से समर्पण कराओ। मेरी तरह जल्दबाज़ी में आप इस निर्णय पर न पहुँच जाएँ कि भारत एक है। हिमालय से कन्याकुमारी तक, चिकमंगलूर से रायबरेली तक, तिरुपति से काशी विश्वनाथ तक। ये गाड़ियों के नाम नहीं, राष्ट्रीय एकता का जीता-जागता सुबूत है, उत्तर प्रदेश और मध्य प्रदेश पड़ोसी प्रान्त हैं, एक प्रदेश डाकुओं का जीवन हराम किये हैं और दूसरे प्रदेश के डाकुओं ने प्रान्त का जीवन हराम कर दिया है। अनेकता में एकता का इससे बढ़िया सुबूत क्या हो सकता है?

आत्मा की आवाज़ के सिलसिले में मैं कुछ निजी बातें भी आपसे कर लेना चाहता हूँ। कई बार, बल्कि प्राय: ही मेरी आत्मा मुझे नीचा दिखाने की कोशिश करती रहती है। कभी कहती है, उदास क्यों रहते हो, घूस लेना शुरू करो। अब आप ही बताइए मुझे घूस कौन देगा? क्यों देगा? कभी कहती है, बलात्कार पर उतर आओ। अभी शाम को कह रही थी कि अपनी पुत्रवधू को जला कर अपने बेटे की दूसरी जगह शादी कर दो। आप तो जानते हैं। मेरा बड़ा बेटा अभी ग्यारह साल का है। उसकी अभी शादी ही नहीं हुई कि मेरी अन्तरात्मा कह रही है, पुत्र वधू को फूँक डालो। मैं क्या करूँ? अन्तरात्मा की आवाज़ सुनूँ तो पागल हो जाऊँ। या जयप्रकाश नारायण की तरह पहले तो आत्मा की आवाज़ की दुहाई देकर रेल मजदूरों की हड़ताल समाप्त करा दूँ और फिर उपवास रख कर अपनी आत्मा का शुद्धीकरण करूँ।

यह सच है, मैं वही करूँगा जिसकी आप राय देंगे। आप ही मेरी आत्मा हैं (आप ही नहीं तमाम सम्पादकों के यहाँ मैंने अपनी आत्मा गिरवी रख दी है)। आप कहेंगे तो मैं महात्मा गाँधी की तरह तन्मयता से आत्मा की आवाज़ सुनता रहूँगा। निस्स्वार्थ भाव से देश की सेवा में जुट जाऊँगा। और राजनारायण की तरह बहुगुणा के अनुरोध पर भी अनशन नहीं तोडूँगा। अनशन करूँगा तो एकान्त में छिप कर मुसम्मी का रस नहीं पिऊँगा, न दारू ही पिऊँगा। मेरा जीवन निर्जला एकादशी हो जायेगा, कोरा काग़ज़ हो जायेगा। बियर की ख़ाली बोतल मुझसे अधिक दाम में बिकेगी। आप कहेंगे तो जीवन भर उपन्यास लिखता रहूँगा, कहानी लिखूँगा, संस्मरण लिखूँगा, साहित्य की सेवा करते हुए शुक्र की महादशा में चन्द्र में अन्तर पर इस जगत से चुपचाप चला जाऊँगा। हाथ जोड़कर विदा ले लूँगा। आपने मेरे पत्र

का उत्तर न दिया या मेरी आत्मा की आवाज़ को 'दिनमान' में स्थान न दिया तो मैं बाग़ी हो जाऊँगा और अपनी आत्मा की आवाज़ की रक्षा के लिए आपसे बिना पूछे चुपचाप राजनीति से चला जाऊँगा। मेरी आत्मा की आवाज़ नटखट हो रही है। बच्चों की तरह, आपकी तरह, 'चरचे और चरखे' की तरह।

सच तो यह है कि जो लोग आत्मा की आवाज़ की क़द्र करते हैं, वे इस्तीफ़ा दे देते हैं, और जो क़द्र नहीं करते उनके लिए आत्मा की आवाज़ सिर्फ़ हरे पुदीने का विज्ञापन बन कर रह जाती है!

वृक्षारोपण, मानसून और मृत्युभय

आजकल सुबह समाचार पत्र पढ़ते हुए मैं तय नहीं कर पाता कि देश में बैंक डकैतियाँ ज़्यादा हो रही हैं या औरतें ज़्यादा जलायी जा रही हैं। इससे पूर्व लोग अँगीठी जलाते थे, सिगरेट सुलगाते थे, दिल भी जला लिया करते थे, मगर यह यकायक क्या हो गया कि लोग स्त्रियों को ही जलाने लगे।

वास्तव में देश में ईंधन की कमी होती जा रही है। अपना भविष्य पकाने के लिए लोगों के हाथ अनायास एक दुर्लभ ईंधन आ गया है। ईंधन के अभाव में अनर्थ हो जाता है। स्कूटर, टी.वी. और रेफ्रीजरेटर का सपना धूल में मिल जाता है। देखा जाए तो इस लिहाज़ से देश की स्थिति समाज से भिन्न नहीं है। कुछ विकसित देशों ने भी भारत के प्रति सास का रवैया अपना लिया है। शायद यही कारण है कि कभी-कभी तारापुर भारती नरूला की तरह नज़र आने लगता है।

दहेज़ बलि और बैंक डकैती का गहरा रिश्ता है। दोनों एक ही सिक्के के दो पहलू हैं। प्रत्येक दहेज़ बलि के साथ एक मध्यवर्गीय परिवार का बैंक ही नहीं लुटता, लड़की भी शहीद हो जाती है। कन्यापक्ष के लोग समझ नहीं रहे कि उनके लिए अनिवार्य हो गया है कि वे अपने समय का सदुपयोग करें। मेरा मतलब है, ताश की गड्डी फेंक दें और वृक्षारोपण में जुट जाएँ। इससे देश में ईंधन की कमी हमेशा-हमेशा के लिए दूर हो जाएगी।

वृक्षारोपण समय की पुकार है। आपको मालूम होगा, वृक्ष मानसून को भी आकर्षित करते हैं, जैसे चीन सुब्रह्मण्यम स्वामी को आकर्षित करता है। मगर आप अपने देश से मुहब्बत करते हैं तो प्रार्थना कीजिए कि मानसून को सुब्रह्मण्यम स्वामी की राह पर चलना चाहिए। मगर मैं देख रहा हूँ, मानसून ने उत्तर भारत के प्रति ऐसा रवैया अपना लिया है, जैसा सुब्रह्मण्यम स्वामी ने अटलबिहारी वाजपेयी के लिए अपना रखा है। यह तो देश का सौभाग्य है कि सुब्रह्मण्यम स्वामी जैसे अर्थशास्त्री अभी मौजूद हैं, वर्ना हमें मालूम ही न हो पाता कि हिमालय के उस पार मानसून की क्या स्थिति है। यह कहना ग़लत न होगा सुब्रह्मण्यम स्वामी हमारे देश की वेधशाला नहीं, परदेश की प्रयोगशाला हैं। यह एक आवरण कथा का विषय है, मेरे

पत्र का नहीं।

बहरहाल पेड़ों की एक और सामाजिक भूमिका है। उसे दृष्टिगत रखते हुए मानसून को राह पर लाना बहुत ज़रूरी हो गया है। आप तो देख ही रहे हैं, उत्तर भारत के प्रति मानसून का रवैया अत्यन्त शत्रुतापूर्ण होता जा रहा है। उस देश का क्या होगा, जहाँ और तो और मानसून भी बाग़ी हो जाए और अकबर अहमद डम्पी की तरह व्यवहार करने लगे। अगर मानसून के रवैये में परिवर्तन न आया तो वह भी दस्यु सम्राट का रुतबा हासिल कर लेगा। पेड़ दस्यु उन्मूलन के भी माध्यम हैं। डाकुओं का एनकाउंटर कैसे होगा! पेड़ न होते तो न जाने हमारे और कितने पुलिसकर्मी शहीद हो चुके होते। इसलिए वृक्षारोपण के कार्यक्रम को आप गम्भीरता से लीजिए। राजनीति के बाज़ार में जो लोग वृक्षारोपण की दुकानें खोल रहे हैं, उन्हें हतोत्साहित कीजिये। वृक्षारोपण का कार्यक्रम इन लोगों के लिए ईंधन का ही नहीं, नोन-तेल का भी काम कर रहा है। इस कार्यक्रम को व्यवसायीकरण से बचाना ही होगा वरना मानसून रूठ जायेगा। शायद मानसून इसी के चलते रूठा हुआ है।

आपको शायद मालूम नहीं, विश्वनाथप्रताप सिंह के इस्तीफ़े के पीछे भी वृक्षारोपण और मानूसन का हाथ है। मुख्यमन्त्री जी का विचार था कि वे डाकू उन्मूलन अभियान से दस्यु समस्या हल कर लेंगे। अर्जुन सिंह की डाकुओं के समर्पण में आस्था थी। फूलन ने दोनों को पीट दिया। जानकार सूत्रों का कथन है कि फूलन माँ बनने वाली है। ऐसी डकैत को एनकाउंटर करना हमारे शास्त्रों में निषिद्ध है। मुख्यमन्त्रीजी ने फूलन का एनकाउंटर करने से इस्तीफ़ा देना बेहतर समझा। मानसून समय पर आ जाता तो वे पूरी जिम्मेदारी मानसून पर डाल देते। सब जानते हैं कि मानसून का समय डाकुओं के लिए 'बेयरर बांड' से भी अधिक सुरक्षित होता है।

एक बात और मेरे ज़ेहन में उभर रही है। आप सरदार खुशवन्त सिंह से फोन पर सम्पर्क करके पुष्टि कर लें कि उनके मृत्युभय (डेथ फोबिया) के पीछे कहीं फूलन ही तो नहीं है? निर्वसन स्नान करती दस्यु सुन्दरी फूलन का इतना भाव प्रवण, सजीव और उत्तेजक चित्रण पढ़कर मेरा माथा ठनक गया था कि खुशवन्त सिंह डेथ फोबिया के शिकार हुए बिना न रहेंगे। वे अगर बुढ़ापे में जवानी के विषय चुनेंगे तो यही होगा। जवानी में बुढ़ापे के विषय चुनकर भी यही होता है। आपकी क्या राय है?

प्रकृति से 'ईव-टीज़िंग' उर्फ़ न्यूट्रान बम का गाँधीवादी विकल्प

प्रकृति से छेड़छाड़ करने के दुष्परिणाम सामने आने शुरू हो गये हैं। प्रधानमन्त्री ने बड़ा अच्छा काम किया कि पर्यावरण मन्त्रालय की स्थापना कर दी। प्रकृति के साथ की जानेवाली 'ईव-टीज़िंग' कुछ तो कम होगी। आप पेड़ को काग़ज़ यानी अख़बार बना रहे हैं और बदले में प्रकृति मैदानों को दरिया बना रही है। दरियाओं को समुद्र।

बलात्कार भी तो प्रकृति के साथ की गयी छेड़छाड़ ही है। साठ वर्ष का बुड्ढा और पाँच वर्ष की निर्मल कन्या, यह दिल्ली की ही घटना है। जबलपुर तो कई क़दम आगे हैं जहाँ एक डॉक्टर महोदय ने कहानी सुनाने का प्रलोभन देकर अनेक नन्हीं बालिकाओं के साथ बलात्कार कर डाला। इससे यही शिक्षा मिलती है कि कहानी सुनाने वाले डॉक्टर से सावधान रहना चाहिए। मगर डॉक्टर कौन-सी कहानी सुनाता होगा? क्या डॉक्टर कहानीकार था? मुझे विश्वास है कोई न कोई माई का लाल कहानी ज़रूर प्राप्त कर लेगा और प्रेस की आज़ादी के नाम पर भी कोई सम्पादक उसे प्रकाशित नहीं करेगा। मगर प्रकृति भी मूक द्रष्टा नहीं बना रहती। कहानी छप भी गयी तो अब कुछ होने वाला नहीं। 'कोरो' आ गया है।

आप पूछेंगे, यह 'कोरो' किस बला का नाम है! 'कोरो' प्रकृति का राजदूत है। उसने अपने परिचय पत्र प्रस्तुत कर दिये हैं। 'कोरो' एक नया रोग है। एक ऐसा रोग है कि पुरुष जननेन्द्रिय छुई-मुई के पौधे की भाँति संकुचित होकर कुम्हला जाती है। अख़बार बताते हैं कि यह रोग असम और मेघालय के मार्ग से भारत में प्रवेश कर चुका है और अगर मौसम के साथ दिया तो शीघ्र ही सिसवाँ, नारायणपुर, दस्तमपुर, दिल्ली और जबलपुर से होता हुआ पूरे भारत में फैल जाएगा। प्रकृति ने सिसवाँ, दस्तमपुर, दिल्ली, जबलपुर आदि-आदि के लिए एक नया अनोखा उपहार भेजा है। अगर यह रोग इन स्थानों पर अपने सही समय से पहुँचा गया तो बलात्कार पर जीवित अनेक पत्रिकाओं के कार्यालयों पर तालाबन्दी हो जाएगी। बलात्कार के बल

पर चुनाव जीतने वाले नेताओं की जमानत जब्त हो जायेगी। न रहेगा बाँस न बजेगी बाँसुरी। जब कोई नया रोग फैलता है, नीम-हकीमों की चाँदी हो जाती है। इस समय असम में नीम-हकीम दौलत काट रहे हैं। गौहाटी मेडिकल कॉलेज के डॉक्टर लोग मलेशिया विश्वविद्यालय के प्रो. ह्वांग और महादेवन नाम के विशेषज्ञों से सम्पर्क कर रहे हैं और नीम-हकीमों ने इलाज भी ढूँढ़ लिया। अधिकांश नीम-हकीमों का मत है कि शरीर पर पाँच स्थानों पर चूने का लेप करने से रोग का प्रकोप समाप्त हो जाता है। इसका परिणाम यह देखने को मिला कि गौहाटी सचिवालय में बाबू लोग माथे पर चूने का लेप किये भारी संख्या में दिखायी दे रहे हैं। ताज़ा समाचारों से यह भी ज्ञात हुआ है कि 'कोरो' से पीड़ित लोग घूस स्वीकार नहीं कर रहे। सुनते हैं, किसी समाजसेवी ने प्रचारित कर दिया है कि यह रोग उन्हीं लोगों को दबोच रहा है जो घूस लेते हैं। इससे यही स्पष्ट होता है कि जो काम अर्जुन सिंह भ्रष्टाचार विरोधी अध्यादेश जारी करके न कर पायेंगे, वह 'कोरो' अनायास कर देगा। मालूम नहीं अन्य प्रदेशों के लोग ऐसे अध्यादेश का स्वागत करेंगे या 'कोरो' का।

नन्दनजी, लगता है इस बार प्रकृति ने सीधा मनुष्य की प्रजनन शक्ति पर आक्रमण कर दिया है। शायद प्रकृति को यह नहीं मालूम कि हिन्दुस्तान की जनता और कुछ भी बर्दाश्त कर सकती है, जैसे बेकारी, शोषण, भुखमरी, अन्याय, भ्रष्टाचार, मगर 'कोरो' के बारे में बहुत तुनकू है। नसबन्दी अभियान को उसने इसी प्रकार के आक्रमण के रूप में लिया था और सरकार का तख्ता पलट दिया था। मगर प्रकृति हम लोगों की तरह नहीं सोचती। वह तटस्थ है। निरपेक्ष है। उदासीन है। जनसंख्या विस्फोट से परेशान है। उसे जनसंख्या पर नियन्त्रण करने से मतलब है। आप नसबन्दी नहीं कर सकते तो वह 'कोरो' से करेगी। लगता है, माल्थस के सिद्धान्त का उसने गाँधीवदी विकल्प ढूँढ़ लिया है। 'कोरो' एक अहिंसावादी विकल्प है, मच्छर रहेगा, मलेरिया नहीं रहेगा। वर्ना विज्ञान दूसरी दिशा में जा रहा है। सम्पत्ति रहेगी, मनुष्य नहीं रहेगा। न्यूट्रान बम हिंसा का प्रतीक है, 'कोरो' अहिंसा का। 'कोरो' न्यूट्रान बम का जवाब है।

एक न एक दिन 'कोरो' को आना था। आ गया। जब बड़े-बड़े समाजशास्त्री, राजनेता, अर्थशास्त्री, साहित्यकार और बुद्धिजीवी कहते थे कि जनसंख्या नियन्त्रित करो तो समाज ने उनकी बात को गम्भीरता से नहीं लिया। अब माथे पर चूना मलने से क्या होगा? सिर पर पानी डालने से भी कुछ न होगा। उलटा बुखार हो जाएगा। 'डेंगू' दबोच लेगा।

हो सकता है, 'कोरो' का प्रजातन्त्र से कोई गहरा रिश्ता हो। असम में बहुत

दिनों से चुनाव नहीं हुए। जब प्रजातन्त्र में बहुत दिनों तक चुनाव नहीं होते तो मतदाताओं की मानसिकता पर उसका प्रभाव पड़ने लगता है। यह आकस्मिक नहीं है कि डॉक्टरों ने 'कोरो' को स्नायु रोग की संज्ञा दी है। समय पर चुनाव न होने से स्नायु शिथिल पड़ने लगते हैं। इसलिए प्रजातन्त्र की रक्षा और जनमानस के मानसिक स्वास्थ्य का सन्तुलन बनाये रखने के लिए ज़रूरी हो गया है कि देश में समय-समय पर चुनाव होते रहें। मध्यावधि चुनावों का स्वास्थ्य पर और अच्छा असर पड़ता है।

दूसरे, असम में पिछले कई वर्षों से आन्दोलन चल रहे हैं। लागतार आन्दोलित रहने से भी स्नायु प्रभावित होते हैं। गौहाटी मेडिकल कॉलेज के विशेषज्ञों का मत है कि 'कोरो' से आतंकित होने की ज़रूरत नहीं, यह एक प्रकार का सामूहिक उन्माद है। आकाशवाणी के गौहाटी केन्द्र से भी लगातार इस आशय के प्रसारण हो रहे हैं।

देश के समााजिक जीवन पर 'कोरो' का क्या प्रभाव पड़ता है, यह देखना अभी बाक़ी है। देखना है कि बलात्कार की घटनाएँ रुकती हैं या नहीं? जनसंख्या विस्फोट समाप्त होता है या नहीं? असम में चुनाव होते हैं या नहीं? देश में जनतान्त्रिक प्रणाली क़ायम रहती है या राष्ट्रपति शासन लागू हो जाता है। 'कोरो' के दूरगामी परिणाम सामने आने वाले हैं।

सदन, भवन, निकेतन गये, अब आलय आ रहे हैं

पिछले कई रोज़ से मैं सोच रहा था कि देश की समाजसेवी संस्थाएँ समाज के लिए क्या कर रही हैं? अनेक संस्थाओं की गतिविधियों का अध्ययन करने पर मैं इस निर्णय पर पहुँचा हूँ कि ये संस्थाएँ देश में बड़े पैमाने पर आलय बनवा रही हैं। प्रतीक्षालय, मन्त्रालय और अनाथालय जैसे आलय बनवा कर अपने कर्तव्य की इतिश्री समझ रही हैं। कुछ संस्थाओं ने तो अपने मुद्रणालय भी खोज लिये हैं। लगता है, अब आलय युग आ गया है। कुछ वर्ष पहले सदन युग था, उससे पहले भवन युग था, उससे भी पहले निकेतन युग था, जैसे सेवासदन था, विद्या-भवन था और नारी निकेतन था। ज़माना बड़ी तेज़ी से बदल रहा है। हम सदन से आलय तक आ पहुँचे हैं। हमारी यात्रा बहुत लम्बी है। हमें परमाणु युग तक पहुँचना है।

नन्दनजी, ये संस्थाएँ प्रतीक्षालय क्यों बनवा रही हैं? क्या इसलिए कि हम प्रतीक्षा की संस्कृति में प्रवेश कर चुके हैं। आपने देखा होगा, हर जगह प्रतीक्षा है, प्रतीक्षा नहीं है तो प्रतीक्षा सूची है। प्रतीक्षालय है। रेल में चलना हो अथवा स्कूटर ख़रीदना हो, कुकिंग गैस ख़रीदनी हो अथवा बच्चे को स्कूल में प्रवेशं दिलाना हो, एक लम्बी प्रतीक्षा सूची श्यामपट्ट पर टँगी मिलती है। और हम आप ही नहीं, अनेक मुख्यमन्त्री प्रतीक्षा सूची में पड़े हुए हैं। लम्बी प्रतीक्षा के बाद मुख्यमन्त्रियों की प्रतीक्षा कसमसाती है तो प्रदेश में नया मुख्यमन्त्री जन्म लेता है। इस दृष्टि से आन्ध्र सबसे आगे है। ज्यों-ज्यों समय बीतता जा रहा है, भावी मुख्यमन्त्री लोग कुछ ऐसा माहौल पैदा कर रहे हैं, जैसे किसी नयी फ़िल्म के लिए ड्रेस सर्किल का टिकट ख़रीद रहे हों। आपाधापी मची है। पहले मुख्यमन्त्री का शो समाप्त नहीं होता कि दूसरे का शुरू हो जाता है। फ़िल्म न हुई नौटंकी हो गयी। ऐसी नौटंकी आन्ध्र में ही नहीं, अनेक प्रदेशों में चल रही है। आप तो जानते ही हैं, इसका नतीजा क्या होता है! चुनाव अथवा मध्यावधि चुनाव। चुनाव से एक लाभ होता है। ज़्यादा कसमसाने वाले व्यक्तियों को टिकट ही नहीं मिलता। पुरानी प्रतीक्षा सूची निरस्त

हो जाती है। प्रतीक्षालय में नये धैर्यवान चेहरे दिखायी देने लगते हैं।

एक बात कहूँ, मुझे अब राजनीति भी एक प्रतीक्षालय लगती है। कई बार इस प्रतीक्षालय में स्थान पाने के लिए भी 'सोर्स' की ज़रूरत पड़ती है। इस प्रतीक्षालय से 'सोर्स' द्वारा ही मुक्ति मिल सकती है। ज़माना तो ऐसा आ गया है कि कार्यकर्ताओं को जेल जाने के लिए भी 'सोर्स' लगाना पड़ता है। मुझे याद है जब इन्दिराजी के समर्थन में लोग जेल जा रहे थे तो गिरफ़्तार होना मुहाल हो गया था। लोग 'सोर्स' लगवा कर जेल जा रहे थे। मगर मैं देख रहा हूँ, उस समय जो लोग 'सोर्स' लगा कर जेल गये थे, आज वही लोग प्रतीक्षालय में बैठे हैं।

नन्दनजी, चारों तरफ़ प्रतीक्षा के बादल मँडरा रहे हैं। प्रतीक्षा का सूखा पड़ा है। प्रतीक्षा की बाढ़ आयी हुई है। प्रतीक्षा का 'डेंगू' फैल रहा है। नल पानी की प्रतीक्षा में मुँह बाये खड़े हैं, बल्ब रोशनी की प्रतीक्षा में उदास है। समाज को बीस सूत्री कार्यक्रम लागू किये जाने की और विपक्ष को चुनाव अथवा मध्यावधि चुनाव की प्रतीक्षा है। पूरा देश प्रतीक्षालय होता जा रहा है। तारापुर के लिए ईंधन की प्रतीक्षा है, एशियाड के लिए रंगीन दूरदर्शन की। मेनका को अंजैया की प्रतीक्षा है और मेनका के दौर के बाद अमेठी राजीव गाँधी के दौरे की प्रतीक्षा में बेहाल हो रही है।

यह प्रतीक्षा का युग है, इसलिए प्रतीक्षालय बनाने ज़रूरी हैं। इससे एक और लाभ होगा। जनता को प्रतीक्षा करने की आदत पड़ेगी। एक बार जनता को प्रतीक्षा करने की आदत पड़ गयी तो देश की अधिकांश समस्याएँ अपने आप हल हो जाएँगी। प्रतीक्षालयों को कुछ दिनों बाद लॉटरी का-सा आनन्द आने लगेगा। जिस किसी का नाम प्रतीक्षा सूची में निकल आया, उसे लगेगा जैसे उसकी लॉटरी निकल आयी है।

हमारे पूर्वजों ने हमें सब्र अथवा सन्तोष का पाठ पढ़ाया था। वह अब अप्रासंगिक हो चुका है। सब्र करने का अर्थ होता है, आशा भी छोड़ देना। प्रतीक्षा आधुनिक निदान है। इसमें आशा की नन्ही-सी कन्दील अन्त तक टिमटिमाती रहती है। इससे जनता में आत्मविश्वास की भावना भी पैदा होती है। आत्मविश्वास की भावना को बनाये रखना किसी भी राष्ट्र के उत्थान के लिए बहुत अनिवार्य है।

अप्पू : एक सम्भावना

आपको याद होगा, एशियाड शुरू होने से पहले जार्ज फर्नांडीज ने कहा था कि भारत को एक भी पदक प्राप्त नहीं होगा। नौवें एशियाड में भारत ने इतने पदक जीते, जितने 1954 के बाद कभी नहीं जीते थे। वाराणसी की एक संस्था राष्ट्रीय युवक मंडल ने फर्नांडीज को उनकी बात सरासर बेबुनियाद, झूठ और ग़लत निकलने पर उन्हें चर्मपदक से विभूषित किया है। कृपया फर्नांडीज तक हमारी बधाई पहुँचा दें। पदक पदक ही होता है, चर्मपदक हो अथवा रत्नपदक। अप्पू को रत्नपदक दिया जाना चाहिए। अप्पू ने सिद्ध कर दिखाया कि सन् बयासी का सर्वाधिक चर्चित व्यक्तित्व वही था। पत्र-पत्रिकाओं में मेनका गाँधी के भी इतने चित्र प्रकाशित न हुए, न अरुण शौरी के होंगे, जितने अप्पू के छप चुके हैं। लोकप्रियता और प्रचार-प्रसार की दृष्टि से अप्पू अव्वल आया है। अप्पू ने एयर इंडिया के महाराजा को लोकप्रियता में पछाड़ दिया।

अब महाराज़ा के लिए आवश्यक हो गया है कि अप्पू क़ो बाँहों में लेकर प्रकट हों, वरना अनदेखे रह जाने का ख़तरा है। महाराजा की बगल में अप्पू को देखकर राजेश खन्ना की याद आती है, जिस पर लोगों का ध्यान तभी जाता है, जब वह किसी नयी लोकप्रिय अभिनेत्री के साथ होता है। दूसरे शब्दों में कहा जा सकता है कि आजकल टीना मुनीम राजेश खन्ना की अप्पू हैं। राजेश खन्ना का अप्पू से पुराना रिश्ता है— 'हाथी मेरे साथी' के दिनों से, जब शर्मीला टैगोर राजेश खन्ना की अप्पू हुआ करती थीं। यह तय करना मुश्किल है कि राजेश खन्ना अप्पू को सिनेजगत में लाया था अथवा अप्पू राजेश खन्ना को। कुछ भी हो, अप्पू राजेश खन्ना से अधिक भाग्यवान है। सिनेजगत में धूम मचाकर खेल जगत पर हावी है। सिनेजगत में राजेश का संग था और खेल जगत में राजीव गाँधी का साथ। इसका अर्थ यह निकलता है कि अप्पू उसी का साथ देता है जो चोटी पर हो। अप्पू के राजनीति में आने की भी सम्भावना है। कोई बड़ी बात नहीं, अगर कोई नया राजनीतिक दल अप्पू की लोकप्रियता से प्रभावित होकर उसे अपना चुनाव चिह्न घोषित कर दे। राजनीति में मुखौटों की बहुत ज़रूरत पड़ती है और सब जानते हैं, अप्पू के मुखौटे हाथों-हाथ

बिक जाएँगे। अप्पू पत्र-पत्रिकाओं के पन्नों पर ही नहीं, दैनिक उपयोग की चीज़ों पर भी छा गया है। अप्पू तौलिया है, दन्त मंजन है, आइसक्रीम है, ड्राइक्लीनर है, सिगरेट है, एल.पी. रेकार्ड है, कम्बल है, कैलेंडर है। जिस चीज़ पर अप्पू की छाप नहीं, वह धूल चाट रही है।

देश में अप्पू की लहर आयी हुई है। हाशिए पर कुछ दूसरी लहरें चल रही हैं। बल्कि यों कहना चाहिए, शीत लहरें चल रही हैं— जैसे अरुण शौरी की शीत लहर, चुनाव की शीत लहर, असम आन्दोलन की शीत लहर आदि। मुख्यधारा में सिर्फ़ अप्पू है। कई बार एक लहर से दूसरी लहर टकरा जाती है। जैसे मेनका लहर कुछ समय पहले तक इंका की लहर से टकरा रही थी, इधर विपक्ष से टकरा रही है। अब विपक्ष चिन्तित है। बहुगुणा चिन्तित थे, अब चन्द्रशेखर चिन्तित हैं। बहुगुणा ने यह कहकर अपनी राजनीतिक वरिष्ठता स्थापित कर ली कि उनका राजनीतिक जीवन मेनका की कुल उम्र से कहीं ज़्यादा है। पत्रकारों को राजनीतिक जीवन नाम पर पब्लिसिटी करनी चाहिए।

अप्पू ने कुछ और करिश्मे भी दिखाये हैं। हाथियों ने केरल से राजधानी तक की लम्बी रेलयात्रा न की होती तो समाज को भारतीय रेलों की दुर्दशा तथा यात्रा की अमानवीय स्थितियों का आभास ही न हो पाता। इसका पूरा श्रेय अप्पू की बिरादरी को ही जाता है। अप्पू को रेल अधिकारियों का आभारी होना चाहिए कि उसके भाई लोगों को ट्रेन में खड़े होने का स्थान मिल गया, वरना मनुष्य को तो यह सुविधा भाग्य से प्राप्त होती है। अप्पू के भाई लोग भी कम भाग्यवान न थे कि दिल्ली तक का आरक्षण मिल गया। यात्रा के दौरान दूसरे जानवर कम्पार्टमेंट में दाख़िल न हुए। रास्ते में टी.टी. लोगों ने भी परेशान नहीं किया। घूस लेना तो दरकिनार, टिकट तक नहीं माँगा। जबकि वे सबके सब बेटिकट थे। हाथी लोग एशियाड के बाद वापिस केरल पहुँच चुके हैं, मगर अभी तक तय नहीं हुआ कि उनके टिकट का भुगतान कौन करेगा? ट्रेन में हाथियों का मलमूत्र त्याग की सुविधा भी उपलब्ध थी, जबकि यह ज़रूरी नहीं है कि औसत रेलयात्री को यह सुविधा प्राप्त हो ही जाए। सुविधा तक पहुँचना असम्भव होता है।

अप्पू ने पत्रकारिता को भी प्रभावित किया है। उसने पत्रकारिता को भी दिशा दिखा दी। पाठक आये दिन मनुष्य पर होने वाले अत्याचारों की कहानियाँ पढ़कर ऊबने लगा था। आख़िर बँधुआ मजदूरों, स्त्रियों और हरिजनों पर किये जाने वाले अत्याचारों को पाठक कब तक झेल सकता था? अब समय आ गया है कि पाठक हाथिओ पर होने वाले अत्याचारों को पढ़े। महँगाई, भ्रष्टचार और बलात्कार के समाचारों में कुछ नहीं रखा। यही कारण है कि पत्रकारों का समूचा ध्यान अप्पू पर

केन्द्रित है। विपक्ष शायद इसीलिए नहीं चाहता था कि देश में एशियाड का आयोजन हो, लोगों का ध्यान बँटे। विपक्ष की दिलचस्पी आयोजन में नहीं, आन्दोलन में है। जहाँ आन्दोलन नहीं, वहाँ विपक्ष नहीं।

अप्पू ने अनायास अनेक लोगों की समस्याएँ हल कर दी हैं। नये माँ-बाप अत्यन्त प्रसन्न हैं। उन्हें अपने बेटे के लिए, नयी प्रेमिकाओं को अपने प्रेमी के लिए छोटा-सा, प्यारा-सा नाम मिल गया है— अप्पू। कोई आश्चर्य न होगा, अगर अप्पू नाम की कोई पत्रिका प्रकाश में आ जाए या अप्पू नाम का व्यक्ति किसी पत्रिका का सम्पादक हो जाये। यह कहना ग़लत न होगा, अप्पू एक सम्भावना है।

नये वर्ष का उपहार

दिसम्बर का महीना दामादों के लिए बहुत निराशाजनक सिद्ध हुआ। कुछ मनचले लोग सरकारी कर्मचारियों को भी इस संज्ञा से याद किया करते हैं, मगर मेरा इशारा उनकी तरफ़ नहीं है। सरकारी कर्मचारियों को दामाद कहना उनके साथ सरासर अन्याय करना है। उनकी तुलना अगर की जा सकती है तो घर-दामाद से ही। कुछ लोग निठल्ले के अर्थ में भी दामाद शब्द का प्रयोग करते आये हैं। यह अर्थ भी सामन्तवाद के पतन के साथ धूमिल पड़ गया है।

मैं उन दामाद भाइयों की चर्चा करना चाहता था, जिन्हें कर्नाटक और आन्ध्रप्रदेश में इंका टिकट नहीं मिला। इंका ने सहसा दामादों के प्रति कड़ा रुख़ अपना सबको आश्चर्य में डाल दिया है। न केवल कर्नाटक प्रदेश कांग्रेस के अध्यक्ष के.मालन्ना के दामाद टिकट पाने में असफल रहे, विधिमन्त्री वाई.रामकृष्ण के दामाद को भी निराश होना पड़ा। इसका सीधा-सादा एक ही अर्थ निकलता है कि बदली हुई परिस्थितियों में अब किसी का दामाद होना कोई योग्यता नहीं रह गयी। मुझे पूरा विश्वास है कि इन दामाद लोगों ने टिकट की आशा में शादी नहीं की होगी। आशा की जानी चाहिए कि ये लोग अपनी असफलता को एशियाड की खेल भावना से ही लेंगे। दामाद लोगों में खेलभावना पैदा करने के लिए ही इतने भव्य स्तर पर एशियाड का आयोजन किया गया था। वे इससे सबक लेंगे और अपने मासूम ससुरजी को ताने देकर प्रताड़ित नहीं करेंगे। ससुर लोगों को भी अब सबक ले लेना चाहिए कि अपने दामादों की राजनैतिक अपेक्षाएँ न जगाएँ। इस नादानी के दूरगामी परिणाम निकल सकते हैं। दामाद लोग जिस धन्धे में लगे हों, लगे रहने दें। राजनीति की तरफ़ मुँह तभी करें अगर दामाद बिलकुल गया-गुज़रा हो, कोई भी धन्धा करने में, सफल न हो पा रहा हो। वरना अब राजनीति का कोई भरोसा नहीं रह गया। जिस समाज में पत्नी अपने पति को टिकट न दिला पाये, उस पतनशील समाज के दामाद के लिए टिकट की अपेक्षा करना एकदम बेकार है। कर्नाटक की शिक्षा राज्यमन्त्री श्रीमती नागम्मा केशवमूर्ति का उदाहरण हमारे सामने है, जो अन्त तक अपने पति को टिकट दिलाने की कोशिश करती रहीं, मगर हाईकमान सहमत

न हुआ।

यह हाई कमान भी बड़ी विचित्र चीज़ है। जाने अचानक कहाँ से टपक पड़ता है! एक ज़माना था, सिर्फ़ कांग्रेस हाईकमान का नाम सुनने में आता था। अब जिस पार्टी को देखिए, अपना हाई कमान बनाये बैठी है। इस हाई कमान का उपयोग क्या है? असन्तुष्ट नेताओं के लिए ज़रूर इसकी रचनात्मक उपयोगिता है, वरना असन्तुष्ट लोगों के रास्ते में तो यह काँटे ही बिछाता रहता है। हाई कमान न होता तो अन्तुले अपने बहिर्गमन के लिए किसे दोषी ठहराते? इस दृष्टि से देखा जाए तो हाई कमान बलि का बकरा है। नहीं, हाई कमान बलि का बकरा नहीं, स्वयं ही बलि है। जिसकी बलि देनी हो, उसे हाईकमान में ले लीजिए। मन्त्री पद से हटाइए और हाईकमान में बैठा दीजिए। कमलापति त्रिपाठी, बसन्त दादा पाटिल, राजेन्द्रकुमारी वाजपेयी, मूपनार और चन्दूलाल चन्द्राकर हाईकमान नहीं तो क्या हैं? वे हाईकमान न भी हों, हाईकमान की नियति से मुक्त नहीं हैं। कुछ लोगों का मत है कि इंका में हाईकमान जैसी कोई संस्था है ही नहीं। लोग कहा करें। इनके कहने से क्या होता है! हाईकमान ज़रूर होता है। साम्यवादी दलों का पोलित ब्यूरो होता है तो कांग्रेस में कुछ ज़रूर होता होगा। इसलिए हाई कमान है। इंका में हाईकमान नहीं है तो अन्तुले अपने इंटरव्यू में किस पर तंज कस रहे हैं?

हाईकमान सिर्फ़ बलि का बकरा ही नहीं बनता, कुछ रचनात्मक कार्य भी किया करता है। मन्त्रिमंडल का गठन होते-होते ही हाईकमान मूल्य-वृद्धि के प्रति निरपेक्ष हो जाता है। समाज के प्रति इतना तटस्थ हो जाता है कि लगता है हाईकमान नहीं, कोई साधु-महात्मा देख रहा है। जिंसों के दाम आसमान छूने लगते हैं और हाईकमान गुमसुम और शान्त बैठा रहता है। लगता है कोई संन्यासी बैठा है। जो लोग हाईकमान के चरित्र से परिचित हो चुके हैं, वे जानते हैं जिस समय महँगाई जनता की कमर तोड़ने लगती है, हाईकमान चन्दा उगाह रहा होता है। हाईकमान चन्दा उगाहता है तो चावल महँगा हो जाता है। बाज़ार से काग़ज़ ग़ायब हो जाता है, चीनी ग़ायब हो जाती है, सीमेंट के ट्रस्ट बनने लगते हैं। हाईकमान सच्चे दिल से चाह ले तो बाज़ार से माचिस की डिबिया तक ग़ायब हो जाए, नल का पानी सूख जाए, नंगी तारें छूकर भी बिजली का झटका न लगे।

मगर यह कभी नहीं भूलना चाहिए कि हाई कमान जादू की छड़ी भी है। जिस क्षण हाईकमान तय कर लेगा, मूल्यवृद्धि रुक जाएगी। चावल के व्यापारियों का दिवाला पिट जायेगा। आन्ध्र में तो चावल के व्यापारियों का दिवाला पिट भी गया है। 'तेलुगु देशम्' सत्ता में आ गयी तो दो रुपये किलो चावल उपलब्ध करा देंगे। हाईकमान को रामाराव की बात जँच गयी। रामाराव सत्ता में आएँ, इससे पहले

ही चावल का दाम एक रुपये नब्बे पैसे प्रति किलो तय हो गया। हाईकमान ने बड़ी सफ़ाई से रामाराव का भविष्य तय करके एक पिटी हुई फ़िल्म की तरह डिब्बे में बन्द करके रामाराव को थमा दिया। जानकार लोगों का अनुमान है कि इस लघु आम चुनाव के बाद हाईकमान इस प्रकार के तोहफ़े कुछ अन्य लोगों को भेंट करने के बारे में गम्भीरतापूर्वक सोच रहा है।

दंगा इनका धन्धा

नये वर्ष की शुरुआत बहुत अच्छा हुई। चौराहे पर स्थापित एक बड़े से होर्डिंग पर निगाह पड़ी, लिखा था—

दंगा इनका धन्धा
इसका जवाब मेलजोल
और भाईचारा

मनचले लोग इस इबारत को इस प्रकार पढ़ रहे हैं—

दंगा 'इंका' का धन्धा
इसका जवाब
मेलजोल और भाईचारा
(उर्फ विपक्ष की एकता।)

अब प्रश्न उठता है कि यह 'होर्डिंग' किसने स्थापित की! जानकार लोगों ने बताया कि इस स्थान पर केवल उ.प्र. सूचना विभाग के होर्डिंग की परिकल्पना से ही लगता है कि यह सरकारी है। अगर सरकारी है तो जगन्नाथ मिश्र अथवा अर्जुन सिंह उत्तर प्रदेश में आकर चौराहों पर राजनीति क्यों करेंगे? अगर यह सचमुच उ.प्र. शासन की करामात है तो बोर्ड पर से सूचना विभाग का नाम क्यों ग़ायब है? इस बात को यों भी रखा जा सकता है कि बोर्ड पर से उ.प्र. सूचना विभाग का नाम उसी प्रकार ग़ायब है जैसे गत वर्ष की आर्ट पेपर पर मुद्रित बहुचर्चित पुस्तिका 'टू वीमेन : विल अमतेश्वर एंड मेनका आंसर' से प्रिंटलाइन ग़ायब है।

अब प्रश्न उठता है, उक्त होर्डिंग से सूचना विभाग ने अपना नाम क्यों हटा लिया? हो सकता है कलाकार लिखना भूल गया हो। यह भी हो सकता है, सूचना विभाग की दाढ़ी में तिनका हो। मैंने इस तिनका ढूँढ़ निकाला है और आपके सामने पेश कर रहा हूँ। लगता है, प्रशासन में कुछ ऐसे लोग घुसे हुए हैं जो परम शान्तिप्रिय (मित्र) मुख्यमन्त्रीजी की शान्तिभंग करने पर आमादा हो गये हैं। आप पूछ सकते हैं कि जिस विशाल प्रदेश का प्रशासन बाथरूम में बन्द पड़ा हो, वह क्या खाकर इस प्रकार की हरक़त करेगा? आपकी शंका वाजिब है। जिस प्रदेश के मुख्य सचिव की

मेज़ पर दंगाई बग़ैर जूते उतारे चढ़ जाएँ (कम से कम जूते तो उतार लिये होते) और वह जान बचाने के लिए बाथरूम में घुस जाएँ, प्रदेश का प्रशासन बाथरूम से उस प्रदेश की रक्षा अब अदृश्य शक्तियाँ ही कर सकती हैं। इतने विशाल प्रदेश का प्रशासन बाथरूम से नहीं चलाया जा सकता।

अँग्रेजों की सूझबूझ का भी जवाब नहीं। मैं अक्सर यह सोच-सोचकर अँग्रेजों की बुद्धि पर तरस खाया करता था कि उन्होंने सचिवालय में इतने बड़े-बड़े बाथरूम बनवाकर धन और स्थान का अपव्यय क्यों किया! लगता है, वे तात्कालिक आवश्यकता से अधिक भावी आवश्यकता का ध्यान रखते थे। ये बाथरूम उन्होंने आज के दिन के लिए बनवाये थे। उन्हें आने वाले वक़्त का आभास था। अगर वे समय पर देश छोड़कर न चले जाएँ तो उनका समय भी बाथरूम में ही बीतता। यक़ीन मानिए, ये बाथरूम इतने खुले, हवादार और आरामदेह हैं कि मुख्यसचिव क्या, मन्त्री लोग तक उनमें आराम से जीवनयापन कर सकते हैं, आप बाथरूम का जायज़ा लेकर तुरन्त इस निर्णय पर पहुँच जाएँगे कि वे दफ़्तर से कम सुविधाजनक नहीं। अब समय आ गया है, बाथयम में ज़रूरी फ़ाइलों के लिए रैक बनवा दिये जाएँ, ताकि घेराव की स्थिति में सचिव लोगों का समय बर्बाद न हो और उनकी सेवाओं का अधिकतम लाभ उठाया जा सके। सुरक्षा की दृष्टि से यह ज़रूरी है। सचिव लोगों ने सिद्ध कर दिया है कि सचिवालय में सबसे सुरक्षित स्थान बाथरूम ही है। इतनी व्यवस्था हो जाए, उसके बार सचिवालय के गेट बन्द रहते हैं या खुले, कोई अन्तर नहीं पड़ेगा। लोग बेरोकटोक जहाँ चाहें, जाएँ। मूँगफली और पान खाएँ।

जानकार लोगों का मत है कि यदि प्रदेश में मन्त्रिमंडल का विस्तार समय पर हो गया होता तो यह कांड इतना तूल न पकड़ता। खोज करने पर यह भी पता चला है कि इस महायज्ञ में कुछ भूतपूर्व मन्त्री, जिन्हें वर्तमान मन्त्रिमंडल में स्थान नहीं दिया गया था तथा कुछ मन्त्रीपद पाने के प्रबल इच्छुक विधायक शुद्ध देशी घी की आहुतियाँ दे रहे थे। लगता है, सूचना विभाग के पास प्रामाणिक प्रमाण हैं कि इंकाई दंगई हो गये हैं, ऐसी परिस्थिति में अगर सूचना विभाग सांकेतिक रूप से ही सही 'दंगा ईंका का धन्धा' प्रचलित करता है तो कोई बहुत ग़लत काम नहीं कर रहा। उसने निहायत ईमानदारी से फ़िल्म 'विधाता' के बहुचर्चित गीत 'सात सहेलयाँ' की शैली में इस तथ्य पर ठप्पा लगा दिया है। इतना उदार दृष्टिकोण अपनाने के लिए उत्तर प्रदेश शासन व उसके सूचना विभाग को बधाई दी जानी चाहिए। वे अपना प्रचार कार्य जारी रखें। ईश्वर ने चाहा तो उसका 'मेलजोल और भाईचारा' (विपक्ष का) का सपना भी पूरा होगा।

भाषा का कमाल, 'उ' की मात्रा का उछाल

दक्षिण में चुनाव प्रचार के लिए गये उत्तर के इंका सांसद और विधायक धीरे-धीरे लौट आये हैं। अधिसंख्य सांसदों और विधायकों के स्वास्थ्य में अभूतपूर्व सुधार हुआ है, कुछ तो पहचान में भी नहीं आ रहे हैं। एक मित्र को पहचानने में मैं सफल हो गया। उनके स्वास्थ्य में कोई सुधार नज़र नहीं आ रहा था। चिन्ता प्रकट करने पर उन्होंने बताया कि वे पेचिश के मरीज़ हैं। मधुमेह, रक्तचाप, दमा आदि अनेक रोगों ने मिलकर दक्षिण की यात्रा चौपट कर दी। स्विट्ज़रलैंड से भी यों ही अपना पुराना मुँह लिये लौट आये थे। अमेरिका यात्रा के दौरान ज़रूर वजन बढ़ा था, मगर लौटते ही सप्ताह भर के भीतर बराबर हो गया। रूस से तो यथावत् लौट आये थे। पेरिस गये थे तो वहाँ रोगग्रस्त हो गये, मगर इंग्लैंड में चिकित्सा की बहुत अच्छी व्यवस्था थी। वहाँ जिस रोग का इलाज़ करवाया था, वह फिर नहीं हुआ। इसी बीच एक अन्य सांसद दिखाई दिये। लग रहा था, अपने छोटे भाई की शेरवानी पहने हुए हैं। जानने की तीव्र जिज्ञासा हुई कि आन्ध्र में शेरवानी सिकुड़ गयी या वे ही मोटे हो गये हैं। उनसे कुछ पूछा जाता, वह उससे पहले ही बताने लगे कि आन्ध्र के पानी में बहुत फैट है। शेरवानी ही नहीं, उनके तमाम कपड़े छोटे हो गये हैं। यह पूछे जाने पर कि उनके स्वास्थ्य का क्या हाल हो गया है, उन्होंने बताया कि 'क्या बतायें, लुट कर चले आ रहे हैं...'। जबकि उनकी शक़्ल से साफ़ ज़ाहिर हो रहा था कि वे लुट कर नहीं लूट कर चले आ रहे हैं। बहरहाल विधायकों और सांसदों को भाषा पर इतनी चिन्ता प्रकट नहीं करनी चाहिए। विशेष रूप से उस पार्टी के सांसदों की भाषा पर, जिसमें सीता राम केसरी जैसे बड़े-बड़े भाषाविद विद्यमान हों। मात्राओं की ग़लती कोई ग़लती नहीं होती। ऐसी मामूली ग़लतियाँ तो हिन्दी के अधिसंख्य लेखक करते रहते हैं। अभी पिछले दिनों एक लेखक का उपन्यास पढ़ रहा था, हिन्दी में अब तक वे चार-छह पुस्तकें लिख चुके हैं, मगर इसके बावजूद 'चुहिया' को 'चूहिया' लिखते हैं। अगर हिन्दी का लेखक चुहिया को चूहिया लिख सकता है तो सांसद 'लूट कर आये हैं' को 'लुट कर आये हैं' क्यों नहीं कह सकता! हमारी भाषा को साहित्यकारों ने भी उतना समृद्ध नहीं किया, जितना राजनीतिज्ञों ने।

राजनीतिज्ञों की भाषा का एक-एक शब्द बहुआयामी होता है, मैं तो फ़िलहाल एक मात्रा की प्रशंसा कर रहा हूँ। जो साहित्यकार यह सोचते हैं कि भाषा का सबसे अधिक अवमूल्यन राजनीतिज्ञों ने किया है, वे वास्तव में पूर्वग्रह से ग्रस्त हैं। (यहाँ मेरा अभिप्राय अशोक वाजपेयी के 'पूर्वग्रह' से नहीं है)। अगर कोई वक्ता असावधानी से मात्रा का ग़लत इस्तेमाल कर जाता है, तो उसकी भंगिमा देखकर ग़लती ठीक की जा सकती है। लिखावट समझ न आये तो चेहरा पढ़ लेना चाहिए। अगर साहित्य समाज का दर्पण है तो चेहरा भाषा का दर्पण है।

मैं इस नतीजे पर पहुँचा हूँ कि चुनाव प्रचार करने से वचन बढ़ता है, शेरवानी सिकुड़ जाती है। जेबें फूली-फली लगती हैं। चेहरा भरा-भरा, होठ मुस्कराते हुए। चाल मस्तानी। हारने वालों की, लुटने वालों की यही अदा होती है। (मैं इश्क़ में हारने वालों की नहीं, चुनाव में हारने वालों की बात कर रहा हूँ)। इंका के इतिहास में यह एक विचित्र क़िस्म की हार है। मालूम नहीं, क्या कारण है कि इस पराजय से विपक्ष भी उतना प्रसन्न नहीं है जितने इंका के लोग प्रसन्न हैं। जानकार लोगों ने बताया है कि कई स्थानों पर इंका की बैठकों में सार्वजनिक रूप से प्रसन्नता प्रकट की गयी। यह सब देखकर मेरी धारणा दृढ़ होती जा रही है कि इंका को विपक्ष नहीं हराता, इंका इंका से मात खा रही है। इंका के दो हिस्से हो गये हैं— इंका (सन्तुष्ट) और इंका (असन्तुष्ट)। देखना यह है कि राजधानी में नगर निगम और महानगर परिषद् के चुनावों में किसकी विजय होती है! इंका के कार्यकर्ता इस बार भी लुट कर आते हैं अथवा स्थान लूट कर। लुटने और लूटने के बीच में ज़रा-सा फ़ासला है। एक मात्रा पलटने का करिश्मा है। एक 'एनिमेटेड' फ़िल्म द्वारा दिखाया जाये तो बहुत अच्छा शो तैयार हो। 'ु' की मात्रा बन्दर की तरह कूद का 'ू' हो जाये। एक छोटी-सी छलाँग की ज़रूरत है। इसके लिए न तो योग के कठिन आसन दरकार हैं, न सरल आसन। जीवन की सफलता का यही रहस्य है। यदि आप जीवन में सफल होना चाते हैं तो 'ु' की मात्रा को उछालना सीख लीजिए। उछल-कूद मचाइए, मगर एक सीमा में। दक्षिण के परिणाम बता रहे हैं, इंका सांसदों और विधायकों ने दक्षिण में जाकर 'ू' की मात्रा को ज़रूरत से ज़्यादा उछाल दिया। ज़्यादा उछलकूद अच्छी नहीं होती। सचाई तो यह है कि ये लोग एक पर्यटक की तरह वहाँ गये थे और पर्यटक की तरह ही वहाँ से लौट आये। मैं अभी तक यह तय नहीं कर पाया कि ये लोग क्यों गये थे, किसने बुलाया था इन्हें? इनकी यात्रा का उद्देश्य क्या था? क्या दक्षिण में कार्यकर्ताओं का अभाव हो गया था? सबसे महत्त्वपूर्ण बात तो यह है कि दक्षिण उत्तर की ग़ुलामी क्यों बर्दाश्त करता? बहरहाल, ख़ुशी की बात है, सब लोग सुरक्षित रूप से लौट आये हैं, किसी के सिर

पर पट्टी नहीं बँधी है, लौटकर ये लोग अपने मित्रों, सम्बन्धियों और शुभचिन्तकों के बीच तिरुपति का प्रसाद बाँट कर अपना परलोक सुधार रहे हैं। इन्दिराजी की लहर ने पाँच बरस के लिए इनका इहलोक सुरक्षित कर दिया था। मधुमेह, रक्तचाप और दमे से पीड़ित मेरे मित्र ने तो अपने हृदय की बात खोल कर रख दी। उसने बताया, दक्षिण में इन्दिराजी जीत जातीं तो देश में यक़ीनन मध्यावधि चुनाव हो जाते।

उत्पादन शुल्क में छूट पर बधाई

जिस प्रकार दीपावली से पूर्व लोग घरों की पुताई-सफ़ाई करते हैं, उसी प्रकार इंका में सफ़ाई अभियान शुरू हो गया है। हर तरफ़ सफ़ाई चल रही है। यह कहना भी ग़लत न होगा कि सफ़ाई नहीं, सफ़ाया चल रहा है। देखते-देखते महाराष्ट्र, बिहार और पंजाब के मुख्यमन्त्रियों का सफ़ाया हो गया। आपको याद होगा, गत वर्ष 19-25 दिसम्बर, 82 अंक में ही 'दिनमान' ने पृष्ठ 13 पर भविष्यवाणी कर दी थी कि 1983 में महाराष्ट्र, बिहार और पंजाब में नेतृत्व परिवर्तन होगा। नेतृत्व परिवर्तन हो गया, मगर मात्र नेतृत्व परिवर्तन में कुछ नहीं होता, बल्कि समस्याएँ बढ़ जाती हैं। पहचानना मुश्किल हो जाता है कि यह भूतपूर्व मुख्यमन्त्री है या साक्षात् समस्या है। सत्तारूढ़ दल का विधायक है या विपक्ष का। वस्तुतः इंका परिवर्तन की प्रक्रिया से गुज़र रही है। नयी-नयी समितियाँ और नये-नये अनुभागों का गठन हो रहा है। तबादले हो रहे हैं, नियुक्तियाँ हो रही हैं, फेरबदल हो रहा है। इंचार्ज बदले जा रहे हैं।

भारत के विशाल हिन्दी भाषी प्रदेशों— उत्तर प्रदेश, मध्य प्रदेश तथा बिहार का इंचार्ज जी.एल. मूपनार को नियुक्त किया गया है। श्री मूपनार की सबसे बड़ी योग्यता यह है कि उन्हें हिन्दी नहीं आती। इतने वर्ष दिल्ली में रहने पर भी उन्होंने हिन्दी सीखने की कोशिश नहीं की, हो सकता है तमिल भी भूल गये हों। कुछ समय पहले तक मूपनार गर्वपूर्वक कहा करते थे कि उन्हें हिन्दी के मात्र दो शब्दों का ज्ञान है, मगर इधर जानकार सूत्रों ने समाचार दिया है कि उनका हिन्दी शब्दों का स्कोर छह तक पहुँच गया है।

पाठकों को जिज्ञासा हो रही होगी कि मूपनारजी को हिन्दी के किन दो शब्दों का ज्ञान है। दोनों शब्द ख़ूब प्रचलित हैं। पहला शब्द है कुर्सी और दूसरा चाय। यह तो कोई भाषाविद् ही बता सकता है कि ये दोनों शब्द हिन्दी के हैं भी या नहीं। बहरहाल, इन शब्दों से कांग्रेसी कुर्सी के लिए पैदा होता है और कुर्सी के लिए अपना बलिदान दे देता है। इसे देश का दुर्भाग्य ही कहा जाएगा कि देश में इतनी कांग्रेस पार्टियाँ हैं, किसी ने भी अपने दल का चुनावचिह्न कुर्सी नहीं रखा। श्री

मूपनार की शब्दावली से ज़रूर यह आशा बँधती है कि अगर कभी प्रारब्ध ने उन्हें किसी कांग्रेस के गठन का अवसर दिया तो वे ज़रूर अपनी कांग्रेस का नाम 'कांग्रेस (कु)' रखेंगे। यही नहीं, कुर्सी ही उनके दल का चुनाव चिह्न होगी। उनकी पार्टी के कार्यकर्त्ता कुर्सी की रक्षा के लिए ख़ुशी-ख़ुशी अपने प्राणों की आहुति दे देंगे।

राष्ट्रीय लोकतान्त्रिक गठबन्धन ने श्रीनगर प्रतिपक्ष सम्मेलन का बहिष्कार न किया होता, अगर कुर्सी की समस्या पैदा न हुई होती। प्रतिपक्ष सम्मेलन ने कुर्सियों की व्यवस्था की थी, जबकि राष्ट्रीय लोकतान्त्रिक गठबन्धन कुर्सी चाहता था। इस मामले में इंका की सरकार अत्यन्त सजग है। आजकल प्रतिपक्ष के जितने सम्मेलन हो रहे हैं, इंका सरकार द्वारा उत्पादन शुल्क में उतनी ही छूट दी जा रही है। पिछली बार इलेक्ट्रॉनिक के गाने-बजाने और देखने के सामानों में छूट मिली थी और इस बार टायर और रेफ्रीजरेटर के उत्पादन शुल्क में कटौती हो गयी। सुखी जीवन का रहस्य है कि जय-जय सियाराम गाइए, सुनिए, देखिए, फ्रिज का ठंडा पानी पीजिए और सस्ते टायर वाले वाहन पर चलिए।

मगर उत्पादक लोग सरकार का सपना दुःस्वप्न में बदल देते हैं। इधर सरकार ने टायर के उत्पादन शुल्क में कमी की, उधर उत्पादकों ने टायर के दाम बढ़ा दिये। टीवी के उत्पादन शुल्क में जो कटौती हुई थी, उसका क्या हुआ? वस्तुतः उत्पादन शुल्क पर छूट उन्हीं उपकरणों के लिए दी जाती है, जिनका उत्पादन भारत में होता है। छूट और कटौती भी दो तरह की होती है। जो उपकरण देश में उत्पादित ही नहीं होता, उस पर छूट भी नहीं दी जा सकती। जैसे अगर रंगीन टीवी की ट्यूब भारत में उत्पादित नहीं होती, उसे उत्पादन शुल्क से एकदम मुक्त करने पर भी रंगीन टीवी के दाम कम न होंगे। योग्य कर मन्त्री की सही पहचान यही है कि वह उन उपकरणों को उत्पादन शुल्क से मुक्त करता चले, जिनका उत्पादन ही देश में नहीं होता।

देश की प्रगति का इससे बड़ा सबूत क्या दिया जा सकता है कि देश में ऐसे-ऐसे इलेक्ट्रॉनिक उपकरणों— जैसे कैलकुलेटर आदि का उत्पादन किया जा रहा है जिनका एक भी पुर्जा देश में निर्मित नहीं होता। हम विश्व के सबसे बड़े लोकतान्त्रिक राष्ट्र हैं। लोकतन्त्र में ठप्पे का महत्त्व निर्विवाद है। ठप्पा ही कुर्सी देता है, ठप्पा ही कुर्सी छीनता है। यही कारण है कि विदेशों से आयात किये गये उपकरणों पर भी यह पढ़ने को मिल जाता है, 'मेड इन इंडिया'। यही कारण है कि उत्पादन शुल्क में छूट दिये जाने के बावजूद चीज़ें सस्ती नहीं हो पातीं। यही कारण है कि हिन्दी भाषी प्रदेश का इंचार्ज उस व्यक्ति को बनाया जाता है जो हिन्दी ही नहीं समझता। उसकी ज़रूरत भी नहीं है। आप असन्तुष्ट होकर क्या तीर मार लेंगे अगर आपका इंचार्ज

आपकी भाषा ही नहीं जानता। वास्तव में मूपनार एक सफल राजनेता हैं और एक सफल राजनेता भाषा में विश्वास ही नहीं रखता।

सच कहा जाए तो सफल कवि भी भाषा का परित्याग करता चलता है। मौन ही उसकी भाषा हो जाती है। वह मूक रहता है और पुरस्कार बटोरता रहता है, स्थानीय, प्रान्तीय, राष्ट्रीय और अन्तरराष्ट्रीय पुरस्कार का एक और नाम है : कुर्सी। बहुत कम भाषाविद् इस तथ्य से अवगत हैं।

भ्रष्टाचार, विकास और आँसू का रिश्ता

देश के राजनैतिक क्षितिज पर चुनाव का चाँद निकलने वाला है। जानकार सूत्रों का अनुमान है कि आगामी मई या अक्तूबर महीने में चुनाव का चाँद अवश्य दिखाई देगा। फ़सल अच्छी होने के आसार है। सत्तारूढ़ दल ने फ़सल काटने की तैयारी शुरू कर दी है। सरकार ने फ़सल की सम्भावनाओं को देखते हुए अन्तरराष्ट्रीय मुद्रा कोष के ऋण की अन्तिम क़िश्त भी ठुकरा दी है। चुनाव की दौड़ और थकान से जूझने के लिए नेताओं ने अभी से च्वयनप्राश का सेवन शुरू कर दिया है। बूढ़े नेता ताक़त की सुइयाँ लगवा रहे हैं। जिन नेताओं को ऑपरेशन की ज़रूरत थी, उन्होंने समय रहते ऑपरेशन करवा लिये हैं और अब चुनाव की जंग के मैदान में उतरने से पूर्व स्वास्थ्य लाभ कर रहे हैं।

हमारे देश में चुनाव एक लहर की तरह आता है। इस लहर पर प्याज से लेकर नसबन्दी तक— कुछ भी सवार हो सकता है। विपक्ष ने चर्बी कांड को आम चुनाव के लिए सम्भालकर रखा था, मगर वह ऐसा बेवफ़ा बम निकला, जो समय से पहले ही फट गया, उपचुनाव तक को नहीं झेल पाया। बहरहाल, विपक्ष ने चुनाव के नये मुद्दों की तलाश शुरू कर दी है। हाल के उपचुनावों के परिणाम का विश्लेषण किया जाए तो कई दिलचस्प पहलू उजागर होते हैं। उत्तर प्रदेश में पीलीभीत की सीट जीतकर मेनका गाँधी ने इंका के लिए नयी चुनौती खड़ी कर दी। यही नहीं, 'संजय विचार मंच' ने जिन तीन स्थानों पर अपने उम्मीदवार खड़े किये थे, वहाँ इंका की हार हो गयी।

मेनका को मालूम है कि वह सरकार बना पाने की स्थिति में नहीं आ पाएँगी। शायद उनका उद्‌देश्य भी यह नहीं है। उनका एक सूत्री कार्यक्रम है, इंका को अपदस्थ करने की कोशिश करना। यानी, हम तो डूबेंगे सनम तुमको भी ले डूबेंगे। राजनीति पर्यवेक्षकों का मत है कि इस उपचुनाव में मेनका की मदद के लिए प्याज आया न चर्बी या नसबन्दी, उनके अपने आँसू ही उनके लिये वरदान साबित हुए। हमारे देश में आँसुओं का विशेष महत्त्व है। आँसुओं से पत्थर तक पिघल जाते हैं, मतदाता किस खेत की मूली हैं! महज़ आँसुओं के बल पर अनेक बम्बइया और

मद्रासी घटिया फ़िल्में बॉक्स ऑफिस पर हिट हो जाती हैं। मैंने ख़ुद अपने को अनेक बार घटिया से घटिया फ़िल्म देखकर आँसू बहाते पकड़ा है। औसत हिन्दुस्तानी की तरह मुझसे भी रेखा को फ़र्श पर पोंछा लगाते या शबाना आज़मी को सास से डाँट खाते नहीं देखा जाता। बताया जाता है कि पीलीभीत में मेनका ने वरुण गाँधी को गोद में लेकर दिल खोलकर आँसू लुटाये और पीलीभीत की भोली-भाली जनता इन आँसुओं में बह गयी।

अब प्रश्न उठता है कि जो आँसू पीलीभीत की महिलाओं को द्रवित कर सकते हैं, अमेठी की महिलाओं को क्योंकर द्रवित न करेंगे, जबकि जगजाहिर है कि पूरब के लोग अधिक भावुक होते हैं। क्या यह मानकर चला जाए कि अमेठी की महिलाएँ पीलीभीत की महिलाओं से कम संवेदनशील हैं? दरअसल, इस समस्या की एक दूसरे जाविए से देखना होगा। अमेठी में मेनका के संघर्ष का दूसरा रूप होगा। क्या मेनका के आँसू अमेठी के विकास की गति को झेल पाएँगे? यह युद्ध आँसुओं और विकास का युद्ध साबित होगा। यह भावना और तर्क की लड़ाई है। एक ओर बड़े-बड़े कल कारख़ाने और ऊपर उठाने के मनसूबे हैं, दूसरी तरफ़ एक विधवा के आँसू हैं।

यह देखने के लिए कि आँसुओं में ज़्यादा ताक़त होती है या विकास में, इस ख़ाकसार ने भी अमेठी का दौर कर डाला। मेरी तरह अनेक पत्रकार अमेठी की धूल फाँक रहे थे। अँग्रेजी के एक राष्ट्रीय दैनिक के दो पत्रकारों, जो 'संजय विचार मंच' के श्री जे.एन.मिश्र की प्रेरणा से अमेठी निर्वाचन क्षेत्र का दौरा कर रहे थे, से भी मिलने का अवसर मिला। उनकी समस्या यह थी कि श्री मिश्र ने उन्हें 'संजय विचार मंच' के जिन-जिन सक्रिय कार्यकर्त्ताओं से मिलने का परामर्श दिया था, उनमें से अधिसंख्य कार्यकर्त्ता इंका में लौट गये। वे अमेठी में मेनका की जीत की सम्भावनाओं पर अपने पत्र के लिए विस्फोटक कथा तैयार करने की तैयारी में आये थे और अब अमेठी में व्याप्त भ्रष्टाचार पर स्टोरी करने को मजबूर थे। वे विकास कार्यों के प्रति निरपेक्ष थे। उन्होंने बताया, विकास नहीं बिकता, ह्रास बिकता है।

बहरहाल, अब देश में ऐसी स्थिति आ गयी है कि जहाँ विकास है, वहीं भ्रष्टाचार है। जहाँ विकास नहीं है, भ्रष्टाचार भी नहीं है। कोई अफ़सर वहाँ पोस्टिंग नहीं चाहता। वहाँ केवल आँसू हैं। वहाँ के मतदाता की आँखों में आँसू हैं, ज़िलाधिकारी और इंजीनियरों की आँखें नम हैं। मैं पत्रकारों मित्रों के इस विश्लेषण से सहमत हूँ कि अमेठी में यह मातमी माहौल नहीं है। अधिकारियों के चेहरे पर उत्साह है, कुछ कर गुज़रने की तमन्ना है। यहाँ तक कि नेताओं में भी 'सेंस ऑव ह्यूमर' आ गया है। पत्रकारों ने बताया कि उन्होंने जब युवा नेता जगदीश पीयूष से

पूछा कि वे मेनका गाँधी को बीच भँवर में छोड़कर कांग्रेस से क्यों जा मिले तो पीयूषजी ने कहा कि जब बीच नदी में नौका डूब रही हो तो कोई मल्लाह से पूछकर छलाँग नहीं लगाता। राजीव का विरोध करना अमेठी की जनता को दग़ा देना है। इसी प्रकार सुल्तानपुर जनपद के युवा इंका नेता गया सिंह ने जब पूछा गया कि राजीव गाँधी का नाम अमेठी के अतिरिक्त दूसरे निर्वाचन क्षेत्रों से भी जोड़ा जा रहा है तो उन्होंने क्षण भर में अपना निर्णय सुना दिया, ''राजीव अमेठी से चुनाव नहीं लड़ते तो मैं इसे निर्णय की कायरता मानूँगा।''

सोचता हूँ, होली बाद पूरे संसदीय क्षेत्र का दौरा कर डालूँ, आपके पाठकों को सही जानकारी देने के लिए।

सेवादल, लोकदल और दलदल

यह पत्र आपको अमेठी से लिख रहा हूँ। बहुत तेज़ी से अमेठी का औद्यारेगीकरण हो रहा है। औद्योगीकरण ही नहीं, राजनीतिकरण भी। कुछ वर्ष पूर्व इलाहाबाद की यही स्थिति थी। देश की मौजूदा हालत पर रिक्शाचालक, ईंट-गारा ढोने वाला मजदूर भी अधिकारपूर्वक बात किया करता था। अब धीरे-धीरे यह दर्ज़ा सुल्तानपुर को हासिल हो रहा है।

अमेठी में सड़कों का जाल बिछ गया है। जिन गाँवों में जाने के लिए कड़ी मेहनत करनी पड़ती थी, आज सड़कों से जुड़ गये हैं, ऊसरों के बीच बिछी सड़कें एक चमत्कार ही लगती हैं। इन सड़कों पर दौड़ते-दौड़ते बड़े मज़ेदार अनुभव हो रहे हैं। कल दोपहर एक वृद्धा को देखा जो जंगल में एक पेड़ के नीचे घास छील रही थी। मैंने उससे मेनका गाँधी के बारे में पूछताछ की।

''मेनका का नाम सुना है?''

''सुनै हईं...''

''वह कौन है?''

''इन्दिराजी की पतोहू होए।''

''कभी देखा है?''

''आजै देखे रहे केसवपुर मा।''

''मगर केशवपुर में तो सोनिया गाँधी आयी हुई हैं।''

''गाँव वाले ओका मेनका गाँधी के नाम से ही जानत हिन।''

''मगर सोनियाजी मेनका गाँधी नहीं। सोनियाजी राजीव गाँधी की पत्नी हैं।''

''हमहु तो यही कहत हैई।''

वृद्धा ने मेरी बात की तरफ़ ध्यान नहीं दिया और दोबारा घास छीलने लगी। यह एक विचित्र स्थिति थी। सोनिया गाँधी अमेठी संसदीय क्षेत्र से दूर-दराज़ गाँवों का लगातार दौरा कर रही हैं। चिकित्सा शिविरों का आयोजन कर रही हैं। ज़रूरत-मन्द लोगों की मदद कर रही हैं। मगर उनके श्रम का आंशिक श्रेय अनायास ही मेनका गाँधी लूट रही हैं। मैंने इस स्थिति की चर्चा गौरीगंज की विधायिका श्रीमती

राजपति देवी से की तो उन्होंने और उनके पति महोदय ने भी ऐसे अनेक क़िस्से बताये, जहाँ देहातों की भोली-भाली जनता जेठानी और देवरानी के अन्तर को नहीं समझ पा रही। पत्रकार मित्र राममूर्ति शुक्ल ने भी इस प्रकार के अनेक क़िस्से बताये। उन्होंने बताया कि आज ही एक महिला को चिकित्सा शिविर में दवा न मिलने पर चिल्लाते सुना कि अगर उसे दवा न मिली तो वह अन्दर जाकर मेनकाजी से शिक़ायत कर देगी, जबकि अन्दर सोनिया गाँधी दवा बाँट रही थीं।

कहने का अभिप्राय यह है कि तीखी धपू, तपती सड़कों और दोपहर की धूल भरी गर्म हवाओं के थपेड़ों के बीच सोनिया गाँधी जो पसीना बहा रही हैं, उससे कहीं न कहीं मेनका का प्रचार हो रहा है। इस मामले में मेनका भाग्यशाली हैं। बहुत से वोट वह सोनिया गाँधी की समाज सेवा और उनके भ्रम में बटोर लेंगी। यह कहना ग़लत न होगा कि सोनिया गाँधी की दौड़धूप का लाभ प्रकारान्तर से मेनका गाँधी को मिल रहा है। दरअसल, सोनिया गाँधी को क्षेत्र में भेजने से पूर्व या उनके दौरे के दौरान उनकी पहचान स्थापित करने का जो काम किया जाना चाहिए था, लगता है, ठीक से नहीं हुआ। यह एक कठिन कार्य था, इसकी गम्भीरता पर किसी ने विचार ही नहीं किया।

दो सप्ताह पहले मैंने अमेठी के सन्दर्भ में एक और प्रश्न उठाया था कि मेनका के आँसू अगर पीलीभीत की जनता को द्रवित कर सकते हैं तो अमेठी की महिलाओं को क्योंकर द्रवित न करेंगे, जबकि जगजाहिर है कि पूरब के लोग अधिक भावुक होते हैं। मेरी इस टिप्पणी से सुल्तानपुर के सांसद गिरिराज सिंह ने असहमति प्रकट की। उन्होंने बताया कि अमेठी संसदीय क्षेत्र आज भी सामन्ती प्रभाव से मुक्त नहीं हो पाया है। इस संसदीय क्षेत्र की महिलाएँ आज भी पुरुषों के प्रभाव में हैं। वे उसी उम्मीदवार का समर्थन करेंगी, जिसका पुरुष समर्थन करेंगे। साथ में गिरिराजजी ने यह ज़रूर जोड़ दिया कि यह दूसरी बात है कि उनके घर में उनकी पत्नी की ही चलती है। इस दृष्टि से वे सामन्ती प्रभाव से मुक्त हैं। उन्होंने अनेक बार ताल्लुकेदारों और गुजारेदारों के प्रबल विरोध के बावजूद चुनाव में विजय प्राप्त की। दस-बारह वर्ष पूर्व उन्होंने मात्र छह हज़ार रुपये और एक टुटही साइकिल की मदद से चुनाव जीता था।

कल गौरीगंज में शाहगढ़ के बच्चों की एक परेड देखी। सौ एक बच्चे नयी वर्दी पहने आग की तरह तपती सड़क पर नंगे पाँव और नंगे सिर कतारों में चलते 'राजीव गाँधी आये हैं, नयी चेतना लाये हैं' चिल्लाते हुए सैनिकों की तरह आगे बढ़ रहे थे। सफ़ेद कमीज़ और सफ़ेद नेकर में वे अत्यन्त चुस्त-दुरुस्त लग रहे थे। वर्दी बहुत अच्छी सिली थी। जेब के ऊपर नन्हा-सा तिरंगा सिला था। पूछने पर

मालूम हुआ, ड्रेस दिल्ली से सिलकर आया है और ये बाल सेवादल के बच्चे हैं। हो सकता है, क्षेत्र में कोई और सेवादल भी सक्रिय है, क्योंकि बच्चे नारा लगा रहे थे— 'कौन-सा सेवा दल, कांग्रेस का सेवादल।'

अमेठी में सेवादल सक्रिय है, लोकदल सक्रिय है, अन्य पार्टियों की भी दलदल है। बच्चों का जुलूस गुज़र गया तो ढाबों पर चर्चा चल निकली कि बच्चों को धूप में पिघल रही सड़कों पर नंगे पाँव चलाकर उनके साथ अत्याचार किया जा रहा है। शाहगढ़ से परेड करते हुए तो बच्चे भूखे-प्यासे गौरीगंज तक आये थे, उनके भोजन की व्यवस्था नहीं थी। जो बच्चे घर से भोजन लाये थे, खा रहे थे, बाक़ी गटागट पानी पी रहे थे। दरअसल, इन बच्चों ने बहुत कम उम्र में सेवा का व्रत ले लिया है और सब जानते हैं, भगवान कृष्ण ने निःस्वार्थ सेवा और कर्म का सन्देश गीता में दिया है। एक सन्देश ये बच्चे दे रहे हैं— 'भारत के वीरों का दल, सेवादल सेवादल।'

दूसरा तारा जखनिया में टूटा

आख़िर तारा डूब गया। जब तारा डूबता है, यानी शुक्र अथवा बृहस्पति अस्त हो जाते हैं तो शादी-ब्याह की लग्नें समाप्त हो जाती हैं। सड़कें सुनसान हो जाती हैं और डिस्को प्रेमी बारातें अपने-अपने काम-धन्धे में लग जाती हैं। ज्यों-ज्यों तापमान बढ़ता जाता है, शादियों की बाढ़ आ जाती है। मेरी समझ में आज तक नहीं आया कि पंडित लोग पचास डिग्री तापमान में शादी की मुहूर्त क्यों निकाल देते हैं, पचास डिग्री तापमान तलाक़ के लिए उपयुक्त हो सकता है, शादी के लिए तो सरासर अनुपयुक्त है।

लगता है, अब तक सात बार विवाहित 52 वर्षीय विख्यात अभिनेत्री एलिजाबेथ टेलर भी आठवें विवाह का मुहूर्त निकालकर ही अपने भावी पति के साथ गत दिनों विवाह के इरादे से ही भारत आयी थीं। वह इस उबलते मौसम में दिल्ली के एक पाँच सितारा होटल में अपने भावी पति विक्टर लूना के साथ दो से सात मई तक रुकी हुई थीं। विवाह पूर्व हनीमून के लिए उन्होंने मई का महीना ही क्यों चुना, यह वही लोग बता सकते हैं, मगर लगता है लिज को दिल्ली से मुहब्बत है, चिलचिलाती धूप से इश्क़ है। जबकि लिज का विचार है कि उसे दो ही चीज़ों से प्रेम है, भोजन से और कामक्रीड़ा से। दोनों से उसे अपार आनन्द की अनुभूति होती है। ठीक ही है, गर्मी में कोई भोजन करना तो छोड़ नहीं देता।

इस दृष्टि से आचार्य रजनीश के शिष्य अधिक व्यावहारिक हैं। हम लोग इस चिलचिलाती धूप में शादी-ब्याह के अवसर पर ख़ुशियाँ और उल्लास मनाते हैं, आचार्य रजनीश के शिष्यों ने तलाक़ का जश्न मनाना शुरू किया है। इसी मई में पुणे में एक भव्य समारोह में 'प्रेम से परिपूर्ण तलाक़' का आयोजन किया गया। इस जश्न की विशेषता थी कि दम्पतियों को आज़ाद होने पर बधाइयाँ दी गयीं। गुलदस्ते भेंट किये गये और डिस्को की धुन पर नृत्यमय वातावरण में तलाक़ का कार्यक्रम सम्पन्न हुआ। आचार्य रजनीश के शिष्यों को इलहाम हुआ है कि तलाक़ आदमी को उदार, स्वतन्त्र और डिस्को की तरह सहज बनाता है।

डिस्को आज हमारे जीवन का अविभाज्य अंग होता जा रहा है। डिस्को

राजनीति के बारे में आप पिछले एक पत्र में जानकारी हासिल कर चुके हैं। अब तलाक़ में भी डिस्को ने आँसू का स्थान ले लिया है। ज़माना कितनी तेज़ी से डिस्कोमय होता जा रहा है, इसका अनुमान इस बात से लगाया जा सकता है कि कई जगह किसी वृद्ध की शवयात्रा में लोगों को डिस्को करते देखा गया है। लगता है, भजनों का तारा भी धीरे-धीरे डूब रहा है। भजनों का ही नहीं, कई मुख्यमन्त्रियों का तारा भी डूबता नज़र आ रहा है। सब दिन समान नहीं होते। पार्टियों और नेताओं का तारा भी डूबता है। उत्तर प्रदेश में पीलीभीत के बाद अब मलीहाबाद में भी इंका का तारा डूब गया।

इंका ने मलीहाबाद में केन्द्र और राज्य के मन्त्रियों की ख़ूबसूरत भीड़ जुटायी थी। मगर यह एक ऐसी जमात है कि यही कहने की इच्छा होती है कि 'जहाँ-जहाँ पैर पड़े सन्तन के, हो गया बंटाधार।' इंका को सबक लेना चाहिए कि मन्त्रियों के चिकने-चुपड़े चेहरों की प्रदर्शनी लगा कर चुनाव नहीं जीता जा सकता। ख़ासकर उस समय, जब मन्त्रियों की विश्वसनीयता समाप्त हो चुकी हो। जब विपक्ष द्वारा अल्पसंख्यक मतदाताओं की साम्प्रदायिक भावनाओं को भड़काया जा रहा था तो इंका ने जवाब में उर्दू को द्वितीय राजभाषा बनाये जाने का विरोध करने वाले मन्त्री वासुदेव सिंह का दौरा रखकर आग में घी छोड़ दिया।

यह कहना ग़लत न होगा कि चुनाव में हारने के लिए इंका को अत्यन्त परिश्रम करना पड़ा। चुनाव से पूर्व ही एक माननीय मन्त्री महोदय ने वक्तव्य दे दिया कि 'संजय विचार मंच' के गुंडा तत्त्वों द्वारा मतदान केन्द्रों पर कब्ज़ा किये जाने की सम्भावना है। इस तथ्य से मतदाता भलीभाँति परिचित हो चुके हैं कि मतदान केन्द्रों पर कब्ज़ा किये जाने का आरोप वही दल लगता है, जिसे अपनी हार का पूर्वाभास हो जाता है। इंका के एक वर्ग को पूर्वाभास नहीं, विश्वास हो चुका था कि मलीहाबाद में इंका का तारा डूबने जा रहा है।

चुनाव के एक सप्ताह पूर्व इंका के एक अल्पसंख्यक सांसद ने गर्वपूर्वक बताया था कि इस उपचुनाव में इका को अल्पसंख्यकों का एक भी वोट न मिलेगा। जो अल्पसंख्यक कार्यकर्त्ता इंका का बिल्ला लगाये घूम रहे हैं, वे भी इंका को वोट न देंगे। यह अकारण नहीं है कि अपनी आला रणनीति, कांग्रेस कल्चर के एकता में अनेकता के सिद्धान्त के अनुरूप मलीहाबाद में ही इंका ने अपनी ख़ामोश हार क़ुबूल नहीं की, देखते-देखते जखनिया में भी उसका तारा डूब गया। उत्तर प्रदेश के दोनों उप-चुनावों के परिणामों ने मुख्यमन्त्री के ताज में कुछ और हीरे जड़ दिये हैं।

मुख्यमन्त्रीजी, राजीव को यों बदनाम न करो

ई.एम.एस. नम्बूदरीपाद जब केरल के मुख्यमन्त्री थे तो साइकिल पर सचिवालय जाते थे। अब ज़माना इतना बदल गया है कि मुख्यमन्त्रियों का वश चले तो सचिवालय तक हेलीकॉप्टर से जाएँ। लखनऊ से मलीहाबाद की दूरी पच्चीस किलोमीटर से अधिक नहीं, मगर मुख्यमन्त्री ने चुनाव प्रचार के लिए हेलीकॉप्टर को ही अपना वाहन चुना। जहाँ-जहाँ मुख्यमन्त्री का हेलीकॉप्टर उतरा, कांग्रेस की करारी हार हुई। हेलीकॉप्टर देखने के लिए पाँच-छह सौ की भीड़ इकट्ठी होती, मगर जब तक मुख्यमन्त्री हेलीकॉप्टर से उतरते, भीड़ तितर-बितर हो जाती। एक स्थान पर तो ऐसा भी हुआ कि हेलीकॉप्टर के उतरते ही अच्छी-ख़ासी भीड़ जमा हो गयी, मगर ज्यों ही हेलीकॉप्टर मुख्यमन्त्री महोदय को उतार कर तेल लेने रवाना हुआ, भीड़ भी रवाना हो गयी। इससे रोचक दृश्य क्या उपस्थित हो सकता था कि ज्यों ही मुख्यमन्त्री महोदय का भाषण समाप्त हुआ हेलीकॉप्टर तेल भरवाकर लौट आया। मुख्यमन्त्री को देखकर जो मतदाता भाग निकले थे, हेलीकॉप्टर का स्वागत करने दुबारा लौट आये।

इस मुए हेलीकॉप्टर ने गुडूंराव का राजनैतिक जीवन चौपट किया था, अब डंडा लेकर श्रीपति मिश्र के पीछे पड़ गया है। गुडूंराव की बात दीगर थी। गुडूंराव दीवाने हैं। पन्द्रह माह के राजनैतिक निर्वासन के बाद दुबारा राजनीति में प्रवेश करते समय उन्हें सबसे पहले अपने हेलीकॉप्टर की ही याद आयी। यह स्वाभाविक ही था। सत्ता के हेलीकॉप्टर पर सवारी करने के बाद पन्द्रह माह तक धरती की धूल चाटना किसी को भी यन्त्रणामय लग सकता है। यही कारण है कि गुडूंराव की नज़र आज भी हेलीकॉप्टर पर टिकी है। वह आज भी मानकर चलते हैं कि मुख्यमन्त्री के लिए हेलीकॉप्टर कोई ऐय्याशी की वस्तु नहीं, एक अनिवार्यता है। इस अनिवार्यता ने कर्नाटक में चमत्कार दिखाया था, अब उत्तर प्रदेश में दिखा रही है। मुख्यमन्त्री हेलीकॉप्टर का इस्तेमाल कुछ इस शैली में कर रहे हैं, जैसे यह जाती बहार का मेला हो। दरअसल उनके पास समय कम है और काम ज़्यादा। दो बरस में काम का अम्बार लग गया है।

उनमें गुडूंराव जैसा किशोर उत्साह भी नहीं है। अपने कार्यालय में एक बार गुडूंराव ने फ़ाइलों पर ऐसा धावा बोला था कि सचिवालय में त्राहि-त्राहि मच गयी थी। उन्होंने एक-एक दिन में कई सौ फ़ाइलें निपटा डाली थीं। उत्तर प्रदेश के मुख्यमन्त्री में इतनी क्षमता नहीं, वह समय से जूझ रहे हैं। फ़ाइलों की तरफ़ ध्यान देते हैं तो फ़ाइलों का अम्बार लग जाता है। हालात इतने गम्भीर हो गये हैं कि वे पच्चीस किलोमीटर की यात्रा भी हेलीकॉप्टर से तय करते हैं। कष्ट यही है कि मलीहाबाद की जनता ने उनकी मजबूरी को समझने की कोशिश नहीं की और उनके हेलीकॉप्टर को पैरोडी में तब्दील कर दिया कि 'इक मुख्यमन्त्री ने हेलीकॉप्टर का सहारा लेकर, हम ग़रीबों की मुहब्बत का उड़ाया है मज़ाक'।

जिस तरह असामाजिक तत्त्व दंगों की आड़ में लगे हाथ अपने प्रतिद्वन्द्वियों से भी निपट लेते हैं, इंका के नेता भी हार की सम्पूर्ण ज़िम्मेदारी अपने विरोधियों पर डाल देते हैं। मलीहाबाद में इंका की पराजय पर कुछ रोचक तथ्य प्रकाश में आये हैं। किसी ने कहा कि इंका की हार के लिए मायापति त्रिपाठी ज़िम्मेदार हैं, जो अन्दर मेनका से मिले थे। किसी ने भितरघात तो किसी ने कमज़ोर उम्मीदवार और किसी ने साम्प्रदायिकता को मूल कारण माना। किसी ने सारा दोष हेलीकॉप्टर के मत्थे मढ़ दिया। हेलीकॉप्टर के समर्थकों का मत है कि मलीहाबाद में इंका की हार का मूल कारण हेलीकॉप्टर नहीं, उड़नतश्तरियाँ हैं। ये उड़नतश्तरियाँ कैबिनट स्तर की बतायी जाती हैं। कहा जाता है, इनमें से एक उड़नतश्तरी नाज़िर अली को इंका में लायी थी, जिसके यहाँ अभी हाल ही में करोड़ों रुपयों की हेरोइन पकड़ी गयी है।

बहुत दिनों से सुनाई पड़ रहा था कि इस उड़नतश्तरी की प्रतिभा का पूरा उपयोग नहीं हो पा रहा है, इसलिए उसे मुख्यमन्त्री अथवा उप-मुख्यमन्त्री बनाया जाना ज़रूरी हो गया है। आख़िर इंका हाईकमान की बेनियाज़ी से आज़िज आकर कैबिनट स्तर की इस उड़नतश्तरी ने मलीहाबाद में अपनी प्रतिभा का उपयोग कर ही डाला। सबसे मौलिक अवधारणा मुख्यमन्त्री की थी। उन्होंने पत्रकारों से बातचीत करते समय मलीहाबाद की हार का श्रेय प्रकारान्तर से राजीव गाँधी को दे डाला। मुख्यमन्त्री ने कहा कि राजीव गाँधी अपने दौरे के दौरान गैरज़रूरी तत्त्वों से घिरे रहे, जिससे इंका और जनता में कुछ महत्त्वपूर्ण लोगों की उपेक्षा हो गयी। इस उपेक्षा ने असन्तोष का रूप ले लिया, जिसके फलस्वरूप इंका की हार हो गयी।

मुख्यमन्त्री के वक्तव्य से यह ध्वनि निकलती है कि राजीव गाँधी की जनसम्पर्क प्रणाली दोषपूर्ण है। जैसे राजीव गाँधी यह भी नहीं जानते कि अपने आगमन पर किससे मिलना चाहिए और किससे नहीं मिलना चाहिए। कहीं ऐसा तो नहीं कि जाने या अनजाने राजीव गाँधी द्वारा मुख्यमन्त्री की ही उपेक्षा हो गयी हो।

मालूम नहीं, मुख्यमन्त्री राजीव गाँधी के किस दौरे की तरफ़ इशारा कर रहे थे, जबकि बच्चा-बच्चा जानता है कि उपचुनाव के दौरान राजीव गाँधी मलीहाबाद गये ही नहीं थे। सचाई तो यह है, पदमुक्त होने से पूर्व एक भूतपूर्व मुख्यमन्त्री जगन्नाथ मिश्र भी राजीव गाँधी पर इसी प्रकार झुंझलाया करते थे।

इतिश्री की इतिश्री

उत्तर प्रदेश के मुख्यमन्त्री श्रीपति मिश्र ने अपने कार्यकाल के दो वर्ष पूरे कर लिये। पहली वर्षगाँठ पर उन्होंने जश्न मनाये थे, मगर इस बार कोई समारोह नहीं हुआ। ख़ामोश उपलब्धियों की भी ज़्यादा चर्चा नहीं हुई। समाचार-पत्रों में विज्ञापन भी कम दिये गये। उपलब्धियों को गिनें तो उनकी सबसे बड़ी उपलब्धि तो यही है कि वह 100 सप्ताह से भी अधिक समय तक काँटों का ताज पहनकर अपने पद पर बने रहे। इस दृष्टि से उन्होंने अनेक बम्बइया फ़िल्मों को पीट दिया, जो 100 वाँ दिन ख़ूब धूमधाम से मनाया करती हैं। और तो और 'नदिया के पार' को भी पीट दिया। 'नदिया के पार' पूरब के कई नगरों में पचास-साठ सप्ताह तक मुख्यमन्त्री के साथ-साथ चली। मुख्यमन्त्री भी चलते रहे। उसने बीच में ही दम तोड़ दिया। 'इतिश्री' की फ़िल्म भी 'दिनमान' में उन्हीं दिनों रिलीज हुई थी। अब देखना यह है कि इन दोनों में पहले कौन पिटता है।

मुझे ख़ुद आश्चर्य है कि यह कैसे अभी तक निर्बाध चली जा रही है। प्रकाशचन्द्र सेठी की फ़िल्म भी निर्बाध गति से चल रही थी, कि अचानक यह योजना मन्त्रालय थियेटर में जा बैठे। एक झटके के साथ हटना अच्छा होता है। असाध्य रोगी की तरह धीरे-धीरे वर्षों तक रोज़ मौत के क़रीब आते जाना बहुत तक़लीफ़देह होता है। इसकी पीड़ा किसी भुक्तभोगी से पूछिए। जगन्नाथ मिश्र से पूछ लीजिए या अन्तुले से। वसन्तदादा पाटील से भी पूछा जा सकता है। इस दृष्टि से कमलेश्वर भाग्यशाली थे कि एक झटके से 'दूरदर्शन' से अलग हुए और हवाई जहाज़ में बैठकर बम्बई चले गये। तिल-तिल करके किसी को जलाना बहुत क्रूर होता है। इस पर प्रतिबन्ध लगा दिया जाना चाहिए।

अभी हाल ही में कांग्रेस के एक वरिष्ठ विधायक ने मुझसे कहा कि आप मैडम से कह दीजिए कि अगर आप मुझे मुख्यमन्त्री बनाएँ तो मैं पहले ही अपना इस्तीफ़ा लिखकर उन्हें दे दूँगा। उन्हें मेरा इस्तीफ़ा तलब नहीं करना पड़ेगा। जब मेरे काम से असन्तुष्ट हो मेरा इस्तीफ़ा राज्यपाल के पास भिजवा दें। यह कोई आकर्षक

पेशकश नहीं है। मुख्यमन्त्री का पद हथियाने के लिए लोग इससे भी बड़ी पेशकश करने को तैयार है। एक अन्य विधायक ने वरिष्ठ विधायक की नासमझी पर टिप्पणी करते हुए कहा कि वह यह कैसे मानकर चल रहे हैं कि मुख्यमन्त्री निवास की चाबी देने से पहले तमाम मुख्यमन्त्रियों से इस्तीफ़े ले नहीं लिये जाते। इस्तीफ़ा लेने का प्रश्न ही नहीं है। वह तो लोग स्वयं जाकर प्रधानमन्त्री के चरणों पर रख आते हैं।

प्रधानमन्त्री की दी हुई चीज़ प्रधानमन्त्री को सौंपने में हर्ज ही क्या है! आप स्वीकार करेंगे, कोई हर्ज नहीं है। प्रधानमन्त्री को याद दिलाने के लिए उसकी प्रतिलिपि भेजना ज़रूरी है। इसकी शुरुआत विश्वनाथप्रताप सिंह ने की थी। उसके साथ ही 'इतिश्री' की शुरुआत हुई थी। दो बरस देखते-देखते बीत गये। यह सौवीं 'इतिश्री' है। मैं गत पचीस बरसों से लेखन कर रहा हूँ, मगर 'इतिश्री' से मुझे जो लोकप्रियता हासिल हुई, वह सम्पूर्ण साहित्य से न मिल पायी। अभी हाल में मैं गौरीगंज के एक नये विद्यालय के उद्घाटन समारोह में अपने एक मित्र के साथ चला गया। आयोजकों ने 'दिनमान' के चित्र से मेरा मिलान किया और मंच पर आकर 'दो शब्द' कहने की अपील ज़ारी कर दी। बसों, गाड़ियों, विमानों और अनेक सामाजिक समारोहों में मेरे साथ यह दुर्घटना घट रही है। सच पूछा जाए तो मैं इससे बहुत डर गया हूँ। इस लिहाज से मैं चोरी-डकैती और बलात्कार के लिए बेकार साबित हो रहा हूँ, जबकि आप जानते हैं कि ज़माना चोरी, डकैती और बलात्कार का है।

मैं किसी की जेब नहीं काट सकता। हमेशा यही आशंका बनी रहती है कि कोई पहचान न ले कि रवीन्द्र कालिया जेब काट रहे हैं। यह मेरी प्रतिष्ठा के ख़िलाफ़ होगा। मेरे साथ-साथ आपकी और 'दिनमान' की प्रतिष्ठा भी दाँव पर लग जाएगी। इसलिए मैं चुपचाप एकान्त जीवन बिता रहा हूँ। तन्हा रहना मुझे वैसे बहुत प्रिय है, मगर इस पापी पेट का भी ख़्याल रखना पड़ता है। आपने मेरी 'उस तरह की' आमदनी के अनेक दरवाज़े बन्द कर दिये हैं। 'इतिश्री' का ताला जड़ दिया है। अन्त में यही प्रार्थना कर सकता हूँ कि अगर आप मेरी मदद करना ही चाहते हैं तो मेरे इस दर्द पर ग़ौर कीजिए।

नन्दनजी, अभी-अभी मैंने 'इतिश्री' का शतक लगाया है। अब गावस्कर की तरह पैड खोलकर थोड़ी देर सुस्ता लूँ। अभी तो पहली पारी चल ही रही है। देखना यह है कि टीम के दूसरे सदस्य रन संख्या बढ़ाने में कितना योग देते हैं! मैं विश्वास दिलाता हूँ कि मेरा शतक गावस्कर से थोड़ा भिन्न है। गावस्कर जब शतक बनाते हैं तो यह ज़रूरी नहीं होता कि टीम जीत ही जाए, 'फालोआन' भी हो सकता है। मैं

इसी कोशिश में हूँ कि 'फालोआन' न हो पाये। पाठकों का सहयोग बना रहा तो 'इतिश्री' छक्के लगाती रहेगी और अपनी रन संख्या बढ़ाती रहेगी। यह दूसरी बात है कि 'सनीचर' के सम्पादक श्री ललित अपनी पत्रिका के 'इतिश्री की इतिश्री' शीर्षक से कॉलम खोलने की धमकी जारी कर चुके हैं।

इनाम की राजनीति उर्फ़ राजनीति का इनाम

मध्य प्रदेश के मुख्यमन्त्री श्री अर्जुन सिंह गत दिनों सैर के इरादे से भोपाल के वनविहार उद्यान पहुँचे तो फारेस्ट गार्ड श्री जगदीशप्रसाद शर्मा ने दरवाज़ा खोलने से इंकार कर दिया, क्योंकि उस दिन छुट्टी थी। श्री जगदीशप्रसाद शर्मा की सविनय अवज्ञा से मुख्यमन्त्री बहुत प्रभावित हुए। मुख्यमन्त्री ने फारेस्ट गार्ड को मुअत्तल किया न बर्खास्त, उसके तबादले का आदेश भी पारित नहीं किया, बल्कि उसे पाँच सौ रुपये का पुरस्कार देने की घोषणा कर दी।

वास्तव में जब से राजीव गाँधी का इंका की राजनीति में प्रवेश हुआ है, मुख्यमन्त्री लोग अपने पद से अधिक अपनी छवि की चिन्ता करने लगे हैं। अर्जुन सिंह को ही देखिए, भारत भवन और सांस्कृतिक उपलब्धियों के बल पर अपनी छवि बनाने में सफल हो गये। अन्तुले ने भी छवि बनाने की कोशिश की थी, मगर उन्हें यह सफलता नहीं मिली थी। अन्तुले ने पाजामा पहनकर अनेक तवायफ़ों के कोठों का गुप्त निरीक्षण किया, अवैध शराब की भट्ठियों को अपनी आँखों से देखा, मगर छवि न बना पाये। बम्बई में पहले से अधिक तवायफ़ें हो गयीं, पहले से ज़्यादा अवैध शराबें बनने लगीं। अन्तुले की सांस्कृतिक पुनरुद्धार की तमाम कोशिशें विफल हो गयीं। प्रत्येक मुख्यमन्त्री भजनलाल की तरह भाग्यशाली नहीं होता, हरियाणा में बीस घोटाले होते रहे, भजनलाल चुनाव जीतकर 'फेसलिफ्ट' करा लेते हैं। सोनीपत में अपने प्रतिद्वन्द्वी देवीलाल को चुनाव में पटखनी देकर भजनलाल ने एक बार फिर सिद्ध कर दिया कि ये केवल अपनी राजनैतिक छवि के पक्षधर हैं। भारत भवन में एक करोड़ रुपये फँसाने से कहीं अच्छा है, उसे चुनाव में दाँव पर लगा दो। छवि-छुव्वी अपने आप बन जाएगी। भजनलाल जातने हैं, दुनिया फ़ानी है। क़यामत के रोज़ न भारत भवन काम आएगा न राजनीति। पंडित जवाहरलाल नेहरू के स्थान पर भजनलाल जैसा बुद्धिजीवी देश का प्रथम प्रधानमन्त्री होता तो देश में न साहित्य अकादेमी होती न संगीत नाटक अकादेमी, भिलाई स्टील प्लांट का नामोनिशान न होता और भाखड़ा डैम के स्थान पर सतलज का पानी निर्बाध गति से बहता रहता और अज्ञेयजी कलकल जल में बालू पर पैर टिकाकर कविता सुनाते

रहते। यह दूसरी बात है कि साहित्य अकादेमी और संगीत नाटक अकादेमी के न होने से साहित्य, संस्कृति और कला के विकास की गति आज से तो तेज़ ही होती।

मुख्यमन्त्री द्वारा फारेस्ट गार्ड को पुरस्कृत किये जाने का समाचार पढ़कर मन में अनेक प्रश्न उठ रहे हैं। कहीं मध्य प्रदेश में राजनीति का भी संस्कृतिकरण तो नहीं हो रहा? क्या अतिरिक्त कला प्रेम ने मुख्यमन्त्री को राजनीतिक और प्रशासनिक घटनाओं को भी संस्कृति के चश्मे से देखने की आदत तो नहीं डाल दी? कई बार तो डर लगता है कि कहीं अर्जुन सिंह भी विश्वनाथप्रताप सिंह की तरह कविताएँ न लिखने लगें। दक्षिण में कलाकार फ़िल्मों से राजनीति की तरफ़ आ रहे हैं और मध्य प्रदेश में उल्टी गंगा बह रही है। राष्ट्रीय समाचार पत्रों में यह चर्चा आम है कि मुख्यमन्त्री ने जगदीशप्रसाद शर्मा को पुरस्कृत करके नाटक ही किया है। जब प्रदेश में स्थान-स्थान पर रंग मंडलियाँ सक्रिय रहेंगी तो मुख्यमन्त्री के मन में भी नाटक करने की इच्छा ज़ोर मार सकती है। बहरहाल अगर श्री अर्जुन सिंह ने पुरस्कार देने का नाटक किया है तो इस नाटक के कथ्य की समीक्षा की जानी चाहिए। यद्यपि हमारे पास फारेस्ट गार्ड श्री जगदीशप्रसाद शर्मा की फ़ाइल नहीं है, हम कल्पना का सहारा लेकर तथ्यों की पड़ताल करने की कोशिश करेंगे।

पुरस्कार की घोषणा करने से पूर्व मुख्यमन्त्री महोदय को इन बातों पर ध्यान देना चाहिए था कि फारेस्ट गार्ड में केवल छुट्टी के रोज़ काम करने से इंकार किया अथवा काम के प्रति उसका यह स्थायी रवैया है। कहीं श्री जगदीशप्रसाद श्री विद्याचरण शुक्ल के आदमी तो नहीं हैं? कहीं मध्य प्रदेश के भूतपूर्व वनमन्त्री श्री वेदराम पद छोड़ने से पूर्व भोपाल से वनविहार उद्यान में उनकी नियुक्ति या स्थानान्तरण तो नहीं कर गये थे? यह जानना भी ज़रूरी था कि श्री जगदीशप्रसाद शर्मा के श्री पी.सी. सेठी से कैसे ताल्लुक़ात हैं! जिस समय फारेस्ट गार्ड ने मुख्यमन्त्री को वनविहार का दरवाज़ा खोलने के लिए मना किया, उस समय वनविहार में वन विभाग का कोई अधिकारी ऐश्वर्य विलास तो नहीं कर रहा था? भोपाल के जुआड़ी उस समय कहाँ थे? हमारे लिए यह जानना भी ज़रूरी हो गया है कि वर्तमान वनमन्त्री से श्री अर्जुन सिंह के सम्बन्ध कैसे हैं? वनमन्त्री का अपने मन्त्रालय पर कितना नियन्त्रण है?

मध्य प्रदेश के बुद्धिजीवि मुख्यमन्त्री का ध्यान इस ओर भी दिलाना चाहते हैं कि मध्य प्रदेश में ऐसे हज़ारों कर्मचारी हैं जो काम के घंटों में भी काम नहीं करते, ऐसे भी हज़ारों कर्मचारी मिल जाएँगे जो काम के घंटों में डटकर निष्ठापूर्वक फ़ाइलें निपटाते रहते हैं। प्रश्न उठता है कि मुख्यमन्त्री ने अपने कार्यकाल में कितने निष्ठावान कर्मचारियों को पुरस्कृत किया और कितने काहिल कर्मचारियों को दंडित

किया? इसका केवल एक ही अर्थ निकलता है कि मुख्यमन्त्री केवल छुट्टी के रोज़ काम न करने वालों को पुरस्कृत करते हैं। इसका पड़ोस के प्रदेशों पर (आकाशवाणी के उर्दू बुलेटिन की भाषा में कहूँ तो पड़ोस की रियासतों पर) बहुत बुरा असर पड़ रहा है।

कहा जाता है कि जब ओबरा में उत्तर प्रदेश का सबसे बड़ा विद्युत गृह आग की लपटों में घिरता चला जा रहा था, कुछ इंजीनियर जो उस समय छुट्टी पर थे, हरी घास पर कूद-कूदकर बैडमिंटन खेल रहे थे। विद्युतगृह उनकी आँखों के सामने जल कर राख हो गया, मगर उन्होंने खेल छोड़कर फायर ब्रिगेड को फोन नहीं किया। फायर ब्रिगेड को तो वे तब फोन करते अगर उस समय ड्यूटी पर होते। लगता है, पुरस्कार की आशा में ही वे बैडमिंटन खेलते रहे गये। कौन आदमी पुरस्कार से हाथ धोना पसन्द करेगा? इसे इन इंजीनियर लोगों का दुर्भाग्य ही कहा जाएगा कि उत्तर प्रदेश के मुख्यमन्त्री ने आज तक उनके लिए पुरस्कार की घोषणा नहीं की।

(दिनमान, 8-14 जनवरी '84)

गधे से सावधान!

मैं आपको पहले ही आगाह कर चुका हूँ कि देश में मनुष्य के दाम गिर रहे हैं और गधों के दाम बढ़ रहे हैं। इधर गधों ने मेरी धारणा की पुनः पुष्टि कर दी। उत्तर प्रदेश के ईंट के कई भट्ठों में गधों को ईंट की ढुलाई का पारिश्रमिक मनुष्य से दुगुना दिया जा रहा है। गधों को एक हज़ार ईंट ढोने का मुआवजा आठ रुपये दिया जा रहा है, और मनुष्य को मात्र चार रुपये। मनुष्य सन्तोषी जीव है, गधों से भी अधिक सन्तोषी। वह इतना लाचार होता जा रहा है कि इस भेदभाव के ख़िलाफ़ कोई आवाज़ नहीं उठा रहा। चुपचाप चार रुपये हज़ार की दर से इंटों को ढो रहा है। मालूम नहीं, भट्ठा मालिकों की इस भेदभावपूर्ण नीति के पीछे कौन-सा मनोविज्ञान काम कर रहा है? हो सकता है, भट्ठा मालिकों को विश्वास हो गया हो कि किसी-न-किसी दिन मनुष्य ज़रूर इस अन्याय के ख़िलाफ़ जेहाद छेड़ देगा और वे लोग सम्भावित विपत्ति की आशंका में गधों की रक्षा पंक्ति खड़ी कर रहे हों। यह भी हो सकता है कि वे महज़ पशुप्रेम के आवेग में ऐसा कर रहे हों। मुझे लगता है, गधों के स्वभाव ने उनका मन जीत लिया है। गधा बेफ़िक्र, बेनियाज़ी और बेवक़ूफ़ी की साक्षात् प्रतिमा है। इसके अलावा गधा कभी प्रतिरोध भी नहीं करता। उसे आठ की बजाय चार रुपये दे दीजिए। वह अगली दो टाँगों के साहरे उछलते हुए चलने की कोशिश करता रहेगा। भूलकर भी शिक़ायत नहीं करेगा, आहें नहीं भरेगा, नारे नहीं लगायेगा। लगता है, भट्ठा मालिक मनुष्य को बताना चाहते हैं कि गधे की तरफ़ देखो और सोचो कि वह क्यों दिन दुगुनी रात चौगुनी तरक्की करता जा रहा है। अगर गधे से आधा वेतन पाकर भी कुछ सीखना नहीं चाहते, तो तुम्हारी इच्छा। यही रवैया रहा तो बीस सूत्री कार्यक्रम भी तुम्हारा कुछ न कर पायेगा। बीस सूत्री कार्यक्रम का कार्यान्वयन तुम करोगे या अफ़सर लोग करेंगे? अफ़सर लोग करेंगे तो वे पहले अपनी ग़रीबी हटायेंगे या तुम्हारी? तुम्हें दाना-भूसा चाहिए और अफ़सर को रेफ्रीजेरेटर, तुम्हे तन ढँकने के लिए कपड़ा चाहिए, अफ़सर को शाल दुशाले, तुम ताड़ी पीकर दंगा करते हो, अफ़सर स्कॉच पीकर शान्त रहता है। अब तुम्हीं बताओ, तुम्हें अपनी ज़रूरतें अफ़सर की ज़रूरतों के सामने नगण्य नज़र आ रही है

कि नहीं?

मनुष्य नादान है। सचाई तो यह है कि अगर जीवन में तरक्की करना हो तो किसी गधे को आदर्श मान लेना चाहिए, गधे के आचरण का सूक्ष्म अध्ययन करके उसे व्यवहार में लाने की हरचन्द कोशिश करनी चाहिए। यह अकारण नहीं है कि आज समाज में गधे को सम्मान की दृष्टि से देखा जा रहा है। वह तेज़ी से सफलता की मंज़िलें तय करता जा रहा है और मनुष्य, उससे आधे दाम पर ईंटें ढो रहा है। गधे को दाद दी जानी चाहिए कि वह चुपचाप सफलताएँ प्राप्त करता चला गया और मनुष्य को इसकी भनक तक न लगने दी। मनुष्य घोड़ों, शेरों, मछलियों और मच्छरों के अध्ययन में समय गँवाता रहा और गधों से मात खा गया। आज देश में यह स्थिति आ गयी है कि जीवन के लगभग प्रत्येक क्षेत्र में गधों ने अपना साम्राज्य स्थापित कर लिया है। बग़ैर ट्रेड यूनियन के, बग़ैर किसी आन्दोलन और ख़ून खराबे के। जिन लोगों ने देश की आज़ादी की लड़ाई में सक्रिय भाग लिया, अँग्रेजों की गोलियाँ बर्दाश्त कीं, कोड़े खाये, जेलों में ज़िन्दगी काट दी, वे वहीं के वहीं खड़े हैं और हाथ में ताम्रपत्र लिये अत्यन्त आश्चर्य, और बेबसी के गधों की तरफ़ देख रहे हैं।

वास्तव में पदोन्नति का नुस्खा गधों के पास ही है। यह दूसरी बात है कि हेमवती नन्दन बहुगुणा ने भी एक नुस्खा पेश किया है। मेरी राय में बहुगुणाजी का नुस्खा पुराना पड़ चुका है। वह पदोन्नति के नुस्खे का प्रचार है। अभी हाल में बहुगुणाजी ने कृषि मन्त्री राव वीरेन्द्र सिंह को पदोन्नति अर्थात् बेहतर मन्त्रालय पाने का नुस्खा बताते हुए कहा कि अगर राव वीरेन्द्र सिंह उनकी धुआँधार आलोचना शुरू कर देंगे तो वे बेहतर मन्त्रालय पा जाएँगे। मालूम नहीं, 'बेहतर मन्त्रालय' से बहुगुणाजी का क्या अभिप्राय है? ऐसा भी नहीं है कि बहुगुणाजी न जानते हों कि भारत एक कृषि प्रधान देश है और कृषि प्रधान देश के लिए कृषि से महत्त्वपूर्ण मन्त्रालय कोई नहीं हो सकता? हो सकता है उनका इशारा वित्त की तरफ़ हो, उद्योग की तरफ़ हो या पेट्रोलियम की तरफ़ हो। बहुगुणाजी चूँकि पुराने कांग्रेसी हैं, हो सकता है किसी अन्य पैमाने से मन्त्रालय के महत्त्व को नापते हों। पैमानों की हमारे यहाँ कमी नहीं है एक पैमाना सकलेचा का है, अन्तुले का है, एक पैमाना रामलाल का है, बेदराम का है। मेरा दुर्भाग्य मैं वहाँ उपस्थित नहीं था, वरना ज़रूर पूछता कि बेहतर मन्त्रालय से उनका क्या अभिप्राय है? अब समय आ गया है, बहुगुणा अपने मन से यह भ्रम निकाल दें कि उनकी आलोचना करने से पदोन्नति होती है। मैं ऐसे अनेक लोगों को जानता हूँ, जिन्होंने बहुगुणा की जी भर कर आलोचना की, विरोध किया, मगर उन्हें विधान परिषद का टिकट नहीं मिला। बाल्टी बाबा को मिलते-

मिलते रह गया। पदोन्नति आलोचना से नहीं, ख़ुशामद से होती है। दूसरे अगर किसी महत्त्वाकांक्षी व्यक्ति को बाहर के किसी व्यक्ति की आलोचना करनी ही होगी तो वह बहुगुणा, जगजीवनराम आदि की आलोचना करके अपना समय क्यों नष्ट करेगा! वह मेनका गाँधी, अन्तुले, रामलाल की आलोचना क्यों नहीं करेगा? अगर बाहर के व्यक्ति की आलोचना निहायत ज़रूरी हो जाए तो रामाराव हैं, ज्योति बसु हैं, हेगड़े ही क्या बुरे हैं? मुझे लग रहा है, बदली हुई परिस्थितियों में कोई गधा भी बहुगुणाजी के नुस्खे को गम्भीरता से न लेगा। अच्छा नुस्खा वही होता है, जिसे गधे स्वीकार कर लें। वाज़िब पारिश्रमिक भी वही होता है, जिसे गधे स्वीकार कर लें।

नन्दनजी, जिस प्रकार लोगों ने घर के आगे तख्तियाँ टाँग रखी हैं— 'कुत्ते से सावधान'! इस शैली में अब ज़रूरी हो गया है कि प्रत्येक कार्यालय में, कम से कम इंटरव्यू के समय, तख्तियाँ टाँग दी जाएँ : 'गधे से सावधान! गधा आपकी नौकरी छीन सकता है!'

कुत्तों के दिन बहुरे

पिछले कुछ वर्षों से कुत्ते जिस अनुशासन-प्रियता, कर्तव्य परायणता, निष्ठा तथा वफ़ादारी का परिचय दे रहे हैं, उससे सभ्य समाज में उनकी प्रतिष्ठा उत्तरोत्तर बढ़ रही है। अब कुत्तों को नफ़रत से नहीं देखा जाता। आज ही मैंने सुना, एक पालतू कुत्ता अकबर का शेर गुनगुना रहा था—

चहकती है जहाँ भी बुलबुल,
होता वहीं पर गुलज़ार पैदा,
क़द्रदाँ की कमी नहीं अकबर
करे तो कोई कमाल पैदा।

हो सकता है, शेर का वजन इधर-उधर हो गया हो। इसका बुरा नहीं मानना चाहिए, आख़िर कुत्ता ही गुनगुना रहा था। मरहूम कृशन चन्दर ने कुत्ते के मुखारबिन्द से यह शेर सुना होता तो 'एक गधे की आत्मकथा' के बाद 'एक कुत्ते की आत्मकथा' भी ज़रूर लिखते। लगता है, उनके जीवन में शायराना मिजाज़ के कुत्ते नहीं आये, बाज़ारू कुत्तों से ही उनका साबका पड़ता रहा।

मुझे याद पड़ रहा है, मुंशी प्रेमचन्द ने कुत्तों पर लिखने का प्रयास ज़रूर किया था, मगर मुंशीजी ने कुत्तों पर जो कुछ लिखा, बच्चों को मद्देनज़र रखते हुए लिखा। स्वर्गीय मोहन राकेश की कहानियों में भी बहुत से कुत्ते पाये जाते हैं, मगर जाती तौर पर राकेशजी कुत्तों से बहुत डरते थे। मैं स्वयं इस नतीजे पर पहुँचा हूँ कि आदमी ज़िन्दगी में तभी तरक्की कर सकता है, यदि अपने भीतर कुत्तों को समझने की पहचान पैदा कर ले, कुत्तों का मुक़ाबला करना सीख ले। अब कुत्ते पहले जैसे बेवक़ूफ़ नहीं रह गये। अब कुत्तों की नसल अन्तरिक्ष का भ्रमण कर आयी है, भाग्यशाली कुत्ते वातानुकूलित गाड़ी में चलते हैं और पाँच सितारा होटल में विश्राम करते हैं। आज भी अपनी घ्राण शक्ति के बल पर चोर-लुटेरे-डाकुओं का पता लगा लेते हैं, यह दूसरी बात है कि पुलिसकर्मी चाहें तो यह काम स्वयं भी कर सकते हैं। मगर जो काम कुत्तों से लिया जा सकता है, उसमें इंसान को अपना बहुमूल्य समय नष्ट नहीं करना चाहिए।

आप सोच रहे होंगे, मुझे अचानक कुत्तों पर इतना लाड़ क्यों आ रहा है, बात दरअसल यह है कि मैं इधर कुत्तों से ईर्ष्या करने लगा हूँ। हिन्दुस्तान में तो कुत्तों का महत्त्व निर्विवाद था, अब यूरोप में भी कुत्तों ने अपनी प्रतिष्ठा स्थापित कर ली है। अभी हाल में पेरिस के एक सुप्रसिद्ध होटल ने कुत्तों के प्रवेश पर सदियों से लगा प्रतिबन्ध उठा लिया है। होटल के व्यवस्थापकों ने स्वागतक्ष पर एक सूचना पट्ट टाँग दिया है जिसकी इबारत इस प्रकार है—

होटल में कुत्तों का भी स्वागत है। हमने कुत्तों को होटल में प्रवेश की इसलिए अनुमति दी है (गनीमत है अनुमति ही दी है, आज्ञा नहीं दी है। हमारा दूरदर्शन तो आज्ञा देता है। अभी हाल में दूरदर्शन पर समाचार सुना कि 'देश के भविष्य को नष्ट करने की किसी को आज्ञा नहीं दी जाएगी।' समाचार सुनकर मैं चौंका, फिर मुस्कराया कि लगता है अब कुत्ते ही बेहतर अनुवाद करेंगे या कम्प्यूटर। आदमी दिन-ब-दिन अपनी ही नालायकी का शिकार होता जा रहा है) कि कुत्ते हमारे होटल के कीमती पर्दों से अपने जूते नहीं साफ़ करते। कुत्ते होटल से चम्मच, छुरी और काँटे नहीं चुराते। वे होटल की चादरें भी नहीं उठा ले जाते। कुते लोगों को प्यार करते हैं और हमारे होटल में अच्छे-अच्छे लोगों को लाते हैं।

मैं स्वयं श्वान योनि में पैदा हुआ था, मगर कुत्तों की इर हरक़त से मुझे हार्दिक पीड़ा पहुँची है। कुत्तों ने हमारी प्रतिष्ठा धूल में मिला दी है। मैंने यह नोटिस पढ़ा और लगा जैसे मुझे ही अपमानित करने के लिए इसका प्रदर्शन किया गया है। मैं स्तब्ध रह गया कि पेरिस में बैठे होटल के व्यवस्थापक कैसे जान गये कि मुझमें वे तमाम दुर्गुण हैं, जो कुत्तों में नहीं हैं। अव्वल तो हमें किसी पाँच-सितारा होटल में ठहरने का ज़्यादा मौक़ा नहीं मिला, मगर जब-जब मिला है, हमने अपने जूते होटल के क़ीमती पदों से ही साफ़ किये हैं। सच तो यह है, हमने कभी जूते साफ़ ही नहीं किये, ज़रूरत ही महसूस नहीं हुई, इसे पाँच सितारा होटलों का दुर्भाग्य ही कहा जा सकता है कि जूतों की तरफ़ हमारा ध्यान पाँच सितारा होटल में जाकर ही आता है। क़ीमती पर्दों से जूते साफ़ करने की नौबत तभी आती है जब होटल में जूते पॉलिश करने की व्यवस्था नहीं होती। यह सोचने की बात है कि जो होटल एक दिन में इतना भाड़ा ले लेता है कि आदमी उससे आधा दर्ज़न जूते ख़रीद ले, जूते पालिश करने की व्यवस्था क्यों नहीं कर देता? अब आप पूछ सकते हैं, छोड़िए जूता, यह बताओ, चम्मच क्यों चुराते हो? दरअसल छुरी-काँटे से मुझे बचपन से ही नफ़रत है। अँग्रेज चले गये, छुरी-काँटा छोड़ गये। आज़ाद हिन्दुस्तान में लोगों को खाने की मेज़ पर छुरी चलाते देखता हूँ तो लगता है कि ये अपनी आज़ादी पर छुरी चला रहे हैं।

आपने मुझे किसी पाँच सितारा होटल में खाना खाते नहीं देखा। सबसे पहले मैं मेज़ पर से छुरी-काँटे हटवा देता हूँ। अगर वे लोग मेरे आदेश का पालन नहीं करते तो मैं दो चार अदद चम्मच जेब के हवाले कर देता हूँ और लौटते हुए टैक्सी से इस तरह फेंकता हूँ जैसे चुनाव के पर्चे बाँटे जाते हैं। मुझे आज़ादी से जितना प्यार है, चम्मचों से उतनी ही नफ़रत है। अब रही बात चादरों की। ईश्वर साक्षी है, मैंने होटल से कभी चादर नहीं चुरायी, हमेशा उसे बिछा रहने दिया। अब भविष्य में यह सोचकर तौलिया चुराने की भी हिम्मत न होगी कि इससे समाज में कुत्तों की प्रतिष्ठा और बढ़ जाएगी। अकेला चना भाड़ नहीं फोड़ सकता, इस दिशा में हम सबको सामूहिक प्रयास करना होगा। हमारा सामूहिक कर्तव्य है कि हम सब मिल-जुलकर कुत्तों के भीतर यह भावना पैदा करें कि अगर उन्हें दहेज़ में रंगीन टीवी नहीं मिला तो कुतिया को ज़िन्दा जला डालेंगे, बग़ैर घूस लिये भौंकना बन्द कर दें। तभी तक वफ़ादार रहें, जब तक उनका नेता सत्ता में है। जगह-जगह होर्डिंग लगा देने चाहिए : कुत्तो, इंसान से कुछ तो सीखो।

आख़िर इंसान कब तक कुत्तों से सीखता रहेगा?

नये वर्ष पर होली की शुभकामना

प्रिय नन्दनजी,

होली की शुभकामनाएँ स्वीकार कीजिए। नववर्ष पर होली की शुभकामनाएँ भेज रहा हूँ कि होली तक मेरा पत्र आपको अवश्य प्राप्त हो जायेगा। आपका दीवापली का कार्ड मुझे नववर्ष पर प्राप्त हो गया है, धन्यवाद। मेरा सुझाव है, आप ऐसे कार्ड छपवा लें जिन पर केवल 'शुभकामनाएँ' अथवा 'ऋतु मुबारक' लिखा हो। होली, दीपावली अथवा नववर्ष लिखने से अब मज़ा किरकिरा हो जाता है। कार्ड पाने वाले ऋतु के अनुसार शुभकामनाएँ स्वीकार कर ही लेगा। इस प्रकार शुभकामनाएँ बासी न होंगी। शुभकामनाएँ बासी हो जाती हैं तो लगता है आपके हाथ में कोई बुसा हुआ गुलाब थमा रहा है। डाक विभाग का शुभकामनाओं के प्रति यह सौतेला व्यवहार रहा तो शीघ्र ही देश में दीपावली पर नये वर्ष के और नये वर्ष पर होली के कार्ड बिकने लगेंगे।

डाक विभाग का दूसरा निशाना पत्रिकाएँ हैं। चन्दा आप भरते हैं और आनन्द लेता है डाक विभाग। गत पाँच माह से नियमित रूप से आपके यहाँ मेरी चिट्ठी छप रही है। लेकिन डाक से प्राप्त 'दिनमान' के अंकों के आधार पर कहूँ, तो सिर्फ़ दो माह से। आपके कार्यालय द्वारा भेजे गये पारिश्रमिक के आधार पर गणना करना चाहूँ, तो एक माह से। इस दृष्टि से अगर मैंने स्वर्णपदक जीता तो डाक विभाग ने रजत पदक। आपके कार्यालय को कांस्य पदक ही प्राप्त हुआ। जितना मैं अपने बैंक को जानता हूँ, विश्वासपूर्वक कह सकता हूँ कि जब तक बैंक को चर्मपदक प्राप्त नहीं होगा, उस एक माह का पारिश्रमिक भी मेरी राशन की दुकान तक नहीं पहुँचेगा।

पिछले माह विवाहों का ऐतिहासिक लग्न पड़ा था। इसे मेरी ही कोताही मान लीजिए कि विवाह के अधिकांश निमन्त्रण-पत्र विवाह के बाद अथवा विवाह के दिन प्राप्त कर सका। लगता है, मन्त्री महोदय ने तय कर रखा है कि उनका अपने विभाग से सम्बन्ध-विच्छेद तब तक नहीं हो सकता, जब तक जनता का अपने परिवार, मित्रों, पाठकों और सम्पादकों से पूर्ण सम्बन्ध-विच्छेद न हो जाए। अपने

परिवार, मित्रों, लेखकों, पाठकों और प्रेमिकाओं से मेरी करबद्ध प्रार्थना है कि वे राष्ट्र के हित में तत्काल मुझसे सम्बन्ध विच्छेद कर लें। मेरा अन्तःकरण कह रहा है, मैं अतिशयोक्ति कर रहा हूँ। ख़ाली समय में मैं रेकार्ड नहीं सुनता, अन्तःकरण की आवाज़ ही सुना करता हूँ। अब आप से क्या छिपाना, मेरे एक मित्र की बिटिया के विवाह का निमन्त्रण मुझे समय पर प्राप्त हो गया था। मैंने तत्परता से रेलगाड़ी में आरक्षण भी करवा लिया था। जिस दिन मुझे यात्रा करनी थी, गाड़ी ही नहीं आयी। एक अन्य गाड़ी समय पर आ जाने से जनता में उल्लास छा गया। तहकीक़ात करने पर मालूम हुआ, वह गाड़ी पिछले रोज़ की थी, यानी कि ठीक चौबीस घंटे लेट चल रही थी। मुहावरे में नहीं, असलियत बयान कर रहा हूँ। गाड़ियाँ इस पाबन्दी से लेट चलें तो किसी को शिक़ायत न हो। दिक़्क़त तो यह है, गाड़ियाँ लेट तो ज़रूर चल रही हैं, मगर पाबन्दी से लेट नहीं रहतीं। क्या यह रेलमन्त्री और रेलवे बोर्ड के बीच उभर रहे अन्तर्विरोधों का परिणाम है? रेलमन्त्री और रेलवे बोर्ड के बीच इतना घमासान युद्ध क्यों छिड़ गया है? आप एक पत्रकार की तरह अत्यन्त निरपेक्ष भाव से उत्तर दे देंगे कि यह एक चिरन्तन युद्ध है। यह युद्ध हनुमन्तैया ने लड़ा था, कमलापति त्रिपाठी कई बार लड़ चुके, मधु दंडवते ने लड़ा, केदार पांडेय और प्रकाशचन्द्र सेठी इसी युद्ध के कारण सिंचाई और गृह विभागों की ओर खदेड़ दिये गये और अब अगर जनाब अब्दुल बरक़तुल्ला, अहमद ग़नी ख़ाँ चौधरी इस युद्ध में कूद पड़े हैं तो कोई नयी बात नहीं है। ग़ुलाम अली के स्वर में कहूँ तो 'चोरी तो नहीं की है, डाका तो नहीं डाला, थोड़ी-सी जो पी ली है।' पीने का प्रसंग रेलमन्त्री के इस रहस्योघाटन से आ गया कि तीन चौथाई इंजन ड्राइवर शराब के नशे में गाड़ियाँ चलाते हैं। माननीय रेलमन्त्रीजी इस प्रकार के दो-चार तथ्य और प्रकाश में ला देंगे तो रेलमन्त्री और रेलवे बोर्ड के बीच का विवाद अपने आप समाप्त हो जाएगा। गाड़ियाँ रद्द करने के लिए न रेलमन्त्री को ज़हमत उठानी पड़ेगी न रेलवे बोर्ड को। यात्री लोग स्वयं ही रेलगाड़ियाँ रद्द करने लगेंगे। अपनी जान किसे प्यारी नहीं! यात्री लोग स्वयं चाहे गाड़ी में कितना अधिक पियें, ड्राइवर से अवश्य अपेक्षा रखते हैं कि वह इस इल्लत से दूर रहे। ड्राइवर लोगों की शिक़ायत है कि श्वास परीक्षण में भेदभाव से काम लिया जा रहा है। वे लोग शीघ्र ही यह माँग पेश करने जा रहे हैं कि यह कैसा विरोधाभास है कि देश में गन्ना लगातार सस्ता होता जा रहा है और रम महँगी हो रही है। उनकी यह माँग भी ज़ोर बाँध रही है कि रेलमन्त्री और रेल बोर्ड के वरिष्ठ अधिकारियों का भी नियमित रूप से श्वास परीक्षण होना चाहिए। राजनैतिक पंडितों का मत है कि ड्राइवरों की इस माँग के पीछे एक ख़ास लॉबी सक्रिय है।

रेल मन्त्रालय में अब कुछ नहीं रखा। जिस मन्त्रालय के मन्त्री के पास न गाड़ी रद्द करने का अधिकार हो और न मालदा के लिए नयी गाड़ियाँ चालू करने का, जिसे नयी पटरियाँ बिछाने के लिए भी योजना आयोग का मुखापेक्षी रहना पड़े, उसकी आत्मा वातानुकूलित सैलून में भी सन्तप्त रहेगी। वातानुकूलित सैलून की सुविधा भी वर्षों पूर्व नेहरूजी ने रद्द कर दी थी। नेहरूजी चाहते थे कि रेलमन्त्री गाँधीजी की तरह जनता के साथ यात्रा करें ताकि उनकी समस्याओं को समझ सकें। नतीजा यह निकला कि रेलमन्त्रियों ने वातानुकूलित सैलून का मोह त्याग कर हवाई यात्रा शुरू कर दी। अब जो मन्त्री और बोर्ड के बीच तनाव पैदा हो गया है, उसे हल करने का एक ही रास्ता है कि श्रीमती इन्दिरा गाँधी रेल मन्त्रालय मालदा में खोलने की अनुमति दे दें, इससे रेलमन्त्री और रेल बोर्ड के बीच सम्मानित दूरी बनी रहेगी। ख़ाँ साहब मालदा के लिए बार-बार वातानुकूलित यान की माँग करके रेलवे बोर्ड को संकट में नहीं डालेंगे, जिसका एक बार की यात्रा का व्यय दस हज़ार से ऊपर है। नन्दनजी, यह छब्बीस सौ साठ नम्बर का वही मनहूस सैलून तो नहीं है, जिसने तत्कालीन रेलवे बोर्ड के अध्यक्ष गांगुली मोशाय को यार्ड में पहुँचा दिया था? अब देखना यह है कि इस यार्ड में कौन पहुँचता है, मन्त्री महोदय या अध्यक्ष।

नअी दिलसली से देहजली तक

नअी दिलसली से आपका तार मिला। तार की इबारत (जैसा कि आप ऊपर देख रहे हैं) इस प्रकार है : अिटीशी के लिए आपके सामग्री की—(अस्पष्ट) है— कनहैया लाल। नीचे की कतरन उलटी चिपकी है। उखाड़ कर देखा, लिखा था : नन्‌दन, समपादक दिनमान।

जानकर हर्ष हुआ कि आपने इतिश्री कॉलम का नाम अिटीशी कर दिया है। अच्छा नाम है। इति और इटी एक ही परिवार के शब्द हैं। लगता है दोनों भाई-भाई हैं। दोनों शब्दों की व्युत्पत्ति अँग्रेजी 'विट' से हुई जान पड़ती है। विट इट्‌ट इति। श्री तो श्री है। पद्‌मश्री। श्री मान। श्री परेश मेहता, श्री शनैश्चराय नमः। मुख्य प्रश्न इति का है।

लगता है ये शब्द अँग्रेजी से हिन्दी में आये हैं। बरास्ता पंजाब। अँग्रेजी में 'विट' शब्द का अर्थ है हाजिर जवाबी; हिन्दी में कहूँ तो वाक्-वैदग्ध्य। विट शब्द जब यात्रा करता हुआ पंजाब पहुँचा तो इसका रूप हो गया 'इट्‌ट' पंजाबी में ईंट का 'इट्‌ट' ही कहते हैं। आप तो जातने हैं कि जिन लोगों को 'विट' से तसल्ली नहीं होती, वे 'इट्‌ट' पर उतर आते हैं। यानी कि हिंसा पर उतर आते हैं। कभी-कभी ईंट का जवाब पत्थर से देने लगते हैं। बरतानिया में जो स्थान 'विट' का है, हमारे पंजाब में 'इट्‌ट' का। यह दूसरी बात है कि पंजाब में भी अब 'इट्‌ट' का ज़माना नहीं रहा। ज़माना बन्दूक और बम का है। एक लिहाज से बन्दूक भी बेकार हो गयी है। लोग अँगुलियों के निशान पढ़ने लगते हैं। बम सर्वश्रेष्ठ है। मारा और भाग लिये। मोटर साइकिल के पीछे बैठ कर। स्थिति को देखते हुए पंजाब में अब मोटर साइकिल के पीछे सवारी बैठाना निषिद्ध है। चालान हो जाता है। तलाशी भी हो सकती है। पंजाब में पीछे की सीट पर अब केवल स्त्री बैठ सकती है और बच्चे। वैसे यह ज़रूरी नहीं कि स्त्री आपकी पत्नी ही हो।

हिन्दुस्तान में कोई चीज़ पुरानी नहीं होती। 'इटीश्री' भी कभी पुराना न होगा। हिन्दुस्तान में कई सदियाँ एक साथ चलती हैं। दिल्ली में, नया नाम दिलसली में, अगर बीसवीं शताब्दी है तो सिसवाँ अभी उन्नीसवीं शताब्दी से गुज़र रहा है।

बम्बई जाकर लगता है कि हम इक्कीसवीं शताब्दी की तरफ़ बढ़ रहे हैं और बम्बई फ़िल्म देखकर लगता है, हम उन्नीसवीं शताब्दी की तरफ़ बढ़ रहे हैं। दो क़दम पीछे, एक क़दम आगे। बहरहाल 'इटीश्री' बुरा नाम नहीं है। चलेगा। आपके सम्पादकत्व में दौड़ेगा।

मगर नन्दनजी, इटीश्री के लिए मेरी सामग्री की आपको क्या है? तार में शब्द स्पष्ट नहीं है। कई मित्रों से पढ़वाना चाहा, सब हार मान लिये। कोई कहता है परिक्रमा है। मुक्की-मुक्का है। मुसीबत है। प्रक्रिया है। युकिलिप्टस है। देवदार है। सी.एम. स्टीफन है या ए.पी. शर्मा है। ईश्वर से बुद्धि न दी होती और मैं तार विभाग के शब्द से समझता रहता तो समझ ही नहीं सकता था कि आपको मेरी सामग्री की प्रतीक्षा है।

डाकख़ानों पर, टेलीफोन की डायरेक्टरी में जगह-जगह लिखा रहता है कि 'देवनागरी' में तार दीजिए और पैसा बचाइए। लगता है आपने तय कर लिया है कि पैसा बचाकर रहेंगे। ऐसा निर्णय लेने से पूर्व लेखकों की कमज़ोर आँखों का कुछ तों लिहाज़ किया होता। तार घर के हिन्दी टाइपराइटरों की दुर्दशा देख ली होती, इसका सर्वेक्षण करा लिया होता कि अँग्रेजी के लिए तो अधुनातम साज़-सामान उपलब्ध है तथा हिन्दी के लिए बाबा आदम के ज़माने की मशीनरी उपयोग में लायी जा रही है। क्या हिन्दी ऑपरेटरों की इतनी कमी हो गयी है कि हिन्दी के दस में से नौ तार अँग्रेजी की अपेक्षा दुगुने समय में पहुँचते हैं। नन्दनजी, क्या अँग्रेजी तेज़ चलती है। कई बार तो लगता है तार नहीं चलता, भाषा चलती है।

मैं तो इस नतीज़े पर पहुँच रहा हूँ कि मन्त्रियों के विभाग के साथ-साथ पूरे विभाग का स्थानान्तरण कर देना चाहिए। जैसे नववधुएँ दहेज़ लाती हैं, ऐसे ही मन्त्रियों को अपना स्टाफ़ लाना चाहिए। यदि प्रधानमन्त्री देखें कि डाक-तार विभाग अपना काम छोड़ कर नये शब्द गढ़ने में अधिक दिलचस्पी दिखा रहा है तो उसे मन्त्री सहित शिक्षा विभाग में भेज देना चाहिए। और इससे पूर्व ही भेज देना चाहिए कि कर्मचारी के चेहरे पर विभाग छप जाये। ज्योतिषी लोग शक़्ल अथवा कुंडली देख कर बता देते हैं कि जातक किस योनि का है। अश्व योनि का है अथवा सर्प का, वानर योनि का है या श्वान योनि का। मैं शक़्ल अथवा बैंक बैलेंस देख कर बता सकता हूँ कि मतदाता किस मन्त्रालय में काम कर रहा है। डाक-तार विभाग का है या आयकर विभाग का। रेल कर्मचारी है या गोदी कर्मचारी। पत्रकार है या मन्त्री।

इधर मेरी भाषा में परिवर्तन आ रहे हैं, आपने ग़ौर किया होगा। जैसे डॉक्टर को हर व्यक्ति मरीज़ नज़र आता है और अध्यापकों को छात्र, ज्योतिषियों को जातक, मुझे हर आदमी मतदाता नज़र आने लगा है। जाने मेरा पतन क्यों हो रहा है!

अब तार का ही मामला लें। जाने मतदाता ने दिल्ली का नाम दिलसली क्यों रख दिया? कहीं उसका अभिप्राय दिलसड़ी से तो नहीं था? दिलसड़ी यानी जिसका दिल सड़ गया हो। पंजाबी में सड़ने का अर्थ दूसरा है। जलना। जिसका दिल जल गया हो यानी दिलजली। मगर मैं देख रहा हूँ, दिल्ली में दिल नहीं देह जलायी जाती है। हो सकता है, मतदाता का अभिप्राय ही देहजली। यह शब्द देहली की ध्वनि भी देता है। अगर दिल्ली में इसी गति से औरतें जलायी जाती रहीं तो आश्चर्य नहीं, भविष्य में दिल्ली की लोग देहजली के रूप में ही याद करें।

मुझे मालूम नहीं, डाक-तार विभाग की हिन्दी सलाहकार समिति का गठन हो चुका है या नहीं। न हुआ हो तो आप कुछ सही नाम सुझा दें। कब तक हिन्दी के नाम पर ज्योतिषियों, प्रेमिकाओं, डॉक्टरों, वकीलों, समधियों और समाज सेवकों की सलाहकार समितियाँ बनती रहेंगी? कब तक डाक-तार विभाग 'आपके' को 'अपके' लिखते रहेंगे, कालिया को कालियया लिखकर मुझे डराते रहेंगे?

वास्तव में देश में योग्यता भटक रही है। डाक-तार जैसे नाजुक विभाग में अयोग्य, आलसी और अकर्मण्य टाइपिस्ट किस चोर दरवाज़े से घुस आये हैं, इसकी खोजबीन करना ज़रूरी हो गया है। इस देश में योग्य लोगों की साढ़ेसाती कब समाप्त होगी। अगले माह शनि तुला राशि पर आ रहे हैं, हो सकता है कुछ योग्य टाइपिस्ट नौकरी पा जाएँ।

चुनाव में सफलता पर अग्रिम बधाई

अभी हाल में केन्द्रीय संचार राज्यमन्त्री श्री वी.एन. गाडगिल ने पुणे में एक रहस्योद्घाटन किया है। लगता है, मन्त्री लोग अब शिलान्यास और उद्घाटन नहीं करते, रहस्योद्घाटन करते हैं, मन्त्री महोदय ने पत्रकारों को बताया कि बम्बई में महँगाभाई कौर सस्ताभाई नाम के दो गुमनाम, अदृश्य और शक्तिशाली भाई रहते हैं, जो टेलीफोन विभाग को लाखों की चोट पहुँचा रहे हैं, एक नगर विशेष से प्रतिदिन महँगाभाई और सस्ताभाई के नाम अनेक व्यक्तिविशेष कॉल बुक करायी जाती है। अगर महँगाभाई लाइन पर उपलब्ध न हों तो इसका अर्थ होता है, बाज़ार में मन्दी है। सस्ताभाई के लाइन पर अनुपलब्ध होने का अर्थ होता है कि बाज़ार में तेज़ी है। लोगबाग महँगाभाई और सस्ताभाई के नाम व्यक्तिविशेष कॉल बुक कराके महज़ चार रुपये में यह महत्त्वपूर्ण जानकारी हासिल कर लेते हैं, जबकि इस प्रक्रिया में टेलीफोन विभाग के चौबीस रुपये स्वाहा हो जाते हैं।

इस बात को कौन नहीं जानता, वर्षों पहले सस्ताभाई को लकवा मार गया था, सस्ताभाई के दिमाग़ की नस फट गयी थी, सस्ताभाई एक ट्रक के नीचे कुचल कर दिवंगत हो गये थे। सस्ताभाई अब कभी टेलीफोन पर प्रकट नहीं होंगे। लोग व्यक्तिविशेष कॉल पर आज भी चार रुपये खर्च कर रहे हैं तो ज़रूर सस्ताभाई प्रेतात्मा के रूप में कहीं जीवित होंगे। महँगाभाई टेलीफोन पर न आएँ, मगर सही-सलामत रहें, उनकी मिजाज़पुर्सी के लिए अगर लोगबाग चार रुपये खर्च कर रहे हैं तो आश्चर्य नहीं होना चाहिए। जैसे प्राचीन क़िस्से-कहानियों में कुछ राजा-महाराजाओं के प्राण तोते में वास करते थे, उसी प्रकार आज कुछ लोगों के प्राण महँगाभाई में बसते हैं। महँगाभाई उनका प्राण-पखेरू हैं। टेलीफोन विभाग में भी महँगाभाई की जड़ें मजबूत हो चुकी हैं। वह सरेआम मन्त्रीजी की आँखों में धूल झोंक रहे हैं। यही कारण है कि टेलीफोन विभाग मन्त्रीजी की हिदायत पर तवज्जो नहीं देता, महँगाभाई के इशारों पर नाचता है। महँगाभाई के हाथ की कठपुतली हो गया है, वह जैसा चाहते हैं, नाचते हैं और मन्त्रीजी मन्त्रालय की आरामदेह कुर्सी पर बैठे हुए बड़ी दिलचस्पी और बेबसी से यह तमाशा देख रहे हैं। महँगाभाई जब

चाहेंगे, चुटकियों में बम्बई, कलकत्ता, दिल्ली, मद्रास बात कर लेंगे और उपभोक्ता ईमानदारी से टेलीफोन शुल्क भरते हुए भी दिल्ली से शाहदरा तक भी मुश्किल से बात कर पायेगा। अव्वल तो वन एट ज़ीरो रिसीवर ही न उठायेगा, ख़ुदा न खास्ता कॉल बुक भी हो गयी तो पेंडिंग पड़ी रहेगी।

महँगाभाई को निरुत्तर और निरस्त्र करने के लिए श्री वी.एन. गाडगिल को अपने सहयोगी सूचना प्रसारण मन्त्री श्री एच.के.एल. भगत की मदद लेनी चाहिए। जो जानकारी लोग महँगाभाई के नाम पर धोखा देकर प्राप्त करना चाहते हैं, उसे 'सर्वजन हिताय' और 'सर्वजन सुखाय' के समय पर प्रसारित क्यों नहीं कर दिया जाता? अगर आकाशवाणी आधी रात को क्रिकेट का आँखों देखा हाल प्रसारित कर सकती है, तो बम्बई के ताज़ा बाज़ार भाव भी प्रसारित कर सकती है।

मगर इसमें एक तकनीकी कठिनाई है। बाज़ार भाव ठीक समय पर जनता तक पहुँच जाएँगे तो जनता लुटेगी कैसे? लुटना जनता का जन्मसिद्ध अधिकार है। जनता लुटने के लिए पैदा होती है और वोट देने के लिए। यह दूसरी बात है कि वोट देकर फिर लुट जाती है। वोट के अलावा जनता के पास समाज को देने के लिए रखा ही क्या है? वोट दीजिए और हफ़्तों पुरानी डाक पढ़िए। जनता चन्दा भरती है और गुलछर्रे महँगाभाई उड़ाते हैं।

महँगाभाई की चाँदी है। महँगाभाई का ज़माना है। महँगाभाई की लॉटरी खुल गयी है। लगता है, महँगाभाई का शनि बलवान है और उस पर वृहस्पति की पूर्ण दृष्टि से। लगता है, महँगाभाई ने सस्ताभाई को बन्धक बना रखा है। हो सकता है, सस्ताभाई ने प्रारम्भ में प्रतिरोध किया हो, मगर महँगाभाई के गुंडों ने उसके घर में आग लगा दी हो, घर की स्त्रियों को बेइज़्ज़त किया हो। जब तक सस्ताभाई महँगाभाई की हिरासत में रहेंगे, टेलीफोन विभाग लाखों की हानि उठाता रहेगा, महँगाभाई कर्मचारियों की लाचारी का फ़ायदा उठाकर समानान्तर सेवा चलाते रहेंगे।

डाक-तार विभाग अपनी क्षमता के अनुसार महँगाभाई की चुनौती का सामना करने की हरचन्द कोशिश कर रहा है। अभी हाल में ही डाक-तार विभाग ने योजना बनायी है कि न सही शोक संवाद, कम से कम बधाई के तार लोगों को समय पर मिल जाने चाहिए, अब आप बधाई के तार हफ़्तों पहले बुक करा सकते हैं।

इसे टेलीफोन विभाग का दुर्भाग्य ही कहा जायेगा कि 'मौत का एक दिन मुअय्यन नहीं है', वरना शोक संवाद भेजने के लिए भी यह सेवा विस्तारित की जा सकती थी। आशा है, लोग इस सेवा का जी भर कर उपयोग करेंगे, मित्रों, स्नेहियों, सम्बन्धियों को समय-समय पर दसियों जगह के बधाई तार भेजते रहेंगे।

वैसे अब यह समय भी दूर नहीं रह गया है कि श्री वी.एन.गाडगिल के संचार

विभाग की कार्यक्षमता देखते हुए उनके नाम बारह नम्बर का बधाई तार अभी से भेज दिया जाए कि 'चुनाव में सफलता पर हार्दिक बधाई'। यह दूसरी बात है कि तार की इबारत उन तक सही-सही पहुँचती है या नहीं। बहुत सम्भव है चुनाव का परिणाम घोषित होने पर जब श्री गाडगिल अपने काँपते हुए हाथों से लिफ़ाफ़ा खोलें तो पायें कि उनका विभाग उनके साथ क्रूर मज़ाक कर रहा है— 'ईश्वर करे यह दिन बार-बार आये।'

इन्दिरा गाँधी, लता और चिट्ठी रसैन

स्वाधीनता के बाद राजनीति के स्वरूप में बहुत परिवर्तन आया है। दलबदल से लेकर दलदल तक दल क्या हैं? कई बार तो लगता है दलदल है। एक तरफ़ अटलबिहारी वाजपेयी और सकलेचा के बीच धनुष तने हुए हैं, दूसरी ओर चन्द्रशेखर ओर सुब्रह्मण्यम स्वामी के बीच। ज्यों-ज्यों चुनाव नज़दीक आ रहे हैं, विपक्ष में सफ़ाई अभियान शुरू हो गया है। चन्द्रशेखर ने स्वामी को निकाल बाहर किया तो अटलजी ने सकलेचा को। वसन्त दादा पाटील अन्तुले को, भोंसले को निकाल बाहर करना चाहते थे कि यकायक शंकरराव बलवन्तराव चव्हाण ने नयी समस्या खड़ी कर दी।

केन्द्रीय मन्त्रिमंडल में जो फेरबदल हुआ, उसमें एस.बी. चव्हाण को कोई पोर्टफोलियों नहीं दिया गया। राजनैतिक पंडितों ने अनुमान लगाया कि मैडम उन्हें मुख्यमन्त्री बनाकर महाराष्ट्र भेजना चहाती हैं। महाराष्ट्र की राजनीति पर इसका चमत्कारिक प्रभाव पड़ा। वसन्तदादा पाटिल और अन्तुले के बीच रातोरात सन्धि हो गयी। दोनों नेताओं ने संवाददाताओं को बुलाकर घोषणा कर दी कि हमारे मतभेद समाप्त हो गये। कपूर की तरह उड़ गये। अरब महासागर में बह गये। काला कुत्ता ले गया। दादा को अपनी पार्टी के विधायकों का बहुमत प्राप्त हो गया। भिवंडी की आग शान्त हो गयी। दादा ने संवाददाताओं को बताया कि 'अब अगर दोनों नेताओं के बीच कोई ग़लतफ़हमी पैदा हुई तो तुरन्त टेलीफोन पर सम्पर्क करके समस्या हल कर ली जाएगी।'

यहीं पर मुझे गड़बड़ी नज़र आ रही है। कल्पना कीजिए, अन्तुले के मन में ग़लतफ़हमी पैदा हो गयी है और वह समझौते के अनुसार तहे दिल से उसे सुलझाना भी चहते हैं। ऐसे में, जब महाराष्ट्र की राजनीति एक कठिन दौर से गुज़र रही हो, अन्तुले को दादा का फोन न मिला तो अनर्थ हो जायेगा। अन्तुले फोन के भरोसे बैठे रहें तो कुछ और ग़लतफ़हमियाँ पैदा हो जाएँगी। राष्ट्र के हित में यह बहुत ज़रूरी है कि दादा तथा अन्तुले को इन्दिराजी एक 'वाकी-टाकी' दिलवा दें। एशियाड के दिनों में 'वाकी-टाकी' के कई सेट ख़रीदे गये थे, उनका इससे अच्छा सदुपयोग

क्या हो सकता है।

टेलीफोन पर इसलिए भी बहुत भरोसा नहीं करना चाहिए, क्योंकि केन्द्रीय संचार मन्त्री गाडगिल भी महाराष्ट्र की राजनीति में ज़रूर कोई न कोई दख़ल रखते होंगे। उनके विभाग में कमर कस ली तो यह पुनीत सन्धि धूल में मिल सकती है। एक बना-बनाया खेल बिगड़ सकता है। भारतीय टेलीफोन सेवा ने बहुत से लोगों को चौपट किया है, महाराष्ट्र की राजनीति चौपट करने में भी उसे संकोच न होगा।

यहीं पर मुझे गाडगिल साहब की एक उक्ति याद आ रही है, जो उन्होंने हाल ही में एक डाकख़ाने की इमारत का उद्घाटन करते समय कही थी कि हिन्दुस्तान में तीन ऐसी चीज़ें हैं, जिन्हें सारा हिन्दुस्तान जानता है : प्रधानमन्त्री श्रीमती इन्दिरा गाँधी, लता मंगेशकर और डाकिया। बड़ा अच्छा किया कि उन्होंने टेलीफोन का ज़िक्र नहीं किया, वरना लता मंगेशकर उन पर मानहानि का मुकदमा दायर कर देतीं। स्वाधीनता दिवस के अवसर पर मैं वसन्तदादा पाटिल और अन्तुले को यही सलाह दे सकता हूँ कि वह ग़लतफ़हमी पैदा होने पर टेलीफोन के भरोसे न बैठे रहें। अब हाथ पर हाथ धर पर बैठने का ज़माना नहीं रहा।

उत्तर प्रदेश में पर्वतीय विकास मन्त्री ने मुख्यमन्त्री के सचिव से नाराज़ होकर दो लिफ़ाफ़ों में बन्द करके अपना इस्तीफ़ा मुख्यमन्त्री के पास भिजवाया था और ख़ुद पर हाथ पर हाथ धर कर बैठे गये। नतीज़ा क्या निकला, इस्तीफ़ा ग़ायब हो गया। कहा जाता है कि कर्मचारियों ने पूरी फ़ाइलें छान मारीं, मगर इस्तीफ़ा न मिला। आजिज़ आकर मन्त्री महोदय को अख़बारवालों की शरण में जाना पड़ा। इसे देखकर तो लगता है कि अब मन्त्री पद से मुक्त होना भी उतना ही मुश्किल है, जितना मन्त्रिपद प्राप्त करना। स्वाधीनता के शुभ अवसर पर मैं उन मन्त्रियों को भी रचनात्मक सुझाव दे सकता हूँ जो अविलम्ब अपने पद से मुक्त होना चाहते हैं, त्यागपत्र के खोने के समाचार से अनेक प्रकार की समस्याएँ उत्पन्न हो गयी हैं। अपने पद से अघाये हुए मन्त्रियों के लिए मेरा सुझाव यह है कि वे अपना त्यागपत्र सीधा समाचार पत्रों में विज्ञापन के रूप में प्रकाशित करा दें, शीर्षक हो 'टु हूम इट में कंसर्न'। न सही फ़ाइलें, समाचार-पत्र तो मुख्यमन्त्री लोग पढ़ते ही होंगे। मुझे ऐसे तमामा मन्त्रियों से हार्दिक सहानुभूति है, जिनके इस्तीफ़े ग़ायब हैं।

दरअसल तरीक़े का चक्कर ही बुरा होता है। एक बार हमारे भूतपूर्व राष्ट्रपति वी.वी. गिरि इस चक्कर में फँस गये थे। वह उन दिनों कार्यकारी राष्ट्रपति थे और राष्ट्रपति के चुनाव में भाग लेने के लिए अपने पद से इस्तीफ़ा देना चाहते थे। उनके सामने यह समस्या खड़ी हो गयी कि आख़िर वह अपना इस्तीफ़ा किसको दें! बहुत सोच-विचार करने तथा क़ानूनी सलाह लेने के बाद उन्होंने एक काग़ज़ पर अपना

इस्तीफ़ा टाइप करवाया, उस पर दस्तख़त किये और अपनी ही मेज़ पर रखकर बाहर चले गये। उनका इस्तीफ़ा मंजूर हो गया। अगर मुझे कभी 'इतिश्री' से इस्तीफा देना पड़ा तो मैं स्वर्गीय वी.वी.गिरि की ही शैली में इस्तीफ़ा दूँगा। यानी वह इतिश्री की इतिश्री होगा और इस्तीफ़े का इस्तीफ़ा। एक पन्थ दो काज़। इस्तीफे का पारिश्रमिक भी मिल जायेगा।

हर सवाल का एक जवाब 'मीठी लागे'

मैं बहुत तेज़ी से बुढ़ापे की तरफ़ बढ़ रहा हूँ। मेरे स्वास्थ्य का अनुमान आप इस दुर्घटना से लगा सकते हैं कि स्त्रियाँ स्लीवलेस ब्लाउज़ पर उत्तर आयी हैं और मैं अभी तक कुर्ते के नीचे ऊनी स्वेटर पहने हूँ। अब तक मौसम की रवानगी और आमद का एहसास सब्ज़ियाँ, फूल और परिन्दे दिया करते थे। इस वर्ष के बुढ़ापे ने यह एहसास स्त्रियों की निर्वसन बाँहें देखकर दिया। मौसम बदलता है तो सब्ज़ियाँ बदल जाती हैं, फूल बदल जाते हैं, परिन्दे बदल जाते हैं, मगर इधर जीवन इतना जड़ हो गया है कि बरसों से ताज़ा फूल नहीं दिखा। (नेताओं के गले में फूलमालाएँ देखी हैं या फूल के नाम पर गोभी का फूल) लगता है अब फूल सिर्फ़ फ़िल्मों में खिलते हैं अथवा रंगीन पत्रिकाओं में। मौसम बदलने पर दूर देशों के परिन्दे भी हमारे शहर में नहीं आते। वे भी महानगरों की तरफ़ भागते हैं। मानसून से पहले बम्बई में दिखायी देते हैं या दिल्ली में। छोटे शहरों में कलैंडर बताता है कि वसन्त आ गया। अब औरतों की स्लीवलेस बाँहें। वास्तव में बड़े शहरों में जब कोई फ़ैशन उखड़ता है तो छोटे शहरों को धर दबोचता है। आजकल स्लीवलेस ब्लाउज़ ने छोटे शहरों और क़स्बों पर हमला बोल दिया है। आप देखिएगा, महानगरों में जींस का फ़ैशन समाप्त होते ही छोटे शहरों की छोकरियाँ जींस में मटकते हुए अपनी आधुकिनता का जुलूस निकालेंगी।

मैं देख रहा हूँ, अँग्रेजी पत्रकारिता के मौसम में भी बदलाव आया है। हिन्दी पत्रकारिता कछुए की चाल से चलती है और अँग्रेजी पत्रकारिता खरगोश की तरह कुलाँचे मारते हुए। हाल ही में अँग्रेजी की एक पत्रिका ने उन महिलाओं को समय बिताने के कुछ उपयोगी सुझाव दिये हैं, जिनके पति सरकारी अथवा व्यावसायिक कारणों से हांगकांग आदि स्थानों पर विदेश यात्रा करते रहते हैं। पैडीक्योर से लेकर मोटापा कम करने के सुझाव तो थे ही, बीच में एक यह भी कि अगर समय काटते न कटे तो पति की अनुपस्थिति में कुछ और भी करने लायक मूल्यवान रूमानी सुझाव दिये गये। इस अनूठे विषय पर दिये गये मौलिक सुझावों ने पति लोगों में सनसनी पैदा कर दी है। कौन जाने इन्हीं सुझावों से दहशत खाकर मध्य प्रदेश

पाठ्यपुस्तक निगम के कुछ अधिकारी सरकारी दौरे पर विदेश जाते समय अपनी-अपनी पत्नियों को भी साथ ले गये। मध्य प्रदेश पाठ्यपुस्तक निगम के ये अधिकारी जिन्होंने शायद जीवन में सिलाई मशीन के अलावा कोई मशीन न ख़रीदी थी, निगम के लिए उपयुक्त छपाई मशीनों की तलाश में विदेश गये तो अपने साथ पत्नियों को भी ले गये। गोया उनकी बीवियाँ सिलाई ही नहीं, छपाई मशीनों की ख़रीद में भी अच्छी सलाहियत रखती हैं। इस बीच राजधानी के उद्योग मेले में अत्याधुनिक छपाई मशीनें भी प्रदर्शित की गयी थीं, मगर निगम के अधिकारी दिल्ली जाने की तक़लीफ़ क्यों करते! यह काम उन्होंने मध्य प्रदेश के राजनीतिज्ञों के लिए छोड़ रखा है जो छींक आने का भी यह अर्थ लगाते हैं कि 'लगता है दिल्ली ने बुलावा भेजा है'। आत्म-समर्पण के बाद जब दस्यु सुन्दरी (?) फूलन से पूछा गया कि उसने नरसंहार क्यों किया था तो उसने एक अत्यन्त मार्मिक उत्तर दिया : 'मीठी लागे'। स्वदेश लौटने पर ये अफ़सर लोग भी ऐसा ही मासूम उत्तर दे सकते हैं कि वे पत्नियों को इसलिए साथ ले गये कि 'मीठी लागे'। मध्य प्रदेश के सन्तुष्ट-असन्तुष्ट दोनों इस उत्तर से काम चला सकते हैं। मुझे विश्वास होता जा रहा है कि मध्य प्रदेश के असन्तुष्ट इसलिए असन्तुष्ट हैं कि असन्तुष्ट होना 'मीठी लागे'। मध्य प्रदेश के मुख्यमन्त्री को भी आज़माया जा सकता है। हो सकता है, वे इसीलिए मुख्यमन्त्री बने रहना चाहते हैं कि मुख्यमन्त्री बनना 'मीठी लागे'।

कैसे दिन आ गये हैं कि जनता पत्नियों से पति के साथ विदेश जाने पर भी नाराज़ होने लगी है, सवाल यह है कि वे अपने पति के साथ नहीं, तो किसके साथ विदेश जाएँ। बिशनसिंह बेदी ने तो यह कह कर तामाम सीमाओं का उल्लंघन कर दिया कि 'पाकिस्तान में भारतीय टीम की शर्मनाक असफलता के लिए भारतीय खिलाड़ियों की पत्नियाँ ज़िम्मेदार हैं।' मैं इन्तज़ार कर रहा था कि इस श्रृंखला की पराजय के लिए विशेषज्ञ क्या तर्क देते हैं! वैसे, रक्षात्मक तरीक़े से खेलने के आदी खिलाड़ी रक्षात्मक तर्क दें तो आश्चर्य नहीं करना चाहिए। बिशनसिंह बेदी खिलाड़ियों के साथ सास-सा व्यवहार कर रहे हैं। उनका तर्क है कि जो खिलाड़ी दौरे पर पत्नियों को साथ ले जाते हैं, उनका ध्यान खेल की तरफ़ कम पत्नी की तरफ़ ज़्यादा लगा रहता है। उनको शिक़ायत है कि खिलाड़ी खेल के मैदारन से सीधे अपने होटल में चले जाते हैं, किसी से बात नहीं करते, न खेल का विश्लेषण करते हैं। विशेष रूप से वे नवविवाहित खिलाड़ियों से बहुत नाराज़ हैं।

बिशनसिंह बेदी के तर्क पर विचार करके मैं इस निष्कर्ष पर पहुँचा हूँ कि गावस्कर अगर 'टॉस' हारता है तो इसके लिए उसकी पत्नी ज़िम्मेदार है, जो दर्शकों के बीच बैठी गावस्कर के लिए स्वेटर बुन रही है। न गावस्कर की पत्नी पाकिस्तान

गयी होती न गावस्कर 'टॉस' हारता। विश्वनाथ दर्शकों की भीड़ में अपनी पत्नी का चेहरा खोज रहा था कि उसके हाथ से कैंच छू गया। मुदस्सर नज़र अगर विकेट पर डटा है तो उसका पूरा श्रेय कपिलदेव की पत्नी को जाता है। बहरहाल, बिशनसिंह बेदी के विश्लेषण से यह तो प्रमाणित हो ही जाता है कि हमारे खिलाड़ियों का दाम्पत्य जीवन सुखद है, यह दूसरी बात है कि इसका यह भी अर्थ निकलता है कि सुखी दाम्पत्य क्रिकेट के लिए घातक होता है।

होली का मौसम : समर्पण की महिमा

फूलन ने बहुत समय पर आत्मसमर्पण किया। पत्रकारिता भोंसले से, जगन्नाथ मिश्र से, अर्जुन सिंह से होली खेल रही थी कि फूलन ने आत्मसमर्पण कर दिया। होली की आबोहवा बदल गयी। पत्रकार मुख्यमन्त्रियों और असन्तुष्टों को अनाथों की तरह बेसहारा छोड़ बीहड़ों की तरफ़ रवाना हो गये। फूलन ने इतिहास की इस नाजुक घड़ी में आत्मसमर्पण न किया होता तो अनेक मुख्यमन्त्री बीहड़ों की तरफ़ रवाना होते नज़र आते। इसमें कोई सन्देह नहीं रह गया कि आत्मसमर्पण का मुहूर्त किसी ने बहुत सोच समझ कर निकाला था। पत्रकारिता के समक्ष देश की सब समस्याएँ गौण हो गयीं। पत्रकारों ने फूलन संग ऐसी धुआँधार होली खेली, डाकुओं के साथ चित्र खिंचवाने में वे इतने तल्लीन हो गये कि बजट को भूल गये। असम को भूल गये, असन्तुष्टों को भूल गये। फूलन बीहड़ों से क्या निकल आयी, रामाराव स्तब्ध रह गये। द्वारिकाप्रसाद मिश्र की दिल्ली यात्रा पर चल रही बहस यकायक ठप्प हो गयी। सरकार को रेल भाड़ा और डाक व्यय बढ़ाने का सुनहरा मौक़ा मिल गया। हर वर्ष बजट से पूर्व यही करना चाहिए। पत्रकारों का ध्यान हटाने के लिए बजट से पूर्व किसी न किसी दस्यु सुन्दरी का आत्मसमर्पण करा लेना चाहिए। मेरी समझ में नहीं आ रहा, फूलन के साथ मुन्नीबाई का अभी से आत्मसमर्पण कराने की क्या ज़रूरत थी! उसे आगामी बजट के लिए सुरक्षित रखा जा सकता था। मुन्नीबाई की छवि बनाने के लिए पूरा एक वर्ष का समय मिल जाता। इस बीच खुशवन्त सिंह को मुन्नीबाई के पति का इंटरव्यू लेने भेजा जा सकता था। यह दूसरी बात है कि खुशवन्त सिंह मुन्नीबाई के पति के स्थान पर, पति की साली का इंटरव्यू लेकर चले आते।

ऐसी ही एक और ग़लती हसीना को मुठभेड़ में गिराकर की गयी थी। दक्षिण के चुनाव परिणाम के शुभ अवसर पर हसीना का आत्मसमर्पण कराया जाता तो रामाराव इतना प्रचार न पाते—पाते तो हीसना के साथ-साथ जिस पत्रकारिता के मुखपृष्ठ पर रामाराव की तस्वीर छपती, बगल में हसीना का ब्लोअप भी छपता। वास्तव में अर्जुन सिंह के अलावा किसी भी अन्य मुख्यमन्त्री को डाकुओं का

रचनात्मक उपयोग करने का शऊर नहीं। अर्जुन सिंह प्रतिभा को सही मोर्चे पर लगाना जानते हैं, मलखान सिंह हो या अशोक वाजपेयी, स्वामीनाथन हों अथवा घनश्याम। डाकुओं का इतनी तत्परता से आत्मसमर्पण करा के अर्जुन सिंह केन्द्रीय गृहमन्त्री प्रकाशचन्द्र सेठी के लिए चुनौती बनते जा रहे हैं। लगता है, उनकी नज़र सेठी की कुर्सी पर है और सेठी की उनकी कुर्सी पर। क्यों नहीं ये दोनों लोग आपस में होली मिल लेते?

नन्दनजी, प्राय: इन्हीं दिनों बजट और जनता आपस में होली मिला करती थी। इस वर्ष अधिक मास ने दोनों के बीच दूरी पैदा कर दी। मेरा मतलब है, इससे पूर्व लोग होली की भावना में बजट को लेते थे, इस बार फूलन की भावना में लेना पड़ा। 'दिनमान' के मुखपृष्ठ पर वित्तमन्त्री प्रणव मुखर्जी की मुद्रा से ही मैंने नये बजट की परिकल्पना कर ली थी। माननयी वित्तमन्त्रीजी ने बजट से पूर्व ही पाइप पीना छोड़कर पैंसिल पीना शुरू कर दिया था। जिस रोज़ 'दिनमान' का अंक बाज़ार में आया, सिगरेट पर ब्लैक शुरू हो गयी और पेंसिल के दाम गिर गये। पारिभाषिक शब्दावली में कहूँ तो सिगरेट के दाम में उछाल, पेंसिल लुढ़की। वित्तमन्त्री के चेहरे से साफ़ ज़ाहिर हो रहा था कि सिगरेट के दाम बढ़ेंगे अथवा अब तो पेंसिल पी काटनी है ज़िन्दगी अपनी। वित्तमन्त्री के हाथ में पेंसिल देखकर लगा कि वे पेंसिल में विश्वास रखते हैं, बालपेन में नहीं, फाउंटेनपेन में तो बिलकुल नहीं। आप नहीं जानते, पेंसिल एक 'मल्टी परपज़' चीज़ होती है। होठ से छुआ लीजिए, सोचने में मदद मिलेगी। होठ में दबा लीजिए, पाइप का आनन्द देगी। पुराने वक़्तों के वित्तमन्त्री अँगुली की मदद से सोचा करते थे। मगर सोचते-सोचते जिस वित्तमन्त्री की अँगुलियाँ थक जायें, वह सोचने के लिए पेंसिल का ही सहारा लेगा। पेंसिल की एक और उपयोगिता है, उसका लिखा मिटाया जा सकता है। बजट को देखकर यही सिद्ध होता है कि वित्तमन्त्रीजी के एक हाथ में पेंसिल है और दूसरे में रबड़। पेंसिल और रबड़ की पर्याप्त घिसाई के बाद बजट पेश हुआ है। जबकि आपने जो चित्र प्रकाशित किया है, उसमें वित्तमन्त्रीजी का दूसरा हाथ दिखाई ही नहीं दे रहा। मैं देर तक सोचता रहा, प्रणवजी का दूसरा हाथ इस वक़्त कहाँ है? जनता की जेब में है या उद्योगपतियों की सेफ में?

वित्तमन्त्रीजी का दाहिना हाथ देखकर मैं आश्वस्त हुआ कि वे गर्दिश में नहीं हैं। आप पूछ सकते हैं, उनका बन्द हाथ मैंने कैसे पढ़ लिया! हाथ रेखाओं से ही नहीं, अँगूठियों से भी पढ़ा जाता है। मुखर्जी मोशाय ने सिर्फ़ दो अँगूठियाँ पहनी हुई हैं, गर्दिश में होते तो चार पहनते। मेरी बात की पुष्टि जगन्नाथ मिश्र की अँगुलियाँ देखकर की जा सकती है। अँगूठियाँ गिनकर आदमी का भविष्य तो नहीं, वर्तमान

ज़रूर बताया जा सकता है। मुखर्जी मोशाय की अँगूठियाँ देखकर लगता है कि एक में नीलम है, दूसरे में गोमेद। जब तक शनि तुला राशि पर है नीलम चलेगा ही नहीं, दौड़ेगा। गृहणियाँ प्रसन्न रहेंगी, मध्यावधि चुनाव टलता रहेगा, लोग स्कूटर बुक कराने के उत्साह में ख़ुशी-ख़ुशी नब्बे करोड़ रुपये राष्ट्रीयकृत बैंकों के हवाले कर देंगे, जिसका बजट में कोई उल्लेख न होगा। बजट में उसी राशि का प्रावधान रहता है, जिसका उपयोग सरकार करती है। इस नब्बे करोड़ रुपये का उपयोग कौन करने जा रहा है, यह एक रहस्य है। आम आदमी बसों में धक्के खाते हुए स्कूटर के सपने ले रहा है। दरअसल, जनता एक सपना लेना चाहती है। सरकार ने जनता के इस कष्ट का तुरन्त निवारण कर दिया, जनता से पाँच-पाँच सौ रुपये लेकर उसके हाथ में काउंटर फाइल के रूप में एक सपना थमा दिया।

दीवाली पर लक्ष्मी के स्वागत के लिए नेक सलाह : घूस लीजिए, मगर नकद

ढाई वर्ष की लम्बी प्रतीक्षा के बाद शनि तुला राशि पर आ ही गया। शनि राशि बदलता है तो अनेक चमत्कार होते हैं। किसी की साढ़ेसाती शुरू हो जाती है, किसी की समाप्त। कोई ढैया में पड़ जाता है, कोई उससे मुक्त हो जाता है। अमिताभ बच्चन की साढ़े साती चल रही थी, अब जगन्नाथ मिश्र की शुरू हो गयी।

आपने ग़ौर किया होगा, जीवन के हर क्षेत्र में फेर बदल हो रहा है। केन्द्र में मन्त्रिमंडल का विस्तार हुआ, राजस्थान, महाराष्ट्र व मध्य प्रदेश में हुआ और जब ये पंक्तियाँ प्रकाशित होंगी उत्तर प्रदेश में भी हो चुका होगा।

यह अकारण नहीं है, जो इतने नये लोग मन्त्रिपद पा गये। इसी बीच एक सामूहिक विवाह समारोह में बारह हज़ार शादियाँ सम्पन्न हो गयीं। बिहार में भुखमरी से सैकड़ों मर गये। फिलिपींस में तूफ़ान आ गया। आन्ध्र में तूफ़ान की आशंका बनी। साम्प्रदायिक दंगे, भीषण अग्नि कांड और अस्त्रों की होड़ मची ही हुई है।

यह सच है कि अनेक लोगों का विवाह हो गया, इस बीच लाखों का विवाह होगा। अनेक लोग मन्त्री हो गये, सैकड़ों और मन्त्री होंगे। मगर मेरी चिन्ता का विषय दूसरा है। समाज का कर्तव्य है कि उन लोगों के बारे में सहानुभूतिपूर्वक सोचे जो मिला हुआ मन्त्रिपद खो बैठे। जिनकी राजनीतिक ढैया अचानक शुरू हो गयी।

मैं बार-बार मन्त्रियों को आगाह करता आ रहा हूँ कि वे चेक से घूस लेना फ़ौरन बन्द कर दें। मगर मन्त्री लोगों ने मेरा लिखा पढ़कर भी उस पर अमल नहीं किया। अब भविष्य में जब बच्चों को मुहावरों का वाक्य में प्रयोग करने को कहा जाएगा तो वे कुछ इस प्रकार के वाक्यों का गठन करेंगे चेक से घूस लेना अपने ही पाँव पर कुल्हाड़ी मारने के बराबर होता है।

जनता शासन के कुछ मन्त्री भी इस नादानी के शिकार हुए थे। एक वरिष्ठ मन्त्री के ऊपर तो पाँच सौ रुपये की घूस चेक से लेने के आरोप लगे थे। बड़ा नाम

कमाया था उन मन्त्री महोदय ने भी। अपनी पार्टी का नाम भी ख़ूब रोशन किया था। अब जो मन्त्री लोग मन्त्रीपद पर रह गये हैं, उन्हें चेक से घूस लेना तो दरकिनार बैंकों में अपने खाते बन्द करके 'लॉकर' ले लेने चाहिए। दूसरों के तजुर्बों से हमेशा सबक लेना चाहिए, आप चाहे मुख्यमन्त्री ही क्यों न हो जाएँ। सारांश में यही कहा जा सकता है कि घूस लीजिए, मगर नकद। काम न करा पाने की स्थिति में पैसा ज़रूर लौटाइए, मगर नकद। उधार की बात मत कीजिए। आप तो जानते हैं, उधार मुहब्बत की कैंची होती है। उतनी ही राशि अग्रिम लीजिए जितनी आप काम न होने पर ख़ुशी से लौटा सकें। अब भरोसा नहीं रह गया, आप कब तक वर्तमान विभाग में बने रह सकते हैं। एक ज़माना था, दुश्मन लोग रोज़ी रोटी और बेटी पर हमला करते थे, अब सीधा विभाग पर हमला करते हैं। अभी राजस्थान में नरेन्द्र सिंह भाटी के विभाग पर हमला हुआ है, उससे देश के मन्त्रिवर्ग में बहुत क्षोभ पैदा हो गया है। राजीवजी के मित्रों के विभाग पर हमला होता है और वे नेपाल की यात्रा करने चले जाते हैं। राजीवजी का अपने मित्रों के प्रति यही रवैया रहा तो उनकी 'मिस्टर क्लीन' की छवि भी निखरती चली जाएगी।

लेकिन बात घूस को लेकर शुरू हुई थी। घूस का एक और तर्क होता है। घूस तभी हजम होती है जब मिल बाँट कर खायी जाए। इस रूप में घूस का चरित्र प्रसाद की तरह होता है। प्रसाद कोई अकेले नहीं खाता। समस्याएँ वहाँ पैदा होने लगती हैं जहाँ कोई नादान मन्त्री यह तय कर लेता है कि वह अकेला घूस का सही हक़दार है। देखते ही देखते ऐसा वातावरण तैयार होने लगता है कि घूस का नाम बदल जाता है। यों कहूँ तो ग़लत न होगा कि घूस का गुब्बारा फूलने लगता है। घूस का गुब्बारा 'टेक ऑफ़' कर लेता है तो उसे 'स्कैंडल' कहा जाता है। वह गुब्बारा पाठ्य पुस्तकों का हो अथवा सीमेंट का, कोर्ट कचहरी अथवा लोक आयुक्त के दरबार में जाकर ही फूटता है। इसलिए किसी भी मन्त्री के लिए आवश्यक होता है कि वह अपने विभाग में घूस की वितरण प्रणाली पर विशेष ध्यान दे। बल्कि अब समय आ गया है कि घूस में प्रत्येक कर्मचारी का प्रतिशत सार्वजनिक हित में घोषित हो जाना चाहिए। इससे घूस का कार्य निर्विघ्न रूप से सम्पन्न होगा। घूस के नये धरातल तेज़ी से विकसित होंगे।

मन्त्रियों का एक वर्ग इधर नादानी से काम कर रहा है। आजकल उन्हीं के भविष्य को लेकर मैं चिन्तित रहता हूँ। कुछ लोग यह प्रचारित करके लम्बी रकमें डकार रहे हैं कि क्या करें ऊपर पहुँचाना पड़ता है। इसके दो लाभ हैं। घूस लेने का संकोच समाप्त हो जाता है और अधीनस्थ कर्मचारी ताकते रह जाते हैं। मेरी समझ में नहीं आ रहा है, ये लोग ऊपर कहाँ पहुँच रहे हैं? क्या वे आसमान पर पहुँचा रहे

हैं? क्या उनका आशय भगवान से है। शास्त्रों में तो लिखा है, भगवान सिर्फ़ गुप्तदान से प्रसन्न होता है। कहीं इन लोगों का इशारा स्विट्ज़रलैंड अथवा नेपाल के किसी बैंक से तो नहीं? ग्लोब देखने पर दोनों ऊपर ही दिखाई देते हैं। बहरहाल, यह बात ऊपर के लिए बहुत एम्बैरेसिंग हैं। ये लोग अपने कुकृत्यों में ऊपर को शामिल करके अपना इहलोक तो बिगाड़ ही लेंगे, परलोक के लिए भी काँटे बो लेंगे। आप तो जानते हैं, ऊपरवाला सब देखता है।

कच्छे का मौसम आ गया

जिस प्रकार खाकी कमीज़ के लिए ख़ाकसार और खाकी नेकर के लिए राष्ट्रीय स्वयं सेवक संघ प्रसिद्ध है या इतिहास में मुसोलिनी ने जो दर्ज़ा वाली कमीज़ को, मंटो ने काली शलवार को और हिटलर ने भूरी कमीज़ को दिया, भारत सरकार के तृतीय और चतुर्थ श्रेणी के कर्मचारियों ने राजधानी की सड़कों पर 'कच्छा मार्च' करके अनायास वह दर्ज़ा चिर उपेक्षित कच्छे को प्रदान कर दिया। अब कच्छा उपेक्षित नहीं है, उसकी चर्चा है चारों तरफ़। वह नेहरू की शेरवानी, लाला लाजपत राय की पगड़ी, तारकेश्वरी सिन्हा की साड़ी और गाँधीजी की लँगोटी से अधिक चर्चित है। उसके महत्त्व का अनुमान इस तथ्य से लगाया जा सकता है कि 'टेरीन' की वर्दी के लिए कच्छा मार्च करने वाले कर्मचारियों के चित्र राष्ट्रीय स्तर के समाचार-पत्रों ने चार-चार कॉलम में प्रकाशित किये हैं, जबकि हिमाचल के नये मुख्यमन्त्री श्री वीरभद्र सिंह को मुश्किल से कूए-यार में एक कमाल जगह मिल पायी है। अब आप ही बताइये, कच्छा बड़ा कि मुख्यमन्त्री? किसी भी चीज़ की लोकप्रियता अख़बार के कॉलम से नापी जाती है। कॉलम एक पैमाना है। इस पैमाने पर जग्गू भाई को कसिए, चरणसिंह को कस लीजिए, सारी स्थिति स्पष्ट हो जाएगी। बहुगुणा ओर मेनका के प्रभाव को भी नापा जा सकता है। क्या यह अकारण है कि अमेरिका के समाचार-पत्रों में मेनका की पार्टी 'राष्ट्रीय संजय मंच' को कुल जमा छह पंक्तियों में निपटा दिया? बांग्लादेश के अख़बारों ने ज़रूर कई कॉलम रंग दिये। लगता हैँ, बांग्लादेश में मेनका गाँधी भारत से अधिक लोकप्रिय हैं। यह तो वैसे ही हुआ कि उपेन्द्रनाथ अश्क का साहित्य देश में कम, विदेश में अधिक लोकप्रिय है। मेरा विश्वास है कि वह अगर भविष्य में कच्छा पहनकर साहित्य सृजन करेंगे तो उनका साहित्य देश में लोकप्रिय होगा। आठवें दशक में चूड़ीदार पायज़ामा पहन कर उत्कृष्ट साहित्य की रचना नहीं हो सकती। कच्छे ने बग़ैर किसी देशी अथवा विदेशी सहायता के, अख़बारों के लम्बे-लम्बे कॉलम नाप लिये और अपना वर्चस्व स्थापित कर लिया।

समाचार-पत्रों में प्राकशित कच्छावादियों के चित्र देखने से ताल्लुक रखते हैं।

लगता है, ये कर्मचारी कच्छा पहनकर ज़्यादा ख़ुश हैं। वर्दी में इतना ख़ुश नज़र नहीं आते थे। इतने मुस्तैद भी नहीं दिखते थे। जाने सरकार ने किस नीयतेबद से खादी की वर्दी दी थी कि वर्दी पहनते ही चेहरे पर मुर्दनी छा जाती है, स्फूर्ति नष्ट हो जाती है, काम करने की इच्छा तो होती ही नहीं। हर वक़्त चाय-सिगरेट की तलब लगी रहती है। आप इन कर्मचारियों को वर्दी में नहीं, कच्छे में देखिए— इनके बारे में आपकी राय बदल जाएगी। देश का भविष्य उज्ज्वल नज़र आएगा। कितना उत्साह है कि इन कर्मचारियों के चेहरे पर! ये चाहें तो देखते-देखते देश को कन्धों पर उठा लें। कोई नाच रहा है, कोई गा रहा है, कोई बाँहें उठाये नारे लगा रहा है। सरे राह चलते-चलते इन कर्मचारियों के कच्छों का अध्ययन करना भी अप्रासंगिक न होगा। हर समय के कच्छे हैं— रंगीन, सफ़ेद, धारीदार, चूड़ीदार, सूती, टेरीन। यह जान कर बहुत सन्तोष हुआ कि हमारे ये कर्मचारी नियमित रूप से कच्छा धुलाते हैं और सबसे उत्साहवर्धक बात तो यह लगी कि वे बग़ैर कच्छा पहने काम पर नहीं जाते। 'कच्छा : एक अध्ययन' करके मेरी यह धारणा पुष्ट हो गयी कि आदमी की पहचान ऊपर के कपड़ों से नहीं होती, नीचे के कपड़ों से होती है। आदमी की असली हैसियत या शख़्सियत कच्छा देखकर ही जानी जा सकती है। दूसरे शब्दों में कहा जा सकता है कि अंडरवियर आदमी की शख़्सियत का आईना होता है। बहरहाल यह अभी तक रहस्य बना हुआ है कि इन कर्मचारियों ने कच्छे को ही प्रदर्शन के लिए क्यों चुना, 'बनियान मार्च' क्यों नहीं किया?

समझ में नहीं आ रहा, इन कर्मचारियों को खादी की वर्दी से इतनी चिढ़ क्यों हो गयी है! जब से 'गाँधी' फ़िल्म रिलीज़ हुई है और उसे आठ-आठ ऑस्कर पुरस्कार मिले हैं, तब से विदेशों में खादी का क्रेज बढ़ रहा है। खादी बोर्ड को विदेशों से खादी के लम्बे-लम्बे आदेश मिल रहे हैं और देश में खादी का 'अवज्ञा आन्दोलन' शुरू हो गया है। हालात बता रहे हैं कि हिन्दुस्तानी 'टेरीन' पहनेंगे या कच्छा पहनेंगे और खादी विदेशों को निर्यात होगी। जैसे आजकल 'गाँधी' का निर्यात हो रहा है।

आपने ध्यान दिया होगा, पिछले कुछ दिनों के रंगीन पत्रिकाओं के पृष्ठों पर कच्छा दस्तक दे रहा था। जाँघिये के उत्तेजक विज्ञापनों पर आपकी दृष्टि ज़रूर गयी होगी। ख़ूबसूरत जाँघिये और तन्दुरुस्त मॉडल। जाँघे सुन्दर, जाँघिये भी सुन्दर। इन विज्ञापनों ने जाँघियों की बिक्री बढ़ायी हो या नहीं, रंगीन पत्रिकाओं की बिक्री ज़रूर बढ़ा दी। इसमें अब सन्देह नहीं रह गया कि ऐसे ही किसी कलात्मक विज्ञापन ने 'कच्छा मार्च' की प्रेरणा दी होगी। कच्छा मार्च देखकर विज्ञापनदाता निराश हुए होंगे कि उनके जाँघिये तृतीय एवं चतुर्थ श्रेणी के कर्मचारियों के बीच तनिक भी लोकप्रिय

नहीं। तमाम कर्मचारी घर या दर्ज़ी के सिले कच्छे इस्तेमाल करते हैं। हो सकता है प्रथम अथवा द्वितीय श्रेणी के कर्मचारी विज्ञापन वाले जाँघिये पहनते हों, मगर इसकी पुष्टि नहीं की जा सकती। यह तभी सम्भव है अगर प्रथम श्रेणी के कर्मचारी भी सरकार से रूठ कर 'कच्छा मार्च' के इरादे से मैदान में उतर आएँ। इस ऐतिहासिक 'कच्छा मार्च' की समाज में मिश्रित प्रतिक्रिया हो रही है। कुछ लोगों ने 'कच्छा मार्च' को मौसमी मार्च की संज्ञा देते हुए आपत्ति की है कि अगर ये कर्मचारी सचमुच अपनी माँगों के प्रति ईमानदार थे, तो उन्हें मौसम देखकर 'कच्छा मार्च' नहीं करना चाहिए था। जब दिल्ली में शीत लहर चल रही थी, तब ये कहाँ थे? नन्दनजी, कर्मचारियों के प्रति यह एक हिंसक और परपीड़क दृष्टिकोण है। कर्मचारियों के साथ अन्याय है। कच्छे के साथ विश्वासघात है।

जात न पूछो साधु की

अच्छे लेखक को न किसी आलोचक का भाई होना चाहिए न किसी सम्पादक की पत्नी। किसी लोकप्रिय कथा लेखिका का पति होना भी ख़तरे से ख़ाली नहीं। आलोचक क्या करेगा अगर उसका भाई लेखन में नित नये कीर्तिमान स्थापित करता जाए और सम्पादक क्या कर सकता है अगर पाठकों से लेकर आलोचक तक उसकी पत्नी की चर्चा करना न भूलें। एक लेखिका का पति होने के नाते मैं अनेक स्थितियों का जायज़ा ले सकता हूँ। शोध छात्राओं ने मुझसे एक प्रश्न बार-बार किया है कि क्या ममता कालिया की लोकप्रियता से मुझे ईर्ष्या नहीं होती? मेरे यह कहने पर भी कि ममता की लोकप्रियता से मुझे बेहद प्रसन्नता होती है, प्रश्नकर्ताओं को बहुत निराशा होती है।

काशीनाथ सिंह को लोग कहानीकार के तौर पर कम, नामवरजी के भाई के रूप में अधिक जानते हैं। इस लिहाज़ से काशी की और मेरी एक ही समस्या है। उसे लोग भाई के कारण जानते हैं और मुझे पत्नी के कारण।

अनेक बार मित्र लोग मेरा परिचय इस प्रकार देते हैं कि यह हैं रवीन्द्र कालिया, ममता कालिया के पति। यह परिचय कुछ इस अन्दाज़ से दिया जाता है, जैसे कहा जा रहा हो, यही हैं ममता कालिया की पत्नी। मेरा कहने का अभिप्राय यह है कि बहुत से लोग मुझे एक लेखक के रूप में कम, ममता कालिया के पति के रूप में ज़्यादा जानते हैं। हिन्दी में ऐसा वातावरण निर्मित हो रहा है जैसे लेखक होने के लिए परिश्रम, सूझबूझ और त्याग की उतनी ज़रूरत नहीं जितनी किसी का भाई, पत्नी या पति होने की है। राजनीति में कुनबापरस्ती और जातिवाद के जो आरोप आये दिन लगाये जाते हैं, अब साहित्य भी उससे मुक्त नहीं रह गया। साहित्य का रथ इसी कीचड़ में धँसता जा रहा है। यह एक दुर्भाग्यपूर्ण स्थिति है। पेशेवर पत्र लेखकों तक को यह भ्रम हो गया है कि जब तक सम्पादक की पत्नी अथवा उसके भाई की प्रशंसा नहीं की जाएगी, पत्र प्रकाशित नहीं होगा। पत्र लेखकों का यह हाल है तो लेखकों-आलोचकों की क्या स्थिति होगी।

अपनी ही पत्रिका में अपना नाम उछालने की हिन्दी में एक गौरवशाली

परम्परा रही है, मगर सुधी सम्पादकों को इससे बाज़ रहना चाहिए। हाल ही में एक पत्र-लेखक ने नामवरजी पर अक्सर लगाये जाने वाले कुनबापरस्ती और जातिवाद के आरोपों का खंडन करते हुए कुछ लेखकों के नाम गिनाये हैं और दावा किया है कि इन लेखकों के साथ नामवरजी का कोई जातिवाद सम्बन्ध नहीं है। मज़े की बात तो यह है कि पत्र लेखक ने अमरकान्त और निर्मल वर्मा के साथ पत्रिका के सम्पादक का भी उल्लेख किया है। यहाँ सम्पादक का नाम एकदम ग़ैरज़रूरी है। न तो नामवरजी ने उक्त सम्पादक की रचनाओं का कभी हवाला दिया है और न ही शायद सम्पादक महोदय ने उनसे कभी इसकी अपेक्षा की होगी। यह सब देखते-देखते हिंदी का पाठक रुआँसा हो गया है। सारिका के जुलाई '84 (प्रथम पक्ष) से नयी दिल्ली के श्री ब्रजमोहन सिंह के पत्र को उद्धृत करना अप्रासंगिक न होगा।

'...पत्र पढ़कर मुझे क्षोभ ही नहीं, रोना भी आया। हिन्दी साहित्य की ऐसी स्थिति है कि कोई आलोचक अपने भाई का नाम भी नहीं ले सकता। जब दूसरों का नाम लेता है, तब भी उसे गाली मिलती है। प्रतिक्रियावादियों को छोड़ दीजिए, मार्क्सवादियों तक ने नहीं छोड़ा। विजयमोहन सिंह का नाम मित्तलजी को अखरता है, क्योंकि वह आलोचक नामवर की जाति का है। एक जातिवादी को ही आलोचना में जातिवाद की गन्ध मिल सकती है।' वग़ैरह-वग़ैरह।

पत्र की कुछ स्थापनाओं से मैं अपने को सहमत नहीं पा रहा। यह कहना सरासर ग़लत होगा कि भाई का नाम लेने पर हिन्दी में कोई प्रतिबन्ध है, बल्कि हिन्दी ही एक भाषा है, जिसमें इसकी खुली छूट है, इस पर ब्रजमोहन सिंह को रुलाई नहीं आनी चाहिए और दूसरे, यदि नामवर सिंह प्रतिक्रियावादी और मार्क्सवादी, दोनों खेमों द्वारा गाली खा रहे हैं तो इसके लिए कोई पाठक नहीं, नामवरजी स्वयं ज़िम्मेदार हैं। उनके अन्तर्विरोध ज़िम्मेदार हैं। दूसरों की ग़लतियों पर कोई कब तक आँसू बहा सकता है। जातिवाद को लेकर भी ज़्यादा चिन्तित होने की ज़रूरत नहीं, न ही ऐसी बातों को तूल देना चाहिए। नामवर सिंह, विजयमोहन सिंह और ब्रजमोहन सिंह में यदि कोई समानता है तो इसे महज़ एक संयोग ही कहा जाना चाहिए।

मैंने अपने तमाम चचेरे-ममेरे भाइयों को सख़्त ताक़ीद कर दी है कि वे यदि सम्पादकों के नाम मेरी तारीफ़ में पत्र लिखना चाहें तो अपने नाम का जातिसूचक अंश न लिखें। ज़माना ख़राब है। नामवरजी ने आज तक काशी की कहानियों पर कोई लेख नहीं लिखा, चलते-चलते उसका नामोल्लेख करते रहने से हमारी पीढ़ी के एक समर्थ कथाकार का अहित ही किया है। नतीज़ा यह निकला कि काशीनाथ सिंह को लोग कहानीकार के तौर पर कम, नामवरजी के छोटे भाई के रूप में अधिक

जानते हैं। इस लिहाज़ से काशी की और मेरी एक ही समस्या है। उसे लोग भाई के कारण जानते हैं और मुझे पत्नी के कारण। मगर हम लोगों की स्थिति उन अनेक लेखकों से कहीं बेहतर है, जिन्हें लोग केवल उनके पद की वजह से जानते हैं।

ईश्वर से मेरी यही प्रार्थना है कि अगले जन्म में वह मुझे किसी सम्पादक की पत्नी, लेखिका का पति अथवा आलोचक का भाई न बनाए। बनाना है तो सीधा सम्पादक बना दे, आलोचक बना दे या और कुछ नहीं तो लेखिका बना दे।

राग मिलावट मालकौंस

रात पौने नौ बजे समाचार से पूर्व विविध भारती की विज्ञापन सेवा द्वारा अकसर एक जिंगल सुनाया जाता है : 'मिलावट, मिलाट, मिलावट, मिलावट।' यह सुनने से ताल्लुक रखता है, लगता है कोई प्रेमाकुल नायिका सपनों में खोई हुई गुनगुना रही है : 'मुहब्बत, मुहब्बत, मुहब्बत।' हिन्दी पत्रकारिता की भाषा से इस जिंगल की प्रशंसा में कहूँ तो इस जिंगल के संगीत निर्देशक, विजुअलाइज़र, प्रस्तुतकर्ता और इससे सम्बद्ध मन्त्रालय साधुवाद के पात्र हैं। जिंगल सुनकर फ़िल्म 'महल' में गाया गया लता मंगेश्कर का गाना 'आयेगा, आयेगा, आयेगा, आनेवाला' याद आ जाता है। संक्षेप में यही कहा जा सकता है कि इस जिंगल में एक सफल जिंगल के तमाम गुण हैं। सफल जिंगल वही माना जाता है जिसे सुनकर आप न केवल उसे गुनगुनाने लगें बल्कि उसमें प्रचारित दन्तमंजन ख़रीद भी लाएँ।

इस दृष्टि से यह एक सफल जिंगल है। मेरे एक मित्र इसे अपने शास्त्रीय संगीत प्रेम के कारण 'मिलावट की मालकौंस' कहते हैं। इसे सुनकर आपके भीतर मिलावट करने की इच्छा पैदा होती है। आप जब तक समाचार सुनते हैं, आपके मस्तिष्क में प्रतिध्वनि गूँजती रहती है— मिलावट, मिलावट, मिलावट, मिलावट, मिलावट। इस जिंगल ने मुझे भी मिलावट की ओर प्रेरित किया। मगर एक लेखक क्या मिलावट कर सकता है? ज़्यादा से ज़्यादा स्याही में पानी मिला सकता है। व्यवस्था के पक्ष में दो-चार पंक्तियाँ लिख हमेशा के लिए बदनाम हो सकता है। मगर व्यापारियों के लिए, उत्पादकों के लिए और उद्योगपतियों के लिए, यह एक शुभ, उपयोगी एवं प्रेरक सन्देश है। अब देश स्वतन्त्र हो चुका है, स्वतन्त्रता की रक्षा के लिए जेल जाने का भी कोई अवसर उत्पन्न नहीं हो रहा, अब केवल दूध से लेकर दारू तक में मिलावट करके देश की सेवा की जा सकती है। दिन-रात निःस्वार्थ भाव से देश सेवा के पवित्र कार्य में संलग्न देशभक्त निष्ठापूर्वक अपना फ़र्ज़ सरंजाम दे रहे हैं।

देश के वीर सुपुत्रों का उत्साह भंग न हो, इस उद्‌देश्य से आकाशवाणी ठीक समाचार से पूर्व देर तक जिंगल सुनाती है— मिलावट, मिलावट, मिलावट,

मिलावट। कहा-बताया जाता है, जिस दिन यह जिंगल प्रसारित नहीं होता, देश के मिलावटी रात-भर बिस्तर पर करवटें बदलते रहते हैं कि कहीं रातोंरात मिलावट के प्रति सरकार रवैया तो नहीं बदल गया, कहीं मन्त्रिमंडल में परिवर्तन तो नहीं हो गया? कहीं आरिफ़ मुहम्मद ख़ाँ इसी जिंगल के शिकार होकर कृषि की ओर तो नहीं सरक गये? बहरहाल, जनाब आरिफ़ मुहम्मद ख़ाँ ने सूचना एवं प्रसारण मन्त्रालय को अभूतपूर्व योगदान दिया है। उनके कार्यकाल में सात सहेलियों की फरियाद को जो प्रचार-प्रसार मिला, उसे ज़माना याद रखेगा। इस वर्ष हमारे शहर में लोगों ने सात सहेलियों की कारुणिक पुकार सुनकर ही गणतन्त्र दिवस मनाया। हर चौराहे पर लाउडस्पीकर सात सहेलियों की फ़रियाद सुना रहे थे। इसी प्रकार गत वर्ष लोग 'मेरे अँगने में तुम्हारा क्या काम है?' सुनकर गणतन्त्र दिवस मनाने को मज़बूर हो गये थे। मुझे अगले वर्ष की चिन्ता है। गेंद यकायक मल्लिकार्जुन की 'डी' में पहुँच गयी है। अब देखना यह है कि मल्लिकार्जुन साहित्य, संस्कृति और कला के क्षेत्र में अपना क्या अमूल्य योगदान देते हैं! आशा की जानी चाहिए, वे लोक संगीत के नाम पर 'मेरे अँगने' की मिलावट तो हरगिज न होने देंगे।

आपको मेरी बुद्धि पर तरस खाना चाहिए कि इस जिंगल की तरफ़ मेरा ध्यान मेरे बच्चे ने आकृष्ट किया था। कल रात वह हाँफता हुआ मेरे पास आया कि 'देखिए आपकी आकाशवाणी मिलावट का विज्ञापन प्रसारित कर रही है'। मैंने बच्चे को बताया कि 'आकाशवाणी मेरी नहीं है और दूसरे, उसे ध्यानपूर्वक जिंगल सुनना चाहिए।' मैंने उसे यह सलाह भी दी कि माना उसके पास मनोरंजन का कोई साधन नहीं है, उसे दिन भर केवल आकाशवाणी की आलोचना नहीं करते रहना चाहिए। अगर वह ऐसा करता रहेगा तो उसे आलोचना की वही लत लग जाएगी, जो एक बार प्रसारण मन्त्री हो जाने के बाद लालकृष्ण आडवाणी को लग चुकी है। मैंने बच्चे को तो किसी तरह समझा-बुझाकर शान्त कर दिया, मगर यह महसूस हुआ कि विपक्ष ने सत्ताच्युत होते ही आलोचना के पोर्टफोलियो बाँट लिये हैं। आडवाणी साहब आकाशवाणी के आलोचना मन्त्री हैं, तो दंडवते रेल मन्त्रालय के, अटलजी दिल्ली व परराष्ट्र मामलों के। चरणसिंह व मोरारजी भाई प्रधानमन्त्री से कम हैसियत के व्यक्ति की आलोचना करना अपनी तौहीन समझते हैं।

अपने पाठकों तथा विविध भारती के श्रोताओं से मेरा विनम्र अनुरोध है कि वे मेरे बच्चे की नादानी की तरफ़ ध्यान न देकर उस मर्दाना आवाज़ को भी सुनें, जो जिंगल के दरम्यान, बीच-बीच में जैसे सपने से जग कर पूरे जिंगल को एक नया आयाम दे जाती है : 'जुर्म है।' आप पूछ सकते हैं, 'अगर मिलावट जुर्म है तो मिलावट शब्द की अदायगी में इतनी तन्मयता क्यों, इतना सुरीलापन क्यों?' आपका

सवाल जायज है, मगर मुआफ़ कीजिए, ऐसे सवाल वही आदमी कर सकता है, जिसने जीवन में मिलावट का आनन्द न लिया हो। कौन नहीं जानता, इस जगत में जहाँ मिलावट है, वहीं संगीत है, मादकता है, सुरीलापन है, मौज़ है, मस्ती है। जहाँ मिलावट नहीं है, अमेठी है, ऊसर है, मेंढक है, जंगल है, चिकमगलूर है, बेगानापन है।

जिन पाठकों ने यह जिंगल सुना है, वे मेरी बात से सहमत होंगे कि 'मिलावट, मिलावट, मिलावट, मिलावट' की इस धुन के बीच जब 'जुर्म है' कहा जाता है तो श्रोता को गहरा धक्का लगता है। इस मधुर धुन को सुनते हुए श्रोता आशा करने लगता है कि अभी रौबीली व्यावसायिक आवाज़ में कोई कहेगा, ''आप भी मिलावट कीजिए और प्रसन्न रहिए। मिलावट, मिलावट, मिलावट, मिलावट। मिलावट ही देश को महान बनाती है। मिलावट, मिलावट, मिलावट, मिलावट।''

(दिनमान : 20-26 फरवरी '83)

भेड़ियों पर रहम करना बकरियों पर जुल्म है

हरियाणा के विपक्ष के एक विधायक ने आरोप लगाया है कि हरियाणा में सरेआम नौकरियाँ नीलाम की जा रही हैं। कहा जाता है कि हरियाणा में नायब तहसीलदार की नौकरी पचास हज़ार रुपये से एक लाख रुपये के बीच और राज्य खाद्य विभाग में इंस्पेक्टर का पद चालीस से अस्सी हज़ार रुपये के बीच नीलाम हो रहा है। और तो और राजकीय विद्यालय में मुख्याध्यापक के पद की बोली तीस से पचास हज़ार के बीच जाकर टूटती है। इस धारा का अध्ययन करने पर पता चलता है कि उन्हीं नौकरियों का भाव ऊपर जा रहा है, जिनका बीस सूत्री कार्यक्रम से गहरा सम्बन्ध है। भूमि सुधार, खाद्य वस्तुओं का उत्पादन और वितरण तथा शिक्षा जैसे महत्त्वपूर्ण कार्यक्रमों से सम्बन्धित नौकरियों के दाम आसमान छू रहे हैं। सरकार इन मदों पर पानी की तरह रुपये बहा रही है और सेवाकांक्षी लोग रुपयों की तरह ख़ून-पसीने की कमाई बहा रहे हैं।

हरियाणा में घूस की दर को देखकर अनुमान लगाया जा सकता है कि हरियाणा एक सम्पन्न प्रदेश है। इससे पूर्व मैं शहर की सम्पन्नता का अनुमान रिक्शा भाड़े से लगाया करता था। शहर की विपन्नता का पहला शिकार रिक्शा चालक होता है। हरियाणा में प्रचलित घूस की दरों ने सिद्ध कर दिया है कि हरियाणा के बेकार अन्य प्रान्तों के नौकरीशुदा लोगों से कहीं अधिक सम्पन्न हैं। जो शख़्स अपनी बेकारी के दिनों में लाख-पचास हज़ार खर्च कर सकता है, वह नौकरी पाने के बाद क्या-क्या सितम न ढायेगा? नौकरी पाने के बाद वह चाहेगा तो दस-पाँच विधायकों को जेब में रख लेगा, साउथ दिल्ली में बढ़िया फ्लैट ख़रीद लेगा, दफ़्तर के मनहूस वातावरण से निकलकर वह मनबहलाव के लिए सीधे पाँच सितारे वाले होटल में जायेगा

पाठक बन्धुओ, चलो हरियाणा, चलो हरियाणा। मगर जाने से पहले सोचिए कि एक लाख रुपये पर सूद की प्रचलित दरें क्या हैं। वेतन के रूप में जितनी धनराशि मिलेगी, उससे सूद की रकम भी नहीं निकलेगी। इसके पीछे ज़रूर कोई राज़ होगा, जो इतने लोग रुपयों की थैलियाँ लिये घूम रहे हैं। सामान्य बुद्धि का

पाठक भी बता सकता है कि यह घूस वेतन के लिए नहीं, घूस लेने की पात्रता प्राप्त करने के लिए दी जा रही है, नौकरी पाने के बाद ये लोग जमकर घूस लेंगे। घूस और भ्रष्टाचार में नये कीर्तिमान स्थापित कर देंगे। जिस तेज़ी से हरियाणा में नैतिकता, ईमानदारी और वफ़ादारी के मानदंड बदल रहे हैं, उन्हें देखते हुए आश्चर्य नहीं करना चाहिए अगर सरकार भ्रष्टाचार पर विशेष पुरस्कारों और ताम्रपत्र की घोषणा कर दे, प्रदेश के भ्रष्टतम सरकारी कर्मचारी के नागरिक अभिनन्दन की घोषणा कर दे। भ्रष्टतम अधिकारी को 'भ्रष्टाचार रत्न' की उपाधि से विभूषित किया जा सकता है। भ्रष्टाचार और घूस के प्रति आदर और सम्मान की भावना जागृत करने के लिए 'भ्रष्टाचार भूषण' और 'भ्रष्टाचार श्री' की उपाधियाँ भी वितरित की जा सकती हैं।

नायब तहसीलदार और खाद्य विभाग के इंस्पेक्टर के समक्ष भ्रष्टाचार के अनेक द्वार खुले दिखायी देते हैं, वे किसी भी द्वार में घुस कर बीस सूत्री कार्यक्रम का कार्यान्वयन कर सकते हैं, मगर मुख्य प्रश्न विद्यालय के मुख्याध्यापक की अफ़सोसनाक स्थिति का है। वह घूस में दिये गये तीस से पचास हज़ार रुपये कैसे वसूलेगा? समाज का कर्तव्य है कि वह मुख्याध्यापक महोदय की व्यावहारिक कठिनाई पर सहानुभूतिपूर्वक विचार करे। घूस देने से पूर्व मुख्याध्यापक महोदय ने स्वयं भी कुछ न कुछ ज़रूर सोचा होगा। असम्भव नहीं है, वह अध्यापकों की नियुक्ति पर दस से बीस हज़ार रुपये प्रति अध्यापक प्राप्त करके साल भर में ही ऋण मुक्त हो जाए। मुख्याध्यापक महोदय छात्रों पर भ्रष्टाचार शुल्क लगाकर भी अपनी रकम वसूल सकते हैं। प्रकाशक लोग उसे भ्रष्ट करना चाहें तो वह चुपचाप भ्रष्ट हो जाए। टाटपट्टी अथवा फर्नीचर की ख़रीद, इमारत की पुताई व मरम्मत, पुस्तकालय के लिए पुस्तकों की ख़रीद, प्रवेश में धाँधली आदि अनेक द्वार हैं, जो हवा की हल्की-सी दस्तक से खुल सकते हैं। बाक़ायदा नक़ल करवा के अथवा परीक्षा के पूर्व प्रश्न-पत्र बेच कर भी घूस में दी हुई धनराशि सरलतापूर्वक वसूल की जा सकती है। लगता है, मुख्याध्यापक की शोचनीय दशा पर भी चिन्ता प्रकट करना बेकार है।

सरकार को चाहिए कि जनमत को अनुकूल करने के लिए प्रतिवर्ष के कार्यकाल की समाप्ति पर विचारोत्तेजक गोष्ठियों का आयोजन करे। इन गोष्ठियों में जो पर्चे पढ़े जाएँ, उनके विषय इस प्रकार हो सकते हैं : 'हरियाणा के विकास में भ्रष्टाचार का योग', 'भ्रष्टाचार के आगामी चरण', 'भ्रष्टाचार क्यों?', 'भ्रष्टाचार के दुश्मनः देश के दुश्मन', 'भ्रष्टाचार और प्रदेश की अर्थव्यवस्था' आदि आदि। इस अवसर पर मुख्यमन्त्री नये भ्रष्टाचारियों के लिए प्रशिक्षण शिविर का उद्घाटन कर सकते हैं।

इस दिशा में पड़ोसी राज्य के मुख्यमन्त्री श्री शिवचरण माथुर से प्रेरणा तथा

सहायता ली जा सकती है, जिन्होंने अभी हाल में अपने कार्यकाल के दो वर्ष पूरे किये हैं, इस अवसर पर श्री माथुर के मन्त्रिमंडल ने तय किया है कि सहकारिता विभाग के उन तमाम अधिकारियों को भ्रष्टाचार तथा ग़बन के आरोप से मुक्त कर दिया जाएगा जो एक मुश्त में ग़बनशुदा रकम सरकार को लौटा देंगे। श्री शिवचरण माथुर के मन्त्रिमंडल ने भ्रष्ट अधिकारियों को जीवनदान देकर अभूतपूर्व काम किया है। यह डाकुओं के आत्मसमर्पण से कम महत्त्वपूर्ण नहीं है। पत्र-पत्रिकाओं को चाहिए, डाकुओं की तरह उन अधिकारियों के चित्र भी 'आवरण कथा' के रूप में प्रकाशित करें। एक शीर्षक मैं सुझा देता हूँ : 'भेड़ियों पर रहम करना बकरियों पर जुल्म है'।

(दिनमान : 31 जुलाई-6 अगस्त '83)

प्रेयसी पालन

वास्तव में आजकल मैं अपने प्रदेश के मन्त्रिमंडल के गठन में पेश आने वाली कठिनाइयों का सूक्ष्म अध्ययन कर रहा था। आपने देखा होगा, मुख्यमन्त्री का चुनाव करना एक आसान काम है, उत्तर प्रदेश में ही नहीं प्रायः हर प्रदेश में यह काम 'सर्वसम्मति' से हो जाता है। मगर यह सर्वसम्मति कैसी होती जा रही है कि कुछ अर्से बाद ही रोगग्रस्त हो जाती है बेचारी। रोगों के नाम न पूछिए, हर रोग उसे लग जाता है। गनीमत सिर्फ़ इतनी है कि कैंसर नहीं होता, जबकि कुछ लोगों का मत है कि 'सर्वसम्मति' अब कैंसर की तरह फैल रही है।

मैं तो अपने सूक्ष्म अध्ययन के इस नतीज़े पर पहुँचा हूँ कि सर्वसम्मति से मुख्यमन्त्री का चुनाव करना जितना सरल है, मन्त्रिमंडल का गठन और विभागों के आबंटन का काम उतना ही दुष्कर। एक ज़माना था, मन्त्रिमंडल मुख्यमन्त्री के साथ साथ शपथ ग्रहण करता था। कई बार ऐसा भी हुआ कि सुबह मुख्यमन्त्री ने शपथ ली और शाम तक मन्त्रिमंडल ने। इधर जिस गति से आबंटन में विलम्ब होने लगा है, उसे सत्तर-अस्सी घंटे तक तो सचिवालय में काम ठप्प हो जाना मामूली बात है। कक्षा में अध्यापक ही न होगा तो बच्चे काम क्या करेंगे? शायद यही कारण है कि सचिवालय के 'बालक' सिसवा कांड का सचित्र विवरण पढ़ कर किसी तरह अपना समय काटते हैं। पत्रकारिता की भाषा में कहूँ तो सिसवा की आग पर अपनी रोटी सेंकते रहते हैं।

मैं मुख्यमन्त्रियों के लिए मन्त्रियों के चयन और विभाग आबंटन का काम सरल कर देना चाहता हूँ। इससे राष्ट्र के अमूल्य समय की बचन होगी। पैसे की बर्बादी भी रुकेगी।

मैंने योजना बनायी है कि एक प्रश्नावली तैयार करूँ। प्रश्नवाली 'ऑब्जेक्टिव टाइप' होगी और उसके आधार पर कम्प्यूटर देखते-देखते मन्त्रियों के नाम की सूची प्रकाशित कर देगा। मुख्यमन्त्री आक्षेपों से बच जाएँगे, कम्प्यूटर का काम कम्प्यूटर जाने। यह प्रश्नावली पुस्तक के रूप में प्रकाशित नहीं होगी, वीडियो कैसेट की तरह सिर्फ़ किराये पर मिलेगी। किराया भी मैं अधिक नहीं रखना चाहता। सत्ता में आने

पर केवल एक घंटे की 'इंस्टीट्यूशनल' कमाई देय होगी। आप पूछेंगे, यह इंस्टीट्यूशनल कमाई क्या होती है? वास्तव में मैं घूस, रिश्तवत, दो नम्बर की कमाई आदि शब्दों से ऊब चुका हूँ। ये शब्द पुराने पड़ चुके हैं। अब नये का ज़माना है।

भावी भूतपूर्व और अभूतपूर्व तमाम मन्त्री जानते हैं कि ज़माना महँगाई का है। चुनाव खर्चीले होते जा रहे हैं और विधायकों की नीलामी ने एक नया सरदर्द पैदा कर दिया है। दो-चार वर्ष में विधायक का दाम तीस-चालीस लाख तक पहुँचने के आसार नज़र आ रहे हैं। आख़िर यह पैसा कहाँ से आयेगा? इसका हल मेरी प्रश्नावली में है। मेरी प्रश्नावली की यह विशेषता है कि इससे न केवल मुख्यमन्त्री के लिए मन्त्रिमंडल का गठन आसान हो जाएगा, बल्कि रुपये-पैसे की तमाम समस्याएँ भी हल हो जाएँगी। मेरी प्रश्नावली के आधार पर चुने गये मन्त्री न केवल प्रदेश के विभिन्न मन्त्रालयों को चार चाँद लगाने में सफल होंगे, अगले चुनाव के बाद नीलामी में हिस्सा लेने की चिन्ता भी दूर कर देंगे। राजनीतिक पर्यवेक्षकों का मत है कि अगले चुनाव में राजनीतिक दलों के कार्यालयों में वैसी भीड़ नहीं होंगी, अधिकांश लोग निर्दलीय उम्मीदवार के रूप में चुनाव लड़ना पसन्द करेंगे ताकि हरियाणवी गाय-भैंस की तरह नीलाम होकर लोकतन्त्र की इस नयी परम्परा में अपना तुच्छ योगदान दे सकें।

सर्वसम्मति से चुने जाने पर मुख्यमन्त्री को तुरन्त विधायकों के बीच प्रश्नावली वितरित कर देनी चाहिए। प्रश्नावली के प्रश्न आसान हैं। विधायक का 'आइक्यू' कैसा भी हो, वह इसे देखते-देखते हल कर देगा। विधायक के जवाब कम्प्यूटर को 'फीड' कर दिये जाएँगे। जब तक कम्प्यूटर जवाब दे, मुख्यमन्त्री को चाहिए कि वह विधायकों और भावी मन्त्रियों द्वारा लाये गये हार पहन कर अपने समय का सदुपयोग कर लें।

बानगी के लिए प्रश्नावली के कुछ प्रश्न प्रस्तुत हैं :

(1) विधायक के पास ज़मीन-जायदाद कितनी है? अफीम, भाँग और गाँजा की खेती में दिलचस्पी है या नहीं? किन-किन शहरों में कितने मकान हैं? (ज़मीन-जायदाद न हो तो फॉर्म भरने में समय नष्ट न करें)

(2) आयकर देते हैं या नहीं? देते हों तो यह भी बताएँ कि आयकर चोरी के गुर कब तक सीख सकेंगे?

(3) पत्नियों के अतिरिक्त प्रेयसी पालन में कितनी रुचि है? इस दिशा में अनुभव का ब्यौरा देना श्रेयस्कर माना जाएगा।

(4) अब तक भ्रष्टाचार के आरोप लगे हैं या नहीं? लगे हैं तो कितने?

पदमुक्त होने से पूर्व कितनी फाइलें ग़ायब करवायीं और कितनी फाइलों में फेरबदल किया। पूरा ब्यौरा दें। (जिन विधायकों और भूतपूर्व मन्त्रियों पर ग्याहर से कम आरोप हों, वे आवेदन न करें।)

(5) अब तक कितने कवियों की पिटाई कर चुके हैं और कितने बुद्धिजीवियों का अपमान। पत्रकारों की पिटाई की हो तो उसका भी उल्लेख करें।

(6) प्रदेश के डाकुओं को संरक्षण देने में निजी योगदान क्या है? तस्करों और काला बाज़ारियों से वर्तमान में सम्बन्ध कैंसे हैं?

(7) आपके नाम से अब तक टेलीफोन, बिजली और सरकारी मकान का कितना किराया बकाया है? (जो सदस्य नियमपूर्वक बिलों का भुगतान कर रहे हों, उनके आवेदन विचारणीय नहीं होंगे)

(8) राजनीतिक जीवन कितने वर्षों का है और अब तक दफा 302 (क़त्ल) के कितने मुकद्दमे क़ायम हो चुके हैं।

(9) बच्चों को आई.आई.टी., मेडिकल कॉलेज अथवा किसी विदेशी विश्वविद्यालय में प्रवेश दिलवाने में सफल हुए अथवा नहीं?

(10) विधायकों की नीलामी की नौबत आ जाए तो कितने विधायक ख़रीद सकते हैं?

(11) जुए, कैबरे और शराब के बारे में अपनी दिलचस्पी स्पष्ट करें। दिन भर में कितनी दारू पी सकते हैं?

(12) तन्त्र, मन्त्र और जन्त्र में विश्वास है या नहीं? अब तक कितने तान्त्रिकों से यज्ञ करवा चुके हैं?

(13) पिछले चुनाव में कितने मतदान केन्द्रों पर क़ब्ज़ा करा सके थे?

(दिनमान, 8-14 अगस्त '82)

घूस एक चिकनाई है

स्वाधीनता के बाद स्वतन्त्रता सेनानी देश को किस निगाह से देखते हैं, यह जानना अप्रासंगिक न होगा। पिछले दिनों एक स्वतन्त्रता सेनानी बता रहे थे कि उन्हें देश की स्वाधीनता के लिए बार-बार जेल जाने में उतना कष्ट नहीं हुआ, जितना पेंशन प्राप्त करने में होता है। बाबू लोगों ने खुली चुनौती दे रखी थी कि वे बग़ैर घूस लिये उनकी पत्रावली मुख्यालय नहीं भेजेंगे और स्वतन्त्रता सेनानी महोदय अपने आदर्शवाद से लाचार थे। बाबू लोग उनकी फ़ाइल पर कुंडली मारकर बैठे रहे। इसी बीच स्वतन्त्रता सेनानी महोदय का बड़ा लड़का पागल हो गया। वे दवा-दारू के भी मुहताज हो गये तो उन्होंने आदर्श को ताक पर रख कर घूस की ग़ुलामी क़बूल कर ली। यह कोई नयी बात नहीं है। ऐसी घटनाएँ अब चौंकाती भी नहीं। अँग्रेजों ने हामरे देश में बख़्शीश की जो परम्परा डाली थी, आज़ादी के बाद एक आज़ाद नागरिक की हैसियत से लोगों ने उसे अपना हक़ मान लिया। ग़ुलाम आदमी बख़्शीश लेता है और आज़ाद आदमी हक़, जिसे लोग घूस की संज्ञा देकर बदनाम करते हैं।

वास्तव में घूस एक चिकनाई है, मक्खन से ज़्यादा चिकनी होती है। 'मक्खन लगाना' मुहावरे का उद्‌भव इसी में खोजा जा सकता है। घूस एक ऐसी चिकनाई है, जिससे व्यवस्था का चक्का मुक्त रूप से घूमने लगता है। वेतन में अब चिकनाई नहीं रह गयी। बल्कि वेतन में खुश्की होने का ख़तरा पैदा होता है। घूस खुश्की दूर करती है, आदमी में स्फूर्ति भर देती है। आलसी से आलसी आदमी सक्रिय हो जाता है। इस लिहाज़ से घूस मृतसंजीवनी सुरा है, लौहासव है। च्यवनप्राश है। अब घूस ही देश में विकास की गति को तेज़ कर सकती है। वे लोग भूल करते हैं जो सोचते हैं कि हमारा संविधान असमय बूढ़ा हो गया है। अब इस बूढ़े के साथ ही जैस तैस ज़िन्दगी काटनी है। परिवर्तन के नाम से विपक्ष भड़कता है। वह यथास्थिति बनाये रखना चाहते हैं। आज़ादी के सैंतीस बरस बाद भी हरजिन बस्तियाँ जलायी जा रही हैं, डाकुओं को राजनैतिक संरक्षण प्राप्त है और नेताओं का संरक्षण। उचित गवाही के अभाव में अदालतें हत्यारों और अराजक तत्त्वों को जमानत पर रिहा करने को

मजबूर हैं। कुल मिलाकर देखा जाए तो स्थिति इतनी नाज़ुक नहीं। बैठे-ठाले मैंने अमुक्त चिन्तन कर डाला है। मैंने ऐसी व्यवस्था का परिकल्पना कर ली है, जहाँ घूस और भ्रष्टाचार को लोग हेय दृष्टि से नहीं देखेंगे। वह व्यवस्था का अंग, बल्कि स्तम्भ हो जायेगी। समाज में सप्तवर्णी क्रान्ति आ जाएगी, कारख़ाने उत्पादन उगलेंगे, फाइलें सुपरफास्ट गाड़ी की तरह दौड़ेंगी। नौकरियों की बाढ़ आ जाएगी।

इस नयी व्यवस्था में कर्मचारी सरकार से वेतन नहीं लेंगे, अपने वेतनमान के अनुसार प्रतिमाह पहली तारीख़ को नियमित रूप से सरकार को वेतन देते रहेंगे। नियुक्तियों के लिए परीक्षा, साक्षात्कार आदि की औपचारिकताएँ समाप्त हो जाएँगी। नौकरियाँ खुलेआम नीलाम होंगी। नीलामी में केवल योग्य उम्मीदावार ही हिस्सा ले पाएँगे। जिस उम्मीदवार की बोली सबसे ऊँची होगी, नौकरी उसे मिल जाएगी। अब आप पूछ सकते हैं कि कर्मचारी सरकार को वेतन कहाँ से देंगे? जिस अभियन्ता को सीमेंट बेचने की लत लग चुकी है जिसके पास सरकारी सरिया बेचने का बरसों का अनुभव है, जो झूठे वाउचर बनाकर सैकड़ों लोगों को काम पर दिखाने में महारत हासिल कर चुका है, भला आप ही बताइए, उसे सरकार को वेतन देने में क्या असुविधा होगी।

सरकार को कर्मचारियों को मात्र इतना आश्वासन देना होगा कि किसी भी कर्मचारी पर भ्रष्टाचार जैसे बेहूदे आरोप न लगें। गुप्तचर विभाग, जो आये दिन ईमानदार कर्मचारियों को परेशान करता रहता है, अहर्निश उन्हीं की सेवा में लग जाएगा। बल्कि मन्दी के दिनों में मदद करेगा कि सीमेंट कहाँ बिक सकता है, सरिये का बाज़ार किस शहर में गर्म है, कौन ठेकेदार घूस देने में ईमानदार है। यह सुविधा मिलते ही कर्मचारी दूने उत्साह से अपने काम में जुट जाएँगे।

इस व्यवस्था के कई लाभ हैं। व्यवस्था भ्रष्टाचार को इस प्रकार अपने में समाहित कर लेगी, जैसे कभी-कभी महँगायी भत्ता वेतन का अंग बन जाता है। सरकार को आयकर, सम्पत्तिकर, बिक्रीकर आदि के झंझट से मुक्ति मिल जाएगी। कर्मचारियों से ही नीलामी और वेतन के रूप में इतनी धनराशि मिलती रहेगी कि घाटे का बजट पेश करने की नौबत नहीं आएगी।

सरकार की आय का एक और स्रोत हो सकता है। नयी व्यवस्था में तबादले की दर निश्चित कर दी जाए। जैसे रेस्तराँ में जाने पर आपके सामने 'मीनू' रख दिया जाता है, उसी प्रकार सचिवालय जाने पर सचिव महोदय आपके सामने तबादले का रेट-कार्ड रख देंगे। आप अपनी हैसियत के मुताबिक मनचाहा स्टेशन छाँट लीजिए और अपेक्षित रकम स्टेट बैंक में जमा करके अपने तबादले का आदेश प्राप्त कर लीजिए। प्रत्येक मन्त्रालय का अपना रेट-कार्ड होगा।

कल्पना कीजिए, आप आर.टी.ओ. हैं। आप एक ऐसे नगर में नियुक्त हैं कि आमदनी से पूरा नहीं पड़ता। आप परिवहन मन्त्रालय जाइये। घूस देने का प्रश्न ही नहीं उठता, न मोलभाव का। तबादले की दर निश्चित है। आप सीमावर्ती नगर में 'पोस्टिंग' चाहते हैं तो पैसे का जुगाड़ कीजिए। ईश्वर ने चाहा तो साल छह महीने में पैसा वसूल हो जायेगा। पैसा नहीं है तो बैंक से कर्ज़ लीजिए। बैंकों में स्थानान्तरण ऋण सेवा चालू कर दी जाएगी, ताकि कर्मचारियों को एकमुश्त रकम अदा करने में कठिनाई न हो। इस व्यवस्था में बैंक निर्णायक भूमिका अदा कर सकते हैं। साधनहीन कर्मचारियों को ब्याजमुक्त ऋण की सुविधा मिलेगी। समाज का पिछड़ापन दूर होगा। एक नये युग का सूत्रपात हो जायेगा, जिसमें हर नागरिक अपनी योग्यता, आर्थिक तथा सामाजिक स्थिति के अनुसार देश की सेवा में संलग्न हो जाएगा। रोज़ की दाँता किल किल ख़त्म हो जाएगी, राष्ट्र दिन दुगुनी और रात चौगुनी प्रगति करेगा।

(दिनमान, 14-20 अगस्त '83)

गिरना मकानों का मुख्यमन्त्रियों की तरह

अन्ततः सीमेंट ही सन् बयासी का सबसे महत्त्वपूर्ण पदार्थ साबित हुआ। सीमेंट ने साल के शुरू में महाराष्ट्र में अन्तुले की सरकार गिरा ही दी थी और साल ख़त्म हो, उससे पहले ही राजधानी में डी.डी.ए. के पच्चीस नवनिर्मित फ्लैट गिरा दिये। इस देश में मुख्यमन्त्री तो आते-जाते ही रहते हैं, अब अगर फ्लैटों का पतन भी उसी शैली में होने लगा तो देश के लिए बहुत दुर्भाग्यपूर्ण होगा। माना कि मुख्यमन्त्रियों की कोई बुनियाद नहीं होती, मगर फ्लैट तो अत्यन्त मज़बूत बुनियाद पर खड़े किये जाते हैं। अब तक देखा-सुना है कि अतिवर्षा, आँधी और तूफ़ान से पेड़ गिरा करते हैं। उस देश का क्या होगा जहाँ शीतलहरों से फ्लैट गिरने लगेंगे। अगर यही आलम रहा तो बसन्त में दीवारें गिरने लगेंगी और गर्मी में छतें। जिस प्रकार सरकार ने वाहन ख़रीदने पर बीमा अनिवार्य कर रखा है, उसी प्रकार डी.डी.ए. का फ्लैट ख़रीदने वालों का अनिवार्य रूप से जीवन बीमा किया जाना चाहिए। इससे जीवन बीमा निगम के मुनाफ़े में सन्तुलन क़ायम होगा और परिवार मंगल कार्यक्रम के सपने बिना नसबन्दी के साकार होते रहेंगे। बीमे के कमीशन पर भी डी.डी.ए. के अधिकारों का दावा जायज़ है! राष्ट्र के हित में यह उचित भी है। बीमे का कमीशन अधिकारियों में समान रूप से वितरित न किया गया तो वे कोई दूसरा जुगाड़ करेंगे, जिसके दूरगामी परिणाम निकल सकते हैं। कमीशन देना सम्भव न हो तो मूल्यवान उपहार देकर उनका पेट भरा जा सकता है। अब दिन बहुत चढ़ आया है। बताया जाता है कि उन्होंने सरकार से भी घूस लेने की पद्धति विकसित कर ली है। ये लोग राष्ट्रीयकृत बैंक मैनेजरों से साँठगाँठ करके जनता की ख़ून-पसीने की गाढ़ी कमाई को फिक्स्ड डिपॉजिट में डालने के एवज में स्कूटर, टी.वी., रेफ्रीजरेटर, एयरकंडीशनर आदि उपहार बटोर रहे हैं। अगर इसमें कोई सचाई है तो बैंक मैनेजरों से राष्ट्र के हित में केवल इतनी आशा की जा सकती है कि वे अधिकारियों में टी.वी. आदि के उपहार बाँटते समय इस बात का अवश्य ध्यान रखेंगे कि सरकारी प्रतिष्ठानों द्वारा उत्पादित टी.वी. आदि ही उपहार में देंगे।

सीमेंट के दुरुपयोग के कारण जो फ्लैट असमय गिर गये, उन्होंने गिरने के

लिए बहुत अच्छा समय चुना। ठीक डी.डी.ए. की रजत जयन्ती के शुभ अवसर पर पच्चीस फ्लैटों ने सामूहिक बलि देकर डी.डी.ए. के मुँह पर चूने की पुताई कर दी, क्योंकि उस समय तारकोल सीमेंट की तरह खुले बाज़ार में बिककर भ्रष्ट अधिकारियों का मुँह काला कर रहा था।

इस दुर्घटना के लिए डी.डी.ए. को ही पूर्ण रूप से कुसूरवार मान लेना डी.डी.ए. के साथ अन्याय करना होगा। किसी योजना के अन्तर्गत ही तो डी.डी.ए. ने आवास योजना को तीन श्रेणियों में विभाजित किया होगा : उच्च आय वर्ग, मध्यम आय वर्ग व समाज का आर्थिक रूप से कमज़ोर वर्ग। अब अगर डी.डी.ए. ने समाज के आर्थिक रूप से कमज़ोर वर्ग के लिए कमज़ोर फ्लैट बनाने शुरू कर दिये तो क्या ग़जब ढा दिया! शिक़ायत का अवसर तो तब आता अगर उच्च आय वर्ग की कोई दीवार गिरती। मध्यम आय वर्ग के मकानों की दीवारें तो हर बरसात में चटखती हैं, वे इसके अभ्यस्त हो चुके हैं। कौन नहीं जानता कि कमज़ोर वर्ग के लिए बनाये गये मकानों की छतें हर बरसात में टपकती हैं। जनकपुरी के लोगों की छत गिरने की शिक़ायत करके डी.डी.ए. के अधिकारियों के बुरे वक़्त का नाजायज फायदा उठाने की कोशिश नहीं करनी चाहिए, बल्कि विकासपुरी के उन लोगों की तरह सब्र से काम लेना चाहिए, जिनके फ्लैट उन्हें क़ब्ज़ा मिले उसके पूर्व ही ढह गये। डी.डी.ए. को अपनी उपलब्धियों के प्रति निराश न होकर निर्माण कार्य निर्विघ्न रूप से जारी रखना चाहिए। अब एशियाड को दोष देने से कुछ प्राप्त न होगा। लगता है जो लोग एशियाड की सफलता से क्षुब्ध हैं, वे राजीव गाँधी की छवि को धूमिल करने के लिए एशियाड का नाम ले रहे हैं। इससे अच्छा यही है कि डी.डी.ए. के उस दूरदर्शी और प्रवीण अधिशासी अभियन्ता की तरह सारा कलंक एक भूत के सिर पर डाल दिया जाए जो रात के समय विकासपुरी में कभी सफ़ेद, कभी भूरी और कभी काली बिल्ली के रूप में प्राय: दिखाई दे जाता है। आशा की जानी चाहिए कि खोजबीन समिति के सदस्य सीमेंट और सरिये के ग़बन पर समय नष्ट न करके भूत के तर्क को स्वीकार कर लेंगे।

सचाई तो यह है कि विकासपुरी में तीसरी मंज़िल की चिनाई सचमुच बालू और चूने से ही की गयी थी और इस प्रयोग का प्रस्ताव डी.डी.ए. के डिजाइन सेल ने रखा था। डिजाइन सेल के अभियन्ताओं के मन्तव्य को समझने के लिए मैंने अनेक अभियन्ताओं से भेंट की। मालूम हुआ कि सर्वेक्षण-डिजाइन सेल के अभियन्ता निर्माण विभाग में तैनात अभियन्ताओं से ईर्ष्या किया करते हैं। वास्तव में सर्वेक्षण तथा डिजाइन सेल में उन्हीं अभियन्ताओं को भेजा जाता है, जिन्हें सीमेंट खाने की तमीज़ नहीं होती। मेरा मतलब है कि या तो वे ज़रूरत से ज़्यादा खा जाते

हैं अथवा खाते ही नहीं। वे मासूम अभियन्ता भी इस सेल की लपेट में आ जाते हैं जो निर्माण सेल तक पहुँचने के लिए अपेक्षित रकम की व्यवस्था नहीं कर पाते। ऐसी परिस्थिति में निर्माण विभाग के अभियन्ताओं से उनका ईर्ष्या करना जायज़ है। विकासपुरी के फ्लैट असमय न गिर जाते तो वे तीसरी के बाद दूसरी मंज़िल पर यह प्रयोग करते। धीरे-धीरे चूना सीमेंट को अपदस्थ कर देता। न नौ मन सीमेंट रहता न निर्माण विभाग के अभियन्ता ऐंठते। देखा जाए तो उनकी योजना बुरी नहीं थी, मगर समय ने साथ न दिया। यह कहाँ का न्याय है कि निर्माण विभाग में तैनात अभियन्ता सपरिवार रंगीन टीवी का आनन्द लें और डिजाइन तथा सर्वेक्षण विभाग के अभियन्ता टीवी के अभाव में फ़क़त अपनी बीवी का चेहरा देखते रहें। आशा की जानी चाहिए कि विकासपुरी विवाद शान्त होने के बाद अभियन्ता लोग अपना अगला प्रयोग 'सरिये' पर करेंगे।

(दिनमान, 16-22 जनवरी '83)

ख़ुशामद नहीं करेंगे तो खाएँगे क्या?

श्रीमती इन्दिरा गाँधी को यह क्या सूझा कि लोगों को विनम्रतापूर्वक मना कर दिया कि वे जन्मदिन पर उन्हें बधाई देने के लिए उनके निवास स्थान पर आने का कष्ट न करें। मैं जानता था, लोग इस अनुरोध को हँसकर टाल जाएँगे। लोगों ने टाल दिया और पहुँच गये। आज़ादी ने हमें यही सिखाया है। टालो और टहलो। दफ़्तर में मेज़ पर पेन रखकर टहलो और समोसा खाओ। जाड़े के दिन हुए तो कुर्सी पर कोट लटकाकर निकाल जाओ और टहलो। आप टहलेंगे तो काम अपने आप टल जाएगा। मगर कुछ चीज़ें ऐसी होती हैं जो टाली नहीं जा सकतीं। एशियाड को ही लीजिए, वह टाला नहीं जा सकता था। एशियाड अटल है। जिन लोगों के जीवन का उद्देश्य ही श्रीमती गाँधी को जन्मदिन पर बधाई देना हो, वे भला अटल बिहारी कैसे हो सकते हैं! वे फाइलें टाल सकते हैं। दौरा टाल सकते हैं। श्रीमती गाँधी को बधाई देना नहीं टाल सकते। श्रीमती गाँधी बस एक बार मुस्कराकर देख लें, बधाई स्वीकार कर लें— यही उनकी खुराक है, टॉनिक है, ऑक्सीजन है। श्रीमती गाँधी उन्हें इससे वंचित कर देंगी तो बेचारे बेमौत मारे जाएँगे। श्रीमती गाँधी की एक मुस्कराहट से साल भर के गुनाह मुआफ़ हो सकते हैं। इच्छाशक्ति पैदा हो सकती है, मनोबल ऊँचा हो सकता है।

वास्तव में ख़ुशामद करना दिन ब दिन मुश्किल होता जा रहा है। ख़ुशामद के पुराने तरीक़े अप्रासंगिक हो गये हैं। एक ज़माना था, भीड़ जुटाकर, नारे लगवाकर नेता को जीत लिया जाता था। बदली हुई परिस्थितियों में यह तरीक़ा कारगर नहीं हो पा रहा। कई मुख्यमन्त्रियों की नौकरी ले चुका है। अंजैया ने हवाई अड्डे पर भीड़ जुटाकर राजीव गाँधी को प्रसन्न करना चाहा, वे अप्रसन्न हो गये। एच.के.एल. भगत ने मन्त्रीपद पाते ही ऐसी भूल कर दी थी। उनके समर्थकों ने आलू के बोरों की तरह जनता को ट्रक में भरकर प्रधानमन्त्री निवास पर जय जयकार करा दी। समय रहते वह सँभल गये वरना वेस्ट पटेल नगर ब्लॉक कांग्रेस कमेटी के समारोह में हलुआ खाते नज़र आते।

इधर सियासत बहुत तेज़ी से बदल रही है और कठिन होती जा रही है। बीच

में इतना अच्छा वक़्त आया था कि टिकट पाने के लिए जेल जाना ज़रूरी नहीं रह गया था। श्रीमती गाँधी के ये समर्थक लोग जेल यात्रा क्या कर आये, एक नया बावल खड़ा हो गया। नयी राजनीति में जेल यात्रा एक मूल्य की तरह स्थापित होती जा रही है। आप देख ही रहे हैं, लोग पार्टियाँ बाद में बनाते हैं और जेलें पहले भर देते हैं। मेनका गाँधी ने यह कर दिखाया। जो पार्टी अस्तित्व में आने से पहले ही जेलें भर दें, अस्तित्व में आने के बाद कुछ क़ुफ्र ढायेगी, इसका सहज ही अनुमान लगाया जा सकता है। इस बीच मेनका गाँधी ने कुछ और कीर्तिमान स्थापित किये हैं। उनकी पार्टी नहीं रही, टिकोरी सिंह पहले शहीद हो गये। एक बलि चढ़ गयी। इस दृष्टि से विपक्ष की दूसरी पार्टियों की स्थिति बहुत दयनीय है। उन पार्टियों के लिए कोई शहीद नहीं हो रहा। अगर यथास्थिति बनी रही तो पार्टियाँ स्वयं शहीद होना शुरू हो जाएँगी। राजनीति न हुई, स्वाधीनता आन्दोलन हो गयी। रक्तदान एक दूसरा सिरदर्द है। जहाँ देखो रक्तदान शिविर लगा है। पहले जो काम इलाहाबाद के अमरूद या नागपुर के सन्तरे देकर हो जाता था, अब रक्तदान देकर होता है। लगता है डाली का ज़माना लद गया। अँग्रेजी के साथ इंगलिस्तान चल गया। अब जेल यात्रा का युग है, रक्तदान का युग है। यह लक्ष्मी युग है जो 'काइंड' से 'कैश' की ओर बढ़ रहा है। पाँच-पाँच लाख में मन्त्रिपद नीलाम हो रहे हैं। वैसे सौदा बुरा नहीं। पाँच लाख एक दिन में आ सकता है। इधर चर्चा गर्म है कि एक प्रदेश के एक मन्त्री महोदय ने मन्त्रिमंडल से अनुरोध करके यह निर्णय सिर्फ़ एक दिन के लिए टलवा दिया कि स्थानान्तरण पर तुरन्त रोक लगा दी जाए।

आप तो जानते हैं, एक दिन में लाखों मिनट होते हैं। जीवन का प्रत्येक क्षण मूल्यवान होता है। जनता किसी तरह एक-एक पल गिनकर अपना वक़्त काट रही है और भाग्यवान लोग रुपये गिनकर। कहीं ऐसा तो नहीं कि प्रधानमन्त्री अपने जन्मदिन के शुभ अवसर पर ऐसे भाग्यवान लोगों का चेहरा नहीं देखना चहतीं? आपकी क्या राय है?

(दिनमान, 5-11 दिसम्बर '82)

चन्दों की फ़क़त आस है तनख़्वाह कहाँ है?

किसी भी राजनीतिक दल की रीढ़ उसके कार्यकर्ता होते हैं। कोई भी कार्यकर्ता माँ की कोख से दल के कार्यक्रम की घुट्टी लेकर रणक्षेत्र में नहीं उतरता। उसे बाक़ायदा प्रशिक्षित करना पड़ता है। यही कारण है कि समय-समय पर प्रत्येक राजनैतिक दल अपने कार्यकर्ताओं को दल की नीतियों से अवगत कराने के लिए प्रशिक्षण शिविरों का आयोजन करते रहते हैं। यह दूसरी बात है कि अधिसंख्य राजनीतिक दलों के पास कोई निश्चित सैद्धान्तिक विचारधारा नहीं रह गयी है। जो कुछ सिद्धान्त हैं, वे दक्षिणपन्थी विचारधारा वाले दलों के पास हैं अथवा वामपन्थी दलों के पास। जहाँ विचारधारा अनुपस्थिति रहती है, मेनका गाँधी की तरह कहना पड़ता है, मैं वाम हूँ न दक्षिण, मेरी पार्टी वाम और दक्षिण के अच्छे बिन्दुओं पर टिकी है। यह एकवाहियत, अराजनैतिक और अबौद्धिक परिकल्पना है। जिस प्रकार आप नर हैं या मादा, उसी तरह आप वाम हैं या दक्षिणपन्थी।

अस्पष्ट विचारधारा प्रायः दक्षिणपन्थ की ओर धकेला करती है। मेनका गाँधी को तो जुम्मा-जुम्मा चार दिन हुए हैं राजनीति में आए। हमारे यहाँ की अनेक राजनैतिक पार्टियाँ इस ग़लतफहमी में मुब्तिला हैं कि वे दक्षिणपन्थी हैं न वामपन्थी। प्रायः ऐसी पार्टियाँ अमूत मानवतावाद की शरण में जा गिरती हैं। मगर अब पानी बहुत चढ़ आया है। वामपन्थ का मुखौटा पहनकर और दक्षिणपन्थ का हित-असाधन करना एक नयी रणनीति है। मगर यह तय है कि अगर आप लेफ्ट हैं न राइट तो जनता चुनाव में आपको लेफ्ट-राइट करा देगी। उम्मीदवारों की जमानतें जब्त हो जाएँगी। कार्यकर्ता को लेफ्ट-राइट करने का अभ्यास नहीं रह गया है। वह कुछ ठोस चाहता है। वह बँगला चाहता है, मोटर चाहता है, परमिट चाहता है, कोटा चाहता है, फ्री रेलवे पास चाहता है।

उन पार्टियों के लिए, जो दक्षिण है न वाम, जो परेशान रहती हैं कि अपने कार्यकर्ताओं को प्रशिक्षण शिविर में क्या पढ़ाया जाए, मैंने एक पाठ्यक्रम तैयार कर दिया है। मैंने कार्यक्रम अर्थात् पाठ्यक्रम इतना प्रासंगिक बनाया है कि दूसरी पार्टियों के कार्यकर्ता प्रशिक्षण लेने के लिए सिफ़ारिश का सहारा लेंगे। कपूर के ब्याजगणक

की तरह कालिया का राजनैतिक पाठ्यक्रम प्रत्येक (सिद्धान्तहीन) राजनैतिक दल के कार्यालय में नज़र आएगा। बहुत-सी पार्टियाँ इस चिन्ता में सूखती चली जा रही हैं कि अपने कार्यकर्ताओं को कैसे प्रशिक्षित करें, उन्हें क्या पढ़ाएँ, क्या सिखाएँ; प्रशिक्षण शिविर लगाएँ तो पाठ्यक्रम क्या हो? पार्टी का प्रशिक्षण शिविर नहीं लगेगा तो लोगबाग़ मज़ाक उड़ायेंगे कि यह कैसी पार्टी है जो अपने कार्यकर्ताओं को प्रशिक्षित ही नहीं करती। मेरा पाठ्यक्रम इस प्रकार है :

प्रथम सत्र में यह शिक्षा ही जाएगी कि मतदान केन्द्र पर कैसे क़ब्ज़ा किया जाए। उन पार्टियों का इस देश में कोई भविष्य नहीं जो शुद्ध मतदान के आधार पर सत्ता का सपना देख रही हैं। यह कायरों का सपना है। यह उन पार्टियों का सपना है, जिनकी भुजाओं में ताक़त नहीं रह गयी। आज ज़रूरत है ऐसे कार्यकर्ताओं की, जो जनपक्ष के मुहताज न रहें, महज़ ताक़त के बल पर चुनाव में विजय हासिल करें। वे जनता के द्वार पर न जाएँ, बेबस जनता उनके आँगन में जी हुज़ूरी की मुद्राएँ लिये टहलती रहे, हाथ बाँधे खड़ी रहे।

चुनाव की घड़ी परीक्षा की घड़ी होती है। वक़्त इतने नाजुक दौर से गुज़र रहा है कि जनता पर विश्वास करना अपने पैर पर कुलहड़ी मारने के बराबर है। ऐसी स्थिति में कार्यकर्ताओं को मतदान केन्द्र पर क़ब्ज़ा करने की तमीज़ आनी चाहिए। प्रशिक्षण शिविर में बताया जाना चाहिए कि किन मतदान केन्द्रों पर क़ब्ज़ा करना आसान है। चुनाव के समय कार्यकर्ताओं को किन-किन हथियारों से लैस होना चाहिए। इधर पुलिस द्वारा सहयोग दिये जाने के भी समाचार मिलने लगे हैं। ऐसे पुलिसकर्मियों को चुनाव से महीनों पहले वांछित स्थानों पर तैनात कराया जाना भी ज़रूरी है। जो कार्यकर्ता जितने मतदान केद्रों पर क़ब्ज़ा करने का गौरव प्राप्त करें, उसे उसी अनुपात में दल में वरिष्ठ स्थान दिया जाना चाहिए। तमाम दल अपनी अपनी स्थिति, मज़बूरी और आकांक्षा के अनुरूप पाठ्यक्रम में फेरबदल कर सकते हैं। जो कार्यकर्ता इस शिविर में उत्तीर्ण हो जाएँ, उन्हें अगले शिवर में आमन्त्रित किया जाना चाहिए। अगले शिविर में पुरस्कार स्वरूप कार्यकर्ताओं की इस विषय पर प्रशिक्षण दिया जाना चाहिए कि अगर दल सत्ता में आ गया तो कोटा, परमिट कैसे प्राप्त करें। जो कार्यकर्ता हथेली पर जान रखकर मतदान केन्द्र पर क़ब्ज़ा करेगा, उसे सुखमय जीवन व्यतीत करने के लिए कोटा-परमिट की अवश्य ज़रूरत पड़ेगी। ऐसे कार्यकर्ताओं में कोटा-परमिट देने वाले अधिकारियों की सूची निःशुल्क वितरित की जानी चाहिए।

ऐसे अधिकारी यदि असहयोग करें तो उन्हें कैसे डराया-धमकाया जा सकता है, कार्यकर्ताओं को यह भी बताया जाना ज़रूरी है। आज अधिकारी स्थानान्तरण से

बहुत घबराता है। कार्यकर्ता अधिकारियों की इस तथा ऐसी अनेक कमज़ोरियों का लाभ उठा सकते हैं। इसके अतिरिक्त पाठ्यक्रम में और भी पत्र हो सकते हैं, जैसे, अराजक तत्त्वों से कैसे दोस्ती करें, थाने को नियमित रूप से निश्चित धनराशि देने के लिए कैसे मज़बूर करें, नियुक्ति और स्थानानतरण की दलाली कैसे करें, अभियन्ताओं की कमीशन में से अपना हिस्सा कैसे बटोरें, आदि आदि।

यह पाठ्यक्रम इतना लोकप्रिय होगा कि प्रशिक्षण शिविर में भाग लेने के लिए कार्यकर्ताओं की भीड़ लग जाएगी : दूसरी-दूसरी पार्टियों के कार्यकर्ता भी प्रशिक्षित होने के लिए लालायित रहेंगे। अकबर इलाहाबादी का एक शेर याद आ रहा है :

सरविस में नहीं, दाख़िल हूँ कौम का ख़ादिम,
चन्दों की फ़क़त आस है, तनख़्वाह कहाँ है?

(दिनमान, 21-27 अगस्त '83)

राजनीति का छविकरण

हम लोग उग्रवादी तो नहीं, अतिवादी ज़रूर होते जा रहे हैं। हमारे यहाँ चीज़ें आँधी की रफ़्तार से आती हैं और तूफ़ान की तरह लौट जाती हैं। अभी कुछ वर्ष पूर्व हमारे समाज में इश्क़ का दौर आया था। उस दौर में हर चीज़ इश्क़ हो गयी थी। गली-गली में यही सुनाई पड़ता था— ज़मीन इश्क़ है आसमान इश्क़ है। प्याज़ इश्क़ है और आम इश्क़ है। आलू इश्क़ है और बादाम इश्क़ है। फूल दान इश्क़ है, और फूल इश्क़ है, वग़ैरह-वग़ैरह।

उसके तुरन्त बाद डिस्को का दौर आया। देखते-देखते हर चीज़ डिस्को हो गयी। प्रेमी और प्रेमिका, दोनों को डिस्को हो गया। दिल डिस्को हो गया, दिमाग़ डिस्को हो गया। यहाँ तक कि बाज़ार में डिस्को चप्पलें बिकने लगीं। औरतों ने डिस्को चूड़ियाँ पहन लीं। दूर देहातों में तो डिस्को क्रीम और डिस्को पाउडर तक बिकने लगे। टीवी तक डिस्को हो गया। ग़नीमत है कि साहित्य पर डिस्को का साया नहीं पड़ा, वरना डिस्को कविता और डिस्को कहानी का बाज़ार गर्म हो जाता। मगर राजनीति डिस्को के प्रभाव से अछूती न रह पायी। देखते-देखते जम्मू-कश्मीर के मुख्यमन्त्री डिस्को राजनीति पर उतर आये।

राजनीति के लिए अब छवि एक अनिवार्यता है। राजीव गाँधी ने भी 'मिस्टर क्लीन' की छवि के साथ राजनीति में प्रवेश किया था। देश में जब चारों ओर क़दम क़दम पर भ्रष्टाचार के कैक्टस उग आये हों तो 'स्वच्छ छवि' चमत्कारिक साबित हो सकती है। अन्तुले जब सत्ता में थे तो उन्होंने हारुन अल रशीद की छवि प्रक्षेपित करने की अनेक कोशिशें की थीं। कुर्त्ता-पायज़ामा पहनकर उन्होंने बम्बई की बदनाम बस्तियों का जमकर दौरा किया था। मगर यह भूल गये कि हारून अल रशीद ने ट्रस्टों की स्थापना नहीं की थी। इन्हीं परिस्थितियों ने अन्तुले को गुनगुनाने को मज़बूर कर दिया है कि, "हम आह भी भरते हैं तो हो जाते हैं बदनाम, वो क़त्ल भी करते हैं तो चर्चा नहीं होता।"

हर आदमी-अपनी अपनी योग्यता और मानसिक साज-सज्जा के अनुरूप छवि विकसित करने में तल्लीन है। शिव सेना के नेता बाल ठाकरे का लोकतन्त्र में

विश्वास हट गया है और वे शिवाजी की तरह 'शिवशाही' की स्थापना करने जा रहे हैं। मेरा ख़्याल है, जगन्नाथ पहाड़िया हों या जगन्नाथ मिश्र, उन्हें अपने पद से इसलिए त्यागपत्र देना पड़ा कि वे कोई छवि पेश नहीं कर पाये थे। यह कहना भी ग़लत न होगा कि इनकी कोई छवि नहीं बन सकती, बल्कि बनी-बनायी छवि बिगड़ सकती है। भोंसले भी राजनीति में इसलिए उखड़ गये कि वे 'किंगकांग' की छवि पर ज़िन्दा रहना चाहते थे।

वी.सी. शुक्ल ने अपनी 'प्ले ब्वॉय' छवि को उजागर किया था। मगर उनसे कहा गया, यह छवि अराजनैतिक है। उसका प्रयोग केवल फ़िल्मी दुनिया में किया जा सकता है। राजनीति में तो दूसरी तरह की छवि दरकार है।

आपने देखा होगा, अनेक नेता मात्र अपनी 'पिछलगगू छवि' के बल पर सदन में प्रवेश पा जाते हैं। इधर राजनीति में एक और छवि विकसित हुई है— लायल, अर्थात् वफ़ादार की छवि। मगर वफ़ादार भी पिट रहे हैं। वफ़ादारों की अपेक्षा समझदारों को तरजीह दी जाने लगी है। यही कारण है कि अर्जुन सिंह का आसन नहीं डगमगाया। उन्होंने एक ओर 'भारत भवन' की छवि बनायी, दूसरी ओर झुग्गी झोंपड़ी वालों के दिल जीत लिये। शायद उन्होंने सूँघ लिया था कि अब ठाकुर छवि निर्मित करने से कोई लाभ न मिलेगा। ठाकुर-ब्राह्मण छवि उन्होंने उत्तर प्रदेश के नेताओं के लिए छोड़ रखी है।

राजनीति में नहीं, साहित्य में भी छवि का विशेष महत्त्व स्वीकार किया गया है। समझ में नहीं आता, नरेश मेहता मैथिलीशरण गुप्त की वैष्णव छवि का अनुसरण कर रहे हैं या अज्ञेय की सम्भ्रान्त छवि का। अमृतराय आज भी राज कपूर की छवि की याद ताज़ा करते हैं। यह दूसरी बात है कि उनके चेहरे पर राज कपूर की मक्खी छाप मूँछें नदारद हैं, जबकि विजयमोहन सिंह ने नामवर छवि का अनुसरण करते हुए चेहरे पर दाढ़ी बढ़ा ली है। कई बार असली चेहरा छिपाने के लिए यह सब करना ही पड़ता है। डॉ. जगदीश गुप्त ने अज्ञेय-मुक्तिबोध के प्रभाव में न आकर गणेशजी की छवि को ही सर्वोपरि माना है। जगदीशजी को स्कूटर पर देख हमेशा यही लगता है जैसे गणेशजी चूहे की सवारी कर रहे हैं।

देवताओं की छवि का सहारा साहित्यकारों ने ही नहीं, रजानीतिज्ञों ने भी लिया है। रामराव देवताओं की छवि के बल पर मुख्यमन्त्री हो गये और पत्रकार बन्धु खुशवन्त सिंह तमिलनाडु की अभिनेत्री जयललिता की छवि से इतने प्रभावित हैं कि उनकी इच्छा अ.भा. अन्नाद्रमुक में शामिल होने की हो रही है। जयललिता ने दिल्ली पहुँचकर मेनका गाँधी का बहुत अहित किया है।

(दिनमान, 3-9 जून '84)

पदयात्रा

एक मन्त्री महोदय अपने चतुर्थ श्रेणी के कर्मचारी को डाँट रहे थे और कर्मचारी हँसता जा रहा था। वहाँ उपस्थित अन्य लोगों को यह स्थिति नागवार गुजरी। एक प्रथम श्रेणी के अफ़सर ने गुस्ताख कर्मचारी से पूछा कि यह माननीय मन्त्रीजी के सामने बेहयाई से क्यों हँस रहा है? कर्मचारी ने आदरपूर्वक दोनों हाथ जोड़ दिये—'हुजूर बेहयाई तो मन्त्रीजी कर रहे हैं। आप देख ही रहे हैं, एक अस्थायी मन्त्री स्थायी कर्मचारी को डाँट रहा है।'

धृष्टता की बात न की जाए तो कर्मचारी की बात में इतना सच ज़रूर था कि आज अस्थायी ही नहीं, सबसे असुरक्षित महसूस करने वाला सरकारी कर्मचारी मन्त्री ही है। नौकरी की गारंटी है, न पेंशन का भरोसा। मालूम नहीं कब जनमत का पलड़ा किस ओर झुकने लगे। यही वजह है कि ज्यों-ज्यों चुनाव नज़दीक सरकने लगते हैं, मन्त्री लोगों को अपने निर्वाचन क्षेत्र की याद सताने लगती है। जो विधायक कल तक मन्त्री पद पर प्राप्त करने के लिए दौड़धूप कर रहे थे, सोचने लगे हैं, किसी तरह टिकट ही मिल जाए। अब आख़िरी समय में क्या खाक मन्त्रिमंडल का विस्तार होगा। विस्तार होगा तो सरकार लड़खड़ा जाएगी। ले-देकर पन्द्रह-बीस लोगों को सन्तुष्ट किया जा सकता है। इस प्रक्रिया में सैकड़ों अन्य असन्तुष्ट हो जाएँगे। अच्छा यही है कि यथास्थिति बनी हरे। मन्त्रिमंडल के विस्तार यों ही रूटीन में छपते रहते हैं। इससे विधायकों का रक्तचाप ठीक रहता है। यह दूसरी बात है कि इस बीच आशंकाओं और अपेक्षाओं के जंगल में जीते-जीते कुछ विधयकों के बाल पक चुके हैं, कुछ को मधुमोह ने गिरफ़्तार कर लिया है तो कुछ का रक्तचाप असन्तुलित हो गया है। कोई मन्दाग्नि से पीड़ित है और किसी को अफारा पड़ने लगा है। चुनाव नज़दीक आ रहे हैं और स्वास्थ्य गिरता जा रहा है। पर हर इंसान अपने अस्तित्व को बरक़रार रखने में प्रयत्नशील रहता है।

हमारे नगर के विधायक, जिनमें से कुछ मन्त्री भी रह चुके हैं, आजकल स्वास्थ्य की चिन्ता न करते हुए घोर परिश्रम कर रहे हैं। एक भूतपूर्व मन्त्री महोदय ने पदयात्रा का लम्बा कार्यक्रम घोषित कर दिया और अपने क्षेत्र की जमकर पदयात्रा

की। पदयात्रा के दौरान खील-बताशे नहीं, पार्टी के अन्य नेताओं के ख़िलाफ़ पर्चे बाँटे गये। विधायकजी के कार्यकताओं ने विधायकजी के पैसे से ख़रीदी गयी फूल मालाओं से विधायकजी को लाद दिया। फूलों के भीतर से विधायकजी का उदास चेहरा नज़र आ रहा था। जाने चुनाव के समय पुरवइया बहने लगे या पछवा। पदयात्रा के पहले चरण में ही विधायकजी को विचित्र अनुभव हुए। वे अपने कार्यकताओं के दलबल के साथ अपने क्षेत्र की पदयात्रा पर निकले और अपने पुराने मित्र बरकतउल्ला को आवाज़ दी। उसका लड़का नमूदार हुआ। मन्त्रीजी ने कहा कि बेटा, बरकतउल्ला को हमारा सलाम देना। बरकतउल्ला का लड़का हक्का बक्का उनकी तरफ़ देख रहा था कि कार्यकर्ताओं में से किसी ने कहा कि अन्दर जाकर अब्बाजान को इत्तिला दो कि मन्त्रीजी आये हैं। लड़का सकपका गया। बोला, ''जनाब अब्बा हुजूर तो तीन बरस पहले अल्लाह ताला को प्यारे हो गये। विधायक जी के यहाँ ख़बर भी भिजवायी थी।''

भूतपूर्व मन्त्री महोदय को बहुत सदमा लगा। सदमा लगने की बात भी थी। ज़ाहिर है कि जिन मतदाताओं के सहयोग से वे पिछली बार विजयी हुए थे, उनमें से अनेक इस दुनिया से कूच कर चुके थे। अगली पीढ़ी विधायकजी के काम, नाम और सूरत से नितान्त अपरिचित थी। पदयात्रा व्यर्थ नज़र आने लगी। गलियाँ पहले से अधिक गन्दी, मच्छर पहले से अधिक मुस्तैद नज़र आ रहे थे। विधायकजी को लगा होगा, वे अपने निर्वाचन क्षेत्र का दौरा नहीं, किसी बमपुलिस का निरीक्षण कर रहे हैं। भूतपूर्व मन्त्री महोदय ने नाक पर रूमाल रख लिया और अपनी पदयात्रा जारी रखी। विधायकजी का पैदल चलने का अभ्यास ख़त्म हो चुका था, पाँच किलोमीटर की पदयात्रा से ही पिंडलियाँ ऐंठ गयी थीं और अभी बीस किलोमीटर की पदयात्रा शेष थी। मतदाता भूतपूर्व मन्त्रीजी पर अर्जियों और दरख़्वास्तों की बौछार कर रहे थे। विधायकजी जब मन्त्री थे तो नोटों की बौछार होती थी। उद्योगपतियों ने उनकी तिजोरियाँ भर दी थीं और एक यह आज का दिन है कि उनके ऊपर न फूलों की बौछार हो रही है, न नोटों की, सिर्फ़ प्रार्थनापत्रों की बरसात हो रही है। हर मतदाता विधायकजी से ख़फ़ा है। किसी के बच्चे को नौकरी नहीं मिली और किसी के दामाद का स्थानान्तरण नहीं हो पाया, किसी का टेंडर नामंजूर हो गया, कोई अपने रिश्तेदार से परेशान है और कोई मालिक मकान से। किसी को गुंडागर्दी की शिक़ायत है और कोई राहजनी से परेशान। किसी जगह चीनी की किल्लत है और कहीं कैरोसिन की। किसी को कुकिंग गैस चाहिए, किसी को सीमेंट।

विधायकजी मतदाता की शिक़ायत सुनते और प्रार्थनापत्र अपने सहायक की ओर सरका देते। हर मतदाता अपने वोट की कीमत माँग रहा था। विधायकजी को

लगा, जनता में देश सेवा की भावना विलुप्त होती जा रही है। मतदाता गीता के निःस्वार्थ कर्म का सन्देश भूलते जा रहे हैं। इस तरह तो देश तरक्की नहीं कर सकता। मतदाताओं की शिक़ायतें सुनते-सुनते विधायकजी आज़िज आ गये और अपने सहायक के कान में फुसफुसाये, 'मैं अब विधानसभा में न जाऊँगा, विधान परिषद की टिकट के लिए कोशिश करूँगा।'

पचीस किलोमीटर की घोषित और पाँच किलोमीटर की वास्तविक पदयात्रा ने विधायकजी को यही प्रेरणा दी थी। मालूम नहीं, पाँच हज़ार किलोमीटर की पदयात्रा से चन्द्रशेखर किस नतीज़े पर पहुँचे थे। हमारे विधायकजी ने इतनी लम्बी पदयात्रा की होती तो अब तक राजनीति से संन्यास ले चुके होते।

(दिनमान, 1-8 अक्तूबर '83)

क्रिकेट ही देश को महान बनाता है

पिछले दिनों इस देश में केवल क्रिकेट होता रहा। आपको मालूम होगा क्रिकेट ही देश को महान बनाता है। क्रिकेट ने इंग्लैंड को महान बनाया; ऑस्ट्रेलिया को महान बनाया। वेस्टइंडीज अगर महान है तो उसका सम्पूर्ण श्रेय क्रिकेट को ही जाता है। आजकल भारत महानता के पथ पर निरन्तर आगे बढ़ता जा रहा है। यह हर्ष का विषय है कि हमारी सरकार क्रिकेट के प्रति अपने दायित्व को समझ रही है। दूरदर्शन पर, अनेक कार्यक्रम स्थगित करके, क्रिकेट दिखाया जा रहा है; दर्शकों के अनुरोध पर दोबारा दिखाया जा रहा है। जब तक प्रधानमन्त्री स्वदेश नहीं लौटतीं, लगता है यह क्रम बना रहेगा। यह कहना ग़लत न होगा कि आज अधिसंख्य भारतवासी क्रिकेट के बल पर ज़िन्दा हैं; क्रिकेट ओढ़ रहे हैं, क्रिकेट बिछा रहे हैं, क्रिकेट खा रहे हैं। माताएँ अपने बच्चों को क्रिकेट पिला रही हैं, बुजुर्ग लोग क्रिकेट का हुक़्क़ा गुड़गुडा रहे हैं, सरकारी दफ़्तर क्रिकेट के स्टेडियम बन गये हैं और बाबू लोग फाइलों का चौका-छक्का लगा रहे हैं।

समय आ गया है कि क्रिकेट को बीससूत्री कार्यक्रम में शामिल कर लिया जाए। अब क्रिकेट ही इस देश को बचा सकता है। एक ज़माना था लोग धूल फाँका करते थे, आज समूचा देश क्रिकेट फाँक रहा है, क्रिकेट की जुगाली कर रहा है। देश में क्रिकेट की आँधी आ गयी है, अब क्रिकेट ही इस देश की रक्षा कर सकता है। क्रिकेट धर्मनिरपेक्ष है, वादनिरपेक्ष है। क्रिकेट मारिजुआना है। इस देश से ग़रीबी, बेरोज़गारी, जातिवाद, सम्प्रदायवाद, अलगाववाद की भावना को समूल नष्ट करना है तो क्रिकेट की शरण में जाना पड़ेगा। क्रिकेट की महिमा को देखते हुए अनेक प्रदेशों की सरकारें साक्षात् क्रिकेट हो गयी हैं। लगता है, क्रिकेट का भरपूर आनन्द लेने की गरज से असन्तुष्टों के बीच घमासान क्रिकेट चल रहा है। राजीव गाँधी एक अम्पायर की भूमिका निभा रहे हैं। सरकार की क्रिकेट में आम आस्था देखते हुए यह कहना ग़लत न होगा कि मुख्यमन्त्रियों को शपथ दिलाने से पूर्व कम से कम क्रिकेट के क़ायदे-क़ानून ज़रूर बता देने चाहिए। जगन्नाथ मिश्र को क्रिकेट की आचार संहिता का ज्ञान होता तो वह आउट होकर चुपचाप पवेलियन लौट आते। मगर डॉ.

जगन्नाथ मिश्र ने आउट होने के बावजूद टाँगों पर से पैड नहीं उतारे और बैटिंग करने मधुबनी की ओर जा निकले। रामलाल अच्छे खिलाड़ी साबित हुए, उन्होंने आउट होने के बाद सीधे राजभवन में जाकर साँस ली।

दूरदर्शन तो पूर्णतः क्रिकेट को समर्पित है, बीस-सूत्री आर्थिक कार्यक्रम दूरदर्शन के लिए मात्र पोस्टर है। समाचार के अतिरिक्त तमाम कार्यक्रम क्रिकेट की बलि वेदी पर चढ़ा दिये जाते हैं। यह दूसरी बात है कि 'समाचार' में भी क्रिकेट दिखाया जाता है। 'आप और हम' में क्रिकेट दिखाया जाता है। जो दर्शक मैच देखने से वंचित रह गये हों, उन्हें रविवार को दोबारा दिखाया जाता है। दरअसल दूरदर्शन को क्रिकेट हो गया है। अगर क्रिकेट न होता तो दूरदर्शन का क्या होता?

दरअसल एक और क्रिकेट हरकिशन लाल भगत और शेष भारत के बीच खेला जा रहा है। दिल्ली देश की राजधानी ही नहीं, श्री भगत का निर्वाचन क्षेत्र भी है। जिस शैली में ख़ान अब्दुल ग़नी ख़ाँ चौधरी ने अपने निर्वाचन क्षेत्र मालदा के लिए गाड़ियाँ बढ़ा दी हैं, भगतजी ने दिल्ली दूरदर्शन का समय आधा घंटा बढ़ा दिया है। शेष भारत को इन बढ़े हुए कार्यक्रमों की जो खुरचन दिल्ली दूरदर्शन से प्रसारित होती थी, वह अब दिल्ली तक सीमित रहेगी। उसे इन्दौर, भोपाल, इलाहाबाद आदि से प्रसारित नहीं किया जाएगा; दूसरे, साहित्यिक कार्यक्रमों का समय साढ़े दस बजे निश्चित करने का यह भी अर्थ निकलता है कि जब लोग सो जाएँ तो उन्हें साहित्य की जानकारी दी जाए। वैसे लोगों को सुलाने के लिए भी साहित्यिक कार्यक्रम की घुट्टी पिलायी जा सकती है। आप ऐसे अनेक लोगों से परिचित होंगे जिन्हें किताब पढ़ते ही नींद आने लगती है और वे रात को समय पर सोने के लिए किताब की गोली खा लिया करते हैं। क्रिकेट के अपच से परेशान दर्शक साहित्यिक कार्यक्रम का नाम सुनते ही यकायक गहरी नींद में चले जाएँगे। यही कारण है कि पश्चिम की बीसियों बरस पुरानी वीडियो फ़िल्मों—यस मिनिस्टर, गुडीज और लूसी शो— के प्रदर्शन का समय साढ़े दस बजे का नहीं रखा गया, जिन्हें देश की एक प्रतिशत जनता भी नहीं समझती। शेष भारत के लिए दूरदर्शन का यही सन्देश है कि कवि सम्मेलन मत देखिए; देखना है तो लूसी शो देखिए। मुशायरा मत देखिए; गुडीज का आनन्द लीजिए। दूरदर्शन क्रिकेट की एंटी बायटिक दवा तो पूरे राष्ट्र को पिला रहा है, विटामिन केवल दिल्ली के लिए सुरक्षित है। यह क्रिकेट युग की महिमा है। लेखकों में भी क्रिकेट के लेखकों की चाँदी है। क्रिकेट के खिलाड़ियों को भाषा का ज्ञान हो न हो, उनका एक-एक शब्द डेढ़-दो रुपये में

बिक रहा है। आज से पाँच वर्ष पूर्व गावस्कर को एक रुपया प्रति शब्द पर अनुबन्धित किया गया था। आश्चर्य नहीं कि पारिश्रमिक से प्रेरणा पाकर क्रिकेट के खिलाड़ी ग़ज़लें भी लिखने लगें। भगवत झा आज़ाद की दूरदर्शिता की दाद देनी पड़ेगी, कि उन्होंने अपने पुत्र कीर्ति आज़ाद को राजनीति के मैदान में न उतार कर क्रिकेट के मैदान में उतारा है।

(दिनमान, 9-15 अक्तूबर '83)

क्रिकेट की राजनीति राजनीति की क्रिकेट

हरियाणा ने राष्ट्रीय और अन्तरराष्ट्रीय ख्याति के दो कप्तान पैदा किये हैं, भजनलाल और कपिलदेव। दोनों ने ही अपने-अपने स्तर पर हरियाणा का नाम रोशन किया है। कपिलदेव की सफलता का रहस्य यह है कि वह 'टीम स्पिरिट' में विश्वास रखता है। और अपने साथियों के साथ भाईचारे का व्यवहार करता है।

लेकिन कभी-कभी भजनलाल के सहयोगी जब अपनी लम्बी कारुणिक दास्तान सुनाते हैं तो लगता है, वे अपने नेता के बारे में नहीं अपनी सास के बारे में बातचीत कर रहे हैं, अपने अफ़सर के बारे में बता रहे हैं। ख़रीदो-फ़रोख़्त की राजनीति में यह व्यवहार अप्रत्याशित भी नहीं है। वीडियो ख़रीदने के बाद कोई भी शख़्स अपने सेट को 'वीडियोजी' कह कर नहीं पुकारता। सिर्फ़ भजनलाल को ही दोषी ठहराना उनके साथ अन्याय करना होगा। मगर पिछले तीन वर्षों से भजनलाल जिस प्रकार की बल्लेबाज़ी कर रहे हैं, उससे आशंका पैदा होती है कि किसी भी समय विकेट की गुल्लियाँ ज़मीन पर नज़र आ सकती हैं। अगर वे बढ़िया बल्लेबाज़ बनना चाहते हैं तो उन्हें कुछ दिन विश्वनाथप्रताप सिंह की शागिर्दी करनी चाहिए।

विश्वनाथप्रताप सिंह सन् 80 से 83 के बीच न केवल उत्तर प्रदेश जैसे विशाल प्रदेश के मुख्यमन्त्री रहे, बल्कि क्रमशः लोकसभा, विधान परिषद और विधानसभा के सदस्य भी रहे। ले-देकर एक राज्यसभा की सदस्यता बची थी, और अब वे राज्यसभा में प्रवेश करने जा रहे हैं। केन्द्रीय मन्त्रिमंडल के सदस्य होने के बावजूद वे लखनऊ में विधानसभा के अधिवेशन में भाग लेते रहे। पिछले दिनों उत्तर प्रदेश के मुख्यमन्त्री ने उत्तर प्रदेश के सांसदों की एक बैठक बुलायी थी। उसमें विश्वनाथप्रताप सिंह को न पाकर एक सांसद ने उनसे पूछा तो राजा साहब का जवाब था, 'दरअसल, इस समय मैं सांसद नहीं, विधायक हूँ।' अब वे सांसद होने जा रहे हैं। तीन बरस की छोटी-सी अवधि के दौरान लोकसभा, विधान-परिषद, विधानसभा की सदस्यता के बाद अब राज्यसभा की सदस्यता का जो भरपूर चौका विश्वनाथप्रताप सिंह लगाने जा रहे हैं, उससे उनका नाम 'गिनीज बुक ऑव वर्ल्ड रिकार्ड्स' जैसी

किसी पुस्तक के लिए अनिवार्य हो गया है। हाईकामन उर्फ़ राजनीति का क्रिकेट कंट्रोल बोर्ड उनकी उपलब्धियों से प्रसन्न होगा।

जबसे भारत ने विश्वकप क्रिकेट में कमाल दिखाया है, मैं क्रिकेट की भाषा में सोचने लगा हूँ। राजनीति की तरह क्रिकेट में भी ख़ूब दौड़ना पड़ता है। आप जितना दोड़ेंगे, उतने ज़्यादा रन बनाएँगे। पदयात्रा करने से रन नहीं बनते। चन्द्रशेखर को एहसास हो गया होगा। क्रिकेट का खिलाड़ी पदयात्रा करते हुए 'रन' बनाने की कोशिश करेगा तो 'रन आउट' हो जायेगा। सचाई तो यह है कि चन्द्रशेखर और क्रिकेट अलग-अलग मानसिकता की उपज हैं। क्रिकेट पूँजीवादी व्यवस्था की देन है और चन्द्रशेखर जिस तन्मयता से अपने कार्यकर्ताओं से पैर दबवाते हैं, वह सामन्ती मानसिकता है। मैंने गाँधी, विनोबा का ऐसा एक भी चित्र नहीं देखा, जिसमें कि वे अपने अनुयायियों से पैर दबवाते हुए फलों का रस पी रहे हों। बीसवीं शताब्दी के उत्तरार्द्ध में ऐसे चित्र छपाना मानवीय गरिमा का उपहास उड़ाना है।

क्रिकेट में यह भी देखा गया है कि पदयात्रा करने वाले खिलाड़ी ही 'रन आउट' नहीं होते, कई बार ज़रूरत से ज़्यादा तेज़ दौड़ने वाले खिलाड़ी भी रन आउट हो जाते हैं। अन्तुले बहुत तेज़ दौड़ रहे थे, देखते-देखते रन आउट हो गये। वे 'रन' बनाने में जल्दबाज़ी कर गये। अन्तुले के बाद भोंसले आये, उन्हें रन बनाने की कोई जल्दी नहीं थी, फलत: टीम से निकाल बाहर किये गये।

कुछ मुख्यमन्त्री ऐसे भी होते हैं, जो रन बनाने की कोई कोशिश नहीं करते, मगर 'बाई' के रन के सहारे उनका स्कोर बढ़ता रहता है। क्रिकेट कंट्रोल बोर्ड उन पर कोई कड़ी कार्यवाही नहीं करता। श्रीपति मिश्र ऐसे ही भाग्यवान मुख्यमन्त्री हैं। अभी हाल के ब्लॉक प्रमुख के चुनाव में उन्होंने बाई के अनेक रन बटोरे हैं, मगर राजीव गाँधी के संसदीय क्षेत्र अमेठी में इंका समर्थित उम्मीदवार के हारने से 'बाई' के तमाम रन निस्तेज हो गये हैं। मन्त्रिमंडल का विस्तार रुक गया है। मन्त्री बनने की आशा में जिन विधायकों ने ब्लॉक प्रमुख के चुनाव में जान लड़ा दी थी, निराश होकर नैनीताल आदि पर्वतीय क्षेत्रों में अपना ग़म ग़लत कर रहे हैं। यह ठीक वैसा ही है, जैसे छक्का लगाने की कोशिश में कोई बाउंड्री के पास कैच आउट हो जाए।

राजनीति की तरह क्रिकेट एक ऐसा नामुराद खेल है कि जिसे आउट होना होता है वह किसी न किसी बहाने आउट हो ही जाता है। अनेक खिलाड़ी एल.बी.डब्ल्यू. अर्थात् पगबाधा से आउट होते देखे गये हैं। अभी हाल में राज्यसभा के सदस्य तथा उत्तर प्रदेश कांग्रेस के भूतपूर्व अध्यक्ष श्री विश्वम्भरनाथ पांडेय इसी शैली में आउट हो गये। विश्वनाथप्रताप सिंह के लिए राज्यसभा में स्थान रिक्त करने के लिए किसी सांसद का आउट होना ज़रूरी था। एल.बी.डब्ल्यू. होने की प्रेरणा

उन्हें विश्वनाथप्रताप सिंह से ही मिली होगी। राजनैतिक पंडितों का विचार है कि इसी शैली में उन्होंने उत्तर प्रदेश के मुख्यमन्त्री के पद से इस्तीफ़ा दिया था जबकि सचाई यह है कि वे पगबाधा से आउट नहीं हुए थे, हिट विकेट से आउट हुए थे। उन्होंने ख़ुद ही अपने बल्ले से विकेट गिरा दी थी।

क्रिकेट की तरह राजनीति में भी संयोग की बहुत बड़ी भूमिका रहती है। कई बार महज़ तक़दीर के बल पर बल्लेबाज़ विकेट पर डटा रहता है। आप कितने भी अनाड़ी बल्लेबाज़ क्यों न हों, विरोधी के लिए आपको आउट करना मुश्किल हो जाता है। असन्तुष्ट बगलें झाँकने लगते हैं। जगन्नाथ, दरबारा सिंह भजनलाल, अर्जुन सिंह ऐसी ही बल्लेबाज़ी का कीर्तिमान स्थापित करते जा रहे हैं। इसे 'डल' क्रिकेट कहते हैं। आप न आउट होइए, न रन बनाइए। आज की यही बेमज़ा राजनीति है। क्रिकेट राजनीति से कहीं आगे निकल गयी है।

(दिनमान, 17-23 जुलाई '83)

विश्व कीर्तिमान स्थापित करने के लिए भारत पधारिए

पंडितों और राजनीतिक पंडितों का विचार है कि नया वर्ष भारत के लिए चुनाव का वर्ष होगा। चुनाव का बुखार कुछ-कुछ महामारी की तरह फैलता है। महामारी में डॉक्टरों की चाँदी होती है और चुनाव में पत्र-पत्रिकाओं की। पत्र-पत्रिकाओं के पन्नों पर बड़े-बड़े योद्धाओं को मल्ल युद्ध करते देखा जाता है। आजकल जैसे हिन्दुस्तान तमाम काम छोड़कर क्रिकेट का आँखों देखा हाल जानने के लिए रेडियो अथवा टी.वी. से चिपका हुआ है, चुनाव के समय पत्र-पत्रिकाओं में डूब जायेगा।

आशा की जानी चाहिए कि गत वर्ष की भाँति इस वर्ष भी दूरदर्शन सुबह दोपहर शाम करता रहेगा। मेरा मतलब है कि सुबह क्रिकेट, दोपहर को बैडमिंटन और शाम को हॉकी के मैच का आँखों देख हाल दिखाता रहेगा। दूरदर्शन के पास दिखाने के लिए और बचा ही क्या है! अपने दिमाग़ पर दबाव डालने के बावजूद मैं तय नहीं कर पाया कि दूरदर्शन दर्शकों का मनोरंजन करने के लिए सुबह दोपहर शाम कर रहा है अथवा दर्शकों को त्रस्त करने के लिए। सुबह-सुबह दर्शक देखता है कि भारत क्रिकेट में पिट रहा है, दोपहर को बैडमिंटन में और शाम को हॉकी में। पिछले दिनों भारत सुबह दोपहर शाम कुछ इस तरह हारा कि मेरे बच्चे रोने लगे, छोटे बच्चे को बुखार आ गया। डॉक्टर ने सलाह दी कि बच्चे को टीवी सेट से दूर रखा जाए वरना वह हमेशा हमेशा के लिए आत्मविश्वास खो बैठेगा।

डॉक्टर के जाने के बाद एक ज़िम्मेदार पिता के नाते मैंने बच्चों को एक लम्बा भाषण पिलाया कि उन्हें भारत की पराजय से जी छोटा नहीं करना चाहिए और अपने भीतर खेल भावना पैदा करने की कोशिश करनी चाहिए। उन्हें भारत की परम्परा और भारत के आदर्शों से सबक लेना चाहिए। क्या भारत को नहीं मालूम था कि खेल-कूद के मामलों में भारत एक फिसड्डी देश है, फिर भी उसने अपने यहाँ विराट एशियाड का आयोजन किया। जी खोलकर दूसरे देशों के बीच स्वर्ण मैडल वितरित किये। इसे खेल भावना कहते हैं, हमें इस पर गर्व करना चाहिए।

दूरदर्शन पर सुबह दोपहर शाम खेलों का आँखों देखा हाल इसीलिए दिखाया जाता है कि भारत की नयी पीढ़ी भी समय रहते अपने भीतर खेल भावना पैदा कर ले। इसलिए कदापि नहीं दिखाया जाता कि दूरदर्शन पर देश की पराजय देखकर रोने लगे, जी छोटा कर ले या बीमार हो जाए। इससे तो दूरदर्शन का उद्देश्य ही पराजित हो जायेगा।

जैसी कि आशा थी, बच्चे मेरे तर्क से तनिक भी प्रभावित न हुए। मैंने उन्हें सलाह दी कि अगर वे दूरदर्शन पर खेल-कूद ही देखना चाहते हैं तो 'टेलीमैच' देखा करें। टेलीमैच में भारत की हार होती है न जीत। अपना देश तो विकासशील देश है, दूरदर्शन को देशवासियों को हँसने तक के लिए विदेशों से टेली फ़िल्मों का आयात करना पड़ता है। देश की नयी पौध का हौसला बुलन्द रखने के लिए दूरदर्शन कुछ ऐसी फ़िल्मों का भी आयात कर सकता है, जो भारत की पराजय के तुरन्त बाद प्रदर्शित की जा सकें। जिन्हें देखकर बच्चे अपमान की भावना से मुक्त हो सकें। मैंने बच्चों को यह सलाह भी दी कि उनके भीतर अगर देशप्रेम की भावना इतनी प्रबल हो चुकी है कि भारत को हार नहीं बर्दाश्त कर सकते तो वे दूरदर्शन पर केवल समाचार सुना करें। समाचारों में जीत ही जीत होती है। विकास ही विकास होता है। कहीं हरित क्रान्ति होती हैं, कहीं श्वेत क्रान्ति। यह दूरदर्शन का ही कमाल है कि ओबरा विद्युत गृह में लगी आग एक उपलब्धि की तरह पेश की जाती है। उपलब्धि का इससे बड़ा वर्ष क्या हो सकता है कि भारत का सबसे बड़ा प्रदेश औद्योगिक विकास में दो बरस और पिछड़ जाए। हममें खेल भावना न होती तो जाने प्रदेश की कितनी बड़ी-बड़ी तोपें लुढ़क जातीं। यही कारण है कि इस भीषण अग्निकांड को भी कुछ इसी प्रकार लिया गया है जैसे भारत वेस्टइंडीज़ से एक और क्रिकेट मैच हार गया हो। इससे तो यही लगता है कि दरबारा सिंह, जगन्नाथ मिश्र, विश्वनाथप्रताप सिंह के पतन का प्रमुख कारण यह था कि इन मुख्यमन्त्रियों ने अपने कार्यालय में अपने प्रदेश में विद्युत गृह नहीं फुँकवाये। बूटा सिंह अगर अपने पद पर जमे हुए हैं तो उनकी सफलता का यही रहस्य है कि भारत क्रिकेट में हारता है, बैडमिंटन में हारता है और हॉकी में हारता है। खेल मन्त्रालय के गठन की यही उपलब्धि है।

वास्तव में जनता अगर नकारात्मक मतदान करेगी तो सरकार के रवैये पर भी इसका असर पड़ेगा। खेलकूद पर भी इसका असर पड़ेगा। यह अकारण नहीं है कि महेन्द्र अमरनाथ जैसे खिलाड़ी दोनों पारियों में शून्य हासिल करने का विश्व रिकार्ड स्थापित करने के लिए ख़ून-पसीना एक कर रहे हैं। इस वस्तुस्थिति में देश में राजीव गाँधी का क्या भविष्य है, जो अपने निर्वाचन क्षेत्र में नहरें खुदवा रहे हैं, पक्की सड़कें बनवा रहे हैं, बड़े-बड़े कल कारख़ाने लगवा रहे हैं?

मैं अक्सर सोचा करता था कि वेस्टइंडीज़, पाकिस्तान, एम.सी. आदि की क्रिकेट टीमें आख़िर हिन्दुस्तान में आती क्यों हैं? इसका उत्तर मुझे मिल गया। वास्तव में टीमें भारत में विश्व कीर्तिमान स्थापित करने आती हैं। किसी का बीसवाँ शतक नहीं बन पाता तो वह सोचता है कि चलो हिन्दुस्तान जाकर लगा आएँगे। कोई गेंदबाज़ यह सोच कर भारत चला आता है कि 200वीं विकेट भारत की धरती पर ही गिरायेगा। भारत में तो लूट मच गयी है। कोई रनसंख्या का रिकार्ड बना रहा है, कोई कैच लेने का। विदेशियों के लिए इस धरती ने हमेशा सोना उगला है, हमेशा उगलती रही है। यही वजह है कि विदेशी टीमें भारत आकर भारत की टीम के साथ खेलने के लिए उतावली रहती है। पर्यटन विभाग को इस स्थिति का लाभ उठाते हुए अन्तरराष्ट्रीय पत्रिकाओं में एक विज्ञापन जारी कर देना चाहिए कि विश्व कीर्तिमान स्थापित करने के लिए भारत आइए।

(दिनमान, जनवरी '83)

हमको तो जो भी दोस्त मिले शादीशुदा मिले

जब-जब हिन्दुस्तानी अथवा पकिस्तानी क्रिकेट टीमें पराजित होती हैं, समीक्षक लोग इन टीमों की पराजय का सेहरा खिलाड़ियों की पत्नियों के चेहरे पर बाँध देते हैं। दरअसल समीक्षक लोग वही लिखते हैं जो अपने चारों ओर देखते हैं। कौन नहीं जानता कि हिन्दुस्तानी पुरुष की सफलता का सम्पूर्ण श्रेय मात्र उसे जाता है और उसकी तमाम विफलताओं के लिए उसकी पत्नी ज़िम्मेदार होती है। इस सन्दर्भ में वेस्टइंडीज़ और ऑस्ट्रेलिया के खिलाड़ियों का रवैया भिन्न है। सरफ़राज नवाज़ और बिशन सिंह बेदी को वेस्टइंडीज के खिलाड़ियों का यह रवैया दकियानूसी लग सकता है, जो यह मानकर पत्नियों को साथ लेकर चलते हैं कि उनकी पत्नियाँ उनके लिए प्रेरणा का स्रोत हैं। बिशन सिंह बेदी को दोष नहीं दिया जा सकता क्योंकि उनका जन्म ही उस संसार में हुआ है, जहाँ स्त्रियों को ज़िन्दा जलाने में भी कोई हिचकिचाहट नहीं। जिस समाज में स्त्री का दर्ज़ा एक धोबिन, महराजिन और महरी से अधिक न रह गया हो, उस समाज के भूतपूर्व खिलाड़ी इससे बेहतर शैली में बल्लेबाज़ी नहीं कर सकते। यह अकारण नहीं है कि भारत और पाकिस्तान की फ़िजाओं से एक साथ यह सदा उठ रही है कि दोनों पड़ोसी देशों की टीमों को इसलिए हार का मुँह देखना पड़ा कि इन देशों के खिलाड़ी दौरे पर पत्नियों को साथ ले गये थे।

यह तो समझ में आने वाली बात है कि गेंद-गेंद पर चौका और छक्का लगाने वाली टीमें अपनी पत्नियों को साथ लेकर चलें। एक अच्छा गेंदबाज़ एक पारी में सात विकेट गिरा कर अपनी पत्नी को हमेशा के लिए प्रभावित कर सकता है, मगर सोचने की बात यह है कि प्राय: सिफ़र पर ही आउट हो जाने वाले भारतीय खिलाड़ी पत्नियों को साथ लेकर क्यों चलते हैं! मैंने इस विषय पर ग़ौर किया तो पाया कि हारने वाली टीम को भी पत्नी की ज़रूरत रहती है। जीतने वाली टीम को उतनी ज़रूरत नहीं रहती। विजेताओं को तो अनायाम प्रेमिकाएँ मिल जाया करती हैं। प्रेमिका और पत्नी में यही अन्तर होता है कि पत्नी हार और जीत दोनों में साथ देती है जबकि प्रेमिकाएँ इधर स्वार्थी होती जा रही हैं। विजय के विमुख होते ही वे भी

विमुख हो जाती हैं। शायद यही कारण है कि कमज़ोर टीम के खिलाड़ियों की यह नियति है कि वे अपनी पत्नियों को साथ लेकर चलें। पत्नी आसपास नहीं होगी तो एकाध लाख दर्शकों के बीच पहली ही गेंद पर क्लीन बोल्ड हो जाने वाला खिलाड़ी किसके कन्धे पर सिर रख कर सिसकियाँ भरेगा! साथी खिलाड़ियों के कन्धों पर सिर रखकर रोना तो रोने का उपहास उड़ाना है। जेब में रूमाल और बाजू में पत्नी हो तो रोने का मज़ा ही दूसरा है।

समीक्षक लोग यह नहीं समझते कि एक पत्नी ही है कि जो इस नाजुक क्षण में बालों में अँगुलियाँ फेरते हुए पिटे हुए खिलाड़ी को ढाँढस बँधा सकती है। सम्पूर्ण दर्शक वर्ग जब टमाटर फेंक रहा हो, पत्नी मरहम का काम करती है। पत्नी और प्रेमिका में एक और अन्तर होता है। प्रेमिकाएँ घाव करती हैं और पत्नियाँ घाव भर देती हैं। जो पाठक चालीस पार कर चुके हैं, मेरी बात से सहमत न होंगे। इस आयु वर्ग के लोगों के मन में यह बात स्थिर हो चुकी है कि पत्नियाँ घाव करती हैं और प्रेमिकाएँ घाव भरती हैं। मैं किसी प्रकार के विवाद में नहीं पड़ना चाहता, क्योंकि मैं स्वयं उम्र के इसी कगार पर खड़ा हूँ। मगर इतना ज़रूर कहना चाहूँगा कि पुरुष के लिए चालीस की उम्र नाजुक होती है। प्रायः देखा गया है कि लड़कियाँ जो नादानियाँ चौदह बरस की उम्र में कर बैठती हैं, पुरुष चालीस की उम्र में करते हैं। दूसरे शब्दों में कहा जा सकता है चालीस का मर्द षोडषी होता है, टीन एजर्स की तरह व्यवहार करता है। दिल्ली की बसों में उसे सक्रिय देखा जा सकता है। अपनी इन्हीं हरक़तों से प्रायः असमय गंजा हो जाता है। दिल्ली की लड़कियाँ इन्हीं ओल्डी और बाल्डी कहती है।

अभी हाल में एक प्रोफेशनल प्रेमिका से, जिसका सप्तमेश षष्ट में पड़ा हुआ है और जो विषम पारिवारिक परिस्थितियों के कारण विवाह नहीं कर पायी, बात करने पर मालूम हुआ कि अविवाहित पुरुष अधिक सौम्य, सभ्य और संवेदनशील होते हैं, जबकि प्रेम की भीख माँगने वालों में विवाहित पुरुषों की संख्या अधिक रहती है। यह कहना भी ग़लत न होगा कि जो प्रेमी मिलता है, कुछ दिनों बाद विवाहित निकलता है। बहुत से लोग जीवन में पहली सफलता मिलते ही पत्नी को देहात छोड़ आते हैं और अविवाहित होने का मुखौटा पहन लेते हैं। विवाहित पुरुषों के प्रणय निवेदन की टेकनीक का ज़िक्र आया तो महिला ने बताया कि विवाहित पुरुष प्रणय निवेदन में अनेक रणनीतियाँ अपनाते हैं। सबसे अधिक प्रचलित पद्धति है, प्रेमिका के सामने अपनी पत्नी की धुआँधार बुराई करना। मौक़ा मिलने पर ऐसे पति भी पत्नी की बुराई करते देखे गये, जो घर में पत्नी का पेटीकोट तक पछाड़ते हैं। पत्नी की बुराई कई स्तरों पर की जाती है। जैसे, वह तो फूहड़ है, अशिक्षित है,

उसके मुँह से बू आती है, वह फ्रिजिड है, बच्चों की तरफ़ ध्यान नहीं देती। उसके सिर में जुएँ पड़ गयी हैं, वह असमय बुढ़ा गयी है। पत्नी सलीके की मिल जाती तो आज मैदान में छक्के पर छक्का लगाता चला जाता। यही भीड़ जो आज टमाटर और सड़े हुए अंडों का पथराव कर रही थी, फूल बरसा रही होती।

(दिनमान, 8-14 जनवरी '84)

मेरी भविष्यवाणियाँ

यह आकस्मिक नहीं कि राजनीति और पत्रकारिता धीरे-धीरे तान्त्रिकों और ज्योतिषियों के मोहपाश में फँसती जा रही है। राजनीतिज्ञों की चेतना पर और पत्रिकाओं के पन्नों पर तान्त्रिक, ज्योतिषी और भविष्यवक्ता पसरते जा रहे हैं। यह राजनीतिक निष्क्रियता और निराशा के लक्षण हैं। उद्देश्यहीन राजनीति की यह सहज परिणति है। हर सम्पादक का एक चेहता ज्योतिषी है और राजनीतिज्ञ तो उससे एक क़दम आगे बढ़कर तन्त्र की ओर उन्मुख हो रहे हैं। जाने क्यों पाठकों को अन्धविश्वास, रूढ़ियों और भाग्यवाद की ओर धकेला जा रहा है। पतनोन्मुख विलासिता का इससे ज्वलन्त उदाहरण कहाँ मिलेगा? देश जैसे इसके लिए तैयार खड़ा है, किसी भी पत्रिका के दो चार पन्ने पलटने पर लगता है कि आप पत्रिका नहीं, पचांग पढ़ रहे हैं। किसी विकासशील देश के लिए यह एक ठहराव की स्थिति है। भविष्यफल पढ़िए और सोते रहिए। एक पत्रिका का भविष्यफल अनुकूल न हो तो दूसरी पत्रिका देख लीजिए। सत्ताइस नक्षत्र हैं, उनमें से कोई तो ज़रूर अनुकूल होगा। किसी को चिन्ता नहीं है, दीवाली पर औसत आदमी इतना उदास क्यों है? दशहरा और मुहर्रम साथ-साथ पड़ जाते हैं तो साम्प्रदायिक दंगे की फ़िज़ा क्यों तैयार होने लगती है? किसी को चिन्ता नहीं, मेरठ क्यों जल रहा था, अहमदाबाद और बड़ौदा में क्यों आग लगी है? ज्योतिषियों के पास हर सवाल का जवाब तैयार है। शनि महाराज उच्च राशि में आकर कहर ढा रहे हैं। दो क्रूर ग्रहों की युति होने पर शहर जलने लगते हैं।

इधर यह अफ़वाह बहुत ज़ोर पकड़ रही है कि एक प्रदेश के मुख्यमन्त्री को किसी तान्त्रिक ने बताया है कि अगर वह सोमवार को आर्द्रा या उत्तराषाढ़ नक्षत्र पड़ने पर दो विधायकों के ख़ून से स्नान कर लेगा तो वह आजीवन मुख्यमन्त्री बना रहेगा। अब मुख्यमन्त्री, अगर पार्टी अथवा सरकार के काम से किसी विधायक को बुलाते हैं कि आओ तुम्हारा काम कर दें तो विधायक यह सोचकर मुख्यमन्त्री के पास नहीं जाता कि मुख्यमन्त्री उसका काम करने के लिए नहीं, उसका काम तमाम करने के लिए उसे बुला रहे हैं। वही विधायक जो कुछ रोज़ पहले मुख्यमन्त्री से मिलने के लिए एड़ी-चोटी का ज़ोर लगा रहे थे, आज मुख्यमन्त्री के कार्यालय तक

जाने से घराने लगे हैं। अपने अंगरक्षक पर से भी उनका विश्वास उठ गया है। विधायक लोग अलग भयभीत होकर ज्योतिषियों की शरण में आ गिरे हैं।

आप सच मानें हर तरफ़ से ज्योतिषियों की चाँदी है। देश में ज्योतिष विद्या नहीं, एक उद्योग के रूप में विकसित हो रहा है। बड़े-बड़े उद्योगपतियों के यहाँ से भी आयकर विभाग इतना धन नहीं निकाल पा रहा, जितना ज्योतिषियों के यहाँ बेकार पड़ा है। उसे 'सर्क्युलेशन' में लाया जाना चाहिए। यह तो देश के साथ, संस्कृति के साथ गद्दारी है, जिसके ये लोग पुजारी हैं। ज्योतिषियों की आर्थिक सम्पन्नता ने अनेक बेकार लोगों को इस उद्योग की ओर आकर्षित व प्रेरित किया है और वे भी भविष्यवाणी करने लगे हैं। देखा जाए तो भविष्यवाणी करना कोई बहुत बड़ा कठिन काम भी नहीं है। यदि आप अपने देश की अर्थव्यवस्था के छात्र हैं तो आपकी अनेक भविष्यवाणियाँ सहज ही ठीक निकल सकती हैं। आपको मालूम ही है कि देश में प्रतिवर्ष कहीं न कहीं भीषण बाढ़ आती है। बाढ़ राहत के लिए अब तक करोड़ों रुपये व्यय हो चुके हैं। देश के इंजीनियरों की यही इच्छा है कि बाढ़ आये और राहत कार्य के लिए मोटी रकम लाए। बाढ़ नहीं आएगी तो राहत कार्य का पैसा पुस्तकालयों में चला जाएगा। यही कारण है कि बाढ़ का स्थायी हल नहीं निकल रहा। नदियाँ गहरी नहीं की जा रहीं, पानी के निकास की दूरगामी उपयोगी योजनाएँ फाइलों की धूल चाट रही हैं। इस पृष्ठभूमि में आप बेधड़क होकर भविष्यवाणी कर सकते हैं कि पूर्वी भारत में जुलाई से सितम्बर तक बाढ़ के योग पड़ रहे हैं। कुछ भाग सूखाग्रस्त घोषित करने पड़ेंगे। प्राकृतिक प्रकोप, अतिवर्षा, दुर्भिक्ष, समुद्रवर्ती भागों में ज्वारभाटा। मैंने अपने व्यावहारिक ज्ञान का परिचय देने के लिए कुछ और भविष्यवाणियाँ की हैं। मेरा दावा है ये शत प्रतिशत ठीक निकलेंगी—

चुनाव से पूर्व 'संजय विचार मंच' के दो टुकड़े हो जाएँगे। 'संजय विचार मंच (अ)' व 'संजय विचार मंच (ज)' असन्तुष्ट गुट इंका में जा मिलेगा। (अ) से अकबर अहमद व (ज) से जे.एन. मिश्रा का अभिप्राय सटीक बैठेगा।

इंका में अनेकता में एकता बनी रहेगी। वहाँ भी कई गुट बन जायेंगे। जैसे इंका (ठा.), इंका (ब्रा.), इंका (ह.)। यानी इंका (ठा) से ठाकुर, (ब्रा.) से ब्राह्मण व (ह) से हरिजन मानी जायेगी।

दोनों कम्युनिस्ट पार्टियाँ एक-दूसरे के निकट आएँगी और चुनाव के समय दूर चली जाएँगी।

भाजपा में अटलबिहारी वाजपेयी का विरोध बढ़ेगा।

पंजाब, असम व बिहार में राजनैतिक अस्थिरता।

केन्द्रीय मन्त्रिमंडल में परिवर्तन। राज्यपाल भी बदले जाएँगे।

अन्तरिक्ष विज्ञान में नये प्रयोग।

आवश्यक वस्तुओं के दामों में तेज़ी आएगी। महँगाई बढ़ेगी। चाँदी, चावल आदि सफ़ेद वस्तुओं के दाम बढेंगे।

पृथकतावाद व साम्प्रदायिकता का बोलबाला रहेगा। प्रान्तीय सीमा विवाद बढ़ेंगे।

चोरी, डकैती, ठगी, बलात्कार, नारी दाह की घटनाएँ बढ़ेंगी।

दसियों बैंक लूटे जाएँगे। राहजनी की घटनाओं में वृद्धि।

देश में अराजकता का वातावरण। हड़ताल व आगजनी की घटनाएँ।

राजनीतिज्ञों में पद लोलुपता बढ़ेगी। देश में ज्योतिष की लोकप्रियता बढ़ेगी।

मध्यएशिया, आयरलैंड व ईरान में अशान्ति।

फिलिस्तीनों की समस्या का कोई हल नहीं निकलेगा।

रूस चीन की तरफ़ मित्रता का हाथ बढ़ाएगा।

कुछ देशों के शासक निरंकुश हो जाएँगे।

पोलैंड की स्थिति में सुधार न होगा।

दरअसल मुझे यह लगने लगा है कि मेरी भविष्यवाणियाँ निराशाजनक होती जा रही हैं, जबकि एक अच्छे भविष्यवक्ता को भविष्य का आशावादी पक्ष उजागर करना चाहिए।

इसलिए आशा है कि आपके आस पास कुशलता के बादल छाये रहेंगे, यह अलग बात है कि कभी-कभी गरज के साथ छींटे भी पड़ेंगे। नया वर्ष आप और आपके पाठकों के लिए मंगलमय हो।

(दिनमान, 19-25 दिसम्बर '82)

साप्ताहिक भविष्य

आज भारत माता के अधिसंख्य सपूत अपने भविष्य को लेकर चिन्तित हैं। कई बार तो लगता है, अपने भविष्य को लेकर उतने चिन्तित नहीं जितने अपने साप्ताहिक भविष्य को लेकर चिन्तित हैं। चुनाव सिर पर हैं और राजनीतिक जीवन अस्थिर होता जा रहा है। यहाँ तक कि मुख्यमन्त्री लोग सप्ताह से आगे नहीं सोचना चाहते। स्थिति में सुधार न हुआ तो दैनिक भविष्य बाज़ी मार लेगा। अब 'वर्ष-फल' का ज़माना लद गया, हम 'दैनिक फल' के दौर से गुज़र रहे हैं। जैसे बूँद-बूँद से सुराही भरती है, सप्ताह से मुख्यमन्त्रियों का कार्यकाल बढ़ता है। सुराही का प्रसंग इसलिए कि घड़ा पाप के लिए ख्याति अर्जित कर चुका है, कुम्भीपाक की याद दिलाता है।

यह कहना मुश्किल है कि भोपाल में अशोक वाजपेयी ने घड़े की गिरती हुई साख को पुनः स्थापित करने के लिए काव्य कुम्भ का आयोजन किया था कि काव्य की— मामला ज़रूर गम्भीर रहा होगा जो हिन्दी के वैष्णव द्वय कवियों— श्री सच्चिदानन्द हीरानन्द वात्स्यायन 'अज्ञेय' तथा श्री नरेश मेहता— ने काव्य कुम्भ में स्नान नहीं किया। दोनों कवितयों के चेहरे पर इतनी ताज़गी और स्फूर्ति रहती है कि उन्हें अक्सर हिन्दी के सद्यः स्नात कवि कहने को मन होता है।

अन्य भाषाओं की तरह हिन्दी में भी एक दौर आया था कि जो कवि जितना मलिन रहता था, उसे उतने ही सम्मान की दृष्टि से देखा जाता था। मगर उनकी फ़िल्म अधिक सप्ताह नहीं चली। अब भरोसा नहीं रह गया, कौन फ़िल्म कितने रोज़ चलेगी! राजनीति में तो साहित्य से कहीं अधिक अनिश्चय की स्थितियाँ हैं। मुख्यमन्त्री लोग अपने कार्यकाल से सौ दिन पूरे होने पर ऐसे ख़ुशियाँ मनाते हैं, जैसे केन्द्र के ख़िलाफ़ ज़ोरदार शतक बना लिया हो।

मेरी बहुत दिनों से इच्छा है कि किसी साप्ताहिक पत्र में साप्ताहिक भविष्य लिखूँ। इस सिलसिले में मैंने ज्योतिष के अनेक ग्रन्थों का अध्ययन कर डाल। चलते-चलते हस्तरेखाओं का भी कामचलाऊ ज्ञान हासिल कर लिया। यह ज़रूरी हो गया था। सुन्दरियों का मुलायम गुद्दाज हाथ थाम कर भविष्य कथन करने का अपना एक अलग सुख है। साप्ताहिक भविष्य पर मैंने जम कर अनुसन्धान किया

है। अगर कोई बुद्धिमान सम्पादक इन पंक्तियों को पढ़ेगा तो उसका कल्याण होगा।

बहुत से सम्पादक तो यह भी नहीं जानते कि अच्छा और बिकने वाला साप्ताहिक भविष्य कैसा होना चाहिए। यह अकारण नहीं है कि पत्र-पत्रिकाओं में साप्ताहिक भविष्य का स्तर गिरता जा रहा है। महिलाओं की एक पत्रिका में साप्ताहिक भविष्य के अन्तर्गत यह भी बताया जाता है कि कामक्रीड़ा और गर्भधान के लिए कौन-सी तिथियाँ उपयुक्त और शुभ हैं। कहा-बताया जाता है, इससे पत्रिका की प्रसार संख्या में अभूतपूर्व वृद्धि हुई है।

ऋषि-मुनियों ने कोई क्षेत्र नहीं छोड़ा। भृगु-संहिता में तो योनि दर्शन से भी भविष्य कथन पर प्रकाश डाला जाता है। अगर भृगु ऋषि किसी पत्रिका के ज्योतिष सम्पादक होते तो पत्रिका 'ब्लैक' में बिकने लगती। 'ब्लैक' के प्रतिशत की दृष्टि से 'मारुति' भी बगलें झाँकने लगती। यह मैं इसलिए विश्वासपूर्वक कह रहा हूँ कि 'पत्रिकाओं' की प्रसार संख्या में 'साप्ताहिक भविष्य की भूमिका' पर मैंने सच्चे दिल से अनुसन्धान किया है। मैं इस निष्कर्ष पर पहुँचा हूँ कि प्रायः वे पत्रिकाएँ असफल हो जाती हैं, उनका साप्ताहिक भविष्य का कॉलम तो एकदम पिट जाता है, जो निराशाजनक भविष्य कथन करती हैं।

उसी पत्रिका का साप्ताहिक भविष्य कॉलम सफल होते देखा गया है जो पाठकों के भीतर आशा की लौ जगा दे। लॉटरी, सट्टे और जुए के प्रति उनके मन में आस्था पैदा कर दे। जिन पाठकों की साढ़े साती चल रही हो, यह बता कर उनके जीवन में नये रस का संचार करा दे कि प्रधानमन्त्री स्व. जवाहरलाल नेहरू, श्रीमती इन्दिरा गाँधी, मोरारजी देसाई आदि साढ़े साती के दौरान ही प्रधानमन्त्री हुए थे।

मुख्यमन्त्रियों के बारे में अधिक क्या कहा जाए, उनको तो देख कर ही लगता है कि उनकी साढ़े साती चल रही है। श्रेष्ठ साप्ताहिक भविष्य वही है जो अपने पाठकों को सप्ताह दर सप्ताह ज़िन्दा रहने की ताक़त देता रहे। वरना साप्ताहिक भविष्य के पेशेवर लेखक इधर बहुत ग़जब ढा रहे हैं। इस कॉलम का तेज़ी से अवमूल्यन यानी रजानीतिकरण हुआ है। यदि इन्दिराजी की जन्म राशि मकर है तो विपक्ष के भविष्यवक्ता ऐसी बातें लिख देते हैं कि मकर राशी के शेष पाँच करोड़ जातकों की नींद मुफ़्त में हराम हो जाती है। पक्ष के ज्योतिषी मकर राशि तक आते आते एकदम भाव विह्वल हो जाते हैं। मकर राशि के जातकों को लगता है, अब कोई इस सप्ताह तमाम कष्ट उठा कर बंगाल की खाड़ी में डाल आयेगा। शत्रुओं के दाँत खट्टे ही नहीं होंगे, ख़ुश्क पत्ते की तरह झर जाएँगे।

यह अकारण नहीं है कि देश में आजकल राजीव गाँधी की दो-दो जन्मपत्रिकाएँ प्रसारित हो रही हैं, उत्तर के ज्योतिषियों का मत है कि राजीव गाँधी मिथुन लग्न में

पैदा हुए थे और लग्न में सूर्य, शुक्र, चन्द्र, बुध और वृहस्पति की युति के कारण उनकी जन्मपत्रिका में प्रधानमन्त्री पद के उत्तराधिकार का प्रबल योग है, जबकि दक्षिण के आचार्य उन्हें कर्क लग्न का जातक मानते हुए पाँच ग्रहों की युति बारहवें में दिखा कर भिन्न निष्कर्ष निकाल रहे हैं।

संक्षेप में यही कहा जा सकता है कि मिथुन, कर्क और मकर आज वी.आई.पी. राशियाँ हो गयी हैं, उत्तराधिकार और पदाधिकार की लड़ाई में इन राशियों के औसत जातक हर सप्ताह मुफ़्त में प्रसन्न हो रहे हैं या अप्रसन्न। साहित्य की तरह ज्योतिष भी राजनीति से निरपेक्ष नहीं रह सकता।

(दिनमान, 18-24 मार्च '84)

प्रसाद बाबा का और नाक मुख्यमन्त्री की

देश में बाबाओं की बाढ़ आ गयी है। इससे पहले स्वामियों का तूफ़ान आया था। चन्द्रास्वामी थे, सदाचारी स्वामी थे; नारायण स्वामी और पूर्णानन्द स्वामी को भी आप नहीं भूले होंगे। जाने ये स्वामी लोग कहाँ चले गये! हो सकता है, विदेश चले गये हों। विदेश में स्वामियों की अच्छी माँग और खपत है। मगर देश में आजकल बाबाओं की तूती बोल रही है। कई बार इच्छा होती है, मैं भी अपना नाम कालिया बाबा रख लूँ, स्वामियों का युग लौटेगा तो कालिया स्वामी रख लूँगा। इधर बाबा बनने में ही भविष्य नज़र आता रहा है। जिस देश में पायलट बाबा, मौनी बाबा, यती बाबा, टाट बाबा, कम्बल बाबा, बाल्टी बाबा, कमंडल बाबा हो सकते हैं, वहाँ कालिया बाबा क्यों नहीं हो सकता! देखा जाए तो बाबाओं ने स्वामियों का धन्धा चौपट कर दिया है। इसमें ग़लती स्वामियों की ही है। स्वामी लोग बहुत 'डिमांडिंग' होते जा रहे थे। कभी घी की फ़रमाइश कर दी, कभी हवन सामग्री की। कौन बनाता रहता है बड़े-बड़े पंडाल इन स्वामियों के यज्ञ के लिए! इससे तो बाबा भले, नोन-तेल-लकड़ी तक की फ़रमाइश नहीं करते। बाबाओं की लोकप्रियता का यही राज़ है कि बाबा लोग फ़रमाइश नहीं करते। बाबा याचक नहीं, दाता है। बाबा भक्त को बालू पर लिटा सकता है, उठक-बैठक करा सकता है, दुत्कार सकता है, मगर समय नष्ट नहीं करता। यही कारण है कि बाबा अधिक लोकप्रिय हो रहा है। बाबा की कार्यपद्धति से राजनेता भी सन्तुष्ट हैं। मेरा मतलब, असन्तुष्ट नहीं हैं। मतदाता सोचता है, सोचता रहे, मगर सच यह है कि राजनेता मूर्ख नहीं होता, नितान्त मूर्ख तो नहीं होता। उसके शरीर में भी एक दिल धड़कता है। दिनभर वह चाहे जितने दन्द-फन्द करता हो, जितने घोटाले करता हो, घपले करता हो, उसकी अन्तरात्मा उसे रातभर फटकारती है। यह सोचता रहता है कि उसके कुकर्मों के लिए किसी को उसे फटकारना चाहिए। फटकारे जाने से उसकी आत्मा को शान्ति मिलती है, जैसे जले पर किसी ने शीतल लेप कर दिया हो। वह सोचता है, उसे डाँट पड़नी ही चाहिए। उसका दुर्भाग्य यही है कि उसे कोई डाँटता ही नहीं, स्मगलरों से दोस्ती और डकैतों से यारी करके देख लिया, कोई डाँटने वाला नहीं मिला। बार-बार

दिल्ली जाकर भी वह ख़ाली हाथ लौट आया। अरुण नेहरू की डाँट का उसकी आत्मा पर कोई असर नहीं होता, क्योंकि वह जानता है कि डाँट पिलाना अरुण नेहरू का स्थायी भाव है। डाँट खाने के लिए अब वह कमलापति त्रिपाठी अथवा राजीव गाँधी की तरफ़ बहुत आशा और अपेक्षा से देख रहा है। मगर लग रहा है, कमलापतिजी डाँटने की स्थिति में आ नहीं पा रहे और डाटना राजीव गाँधी की फ़ितरत में ही नहीं है। आख़िर भला इतनी व्यस्तताओं के बीच प्रधानमन्त्री भी दिन भर में कितने लोगों को डाँट सकती हैं? यही कारण है कि दिल्ली से जब राजनेता बग़ैर डाँट खाये हवाई जहाज़ से घर लौटता है तो उसकी अन्तरात्मा उसे कचोटने लगती है। आदमी असन्तुष्टों से उलझ सकता है, मगर अन्तरात्मा से युद्ध करने में सब लोग घबराते हैं। अन्तरात्मा इस्तीफ़ा दिलवाकर ही शान्त होती है। इससे तो बाबा ही भले, इस्तीफ़ा देने को नहीं कहते। अब आप ही बताइए, नेता लोग डाँट खाने कहाँ जाएँ? उनकी अपनी मज़बूरियाँ हैं। डाँट नहीं खाते तो नींद नहीं आती। रात भर अत:करण कचोटता रहता है : छि: डाकुओं से साँठगाँठ करते हो, छि: छि: तबादले के लिए घूस लेते हो! छि: छि: छि: !

एक ज़माना था, डाँट खाने के लिए नेताओं को दर- दर भटकना नहीं पड़ता था। पत्नियाँ ही डाँटकर नेताओं को सुला देती थीं, मगर जबसे नेता पत्नियों ने सोने की चाबियों का गुच्छा कमर में लटका लिया है, पतियों को डाँटने में उनकी रुचि शून्य हो गयी है। बेचारी नेता पत्नियाँ भी क्या करें? नेताजी को छिनालों से बचाएँ या उनकी पूँजी को रिश्तेदारों से? ऐसी परिस्थिति में अगर आज नेता बाबाओं की शरण में जा रहे हैं तो इस पर आश्चर्य नहीं प्रकट करना चाहिए। नेताजी बाबा से डाँट का प्रसाद लेकर इत्मीनान से सो जाते हैं। ये स्वामी लोग तो समय खा रहे थे। बार-बार आहुतियाँ डलवाते थे और जाने कितनी तो मशक़्क़त करवा लेते थे। हाथों में कभी चम्मच थमा देते, कभी फूल, कभी अक्षत, कभी जल। फालतू का समय किस राजनेता के पास है? विशेष रूप से उन नेताओं के पास कदापि नहीं है जिनका धन्धा आसमान छू रहा हो। विपक्ष के पास होगा, सत्तारूढ़ियों के पास तो नहीं है। यही कारण है कि सत्तारूढ़ी समयाभाव के कारण बाबा के पास जाता है और विपक्ष स्वामी के पास। विपक्ष के लिए समय एक पहाड़ है। वह स्वामीजी की मदद से पहाड़ पर चढ़ने की कोशिश करता है, मगर पहाड़ खोखले हो गये हैं।

संक्षेप में यही कहा जा सकता है कि आज बाबाओं की चाँदी है। कहा बताया जाता है कि एक पड़ोसी प्रदेश के मुख्यमन्त्री जब एक बाबा का आशीर्वाद लेने गये तो बाबा ने छूटते ही मुख्यमन्त्री को पेट के बल लेट जाने का आदेश दे दिया। मुख्यमन्त्रीजी लेट गये, मगर उनका मुँह और उनकी टाँगें तोंद की वजह से धरती

का स्पर्श न कर पायीं। बाबा ने पूछा, ''तुम मुख्यमन्त्री हो या चकरी?'' मुख्यमन्त्रीजी ने हाँफते हुए बताया कि हैं तो वे मुख्यमन्त्री ही, मगर चकरी की तरह ही घूमते रहना चाहते हैं। जहाँ कोई पंख धरती से छू गया, वे औंधे मुँह गिर पड़ेंगे। बाबा मुख्यमन्त्रीजी को तब तक ज़मीन पर नाक रगड़ते रहने का आदेश दिया, जब तक नाक से ख़ून न बहने लगे। बाबा के मूड से लग रहा था, वे अभी मुख्यमन्त्रीजी को और प्रताड़ना देंगे।

सच तो यह है कि बाबा ने प्रताड़ना ही नहीं, प्रसाद भी दिया। आप जानना चाहेंगे, बाबा ने मुख्यमन्त्री को प्रसाद के रूप में क्या दिया? अमरूद दिया या फुटबॉल अथवा वालीबॉल। बाबा भक्तों की तरफ़ प्रसाद इसी तरह फेंकते हैं, जैसे वालीबॉल फेंक रहे हों। प्रसाद देते समय भक्त की हैसियत का भी पूरा-पूरा ध्यान रखते हैं। मन्त्रियों-मुख्यमन्त्रियों को बाबा काजू और किशमिश खिलाते हैं। गरज यह की बाबा के दरबार में भी जनता का शोषण होता है। जनता को बेर और बताशे के प्रसाद से सन्तोष करना पड़ता है। मगर बाबा की तारीफ़ करनी पड़ेगी कि वे जनता को दंड नही देते, मन्त्रियों की तरह प्रताड़ित नहीं करते। दंड पाने की सुविधा तो कवेल उच्च अधिकारियों और मन्त्रियों-मुख्यमन्त्रियों को ही उपलब्ध है।

बाबा के सामने नाक रगड़ते-रगड़ते एक मुख्यमन्त्री की नाक से ख़ून बहने लगा तो बाबा ने अपने पैर से मुख्यमन्त्रीजी की नाक पर एंटी सेप्टिक क्रीम पोत दी और उनकी तरफ़ क्रीम की ट्यूब फेंकते हुए बोले, ''ले बच्चा, यही मेरा प्रसाद है। इस एंटीसेप्टिक क्रीम को हमेशा अपने पास रखना। हो सके तो अपने लिए एक जिरह बख्तर भी बनवा लो। बुलेट प्रूफ गाड़ी ख़रीद लो। तुम्हारा समय ख़राब चल रहा है। अगर कुछ महीने और शासन करना चाहते हो तो पार्टी के लिए चन्दा उगाहना तत्काल बन्द कर दो। चन्दा उगाहने की तुम्हारी 'फैंटास्टिक नॉनसेंस' से मैडम नाराज़ हो गयी हैं। बच्चा, तुम्हारा उगाहा हुआ चन्दा सही हाथों में नहीं पहुँच रहा। तुम्हें बीच में ही किसी ने ठग लिया है। अब अगर तुम्हें चन्दा उगाहने की बुरी लत पड़ ही चुकी है, तो मैडम से प्रार्थना कर पार्टी के कोषाध्यक्ष हो जाओ। अगर तुम समय पर मेरे पास आये होते बच्चा, तो मैं तुम्हें राय देता कि अपने प्रदेश के विधायकों को असन्तुष्ट न होने दो। उन्हें सीमेंट से सन्तुष्ट करो, शराब से सन्तुष्ट करो। आज तुम्हारी यह हालत न होती, अगर तुमने सीमेंट, शराब और तबादलों का काम विधायकों को सौंप दिया होता। उन्हें निगमों का अध्यक्ष-उपाध्यक्ष बनाया होता। मूर्ख, निगम बनाये ही इसलिए जाते हैं कि उनके लिए अध्यक्ष-उपाध्यक्ष मनोनीत किये जाएँ, मैं तुमसे प्रसन्न हूँ कि मुसीबत के वक़्त तुमने मुझे याद किया, मेरी शरण में चले आये। किसी धूर्त स्वामी के पास नहीं चले गये। जाते तो स्वामी

तुम्हें लूटने लगता, लूट ही लेता और तुम कहीं के न रहते बच्चा। वह तुम्हें सब्जबाग़ दिखाता और तुम्हें लूटता। मैं तुम्हें रेगिस्तान दिखा रहा हूँ, दुत्कार रहा हूँ। तुमसे नाक रगड़वा रहा हूँ। तुम्हें मेरी शक्ति का आभास हो गया होगा कि मैं मुख्यमन्त्री से नाक रगड़वा सकता हूँ। तुमने ख़ुद अपनी आँखों से देख लिया बच्चा। तुमने अपने पद का बहुत दुरुपयोग किया, पूरा वक़्त चन्दा उगाहने में बिता दिया और मैडम कह रही हैं कि उन्होंने चन्दा उगाहने की काम किसी भी मुख्यमन्त्री को नहीं सौंपा था, यह दूसरी बात है कि आजकल खुलेआम उपमन्त्री तक चन्दा उगाह रहे हैं। तुम्हें इसका प्रायश्चित करना होगा। तुम देख रहे हो, इधर मन्दिरों से सोना बहुत चोरी जा रहा है। तुम प्रायश्चित करना चाहते हो तो अपनी चन्दे की कमाई का सौवाँ भाग ऐसे मन्दिरों की भेंट कर दो। और सुनो, अगर नाक में सैप्टिक हो जाए तो यह भभूत लगा लेना।''

बाबा ने हवा में हाथ उछाला और थोड़ी-सी भभूत माननीय मुख्यमन्त्री की हथेली पर रख दी। मुख्यमन्त्रीजी ने बाबा के चरणों पर अपना मस्तक रगड़ा और नाक पर रूमाल रखकर पीछे मुड़े। मुख्यमन्त्रीजी के मुड़ते ही ज़िला प्रशासन सचेत हो गया। पुलिस के जवान सीटियाँ बजाने लगे, जीपें, कारें और मोटरसाइकिल धुआँ उगलने लगे। पड़ोसी-प्रदेश के मुख्यमन्त्री महोदय हाथ में एंटीसैप्टिक क्रीम लिये धीरे-धीरे अपनी गाड़ी की तरफ़ बढ़ गये।

पाठकों के अनेक पत्र आ रहे हैं कि मैं पड़ोसी प्रदेशों के मुख्यमन्त्रियों पर ही क्यों लिख रहा हूँ! क्या मेरे प्रदेश में कोई मुख्यमन्त्री ही नहीं हैं? अगर मुख्यमन्त्री हैं, तो उनका कोई बाबा नहीं है? क्या वे किसी बाबा के पास नहीं जाते? मैं यह कैसे कह सकता हूँ कि हमारे प्रदेश में मुख्यमन्त्री नहीं हैं। यह दूसरी बात है कि लोगों को विश्वास दिलाना पड़ता है कि 'हमारे प्रदेश में भी मुख्यमन्त्री हैं'। वे इस तर्क से भी मुख्यमन्त्री हैं कि प्रदेश के मुख्य मुख्य विभाग उन्हीं के पास हैं। हमारे मुख्यमन्त्री की त्रासदी यह है कि उन्होंने अपने ऊपर विभागों का इतना बोझ उठा रखा है कि वे न विद्युत आपूर्ति कर पा रहे हैं, न जल आपूर्ति। लगता है, लगातार क्षतिपूर्ति करते जा रहे हैं। ऊपर से बाबा ने उन्हें 'ठेला' की उपाधि दे दी। बाबा का इशारा उनके विभागों की तरफ़ ही रहा होगा। इतने विभाग कोई ठेला ही ढो सकता है, मुख्यमन्त्री नहीं। बजाय इसके कि बाबा मुख्यमन्त्रीजी को बताते कि मन्त्रिमंडल का विस्तार कब होगा, होगा भी कि नहीं, बाबा ने उनके ठेले पर प्रसाद का वजन और डाल दिया। बाबा ने न केवल अपने शिष्यों से मुख्यमन्त्री के सर पर धोती बँधवा दी, एक अन्य धोती में फल बाँधकर मटके की तरह उसके सिर पर रख दिया। इससे भी तसल्ली न हुई तो तीसरी धोती में बँधवा कर कन्धों के बीचों बीच

लटका दिये। मुख्यमन्त्रीजी विभागों के बोझ से ही दबे जा रहे थे कि बाबा ने प्रसाद के बोझ से और दबा दिया और बोले, ''बच्चा, तुम बहुत बोझ ढो रहे हो, इसे भी ढोवो। तुम ठेला हो इसलिए ढो लोगे। लेकिन एक बात गाँठ बाँध लो कि इसे तुम ख़ुद ही ढोना, किसी को देना मत। जिसको दोगे, वही मुख्यमन्त्री बन जाएगा।''

यह नहीं बताया जा सकता कि मुख्यमन्त्रीजी कब तक बोझ ढोते रहे। बहुत सम्भव है, उन्होंने कार में बैठते ही प्रसाद कार में रख दिया हो। अगर उन्होंने यह ग़लती कर दी होगी तो बक़ौल बाबा, कार ही हमारा अगला मुख्यमन्त्री होगा। बहरहाल, कार से कुछ गति ज़रूर आयेगी। धर्मवीर भारती ने बरसों पहले 'ठेले पर हिमालय' लादकर ठेले को बेकार कर दिया था।

(दिनमान, 13-19 मार्च '83)

और देवता चित्त न धरई

यह सोचने की बात है कि देश में हनुमान की लोकप्रियता और प्रतिष्ठा का क्या रहस्य है? क्या कारण है कि मंगलवार को अनेक मांसाहारी लोग भी शाकाहारी भोजन करते हैं? कुछ लोग तो मंगलवार को भूखे रहना पसन्द करते हैं और उपवास रख लेते हैं। जिन लोगों की भ्रष्टाचार और घूसखोरी में अटूट आस्था है, वे लोग भी मंगलवार को घूस नहीं लेते, चोरी का सीमेंट और सरिया नहीं बेचते। शराब के ठेकों की तरह मंगलवार को भी हफ़्तावार छुट्टी मनाते हैं। कई लोग मंगल के रोज़ झूठ नहीं बोलते और झूठ बोलने की सम्भावना को नकारने के लिए मौन व्रत धारण कर लेते हैं। और तो और दहेज़ दाह के कार्यक्रम भी मंगल को स्थापित रखे जाते हैं।

हनुमानजी के महत्त्व को रामचरितमानस के पृष्ठों से ही नहीं आँका जा सकता, समाज के चेहरे पर भी पढ़ा जा सकता है। यह अकारण नहीं है कि हनुमानजी के संजीवन की शैली में बाज़ार में हर चीज़ संजीवन यानी 'हर्बल' होती जा रही है। साबुन, शैम्पू, कोल्ड क्रीम, वैनेशिंग क्रीम, शेविंग क्रीम; यहाँ तक कि सुरा भी मृतसंजीवनी हो गयी है। वास्तव में हनुमानजी एक ऐसे देवता हैं जो हमेशा समय के साथ चलते हैं। दूसरे शब्दों में कहा जा सकता है जो समय को अपने साथ चलाते हैं।

देशकाल की कसौटी पर हनुमानजी हमशा खरे उतरे हैं। इधर तेल में गाय-भैंस की चर्बी की मिलावट के समाचार प्रकाशित नहीं हुए कि अयोध्या के प्रख्यात हनुमान गढ़ी मन्दिर के महन्तों ने घोषणा कर दी कि अब हनुमानजी तेल से निर्मित मिठाइयों का प्रसाद स्वीकार न करेंगे। तेल का विकल्प अब मात्र देशी घी है, फल हैं, मेवे हैं, बताशे हैं। जबसे तेल में मिलावट के समाचार आ रहे हैं, औसत हिन्दुस्तानी पश्चात्ताप की आग में सुलग रहा है; जाने किस दावत में चर्बीयुक्त तेल का आस्वादन कर चुका हो। उसके संस्कार टनटना रहे थे और हनुमान गढ़ी के महन्तों ने उसकी यह टनटनाहट सुन ली और तेल की मिठाइयों पर प्रतिबन्ध लगा दिया। इसे कहते हैं कि वक़्त के साथ चलना, वक़्त की हर धड़कन को सुनना, वक़्त की नब्ज़ को पहचानना। नेता हो या देवता, वक़्त की नब्ज़ नहीं सुनेगा तो पिछड़ जाएगा।

कितना अच्छा होता हनुमान गढ़ी के महन्त लोग इस घोषणा के साथ-साथ एक और घोषणा कर देते कि अब हनुमान गढ़ी पर किसी भक्त की जेब नहीं कटेगी, अयोध्या में देशी घी की ख़ुशबू डालकर वनस्पति घी की मिठाइयाँ नहीं बिकेंगी, कोई भक्त लूटा नहीं जाएगा। महन्त लोग भक्तों के मन में यह विश्वास पैदा करेंगे कि वे यह बुदबुबदाते हुए भगवान के दर्शन करें कि हे भगवान, तुम्हारी शरण में आया हूँ। मेरी रक्षा करना। जो कुछ है, मेरी जेब में है। जेब कट गयी तो घर कैसे लौटूँगा?

हनुमानजी की लोकप्रियता का अनुमान इस तथ्य से भी लगाया जा सकता है कि भगवान राम के मन्दिर में जाने पर आप पायेंगे कि हनुमानजी पर भगवान से कहीं अधिक चढ़ावा चढ़ता है। दूर-दराज़ के स्थानों पर भी लोगों को कार से उतरकर हनुमानजी की पूजा करते हुए देखा जा सकता है। हर भक्त का अपना निजी हनुमान है। किसी का हनुमान दो हज़ार किलोमीटर दूर है और किसी का दो किलोमीटर दूर। हनुमानजी के किसी भी बड़े मन्दिर में चले जाइए, आपको सब तरह के चेहरे मिलेंगे— जज, वकील, लेखक, गिरहकट, कालाबज़ारिये, उद्योगपति, दुकानदार, किसान, मजदूर, मन्त्री, सांसद, विधायक, सभी के।

महोदय हाल ही में एक विधायक मुझे हनुमानजी के दर्शन कराने डेढ़ सौ किलोमीटर दूर एक जंगल में ले गये। उन्होंने बताया इन्हीं हनुमानजी की अनुकम्पा से उन्हें इंका का टिकट मिला था। इन्हीं हनुमानजी के आशीर्वाद से वह चुनाव में जीते थे। विधायक महोदय देर तक आँखें मूँदे हनुमानजी के सामने करबद्ध खड़े रहे मेरे यह पूछने पर कि वह हनुमानजी से क्या माँग रहे थे, उन्होंने बताया कि वे प्रार्थना कर रहे थे कि हनुमान जी वर्तमान मुख्यमन्त्री को जल्दी से जल्द हटा दें। जब तक यह मुख्यमन्त्री रहेंगे वे मन्त्री न हो पाएँगे दूसरे के अहित के लिए भगवान से प्रार्थना करने वाले पहले शख़्स से मेरी मुलाक़ात हुई थी। लगता है, हनुमानजी ने भक्त की पुकार सुन ली। राजधानी जाकर देखा, अनेक सन्तुष्ट विधायक असन्तुष्ट हुए पड़े थे। चार-चार कबीना स्तर के मन्त्रियों के असन्तुष्ट होने समाचार छपने लगे।

अभी यह स्पष्ट नहीं हो पाया कि दिल्ली के देवलोग में असन्तुष्टों की क्या गति होगी! मगर मुख्यमन्त्रीजी ने ख़तरे की घंटी सुनते ही जवाबी हमला बोल दिया है और भगवान राम को प्रसन्न करने में जुट गये हैं। देखते ही देखते अयोध्या-चित्रकूट मार्ग सौन्दर्यीकरण परियोजना के लिए 5.47 करोड़ रुपये के बजट का प्रावधान हो गया है। यहीं भगवान राम का एक मन्दिर जीर्ण-शीर्ण अवस्था में पड़ा था। उसके पुनरुद्धार की भी घोषणा हो गयी है। बताया जाता है रावण पर विजय प्राप्त कर लौटते हुए भगवान राम ने इस स्थान पर विश्राम किया था। जिस

चाबुकदस्ती से प्रदेश के संस्कृति, पर्यटन और सिंचाई विभाग इन परियोजनाओं के क्रियान्वयन में जुट गये हैं, उससे तो यही लगता है कि मुख्यमन्त्री जी भगवान राम पर दबाव डालने जा रहे हैं, कि अपने परम भक्त हनुमान को समझा लीजिए कि असन्तुष्टों का साथ न दें और उनके ख़िलाफ़ कोई कार्रवाई न करें। मुख्यमन्त्रीजी का परेशान होना जायज़ है। जब उन्हीं के दल के विधायक न केवल विपक्ष की भाषा में बोलेंगे बल्कि मुख्यमन्त्रीजी की एक वर्ष की ख़ामोश प्रगति यात्रा को शव यात्रा की संज्ञा दे डालेंगे तो मुख्यमन्त्रीजी का भगवान की शरण में जाना समझ में आ सकता है।

(दिनमान, 25 सितम्बर-1 अक्तूबर '83)

टिकटार्थीजी

जिस तरह रोगियों के लिए अस्पताल, पागलों के लिए पागलख़ाने, भक्तों के लिए मन्दिर, मस्जिद और चर्च तथा अपराधियों के लिए जेलख़ाने बना दिये गये हैं, उसी तरह राज्य सरकारों ने अपने विधायकों, सांसदों और अधिकारियों के लिए दिल्ली में भवन बना दिये हैं। इन भवनों में वातानुकूलित कमरे हैं, बिस्तरों पर चार इंच के फोम हैं। गुसलख़ानों में गर्म और ठंडा पानी दिन-रात उपलब्ध रहता है। गद्देदार कुर्सियाँ हैं। काँच की दीवारों पर हैंडलूम के उम्दा भारी पर्दे हैं। ड्रेसिंग टेबिल हैं, वार्डरोब है, रंग-बिरंगी दरियाँ हैं। चार-पाँच रुपयों में उत्तम भोजन की व्यवस्था है। जनता के प्रतिनिधियों के लिए और क्या किया जा सकता है? जनता के प्रतिनिधि और क्या अपेक्षा रखते हैं?

जनता के प्रतिनिधियों को इन भवनों में कुछ कमियाँ खलती हैं। कमरों में आला नहीं, कपड़े सुखाने के लिए अलगनी नहीं। वे अपना व्यक्तिगत सामान कहाँ रखें? चश्मा, सिगरेट, चाबी का गुच्छा, दवाइयाँ—जाने कितना सामान कमरे में मारा-मारा फिरता है।

यों तो इन भवनों के कमरों का तापमान साल भर एक-सा रहता है, पर मौसम यहाँ भी बदलते हैं। जैसे चुनाव का मौसम, टिकट का मौसम, मन्त्रिमंडल के विस्तार का मौसम, कमलापति त्रिपाठी का मौसम, राजीव गाँधी और अन्तुले का मौसम, कभी 'इंकलाब' का मौसम, कभी 'रामऔतार एम.एल.ए.' का मौसम।

विभिन्न राज्यों से आने वाले विधायक बता रहे हैं कि रामऔतार ने नयी मुसीबत खड़ी कर दी है। खादी का कुर्ता-पायज़ामा रामऔतार का प्रतीक हो गया है। लड़कियाँ हँसती हैं, 'देखो रामऔतार जा रहा है'। लखनऊ में तो कुछ विधायकों के पीछे लड़के लग लिये : 'रामऔतार-रामऔतार'। वह पोशाक जो राष्ट्रीय चेतना की प्रतीक थी, भ्रष्टाचार, अयोग्यता और निकम्मेपन का ट्रेडमार्क बनती जा रही है। बहुत से कांग्रेसी इस पोशाक को केंचुल की तरह उतार रहे हैं, भवन इसके साक्षी हैं। अब धोती-कुर्ते के अलावा सफारी सूट है। कुछ नेताओं ने तो बढ़िया खादी के सफारी सिलवा लिये हैं। खादी उनके लिए शराब हो गयी है, जो

'छूटती नहीं है काफ़िर मुँह को लगी हुई।' समाचार मिला है कि एक खद्दधारी ने 'रामऔतार' सुनकर पिस्तौल निकाल ली।

चाहे राज्यसभा का मौसम हो या विधान परिषद का, भीड़ वही रहती है, चेहरे बदल जाते हैं। वही रूटीन, वही सड़कें और वही पगडंडियाँ। संघर्ष भी वही। वही सुबह-सुबह इन्दिराजी के दर्शन, साष्टांग प्रणाम, सफदरजंग से मोतीलाल नेहरू रोड की यात्रा। सवारियाँ बदल जाती हैं, टैक्सियाँ वही रहती हैं। क़समें वही रहती हैं, चेहरे बदल जाते हैं।

किसी भी भवन के ज़ीनों पर या लिफ्ट में जाँघिये और पसीने से बार-बार भीगकर सूखती हुई बनियानों के ऊपर कलफ लगे सफ़ेद कुर्ते-पायज़ामे में लिपटे निराश, हताश, संघर्षरत अथवा प्रसन्न, सन्तुष्ट और भाग्यवान टिकटार्थी देखे जा सकते हैं। भवनों के बाहर स्कूटर, टैक्सी, कार रुकती है और भीतर से बेतहाशा सिगरेट फूँकता, पान चबाता कोई चेहरे नमूदार होता है। कोई मोतीलाल नेहरू रोड से लौट रहा है, कोई सफदरजंग रोड की तरफ़ रवाना हो रहा है। सबकी मंज़िल एक है, यानी मुल्ला की दौड़ मस्जिद तक।

टिकटार्थी इस तैयारी से अपने राज्य के भवन में आता है, जैसे लम्बी तीर्थयात्रा पर निकला हो। टिकटार्थी की तलाशी ली जाए तो बहुत रोचक तथ्य सामने आयेंगे। उसकी जेब से बम निकलेगा न गोली, ज़्यादा से ज़्यादा 'काम्पोज' की टिकिया निकल सकती है, जो वह निराशा का दौरा पड़ने पर बग़ैर पानी के निगल सकता है। क्रान्तिकारी टिकटार्थियों के झोले से अरुण शौरी, आलोक मेहता अथवा उदयन या सन्तोष भारतीय की कोई विस्फोटक आवरणकथा निकल सकती है, जिसे ये लोग ग़म ग़लत करने के लिए हमेशा अपने पास रखते हैं। जब कोई क्रान्तिकारी टिकटार्थी निराश होता है तो अपनी निराशा पर इसी शैली से विजय प्राप्त करता है। इन रचनाओं का पारायण वह कुछ इस मुद्रा में करता है, जैसे कोई जब्तशुदा रचना पढ़ रहा हो। टिकट के मौसम में ऐसी रचनाएँ भी लोकप्रिय होती हैं, जिनमें उन लोगों की धज्जियाँ उड़ायी गयी होती है, जिनसे मिलने के लिए टिकटार्थीजी ने बहुत धक्के खाये थे। जिनके चपरासियों ने उन्हें अपमानित किया था। ऐसी रपटों का एक-एक वाक्य अमृत की तरह टिकटार्थीजी के जीवन ने नयी ऊर्जा भरता जाता है।

सत्ता केन्द्र की नज़र से गिरा व्यक्ति टिकटार्थीजी की नज़र से भी गिर जाता है। भवनों में ये व्यक्ति भूत की तरह मँडराते हैं। टिकटार्थी इनके साये से परहेज करते हैं। उनसे नज़रें चार होने का मतलब है, बिल्ली रास्ता काट गयी, सब किया-कराया धूल में मिल गया। उनसे दुआ-सलाम क्या हो गयी, सत्यानाश हो गया!

यह सतर्कता न बरती जाए तो न मुईद अहमद विधायक हो पायेंगे, न रामकिशोर सांसद। टिकट पन्नालाल को मिल जायेगा। राजनीति में नज़रें चुराने की भी कीमत है, जबकि मुहब्बत में यह अदा मार डालती है।

(दिनमान, 1-7 जुलाई '84)

ताली की तिलमिलाहट

हिन्दी के लेखकों ने साली पर जम कर लिखा है। अनेक लेखक हैं, जिनका सम्पूर्ण साहित्य साली को समर्पित है। यह तो अच्छा हुआ कि हरिशंकर परसाई और शरद जोशी जैसे लोग मैदान में कूद गये, वरना हिन्दी में अनन्त काल तक सालीपुराण चलता रहता। हिन्दी साहित्य के इतिहास का अध्ययन करने पर मालूम होता है कि यहाँ धाराएँ पनाले की तरह बहती हैं। अव्वल तो पनाला अवरुद्ध रहता है, ख़ुदा न खास्ता खुल गया तो बन्द होने का नाम नहीं लेता।

बहरहाल, मैं इस लेख में साली की चर्चा नहीं करने जा रहा, मैं ताली की चर्चा करना चाहता हूँ। ताली की तरफ़ मेरा ध्यान श्रीमती गाँधी ने आकर्षित किया। लगता है साहित्य में जो स्थान साली का है, राजनीति में ताली का है। यह दूसरी बात है कि साहित्यकार साली से और राजनेता ताली से ऊब चुके हैं।

बम्बई में कांग्रेस महासमिति के अधिवेशन के अवसर पर शिवाजी पार्क मैदान में जब श्री राजीव गाँधी भाषण देने के लिए मंच पर पधारे तो अपने युवा नेता का अभिनन्दन करने के लिए जनता ने ताली बजाने का विश्व रिकार्ड क़ायम कर दिया। लगा जैसे ताली का अवरुद्ध पनाला एकाएक खुल गया हो। तालियों की अनवरत गड़गड़ाहट से इन्दिराजी तक परेशान हो उठीं और उन्हें जनता से लगभग चिल्लाते हुए अपील करनी पड़ी कि वे ताली बजाना फ़ौरन बन्द कर दें। वास्तव में, इन्दिराजी अब तक ताली के मनोविज्ञान से बख़ूबी परिचित हो चुकी हैं। भीड़ का कोई भरोसा नहीं होता कि वह कब ताली पीटने लगे और कब छाती। अभी हाल में कानपुर टेस्ट में कपिलदेव को इसका भरपूर अनुभव हुआ। वही लोग जो कल तक कपिलदेव के दीवाने थे और उसकी सूरत देखते ही ताली पीटा करते थे, कानपुर में छाती पीट रहे थे। दरअसल ताली फ़ानी है, क्षणभंगुर है, ताली एक फ़रेब है, मृगतृष्णा है, मायाजाल है, जी का जंजाल है।

मगर यहीं एक प्रश्न उठता है कि राजीव गाँधी के स्वभाव से परिचित होते हुए भी इंकाइयों ने इतनी ताली क्यों पीटी? इंका का बच्चा-बच्चा जानता है कि

राजीव गाँधी ख़ुशामद पसन्द नहीं हैं। बड़े-बड़े धुरन्धर ख़ुशामद पसन्द मुँह की खा चुके हैं, लोगों की चिन्ता का विषय यह है कि राजीव गाँधी ख़ुशामद पसन्द नहीं हैं तो इंका में क्या कर रहे हैं? किसी ऐसी पार्टी में क्यों नहीं चले जाते, जहाँ ताली बजाने के लिए भाड़े के तालीवादक भी नहीं मिलते। राजीव गाँधी को इंका में रहना है तो इंका के तौर-तरीक़े सीखने होंगे। बच्चू ख़ुशामद नहीं कराएँगे तो जाएँगे कहाँ? कार्यकर्ताओं ने कमर कस ली है कि अमेठी जाएँगे तो अमेठी जाकर ताली बजाएँगे, इलाहाबाद जाएँगे तो इलाहाबाद जाकर। कोई भी आदमी वर्षों के रियाज़ को एकाएक नहीं छोड़ देता। वर्षों के कठोर परिश्रम और अध्यवसाय से इंका ने तालीवादकों का जो दल तैयार किया था, वह आज राजनीति में एक खोयी हुई गैया की तरह असहाय घूम रहा है।

अब वक़्त आ गया है कि बदली हुई परिस्थितियों में कार्यकर्ताओं का मार्गदर्शन किया जाए कि ताली कब बजाएँ, ताली कितनी बजाएँ, ताली कैसे बजाएँ। समय रहते प्रत्येक नेता के लिए ताली की सीमा निर्धारित कर दी जानी चाहिए। जैसे, अन्तुले के लिए दो सैकेंड तक ताली बजाएँ, बसन्त दादा के लिए बीस तालियाँ। जो लोग आपातकाल के दौरान श्रीमती गाँधी का साथ छोड़ गये थे और उनके सत्ता में आने के बाद दुबारा चले आये हैं, उनके लिए ताली फ़ौरन निषिद्ध कर दी जानी चाहिए। बग़ैर हाईकमान से लाइसेंस प्राप्त किये वे ताली न बजवा पाएँगे। जो कार्यकर्ता बग़ैर लाइसेंस के ताली बजाते पकड़े जाएँ, उन पर अनुशासनात्मक कार्यवाही की जाएँ।

हमारे शास्त्रों में ताली और कसरत, ताली और योगाभ्यास, ताली और संगीत, ताली और तालीम का गहरा सम्बन्ध बताया जाता है, यदि ज़िला स्तर पर इंका द्वारा ताली और कसरत की शाखाएँ शुरू की जाएँ तो वे इतनी लोकप्रिय हो सकती हैं कि राष्ट्रीय स्वयं सेवक संघ के लिए चुनौती खड़ी हो जाएगी। जो कार्यकर्ता ताली का तर्क और ताली की तमीज़ सीख जाएँगे, उन्हें फिर जीवन में किसी कठिनाई का सामना नहीं करना पड़ेगा। वे किसी भी पार्टी में चले जाएँ, सुखी रहेंगे।

प्राय: देखा गया है कि इंका की हस्तियों को ताली की तमीज़ भी नहीं। पता ही नहीं चल पाता कि उन्होंने कब ताली पीटना बन्द और छाती पीटना शुरू कर दिया है। आप देख ही रहे हैं कि आजकल डॉ. जगन्नाथ मिश्र ने ताली पीटना शुरू कर रखा है। बम्बई के एक साप्ताहिक द्वारा प्रकाशित दरबारा सिंह का इंटरव्यू पढ़ कर भी यही लगता है कि वे ताली पीटना बन्द करने वाले हैं। हो सकता है अब तक बन्द कर चुके हों। इंका महासमिति के अधिवेशन में अन्तुले ने ताली पीटने की बहुत कोशिश की, मगर उनकी ताली सुनायी ही नहीं पड़ी। अन्तुले की ताली आह

बनकर रह गयी। शास्त्रों में इस प्रकार की ताली को मूकताली कहा गया है। यह ताली कुछ-कुछ ऐसी होती है कि दिल तो रोता रहे, मगर आँख से आँसू न बहें। कई लोग कुछ ऐसे अन्दाज़ में ताली बजाते हैं कि उनकी ताली तिलमिलाहट पैदा कर देती है। भजनलाल, सीताराम केसरी, कल्पनाथ राय आदि कुछ ऐसे ही तालीवादक हैं।

ताली की अनेक शैलियाँ विकसित हुई हैं। अभी हाल में ताली की चेन्ना रेड्डी शैली ने सबका ध्यान आकर्षित किया है। चेन्ना रेड्डी ताली का इस्तेमाल हथियार की तरह करते हैं। कोई नही जानता कि चेन्ना रेड्डी आख़िर चाहते क्या हैं, उन्होंने क्यों चुपचाप शालीनतापूर्वक इंका महासमिति के अधिवेशन में शामिल होने का प्रस्ताव ठुकरा दिया। इंका की समझ में नहीं आ रहा, उनके साथ कैसा सलूक किया जाए! उन्हें मुख्यमन्त्री बनाकर देख लिया, बड़े से बड़े प्रदेश का राज्यपाल बना कर देख लिया, उनको साथ लेकर देख लिया, उनको छोड़कर देख लिया, मगर चेन्ना रेड्डी हैं कि एक तिलिस्म बनकर रह गये हैं। मालूम नहीं इंका के थैले में उनके लिए कौन-सी चीज़ सुरक्षित है?

(दिनमान, 3-9 नवम्बर '83)

सन्तुष्ट, असन्तुष्ट और दुष्ट

विधायक तीन तरह के होते हैं— सन्तुष्ट, असन्तुष्ट और दुष्ट। मुआफ़ कीजिए, सम्पादकों को भी इन्हीं तीन श्रेणियों में रखा जा सकता है। खुशवन्त सिंह को ही ले लीजिये। एक ज़माना था, वे एक अत्यन्त सन्तुष्ट सम्पादक थे। इतने सन्तुष्ट कि देखते-देखते राज्य सभा के सदस्य हो गये। इधर जब से मेनका गाँधी मैदान में उतरी हैं, वे असन्तुष्ट नज़र आने लगे हैं। यह कहना भी ग़लत न होगा कि संजय गाँधी की मृत्यु के बाद उन्होंने मेनका को उतारने में काफ़ी महत्त्वपूर्ण भूमिका निभायी थी। इसके बाद से वे असन्तुष्ट रहने लगे। खुशवन्त सिंह के कॉलम के अनेक पाठकों का मत है कि राजनीति में वे सन्तुष्ट हैं, न असन्तुष्ट, वे दुष्ट हैं। मैं इन पाठकों से मुत्तफ़िक नहीं हूँ। खुशवन्त सिंह ने ड्राइंग रूम में सीमित होती जा रही अँग्रेजी पत्रकारिता को ड्राइंग रूम के दमघोंटू वातावरण से निकाल कर न केवल मुसाफ़िरख़ानों तक पहुँचा दिया, बल्कि अब स्थिति यह है कि देश के हेयर कटिंग सैलून ठप्प हो जाएँ, अगर खुशवन्त सिंह द्वारा सम्पादित पत्र, पत्रिका अथवा समाचारपत्र नियमित रूप से बाल काटने वालों के उपलब्ध न हो। यह कहना ग़लत न होगा कि देश में पुस्तकालय उजड़ते जा रहे हैं और केशकर्तनालय पुस्तकालय के रूप में विकसित हो रहे हैं। मध्य प्रदेश शासन अगर सचमुच हिन्दी पुस्तकों की ख़रीद (फ़रोख़्त) का धन्धा जारी रखना चाहता है तो उसे चाहिए कि विकसित हो रहे इन नये पुस्तकालयों को नज़रअन्दाज़ न करें, वरना लोगों की रुचि इतनी भ्रष्ट हो जाएगी कि वे या तो लोकायुक्त का दरवाज़ा पीटेंगे अथवा अपनी छाती। अब खुशवन्त सिंह के सम्पादन से मुक्त होने के समाचार पढ़कर लगता है कि सन्तुष्ट, असन्तुष्ट अथवा दुष्ट होकर वे क्या करेंगे, जब सम्पादक ही न रहेंगे। वे भाग्यवान हैं कि उनके पास सन्तुष्ट अथवा दुष्ट होने के लिए एक दूसरा मंच सुरक्षित है। सांसद के रूप में वे मनचाही भूमिका निभा सकते हैं।

इसे विरोधाभास ही कहा जाएगा कि असन्तुष्ट सम्पादक नौकरी से हाथ धो बैठता है और असन्तुष्ट विधायक की नौकरी पक्की हो जाती है। पंजाब का उदाहरण ले लीजिए। जब तक विधायक अपने को असन्तुष्ट घोषित नहीं करता,

उसे कुछ प्राप्त नहीं होता। अब समय आ गया है कि पद, प्रतिष्ठा अथवा वाहन प्राप्त करने के लिए असन्तुष्ट होना ज़रूरी है। अन्तुले विधायकों की इस कमज़ोरी को अच्छी तरह समझते थे। उन्होंने असन्तुष्टों को युद्धस्तर पर सन्तुष्ट करके भावी मुख्यमन्त्रियों के लिए चुनौती खड़ी कर दी। मगर हर प्रदेश की अपनी-अपनी परम्पराएँ हैं, इसका ध्यान रखना ज़रूरी है। पंजाब में अगर असन्तुष्ट होकर पद प्राप्त होता है तो महाराष्ट्र और आन्ध्र में निलम्बन। गुजरात में इस्तीफ़ा देना पड़ सकता है। यह भी अकारण नहीं है। पंजाब का विधायक इन्दिराजी के प्रति पूर्ण आस्था प्रकट करते हुए असन्तुष्ट होता है। पंजाब क्या, दूसरे प्रदेशों की भी यही स्थिति है। असन्तुष्ट होने के लिए इन्दिराजी के प्रति आस्था प्रकट करना ज़रूरी होता है। वे विधायक अधिक सफल असन्तुष्ट हैं जिनकी न केवल इन्दिराजी के प्रति पूर्ण आस्था है, बल्कि वे बीससूत्री कार्यक्रमों के क्रियान्वयन में दिखायी जा रही उपेक्षा से पीड़ित हैं। इन्दिराजी अब तक समझ चुकी हैं कि बीससूत्री कार्यक्रम इन विधायकों के दिखाने के दाँत हैं और पद पाने का एक सूत्री कार्यक्रम खाने के। कठिनाई तो वहाँ उत्पन्न होती है जहाँ विधायक लोग गाली बकने लगते हैं अथवा अभद्र संकेतों के द्वारा सन्तुष्ट विधायकों के लिए संकट उत्पन्न कर देते हैं। वास्तव में महाराष्ट्र के विधायक जल्दी उत्तेजित हो जाते हैं। उनका गालियों का कोश भी बहुत प्रभावित नहीं करता। बीसवीं सदी के अन्तिम चरण में भी वे अभी 'साले', 'हरामखोर', 'हरामज़ादे', 'चमचे', 'नपुंसक' आदि उन्नसीवीं सदी की गालियों से काम चला रहे हैं। इन्हें वही पत्रकार गाली मानेंगे जो उत्तर प्रदेश के विधायकों के सम्पर्क में नहीं आये। उत्तर प्रदेश व पंजाब आदि प्रदेश में तो ये गालियाँ तकिया-कलाम बन चुकी हैं।

लगता है, सन्तुष्ट विधायकों की कहीं पूछ नहीं, जबकि सन्तुष्ट सम्पादकों की माँग बढ़ती जा रही है। यह दूसरी बात है कि सन्तुष्ट सम्पादक ही धीरे-धीरे दुष्ट होने लगता है। वास्तव में सन्तुष्ट सम्पादक ही दुष्ट होना 'एफोर्ड' कर सकता है, असन्तुष्ट सम्पादक नहीं। उसके सिर पर तो हमेशा तलवार लटकती रहती है। डी.आर. मानकेकर की पुस्तक 'लीव्ज़ फ्रॉम अॅ रिपोर्टर्स डायरी' इस बात की गवाह है।

(दिनमान, 23-2 जनवरी '83)

इंका एक मन्दिर

पिछले दिनों महाराष्ट्र कांग्रेस (ई) के अध्यक्ष जनाब प्रोफेसर शेख मुहम्मद इस्माइल असीम साहब से मुलाक़ात हो गयी। असीर साहब प्रेस से बेहद ख़फ़ा थे, इतने ख़फ़ा कि बसन्त दादा पाटील भी उनसे इतना ख़फ़ा न होंगे, जितना असीर साहब। प्रेस से वह इसलिए ख़फ़ा थे कि प्रेस वालों ने उनके व्यक्तिगत जीवन में दख़लन्दाज़ी शुरू कर दी थी। अगर उनके पास बाइस जोड़ा जूते हैं, वे तरह-तरह के सेंट के शौकीन हैं, वे आयातित सिगरेट पीते हैं तो इससे प्रेस को क्या तक़लीफ़ है! असीर साहब का शिक़वा मुनासिब है। कांग्रेस अध्यक्ष के पास बाइस जोड़ा जूते न होंगे, तो क्या कार्यकर्ता के पास होंगे, जो आज पैर का इकलौता जूता भी उछालने की फ़िराक़ में रहता है। यह अकारण नहीं है कि पाँच बरस पहले इंका में जो लोग महज़ चप्पल उछाल कर आ गये थे, आज नंगे पाँव दिखाई दे रहे हैं। इस लिहाज़ से असीर साहब ख़ुशक़िस्मत हैं कि उनके बाइस जोड़े जूते सही-सलामत हैं।

असीर साहब ने यह भी बातया कि महाराष्ट्र इंका में पूर्ण एकता है। वसन्त दादा पाटील से उनका कोई मतभेद नहीं है और वे निकट भविष्य में ही दादा के साथ सम्पूर्ण महाराष्ट्र के दौरे पर निकलेंगे, ताकि लोगों को विश्वास हो जाए कि महाराष्ट्र में कांग्रेस विभाजित नहीं है।

अभी हाल में बम्बई में आयोजित इंका कार्यकर्ताओं के द्विदिवसीय शिविर में महाराष्ट्र में कांग्रेस की एकता का ज़बरदस्त सुबूत सामने आया। ऐसा शिविर लगभग चार बरस के अन्तराल के बाद आयोजित किया गया था। शिविर क्या था, फ्री-स्टाइल दंगल था। बम्बई के षण्मुखानन्द हॉल में इंका कार्यकर्ताओं ने ऐसा ऐतिहासिक दंगल पेश किया कि दिल्ली में आयोजित जैक माउंटेन और दारासिंह का दंगल फीका पड़ गया। राजीव गाँधी ने सूझबूझ का परिचय दिया कि पार्टी के दबाव के बावजूद वे दंगल देखने बम्बई नहीं गये, दिल्ली में चुपचाप जैक माउंटेन और दारासिंह की कुश्ती देखते रहे।

बम्बई के दंगल में पहलवान नहीं थे, वह दंगल वफ़ादारों और ग़ैर वफ़ादारों के बीच हो रहा था, इंका के दंगल की यही पहचान है।

आजकल इंका के तमाम 'सिनेमाघरों में वफ़ाई और बेवफ़ाई के बीच दंगल चल रहा है। बेवफ़ा वे होते हैं, जो जनता शासन में जेल नहीं गये, गुलछर्रे उड़ाते रहे। मौक़ा मिलते ही जनता पार्टी के किसी न किसी घटक में शामिल हो गये थे और इंका सत्ता में आती, उससे पहले ही इंका में वापस चले आये थे। जैसे इश्क़ में लौट के बुद्धू घर को आते हैं। वफ़ादार वे माने जाते हैं जो इंका के 'काले वक़्तों' में जेल आते-जाते रहे।

महाराष्ट्र के 1978 में वफ़ादार इस ग़लतफ़हमी में मुब्तिला थे कि पार्टी पर उनका वर्चस्व क़ायम है, मगर बम्बई के द्विपक्षीय शिविर में ग़ैरवफ़ादारों की शान शौकत देख कर वफ़ादारों के तन-बदन में आग लग गयी। शायद यही कारण था कि इंका सांसद श्री जे.एस. अकर्ते ने भरे शिविर में माँग पेश कर दी कि वक्ताओं की सूची से वित्तमन्त्री सुशीलकुमार शिन्दे का नाम हटा देना चाहिए, क्योंकि श्री शिन्दे ने कुछ दिन पहले ही स्वतन्त्र वीर सावरकर की प्रतिमा को पुष्पमालाएँ पहनायी थीं। यही नहीं, श्री शिन्दे ने राष्ट्रीय स्वयंसेवक संघ के अध्यक्ष बाला साहब देवरस के साथ चित्र भी खिंचवाया था।

यह एक गम्भीर आरोप है। इसकी जाँच होनी चाहिए। लगता है, कांग्रेस में रामराज्य आ रहा है। इसके दो परिणाम निकल सकते हैं। दूसरी पार्टियाँ कांग्रेस पर क़ब्ज़ा कर लेंगी या कांग्रेस दूसरी पार्टियों पर क़ाबिज़ हो जाएगी। वस्तुस्थिति कांग्रेस के पक्ष में रही तो धीरे-धीरे इंका तमाम दलों को उदरस्थ कर लेगी। इंका को इंका की राष्ट्रीय स्वयंसेवक संघ शाखा खोलनी पड़ेगी। इंका में जनता पार्टी का सेल खुल जाएगा। इंका का भावी स्वरूप ऐसा होगा— इंका (आर.एस.एस.), इंका (भाजपा), इंका (लोकदल), इंका (मुस्लिम मजलिस) आदि आदि। श्री शिन्दे ने वीर सावरकर की प्रतिमा को माला पहना कर तथा श्री बालासाहब देवरस के साथ तस्वीर खिंचवा कर सिद्ध कर ही दिया कि इंका एक उदारवादी पार्टी है। फ़िल्मी फिकरा सुना था— 'दिल एक मन्दिर है'। अब सुन राह हूँ : 'इंका एक मन्दिर है'। जहाँ किसी भी मत, सम्प्रदाय और दल का व्यक्ति आकर पूजा कर सकता है। विपक्ष की तरह यहाँ भेदभाव नहीं किया जाता। अन्य प्रदेशों के मन्त्रियों को भी श्री शिन्दे से प्रेरणा ग्रहण करनी चाहिए और समय रहते बहुगुणा, चरणसिंह, जगजीवनराम, शहाबुद्दीन, फ़ारुख़ अब्दुल्ला, शाही इमाम आदि के साथ तस्वीरें खिंचवा लेनी चाहिए। ताकि सनद रहे और वक़्त ज़रूरत पर काम आये।

इस ऐतिहासिक शिविर की दूसरी उपलब्धि तब प्रकट हुई जब एक कार्यकर्ता ने लगभग चिल्लाते हुए डॉ. रफ़ीक जकरिया का विरोध किया कि वह वही रफ़ीक जकरिया हैं, जिन्होंने कभी श्रीमती इन्दिरा गाँधी को 'नक्सलाइट' कहा था। डॉ.

रफ़ीक जकरिया की यह पार्टी-बेवफ़ाई उनके विरोधियों के आड़े वक़्त में काम आयी। वे कहते हैं— ऐसा आरोप तो विपक्ष ने भी इन्दिराजी पर नहीं लगाया था। वफ़ादारों को दाद देनी पड़ेगी कि वे जम कर अनुसन्धान कर रहे हैं। वे वफ़ादारी कर सकते हैं या अनुसन्धान मगर लग रहा है, वफ़ादारों का ज़माना लद रहा है। इस समय इंका को वफ़ादारों की उतनी ज़रूरत नहीं, जितनी समझदारों और ईमानदारों की। वफ़ादारी की दुहाई देने वाले भोंसले मन्त्रिमंडल के वरिष्ठ सदस्य श्री टी.देशमुख के दर्द को इस शेर से समझा जा सकता है :

हम बावफ़ा थे इसलिए नज़रों से गिर गये,
शायद तुम्हें तलाश किसी बेवफ़ा की थी।

(दिनमान, 3-9 जुलाई '84)

हम भी असन्तुष्ट हैं

भजनलालजी स्वदेश लौट आये हैं। जैसा कि आप ने सुना होगा, भजनलाल आँख के इलाज़ के लिए अमेरिका गये थे। मालूम नहीं, अब उनकी आँख का क्या हाल है। इस बारे में समाचार-पत्र मौन हैं, भजनलाल भी मौन हैं। समाचार-पत्र इस बात को ले उड़े कि स्वेदश लौटने पर उनके मन्त्रिमंडल के सदस्यों ने उनका भरपूर स्वागत नहीं किया। तेईस में से तेरह मन्त्री उनकी अगवानी या मिजाज़पुर्सी करने दिल्ली नहीं गये। यह भजनलालजी के साथ सरासर ज़्यादती है। अन्याय है। उनके मन्त्रिमंडल के सदस्य, यह जानते हुए भी, कि भजनलाल मुख्यमन्त्री ही नहीं रोगी भी हैं, उन्हें देखने नहीं गये। एक ज़माना था, भजनलाल का अपने मन्त्रिमंडल पर इतना प्रभाव व अधिकार था कि उनके साथ-साथ उनके सम्पूर्ण मन्त्रिमंडल ने ऐतिहासिक दलबदल किया था और एक ज़माना यह है कि उनके मन्त्रिमंडल के आधे से अधिक सदस्य अपने बीमार मुख्यमन्त्री का हालचाल जानने तक दिल्ली नहीं गये। उनकी अनुपस्थिति में खुराफ़ात करते रहे। यहाँ तक कि मुख्यमन्त्रीजी की कुर्सी लड़खड़ाने लगी। आशा है अन्य मुख्यमन्त्री इससे सबक लेंगे। तफ़रीह अथवा इलाज़ के लिए भी विदेश नहीं जाएँगे। स्वदेश में ही इन्तज़ाम कर लेंगे। ज़माना ख़राब है, भरोसा नहीं रह गया कि पीछे से कौन मन्त्रिमंडल के सदस्यों को भड़का दे। इन वर्षों में भड़काने वाले तत्त्व अपने काम में इतना निष्णात हो गये हैं कि मुख्यमन्त्री सचिवालय से घर तक भी नहीं पहुँचते, कि वे अपने काम में लग जाते हैं। दरबारा सिंहजी की आँखों के सामने मन्त्री लोग बाग़ी हो गये। दिल्ली चंडीगढ़ एक कर दिया। बहुत ज़रूरी हो गया है कि मुख्यमन्त्री अपने मन्त्रिमंडल के सदस्यों पर कड़ी दृष्टि रखें, उनकी दिल्ली यात्रा पर पाबन्दी लगा दें, मगर उनका विभाग न बदलें। विभाग बदलने से सन्तुष्ट असन्तुष्ट हो जाता है। किसी की रोटी, बेटी और विभाग पर कभी चोट नहीं करनी चाहिए। भजनलाल अपने मन्त्रिमंडल के सदस्यों के विभाग बदलने की कभी ग़लती न करते, अगर उन्हें ज़रा-सा भी आभास होता कि डॉक्टर लोग यकायक उन्हें इलाज़ के लिए विदेश जाने की सलाह देंगे। भजनलाल को अमरीका में ही आभास हो गया था कि उनसे बुनियादी भूल हो चुकी

है। आप किसी से उद्योग मन्त्रालय छीनेंगे और वह सन्तुष्ट बना रहेगा, यह अब सम्भव नहीं रह गया। जो लोग भजनलाल की क्षमताओं से परिचित हैं, वे निश्चिन्त हैं कि भजनलाल स्थिति पर क़ाबू पा लेंगे, दरबारा सिंह की तरह असन्तुष्ट मन्त्रियों की फ़ाइलें जब्त नहीं करेंगे, उनके पास अच्छी-अच्छी, और-और फाइलें भिजवाएँगे। भजनलाल और दरबारा सिंह में यही फ़र्क़ है। भजनलाल बसन्तदादा पाटिल की तरह इस्तीफे की धमकी भी नहीं देंगे। वह मान कर चलते हैं कि अध्यापक कक्षा में नहीं होता तो छात्र कोई न कोई खुराफ़ात किया ही करते हैं। दरअसल, हरियाणा के गेहूँ और पंजाब के गेहूँ में, हरियाणा के आकाश और पंजाब के आकाश में उतना अन्तर नहीं है, जितना पंजाब और हरियाणा के असन्तुष्ट विधायकों में अन्तर है। हरियाणा के असन्तुष्ट जानते हैं कि उनका मुख्यमन्त्री है, वह अमेरिका से लौटते ही सबको पटा लेगा, जबकि पजाब के असन्तुष्टों में यह भावना पैदा नहीं हो पायी। पंजाब के असन्तुष्ट सच्चे असन्तुष्ट हैं, शुद्ध असन्तुष्ट हैं। उनका एक ही ध्येय है—असन्तोष। किसी भी समर्पित असन्तुष्ट का एक ही ध्येय होता है। पंजाब के असन्तुष्टों की एक बानगी देखिए। प्रधानमन्त्री ने लखनऊ में किसी सन्दर्भ में कहा कि श्री विश्वनाथप्रताप सिंह ने अपनी इच्छा से त्यागपत्र दिया था, तो पंजाब से असन्तुष्टों ने तुरन्त इसकी व्याख्या कर दी। वे तुरन्त इस निर्णय पर पहुँच गये कि प्रधानमत्री का संकेत श्रीपति मिश्र की तरफ़ नहीं, दरबारा सिंह की तरफ़ है। उन्हें विश्वनाथप्रताप सिंह की शैली में तुरन्त इस्तीफ़ा दे देना चाहिए। पंजाब सुलग रहा है, उन्हें इसकी चिन्ता नहीं है। उनकी चिन्ता का विषय यह है कि दरबारा सिंह प्रधानमन्त्री के वक्तव्य का ग़लत अर्थ लगा कर अपना इस्तीफ़ा तुरन्त पेश कर दें, अगर किसी राष्ट्रीय दैनिक में दरबारा की ज़रूरत पर कोई सम्पादकीय छपता है तो पंजाब के असन्तुष्ट आरोप लगाते हैं कि दरबारा सिंह ने सम्पादकों को पटा रखा है। भजनलाल विधायकों को पटाते हैं और दरबारा सिंह सम्पादकों को। अगर प्रधानमन्त्री पंजाब में राष्ट्रपति शासन लागू किये जाने की सम्भावना को नकारती हैं तो पंजाब के असन्तुष्ट निश्चिन्त हो जाते हैं, अब राष्ट्रपति शासन ज़रूर लागू होगा। सच तो यह है कि असन्तुष्ट होना कोई पंजाब के असन्तुष्टों से सीखे। पंजाब ने बिहार और मध्य प्रदेश के असन्तुष्टों को मीलों पीछे छोड़ दिया है। हरियाणा अभी बहुत पीछे है। मगर इस दिशा में उत्तर प्रदेश से कहीं आगे है। उत्तर प्रदेश से हरियाणा और पंजाब की क्या तुलना? उत्तर प्रदेश तो एक पिछड़ा प्रदेश है। यहाँ के असन्तुष्टों को देख कर लगता है कि उत्तर प्रदेश असन्तोष में भी पिछड़ रहा है। अभी हाल में उत्तर प्रदेश के एक असन्तुष्ट से मैंने पूछा कि 'उत्तर प्रदेश के असतुष्ट मैदान में क्यों नहीं उतर रहे?' तो असन्तुष्ट विधायक ने बताया कि 'वे लोग मन्त्रिमंडल के विस्तार की

प्रतीक्षा कर रहे हैं, मन्त्रिमंडल के विस्तार के बाद मैदान में उतरेंगे।' हालात बता रहे हैं, उत्तर प्रदेश में न मन्त्रिमंडल का विस्तार होगा न असन्तुष्ट विधायक मैदान में उतरेंगे। एक अन्य विधायक से बात करने पर मालूम हुआ कि जो लोग असन्तुष्टों के मामले में उत्तर प्रदेश को एक पिछड़ा प्रदेश मान रहे हैं, वे भूल कर रहे हैं। पंजाब और हरियाणा में कुल उतने विधायक न होंगे, जितने यहाँ असन्तुष्ट हैं, फ़र्क़ इतना है कि पंजाब और हरियाणा के असन्तुष्टों को कुशल नेतृत्व उपलब्ध है, उत्तर प्रदेश के असन्तुष्ट कुशल, गतिशील और राजीव गाँधी तक पैठ रखने वाले नेतृत्व के अभाव में सड़ रहे हैं। जिन विधायकों से नेतृत्व की अपेक्षा थी, वे मन्त्री हो गये और अपने पद का आनन्द लूट रहे हैं या मुख्यमन्त्री की कुर्सी पर घात लगाये बैठे हैं। ऐसे में असन्तुष्ट क्या करें, कहाँ जाएँ? सही नेतृत्व की तलाश में 'मुख्यमन्त्री हटाओ' जैसा कोई रचनात्मक काम भी नहीं कर पा रहे हैं, कुशल नेतृत्व के अभाव में असन्तुष्ट लोग ग़ुस्से से तमतमाते हुए दिल्ली जाते हैं और उत्तर प्रदेश भवन में गहरी नींद लेकर वापस लखनऊ लौट आते हैं। उत्तर प्रदेश भवन के वातानुकूलित कमरे में बड़ी अच्छी नींद आती है। जैसे मुख्यमन्त्रीजी ने रियायती भोजन में भाँग भी मिलवा दी हो।

(दिनमान, 29 मई-4 जून '83)

इस बरस के असन्तुष्ट

कहा जाता है, मुसीबतें अकेले नहीं आतीं, अपने साथ और बलाएँ भी लाती हैं।

पिछले दिनों उत्तर प्रदेश में शीतलहर क्या आयी, अपने साथ असन्तोष की लहर भी ले आयी। यद्यपि उत्तर प्रदेश में डेढ़ वर्ष की लम्बी अवधि और गहन विचार-विमर्श के उपरान्त वसन्त पंचमी के शुभ मुहूर्त पर मन्त्रिमंडल का विस्तार किया गया था, इसे संयोग ही कहा जाएगा कि मन्त्रिमंडल अभी पूरी तरह से गठित भी नहीं हुआ था कि लखनऊ में गोमती में नाव पलट जाने से तीस से अधिक व्यक्तियों की मृत्यु हो गयी। सरकार अपने विस्तार में इतनी व्यस्त थी कि डूबने वालों को बचाया नहीं जा सका। यही सोचकर सन्तोष कर लेना पड़ा कि जिसकी मौत आयी हो, उसे राज्य सरकार तो क्या, केन्द्र की सरकार भी नहीं बचा सकती।

आजकल अन्तुले की नाव बीच समुद्र में डगमगा रही है, मगर कोई क्या कर सकता है! उनके समर्थक ज़रूर केन्द्र सरकार से अपील कर रहे हैं कि अन्तुले की रक्षा के लिए संविधान में संशोधन किया जाना चाहिए। बहरहाल, हमारी चिन्ता का विषय उत्तर प्रदेश के मन्त्रिमंडल का विस्तार है। सिर मुँड़ाते ही उत्तर प्रदेश में ओले पड़ गये, हो सकता है इससे दिल्ली का तापमान भी चार-छह डिग्री गिरा हो। इस तूफ़ान के बाद लोगों ने देखा, पेड़ों के नीचे चिड़ियों के घोंसले छितरे पड़े थे, नष्ट नीड़ों को देखकर उन विधायकों का ख़्याल आना स्वाभाविक था जो मन्त्रीपद पाने की आशा में मुख्यमन्त्रीजी का झंडा बुलन्द किए घूमा करते थे। मन्त्रिमंडल के विस्तार ने फिज़ा ही बदल दी।

इस बार असन्तुष्टों के आचार-व्यवहार का अध्ययन करने के बाद मैं इस नतीज़े पर पहुँचा हूँ कि असन्तुष्ट विधायक और रूठी हुई पत्नी में आश्चर्यजनक समानता होती है। हर पत्नी के रूठने की अपनी निजी शैली होती है। कई पत्नियों को ओसारे में बैठकर रूठना अच्छा लगता है, कई रसोईघर में रूठना पसन्द करती हैं और कई शयनकक्ष में। ठीक इसी शैली में कई विधायकों को दारुलशफा में रूठे देखा और कइयों को राजभवन कालोनी में। कई विधायक तो बीच सड़क में रूठे खड़े थे। मगर इस बरस के असन्तोष में कुछ ख़ास चीज़ें देखने में आयीं। जैसे बड़े-

बड़े नेताओं को नेता शब्द से ही चिढ़ हो गयी है, असन्तुष्टों को भी असन्तुष्ट शब्द से विरक्ति हो चुकी है। असन्तुष्ट होने के बाद असन्तुष्ट विधायकों ने जो पहला वक्तव्य जारी किया, वह कुछ इस प्रकार था, 'पहली बात तो यह है कि हम असन्तुष्ट नहीं हैं। दूसरे हमने पार्टी के अनुशासन और श्रीमती इन्दिरा गाँधी व श्री राजीव गाँधी के आदेशों को न तो कभी उल्लंघन किया और न ही करेंगे। इसलिए श्री गाँधी ने जो कुछ कहा, वह हमारे ऊपर लागू नहीं होता।'

दूसरी बात यह है कि अब असन्तुष्टों में पहले की-सी एकता नहीं रही। एक ज़माना था, विधायक लोग जातपाँत से ऊपर उठकर असन्तुष्ट होते थे। वे एक समान लक्ष्य के लिए संघर्ष करते थे। लक्ष्य तो आज भी सबका एक है, मगर उसे पुकारा भिन्न-भिन्न नामों से जाता है। यह कहना तो बहुत अश्लील हो जाता है कि हम इसलिए असन्तुष्ट हैं कि हमें मन्त्रीपद नहीं मिला। राजनीति की भाषा में इसे यों कहा जाएगा कि हम इसलिए असन्तुष्ट हैं कि राज्य में बीस-सूत्री कार्यक्रम का क्रियान्वयन नहीं हो रहा। कई विधायकों ने असन्तुष्ट होने के लिए मंडी शुल्क और बिक्री कर का दामन पकड़ लिया, कुछ उर्दू के प्रश्न को लेकर असन्तुष्ट हो गये। मन की बात किसी के लब पर न आयी। दरअसल, असन्तोष के इतने विविध रूप उभरकर सामने आये कि असन्तुष्टों के बीच जातीय एकता एकदम समाप्त हो गयी और सबने अपनी अपनी रसोई अलग कर ली। मुसलमान विधायकों ने अपनी अलग बैठक की और अनुसूचित जाति के विधायकों ने अलग, ठाकुर और ब्राह्मण विधायक तो पहले ही अलग-अलग गोष्ठियाँ करने के लिए नाम कमा चुके हैं। अब शुद्ध असन्तुष्ट कोई नहीं है। कोई मुसलमान असन्तुष्ट है, तो कोई ठाकुर असन्तुष्ट, कोई ब्राह्मण असन्तुष्ट है तो कोई हरिजन असन्तुष्ट।

कांग्रेस के भीतर इतनी बड़ी संख्या में असन्तुष्टों को देखकर विपक्ष के मुँह से लार टपकना स्वाभाविक था। भाजपा-लोकदल के राष्ट्रीय गठबन्धन की ओर से एक बयान में श्री मोहन सिंह ने कहा कि कांग्रेस विधानमंडल पार्टी में मुख्यमन्त्री के एक सौ साठ असन्तुष्ट विधायकों को उत्तर प्रदेश की प्रगति के लिए जनविरोधी सरकार को गिरा देना चाहिए। श्री सिंह ने इंका से प्रादेशिक स्तर पर प्रतिशोध लेते हुए असन्तुष्ट विधायकों को आश्वासन दिया कि 'एक सौ साठ असन्तुष्ट विधायकों को सरकार गठित करने के लिए सम्पूर्ण विपक्ष सरकार से बाहर रहकर अपना समर्थन देगा।'

श्री मोहन सिंह का प्रस्ताव बेकार चला गया। असन्तुष्टों में मुख्यमन्त्री स्तर का कोई असन्तुष्ट ही नहीं था। ज़्यादा से ज़्यादा मन्त्री स्तर के असन्तुष्ट थे। काशीनाथ मिश्र और श्रीकृष्ण गोयल के हवाले से इतना तो कहा ही जा सकता है कि भूतपूर्व

मन्त्रियों के असन्तुष्ट होने की ज़्यादा सम्भावना रहती है, मगर मन्त्री स्तर के असन्तुष्टों का स्वभाव चूहों जैसा होता है। वे बहुत डरते हुए अपने बिल से बाहर निकलते हैं, बाहर निकलते ही एक नज़र में पूरी क़ायनात का जायज़ा वे ले लेते हैं, मगर राजीव गाँधी की घुड़की सुनते ही दुबारा बिल में घुस जाते हैं। जब तक राजीव गाँधी दिल्ली नहीं लौट जाते, बिल में से यही सदा आती रहती है : राजीव गाँधी के आदेश हमारे लिए सर्वोपरि हैं।

(दिनमान, 4-10 मार्च '84)

चाट और चाटुकार

हमारे नगर के सांसद घर लौट आये, लगा जैसे महात्मा बुद्ध यशोधरा की पुकार सुनकर घर लौट आये हों। नगर की जनता तो अब तक निराश हो चुकी थी कि वे आएँगे भी कि नहीं। वे अचानक न जाने कहाँ से नमूदार हो गये और जनसम्पर्क का धुआँधार कार्यक्रम बना डाला। जनता का ख़्याल था कि वे अब पाँच बरस बाद ही दिखाई देंगे, मगर उन्होंने बीच में ही प्रकट होकर जनता को अचम्भे में डाल दिया। भला हो एन.टी.रामाराव का, रामकृष्ण हेगड़े का, रामचन्द्रन का, हमारे सांसद को अपने निर्वाचन क्षेत्र का ध्यान आया। दक्षिण में राम की लहर न आती तो हमारे सांसद न जाने कब तक मतदाताओं से मुँह छिपाते रहते! दक्षिण में रामलहर आ गयी है और उत्तर में शीतलहर के पीछे दक्षिण की रामलहर का हाथ भी नज़र आता है। राजनीतिक पाले के बड़े-बड़े नेताओं को कँपकँपी छूट रही है। जाने उत्तर में अब रामलहर कब आएगी, आएगी भी कि नहीं! एक मुद्दत हो गयी है समाचार-पत्रों में जगजीवनराम का चित्र देखे। न जाने कैसे लगते होंगे आजकल! समाचार-पत्रों में भी एक लहर की तरह ही नेताओं की तस्वीरें छपा करती हैं। आजकल रामाराव का दौर है। बीच में मेनका लहर आयी थी, अन्तुले और गुंडूराव छाए हुए थे। इधर चुनाव से पूर्व पत्रकारिता के सागर में प्रधानमत्री के निजी सचिवों और सत्ताकेन्द्र के निकट के लोगों का ज्वारभाटा आया हुआ था। शायद ही कोई पत्रिका इस ज्वारभाटे से बच पायी हो। देखते-देखते अरुण सिंह, अरुण नेहरू, धवन, फोतेदार वग़ैरह पत्रिकाओं पर छा गये। इसी ज्वारभाटे में एक पत्रिका ने तो सबसे आगे बढ़कर इन लोगों का एक दुर्लभ चित्र प्रकाशित कर दिया। अवसर था स्वर्गीय संजय गाँधी का जन्मदिवस और स्थान भारत अन्तरराष्ट्रीय व्यापार मेला। श्रीमती गाँधी अपने दिवंगत पुत्र की याद में संजय गाँधी के चलचित्र देख रही थीं और बाहर उनके विश्वास पात्र अरुण नेहरू और आर.के. धवन चाट खा रहे थे। यह चित्र कुछ इस मुद्रा में छापा गया है जैसे शास्त्रों में किसी दिवंगत नेता के जन्मदिवस पर चाट खाने का निषेध हो। अथवा प्रधानमन्त्री के निकटतम लोगों को खुले में चाट नहीं खानी चाहिए। हो सकता है, इस चित्र को प्रकाशित करने के पीछे सम्पादक का कोई तीसरा मन्तव्य

रहा हो। हमने इसके पहले 'डिनर डिप्लोमेसी' के बारे में सुना था, मगर यह 'चाट डिप्लोमेसी' भारतीय राजनीति में एकदम नयी चीज़ है। अधिसंख्य पत्रिकाएँ इस बीच यही सिद्ध करने में लगी थीं कि अरुण नेहरू और आर.के. धवन के बीच घमासान युद्ध छिड़ा हुआ है। इस चित्र ने तमाम पत्रिकाओं के दावे झूठे सिद्ध कर दिये। चित्र देखकर लगता है, कोई साधारण मतभेद रहा होगा, जो चाट खाते ही दूर हो गया। अनुभवी लोगों का मत है, कोई भी दो विरोधी लोग आपस में हाथ मिला सकते हैं, टेलीफोन पर बात कर सकते हैं, साथ-साथ चाट नहीं खा सकते हैं। है कोई पत्रकार जो अटलबिहारी वाजपेयी और सुब्रह्मण्यम स्वामी का एक साथ चाट खाते हुए चित्र छपवा सके? कौन दावा कर सकता है कि अन्तुले और भोंसले ने, अर्जुन सिंह और वी.सी. शुक्ला ने, सोलंकी और आडवानी ने, अज्ञेय और नामवर सिंह ने, भजनलाल और देवीलाल ने कभी साथ-साथ खुले में चाट खायी थी, यक़ीनन नहीं खायी होगी। यह तय है कि जिस दिन ये लोग एक साथ चाट खाने लगेंगे, पूरे राष्ट्र में सद्भाव का अभूतपूर्व माहौल तैयार हो जाएगा।

लगता है, अब समय आ गया है कि देश के राजनैतिक दल अपने कार्यालय के प्रांगण में मुसम्मी और सन्तरे के जूस के स्थान पर चाट के ठेले स्थापित करके निःशुल्क चाट सेवा शुरू कर दें। प्रत्येक दल लाभान्वित होगा। जिन पार्टियों में चाटुकारों की संख्या कम होती जा रही हैं, वे तो इस सेवा से लाभ उठाएँगी ही, इसके अलावा जिन पार्टियों को केवल चाटुकारों की तलाश रहती है, वे भी दिन दुगुनी और रात चौगुनी प्रगति करेंगी। कौन नहीं जानता, हमारा देश रात को ही प्रगति करता है, दिन में सोता रहता है। दफ़्तरों में सो जाता है, विकासपुरी में सो जाता है, बैंकों में सोता रहता है। लोग चिन्ता प्रकट कर रहे हैं कि इधर आर.एम.एस. में जाकर सो गया है। दिल्ली की चिट्ठी कलकत्ता पहुँच जाती है और कलकत्ते की श्रीनगर।

दक्षिण के चुनाव परिणाम बता रहे हैं, अब भटकन से काम न चलेगा। चाटुकारों से भी नहीं चलेगा। जनता भ्रष्ट हो चुकी है। जनता का पतन हो गया है। जनता को क्या हो गया है कि वह न तो भ्रष्ट उम्मीदवार को वोट देना चाहती है न चाटुकार को। यह एक बहुत चिन्तनीय स्थिति है। अगर जनता का यही रवैया रहा तो शीघ्र ही देश में जनतन्त्र के लिए ख़तरा पैदा हो जाएगा। जनता चाटुकारों के स्थान पर कलाकारों को वोट देगी तो देश रसातल में चला जाएगा। रामाराव ने श्रीपति मिश्र की शैली में भ्रष्टाचार के आरोप में निकाले गये कुछ भूतपूर्व असन्तुष्ट लोगों को अपने मन्त्रिमंडल में शामिल कर लिया। तफ़्तीश करने पर पता चला वे तमाम लोग भूतपूर्व कांग्रेसी थे। आन्ध्र में कांग्रेस की हार का विश्लेषण करने वालों को यह तथ्य

नहीं भूलना चाहिए कि 'तेलुगु देशम' के विधायकों की सामूहिक छवि भूतपूर्व विधायकों से सर्वथा भिन्न है। नयी विधानसभा में 'तेलुगु देशम्' के विधायकों की औसत आयु लगभग पैंतालीस वर्ष है। शिक्षित, सुसंस्कृत इन विधायकों में तीस स्नातकोत्तर हैं, बीस डॉक्टर, चालीस वकील, तीन इंजीनियर तथा अनेक कलाकार, पत्रकार तथा अन्य विशेषज्ञ। वास्तव में दक्षिण में चाटुकारों के लिए अस्तित्व का संकट खड़ा हो गया है। कांग्रेस में भी योग्य लोगों का अभाव नहीं, मगर वे अन्तिम पंक्ति में बैठने को विवश हैं। अग्रिम पंक्ति में चाटुकार पदासीन हैं। अगर समय रहते स्थिति में सुधार न हुआ तो ये चाटुकार कांग्रेस को चाट जाएँगे

(दिनमान, 30 जनवरी-5 फरवरी '83)

हम बहू-बेटियाँ क्या जानें?

आधुनिक मनश्चिकित्सकों का मत है कि दिवास्वप्न देखना स्वास्थ्य के लिए अच्छा होता है दिवास्वप्नी मनोविकारों से मुक्त रहता है। मेरा तजुर्बा कुछ और कहता है। मेरे जीवन में जितने भी दिवास्वप्नी आये हैं, मैंने उनका स्वास्थ्य चौपट ही पाया है। गाल अन्दर को धँसे हुए और आँखों पर मोटे काँच का चश्मा। दिवास्वप्नी की दूर की दृष्टि प्राय: कमज़ोर होती है। दूर की दृष्टि से मेरा अभिप्राय दूर की दृष्टि ही है, दूर-दृष्टि नहीं। अगर इस पैमाने से इंका सांसदों और विधायकों का अध्ययन किया जाए तो कुछ दिलचस्पी नतीज़े सामने आ सकते हैं।

इंका के बहुत कम सांसद और विधायक चश्मा पहनते हैं। लगता है, टिकट पाने से पूर्व उन्हें कठिन मेडिकल टेस्टों से गुज़रना पड़ता है। दिल्ली में आयोजित इंका के विधायकों और सांसदों के मेले में उनके स्वास्थ्य को देखकर बहुत सन्तोष हुआ। वे स्वस्थ हैं, बल्कि यह कहना ग़लत न होगा हट्टे-कट्टे हैं। दूर की दृष्टि का भी अभाव नहीं, दूर-दृष्टि का अभाव भले ही हो। अब सही आँकड़े तो कम्प्यूटर ही बता सकता है, मैं सिर्फ़ इतना कहने की इजाज़त चाहूँगा कि इंका के विधायकों और सांसदों का स्वास्थ्य कितना ही अच्छा हो, मगर उनका 'आई क्यू' ख़तरे के निशान को छूना चाहता है। उनके सामान्य ज्ञान की हालत राजेश खन्ना के सामान्य ज्ञान से भी गयी-गुज़री है, जो बम्बई की एक फ़िल्मी पत्रिका द्वारा यह पूछे जाने पर कि कर्नाटक का मुख्यमन्त्री कौन है, केवल इतना बता पाये कि सारी दुनिया जातनी है कि कर्नाटक का मुख्यमन्त्री कौन है!

अभी हाल में, दिल्ली के एक पाँच सितारा होटल की लॉबी में इंका का एक सांसद मेरे हत्थे चढ़ गया। मैंने सोचा क्यों न समय का सदुपयोग किया जाये। सांसद की भी इच्छा थी कि खेल गाँव में अपनी पार्टी को इंटरव्यू देने से पूर्व मैं उनका इंटरव्यू लेकर बता दूँ कि उन्हें टिकट मिलेगा या नहीं। दूसरे, इससे रिहर्सल भी हो जाएगी और रिवीजन का काम भी हो जायेगा। आपके लिए मैं यह ऐतिहासिक इंटरव्यू अविकल रूप से पेश कर रहा हूँ।

मेरा पहला सवाल था, 'पिछले चार वर्षों में आपने कितनी घूस ली?'

'बड़ा अच्छा सवाल है।' सांसद महोदय ने कहा, 'आपने यह नहीं जानना चाहा कि मैंने घूस क्यों ली! मुझे यह जानकर बहुत प्रसन्नता हो रही है कि आप भी मेरी तरह यह मानकर चलते हैं कि आज के युग में घूस के बग़ैर ज़िन्दा नहीं रहा जा सकता। वही नादान लोग घूस को लेकर, भ्रष्टाचार को लेकर शोर मचाते हैं, जो यह नहीं जानते कि लोकसभा के चुनाव में कितना खर्चा होता है! पिछले आम चुनाव में मैं ढाई लाख रुपये नक़द खर्च करके संसद में पहुँचा था। अब महँगाई का ज़माना है। मुझे लग रहा है इस बार चार लाख से कम खर्च न बैठेगा। कुल मिलाकर मैंने सात लाख का बजट बनाया था।'

'आपने अपना टार्गेट पा लिया है या अभी कुछ कसर है?'

'ईश्वर की कृपा से मैंने समय रहते टार्गेट पूरा कर लिया है। जब से मध्यावधि चुनाव की ख़बरें उड़ने लगीं, मैंने कसर कस ली। मैंने दिन-रात मेहनत की और अब चुनाव के लिए तत्पर बैठा हूँ।'

'आपके विचार से चुनाव कब होंगे?' मैंने जिज्ञासा प्रकट की।

'कभी हो जाएँ, मैं तैयार बैठा हूँ।'

'फिर भी, कुछ तो बताइए, आपका अनुमान क्या है?'

सांसद महोदय मुस्करा कर बोले, 'एक शेर याद आ रहा है, इज़ाज़त हो तो अर्ज करूँ।'

'इरशाद।'

सांसद महोदय ने सिगरेट सुलगायी, एक लम्बा क़श खींचा और बोले, 'ग़ौर फ़रमाइए, बुत पाये की बात कहने जा रहा हूँ। इससे आज की पूरी राजनीति परिभाषित हो जाती है। शेर है—

इश्क़ की बात पेशवा जानें
हम बहू-बेटियाँ क्या जानें?'

'वाह वाह!' मैं दाद दिये बिना नहीं रह सका। 'आपको टिकट ज़रूर मिलना चाहिए। मगर यह बताइए, ख़ुदा न खास्ता, आपको टिकट न मिला तो आप क्या करेंगे?'

'करना क्या है, देश-सेवा करूँगा। देश-सेवा करने लायक पूँजी मेरे पास है।'

'देश-सेवा अर्थात् जनता की सेवा आप कैसे कर सकते हैं?'

'हर आदमी अपने-अपने ढंग से देश-सेवा करता है। मैं तबादलों और नियुक्तियों से जनता की सेवा करता हूँ। मैंने इंजीनियरों के तबादलों में स्पेशलाइज़ किया है। आप तो जानते ही हैं, मैं मूल रूप से भावुक आदमी हूँ। मुझसे किसी की पीड़ा नहीं देखी जाती। जब कोई अभियन्ता मुझे बताता है कि बच्चों के इम्तिहान

चल रहे हैं और उसका ट्रांसफ़र हो गया है तो मैं उद्वेलित हो जाता हूँ। जी-जान से तबादला रुकवाने में लग जाता हूँ। मगर यह अफ़सरों की कौम बहुत क्रूर होती है, मार्च के महीने में भी तबादला करने से बाज नहीं आती।'

'क्या मार्च के महीने में तबादले नहीं करने चाहिए?'

'बिलकुल नहीं। मार्च के महीने में किसी अधिशासी अभियन्ता का तबादला करना तो क्रौंच वध करना है। यही वह महीना होता है जब वह ख़ून-पसीनें से कमायी गयी कमीशन की रकम बटोरता है। इसी महीने में उसे विकास के मद में आया लाखों रुपया झूठे-सच्चे वाउचर बनाकर खर्च करना होता है। अब आप ही सोचिए, ऐसे में किसी का तबादला हो जाए तो उस पर क्या गुज़रेगी! दुष्ट क़िस्म के नेता अभियन्ताओं की इस कमज़ोरी और मज़बूरी का नाजायज़ फ़ायदा उठाते हैं। उन्हें ब्लैकमेल करने के लिए उनके ट्रांसफ़र का झूठा ऑर्डर निकलवा देते हैं और जब सौदा पट जाता है तो राजधानी जाकर उस झूठे आदेश को निरस्त करा देते हैं। मैं दावे के साथ कह सकता हूँ कि मैंने अपने चार वर्षों के राजनैतिक जीवन में एक बार भी ऐसा नहीं किया। आप विद्युत विभाग, सार्वजनिक निर्माण विभाग, सिंचाई विभाग आदि किसी भी विभाग के अभियन्ता से दरियाफ़्त कर लीजिए, ये लोग मेरी तारीफ़ ही करेंगे।'

'अच्छा यह बताइए, आजकल तबादला रुकवाने या मनचाहे स्थान पर तबादले करवाने का क्या बाज़ार भाव चल रहा है?'

'बहुत अच्छे रेट चल रहे हैं। अब तो एक से दो-दो लाख की जगहें हो गयी हैं। दिल्ली के आसपास के नगरों, जैसे ग़ाज़ियाबाद और फरीदाबाद जैसे शहरों में तबादला कराने के लिए अभियन्ता लोग मुँह माँगे दाम दे रहे हैं।''

सांसद महोदय ने पंजाब समस्या, बीस सूत्री कार्यक्रम, परिवार नियोजन, राष्ट्रीय एकता, इन्दिरा-राजीव गाँधी तथा अन्य कई मसलों पर बातचीत हुई, समय मिलते ही मैं उसकी जानकारी दूँगा।

(दिनमान, 1-7 अप्रैल '84)

महाभोज

'हम कहाँ खड़े हैं?
हमारा लक्ष्य क्या है?
लक्ष्य तक हम कैसे पहुँचेंगे?'

पचपन वर्ष पूर्व कलकत्ता अधिवेशन में सवर्गीय मोतीलाल नेहरू ने ये सवाल पूछे थे। तब उत्तर था, देश ग़ुलाम है, स्वतन्त्रता प्राप्ति के लिए कांग्रेस जन अपनी सम्पूर्ण शक्ति लगा दें। पचपन वर्ष बाद ये प्रश्न आज भी प्रासंगिक हैं। कलकत्ता के कांग्रेस अधिवेशन में ये प्रश्न पुनः उठाये गये।

मैंने एक कांग्रेसी से पूछा कि वह कहाँ खड़ा है? वह इस प्रश्न से उत्तेजित हो गया। बोला, अन्धे हो क्या? देख नहीं रहे कि हावड़ा स्टेशन पर खड़े हैं। मेरे यह पूछने पर कि हमारा लक्ष्य क्या है, उसने यह बताया कि हमारा लक्ष्य कलकत्ता की सैर करना है, इन्दिराजी की जय बोलना है और राजीवजी के दर्शन करना है। मैंने अन्तिम प्रश्न छोड़ा कि लक्ष्य तक हम कैसे पहुँचेंगे। कांग्रेसी के चेहरे पर हवाइयाँ उड़ने लगीं। उसने एक गहरी साँस भरी और बोला, स्वागत कक्ष ख़ाली है, केवल कुर्सियाँ पड़ी हैं। जिस कार्यकर्ता के पास व्यवस्था सम्बन्धी काग़ज़ात थे, वह ग़ायब है। बताया जाता है कि कांग्रेस की वर्दी पहनकर माकपा का एक कार्यकर्ता कांग्रेस में घुस गया था और अव्यवस्था फैलने के लिए ऐन वक़्त पर ग़ायब हो गया। दूर-दराज़ जगहों से आये कांग्रेस के कार्यकर्ता दर-दर भटक रहे हैं।

राष्ट्रीय प्रश्नों से जूझते हुए कार्यकर्ता को मैंने समझाने की कोशिश की कि हज़ारों की संख्या में जो कांग्रेसी खोये हुए बच्चों की तरह कलकत्ता की सड़कों पर भटक रहे हैं, उसे माकपा का षड्यन्त्र कहने से पहले हमें विचार कर लेना चाहिए कि कहीं यह ग़नी ख़ाँ चौधरी और प्रणव मुखर्जी के अन्तर्विरोधों का परिणाम तो नहीं है!

एक अन्य कांग्रेसी ने, जो हमारी बातचीत सुन रहे थे, कहा कि इस शोहदे की बात पर ध्यान न दीजिए। यह छद्म कांग्रेसी है, इसने सौ रुपये में डेलीगेशन कार्ड ख़रीदा है। बिहार में हर चीज़ बिकती है, इस बार कांग्रेस भी बिक गयी। बाबूजी

तुम क्या क्या ख़रीदोगे? जिस प्रान्त में रेलवे प्लेटफॉर्म तक गिरवी रखा जा चुका हो, वहाँ कांग्रेस क्यों नहीं बिकेगी! मात्र सौ रुपये में तीन-चार दिन चाय-नाश्ता, दो वक़्त का भोजन और कलकत्ता की सैर हो जाए तो सौदा बुरा नहीं।

आप कहाँ खड़े हैं? मैंने कांग्रेसी से सीधा सवाल किया।

कांग्रेसी वाचाल हो गया, हम भारत की महान नगरी कलकत्ता में खड़े हैं। यह पश्चिम बंगाल की धरती है। इस धरती पर ग़नी ख़ाँ चौधरी और प्रणव मुखर्जी जैसे योद्धा पैदा हुए। हमारा लक्ष्य है पश्चिम बंगाल की धरती को मार्क्सवादियों से मुक्त कराना। केन्द्रीय नेतृत्व को आभास हो गया है कि इस लक्ष्य तक हम ग़नी ख़ाँ चौधरी और प्रणव मुखर्जी के माध्यम से नहीं पहुँच सकते। इसलिए राजीव गाँधी को लाये हैं। वे द्वितीय श्रेणी के डिब्बे में बैठकर दिल्ली से कलकत्ता आये हैं। पश्चिम बंगाल में कांग्रेस की विश्वसनीयता समाप्त होती जा रही थी। कांग्रेस अधिवेशन के समाचार पढ़ते ही बस चालकों के कान खड़े हो गये थे। उन्हें भय था कि अधिवेशन के दौरान टिकट लेकर कोई यात्रा नहीं करेगा। शरारती तत्त्वों ने बसों पर बड़े-बड़े बैनर लगा दिये कि धन दौलत खो जाये तो कुछ नहीं होता, चरित्र नहीं खोना चाहिए। इन मूर्ख लोगों को कौन समझाये की कांग्रेस महात्म्य में टिकट का विशेष महत्त्व बताया गया है। वह टिकट का ही भूखा होता है। टिकट की आशा में वह घंटों एक टाँग पर खड़ा हो सकता है। कड़कती सर्दी में गढ़वाल जा सकता है। सैकड़ों मील की कष्टप्रद यात्रा करके कलकत्ता पहुँच सकता है। अंटार्कटिक में टिकट रखा हो तो वहाँ पहुँच जाएगा। आज कलकत्ता की सड़कों पर भूखों पेट लावारिस घूम रहा है।

आयोजकों ने पूरी कोशिश की थी कि कांग्रेसी भूखा न रहे, क्योंकि वह जानते थे कि भूखा कांग्रेसी भूखे शेर से भी ज़्यादा अधिक ख़तरनाक होता है। इसे दुर्भाग्य ही कहा जाएगा कि तीन सौ रसोइए दिन-रात भोजन पका रहे थे, मगर कांग्रेसी भूखा रह गया। उत्तर भारत से लेकर दक्षिण भारत तक के सुस्वादु व्यंजन अनवरत तैयार हो रहे हैं, मगर कांग्रेसी भोजनकक्ष तक नहीं पहुँच पा रहा है। भोजनकक्ष का रास्ता बताने वाला कोई नहीं। जो था, वह माकपा का आदमी निकला। मार्क्सवादी इससे बड़ी शरारत क्या कर सकते थे कि दक्षिण भारतीय कांग्रेसी पूड़ी खा रहा है और उत्तर भारतीय दोसा-इडली। एक बंगाली ही ऐसा है, जो अपने प्रान्त का भोजन खा रहा है।

हिन्दुस्तान मे आज कांग्रेसी को दो ही चीज़ें प्रिय हैं। भोजन और भजन। यही कारण है कि कांग्रेस में भजनलाल और भोजनलाल का महत्त्व बढ़ता जा रहा है। आठ भोजनकक्ष खोले गये हैं। पूरा वातावरण इतना भोजनमय हो गया है कि कड़ी

सुरक्षा के बावजूद बार-बार बन्दर पंडाल में घुस आते हैं। भोजनकक्ष में इसीलिए कम कांग्रेसी दिखाई रहे रहे हैं कि भोजन करने के लिए भोजनकक्ष में जाना ज़रूरी नहीं समझते। कहीं भी कर सकते हैं। कांग्रेस ही कांग्रेसियों का भोजन है। उसे रसोइए की सेवा की दरकार नहीं। कलकत्ता अधिवेशन में आशा के अनुरूप कांग्रेसियों ने एक-दूसरे का भरपेट भोजन किया और जिन्हें जमकर धक्के खाने का सुअवसर प्राप्त हुआ, उनमें वित्तमन्त्री श्री प्रणव मुखर्जी और रेलमन्त्री ग़नी ख़ाँ चौधरी भी शामिल थे। जहाँ इन दोनों महानुभावों का मिलन होगा, धक्का-मुक्की अपने आप शुरू हो जाएगी। कुछ पत्रकारों को भी धक्के खाने का अनुभव हुआ, मगर पत्रकार तो धक्के खाने का आदी होता है।

जब प्रधानमन्त्री विदेश जाती हैं

अख़बार बताते हैं कि प्रधानमन्त्री पुनः विदेश जा रही हैं। मुझे मालूम नहीं, जब प्रधानमन्त्री देश से बाहर जाती हैं तो आप लोग क्या करते हैं! लेकिन मैंने देखा है कि प्रधानमन्त्री के विमान पर सवार होते ही विपक्ष अविश्वास प्रस्ताव की रूपरेखा तैयार करने में व्यस्त हो जाता है और सत्तारूढ़ दल के मुख्यमन्त्री प्रेस विधयक जैसा कोई सरदर्द मोल लेते हैं। केवल भजनलाल अपवाद हैं। प्रधानमन्त्री की अनुपस्थिति में वे न पहाड़ जाते हैं, न छुट्टी पर। उन पर एक ही धुन सवार है। प्रधानमन्त्री विदेश से लौटती हैं तो चमत्कृत रह जाती हैं। गंगा का जलस्तर भी उस गति से नहीं बढ़ा होता, जिस गति से हरियाणा में कांग्रेस (इ) के सदस्यों की संख्या बढ़ चुकी होती है। अगर यही रफ़्तार रही तो कुछ दिनों में गंगा और घाघरा नहीं, हरियाणा में कांग्रेस (इ) के विधायकों की बाढ़ के समाचार छपेंगे। समाचार ही नहीं छपेंगे, बाढ़ आ जाएगी। इस बाढ़ में लोकदल का शव बहने लगेगा। बाढ़ में जितने भी शव नज़र आते हैं, उनके ऊपर कोई-न-कोई बैठा रहता है। बल्कि कौवे को देखकर ही अनुमान लगाया जाता है कि कोई शव बह रहा है। मुझे तो लगता है जैसे चुनाव चिह्न बह रहा हो।

मुख्यमन्त्री दो प्रकार के होते हैं। एक, जो प्रधानमन्त्री की रवानगी की प्रतीक्षा करते रहते हैं, जैसे भोंसले। उन्हें जापान की बुद्धि पर तरस आता है कि क्यों नहीं आग्रहपूर्वक कुछ दिनों के लिए प्रधानमन्त्री को जापान रोक लिया जाता। विचार-विमर्श के कई मुद्दे हैं। सुजुकी स्वयं हैं, सुजुकी कार है। एशियाड है, बौद्ध धर्म है, रंगीन दूरदर्शन है, संचार है। जापान के पास अनेक मुद्दे हैं, जिन्हें श्रीमती गाँधी ही समझ सकती हैं। दूसरे प्रकार के मुख्यमन्त्रियों में भजनलाल प्रमुख हैं, जो कन्धे पर 'स्कोर बोर्ड' लादे प्रधानमन्त्री की वापसी की प्रतीक्षा में तैयार खड़े रहते हैं।

आपने ध्यान दिया होगा कि प्रधानमन्त्री की अनुपस्थिति में एक समाचार अवश्य प्रकाशित होता है कि विदेश से लौटते ही प्रधानमन्त्री मन्त्रिमंडल का पुनर्गठन और विस्तार करेंगी। इस समाचर से सांसदों के ख़ून का दौरा तेज़ हो जाता है। यह समाचार शायद प्राकशित भी इसलिए किया जाता है कि सांसदों का

रक्तचाप ठीक रहे। कहीं वे मन्द रक्तचाप के शिकार न हो जाएँ। मन्त्रिपद प्राप्त करने के अभिलाषी सांसद टकटकी लगाकर हार की तरफ़ देखते रहते हैं जो वे पालम हवाई अड्डे पर प्रधानमन्त्री का स्वागत करते हुए पहनाएँगे। जैसे हार न हो, कोई ताबीज़ हो, जिसे धारण करते ही प्रधानमन्त्री की सूची में उनका नाम आ जाएगा। मगर हमारी प्रधानमन्त्री की चतुराई का भी कोई जवाब नहीं। विदेश से लौट कर वह निहायत सादगी से कह देती हैं, मन्त्रिमंडल के विस्तार के प्रश्न पर उन्होंने अभी विचार ही नहीं किया। शायद यही कारण था कि इस बार जब सचमुच मन्त्रिमंडल का विस्तार हो गया तो रथ, राव, सिंह और नबी लम्बी उबाऊ प्रतीक्षा से तंग आकर राजधानी से बाहर थे। कुछ तो देश से बाहर जा चुके थे। जिन प्रत्याशियों ने दिल्ली में धरना दे रखा था, वे तो जैसे आसमान से गिरे।

वास्तव में श्रीमती गाँधी, परम अधीर प्रत्याशियों को पसन्द नहीं करतीं। वीर, अधीर, और बहादुर लोग अपनी ही वीरता, अधीरता और बहादुरी के शिकार हो जाते हैं। कुछ लोगों का गणित असफल हो जाता है। जैसे जगदीश टाइटलर ने मेनका विरोध में पूरी शक्ति लगा रखी थी और दसियों वक्तव्य दे डाले थे और मन्त्रित्व प्राप्त हुआ रामचन्द्र रथ को। अशोक गहलोत को। गुलाम नबी आज़ाद भी उपमन्त्री के स्थान पर राज्यमन्त्री हो जाते, मगर लगता है उनकी वक्तव्यबाज़ी आड़े आ गयी।

प्रधानमन्त्री देश में नहीं रहतीं तो जाने ये विमान अपहरणकर्ता क्यों सक्रिय होने लगते हैं। वैसे श्रीमती गाँधी सत्ता में नहीं थीं, तब भी विमान अपहरणकर्ता सक्रिग थे। सरलीकरण यही कहता है कि प्रधानमन्त्री को देश में ही रहना चाहिए, वरना शनि और बृहस्पति वक्र होकर तालमेल स्थापित करते रहेंगे।

श्रीमती गाँधी ने विदेश जाते ही न केवल अखिल भारतीय कांग्रेस कमेटी के कार्यालय बल्कि विपक्ष के कार्यालयों में भी सियार बोलने लगते हैं। नेता लोग उत्साहहीन होने लगते हैं। और तो और कल्पनाथ राय तक भी वक्तव्य देना बन्द कर देते हैं। कई बार तो यों लगने लगता है कि शेर और बकरी एक ही घाट पर पानी पी रहे हैं। यह स्थिति अच्छी नहीं है। इसी का लाभ उठाकर सोनकर मेनका की तरफ़ कूद गये। श्रीमती गाँधी की विदेश यात्राओं का मेनका की कुंडली से भी ज़रूर कोई सम्बन्ध है। वे लन्दन में थीं जब मेनका ने 'संजय विचार मंच' का गठन कर लिया और बाग़ी होकर लखनऊ पहुँच गयीं। श्रीमती गाँधी अमेरिका में थीं और पीछे से मेनका ने जे.एन. मिश्र को फोड़ लिया। वह मारीशस गयीं, पीछे सोनकर कांड हो गया। अब श्रीमती गाँधी रूस के लिए रवाना हो रही हैं, देखते हैं इस बार मेनका क्या गुल खिलाती हैं!

(दिनमान, 19-25 सितम्बर '82)

सत्ता और सुरा की कॉकटेल

राकेश शर्मा पृथ्वी की अनेक परिक्रमाएँ करने के बाद अन्तरिक्ष से सकुशल लौट आये और एक हमारे रामराव आदिक हैं कि सिर्फ़ पश्चिम जर्मनी तक गये थे और कहा जा रहा है अपना एक दाँत तुड़वा लाये। विदेश जाकर उन्होंने न सिर्फ़ अपना, बल्कि महाराष्ट्र और इंका का नाम भी रोशन कर दिखाया। राकेश शर्मा और रामराव आदिक ने अपनी-अपनी योग्यता के अनुसार अनुभव प्राप्त किये। फ़र्क़ सिर्फ़ इतना है कि राकेश शर्मा की अनुभव-सम्पदा से समूचा विश्व लाभ उठायेगा और रामराव आदिक के अनुभव ऐसे हैं कि उनसे सिर्फ़ बसन्तदादा पाटील लाभान्वित होंगे। लगभग छह माह पूर्व जब शालिनी ताई ने रामराव आदिक की शराबख़ोरी पर चिन्ता प्रकट की थी, उस समय आदिक के दर्ज़नों समर्थक भड़क गये थे। मैंने जब से आदिक साहब पर लगाए गये आरोपों का अध्ययन किया है, चचा ग़ालिब की एक सतर दिमाग़ में तैर रही है : 'आज क्यों पर्वा नहीं अपने असीरों की तुझे?'

रामराव आदिक के अनुभव से इंका के अन्य उपमुख्यमन्त्रियों तथा उपमुख्यमन्त्री पद पाने के लिए जोड़तोड़ करने वाले मन्त्रियों को कुछ सबक लेना चाहिए। प्राय: देखा गया है कि उपमुख्यमन्त्री अपनी समूची शक्ति मुख्यमन्त्री पद प्राप्त करने में लगा देता है। वह मुख्यमन्त्री महोदय की ओर कुछ ऐसे देखने लगता है, जैसे भूखी बिल्ली टकटकी लगाकर चूहे की तरफ़ देखा करती है। मगर उपमुख्यमन्त्री बिल्ली की तरह भाग्यशाली नहीं होता। वह यह भूल जाता है कि मुख्यमन्त्री भी उसकी गतिविधियों पर नज़र रखे हुए है। होता यह है कि उपमुख्यमन्त्री अपने को बिल्ली समझता है, मुख्यमन्त्री उसे चूहा। अब तक इस देश की धरती पर अनेक मुख्यमन्त्री साबित कर चुके हैं कि उपमुख्यमन्त्री बिल्ली नहीं, चूहा होता है। सफल मुख्यमन्त्री तो भक्षण करके डकार तक नहीं लेते। मेरी समझ से उपमुख्यमन्त्री के हित में यही होता है कि अपने को हमेशा चूहा समझे। चूहा समझने में कष्ट होता है तो ख़ाली समय में काफ़्का की सुप्रसिद्ध कहानी 'मैटामार्फिसिस' पढ़कर प्रेरणा प्राप्त करे। अपने भीतर बिल्ली का भ्रम पालने की भूल हरगिज न करें और बजाय आक्रमण के, हमेशा अपनी सुरक्षा के बारे में चिन्तित रहे।

मुझे मालूम है, यह एक कठिन कार्य है। इस प्रक्रिया में कुछ विरोधाभास भी उभर आते हैं। उन पर विचार कर लेना अप्रासंगिक न होगा। कौन नहीं जानता कि मुख्यमन्त्री हाईकमान की कृपा से मुख्यमन्त्री बनता है। ख़ुद तो वह इतना कमज़ोर होता है कि अपने बलबूते पर मन्त्री भी नहीं बन सकता। जबकि उपमुख्यमन्त्री सिर्फ़ अपनी शक्ति से उपमुख्यमन्त्री बनता है।

उपमुख्यमन्त्री सोचने लगता है, यह मुख्यमन्त्री नहीं, हाईकमान का 'मुंडू' है, भाड़े का टट्टू है। यही सब सोचते-सोचते उपमुख्यमन्त्री की बुद्धि भ्रष्ट होने लगती है। वह अपनी शक्ति पर मुग्ध रहने लगता है। उसे लगता है, अब मुख्यमन्त्री की कुर्सी उसके बहुत नज़दीक है। मगर कुर्सी उसके साथ लुका-छिपी का खेल खेलने लगती है। ग़म ग़लत करने के लिए वह शराब का सहारा लेता है या सुन्दरियों का। सुन्दरियाँ भी साथ छोड़ जाती हैं तो वह शराब के समुन्दर में डुबकियाँ लगाने लगता है। एक-दो पैग से तसल्ली नहीं होती, बल्कि युगों-युगों की प्यास भड़क उठती है। वह एथर होस्टेस के हाथ से पूरी बोतल छीनकर गटागट पी जाता है। कुछ लोग इसे 'कांग्रेस कल्चर' की संज्ञा दे रहे हैं, जबकि सचाई यह है कि यह सत्ता का कल्चर है। इसे सत्ता का कल्चर कहना भी ग़लत होगा। वास्तव में यह सत्ता और सुरा की कॉकटेल है। यह कॉकटेल बहुत ख़तरनाक होती है। आदमी को थाने पहुँचा देती है, उसके दाँत तुड़वा देती है, हास्यास्पद स्थिति पैदा कर देती है।

इससे यही शिक्षा मिलती है कि उपमुख्यमन्त्री को फ़क़त सत्ता के नशे में धुत् रहना चाहिए। नशे को तेज़ करने के लिए स्कॉच का सहारा नहीं लेना चाहिए। कॉकटेल बनाना ज़रूरी हो तो सत्ता के साथ दूध, लस्सी और फलों के रस मिलाये जा सकते हैं, स्कॉच नहीं। रामराव आदिक ने भी शिक्षा ले ली है। एक संवाददाता द्वारा यह पूछे जाने पर कि उनकी प्रिय स्कॉच कौन-सी है, उन्होंने मुस्कराते हुए उत्तर दिया, 'मुझे नहीं मालूम।' आशा है भविष्य में वे उत्तर देते हुए मुस्कराना भी बन्द कर देंगे।

देखा गया है कि प्रत्येक विधायक के भीतर एक मन्त्री बैठा रहता है, प्रत्येक मन्त्री के भीतर एक उपमन्त्री। आजकल मन्त्रियों के भीतर बैठे उपमुख्यमन्त्री बहुत कसमसा रहे हैं। हाल ही में पढ़ने को मिला कि एक मन्त्रीजी को मुख्यमन्त्री नहीं तो कम से कम उपमुख्यमन्त्री बनाया जाना बहुत ज़रूरी हो गया है, क्योंकि उनकी क्षमता का पूरा उपयोग नहीं किया जा रहा है। यह बात हमारी समझ में नहीं आयी, जहाँ विधायकों की क्षमता कर पूरा उपयोग न किया जा रहा हो, मन्त्रियों की क्षमता का पूरा उपयोग करने का प्रश्न ही न उठना चाहिए। देश ने रामराव आदिक की क्षमता का पूरा उपयोग किया होता तो वे जर्मनी क्यों जाते! उन्हें क्या कुत्ते ने काटा

था? अपनी क्षमता, योग्यता और प्रतिभा का परिचय देने के लिए उन्हें विदेश जाना पड़ा। देश को क्षमता का उपयोग करने की कोई चिन्ता नहीं है, बल्कि यह कहना भी ग़लत न होगा, वह इसके प्रति उदासीन है। इसे दुर्भाग्यपूर्ण ही कहा जाएगा कि प्रतिभाओं को अपनी क्षमता और योग्यता का परिचय देने के लिए विमान यात्राएँ करनी पड़ रही हैं, परिचारिकाओं से अपमानित होना पड़ रहा है, विदेशी थानों की हवा खानी पड़ रही है। उम्मीद की जानी चाहिए कि जिस सादगी से रामराव आदिक ने पश्चिम जर्मनी जाकर अपनी क्षमता का उपयोग किया है, अन्य राज्यों के उपमुख्यमन्त्री या वरिष्ठ मन्त्रीगण भी अगले आम चुनाव से पहले विदेश जाकर अपनी क्षमता का उपयोग कर आएँगे।

मुफ़्त हुए बदनाम

प्रकृति ने हमें मुफ़्तखोर बनाने की हरचन्द कोशिश की है। सूरज मुफ़्त है तो उसके साथ-साथ धूप भी मुफ़्त है। चाँद मुफ़्त है, चाँदनी मुफ़्त है, इतने बड़े-बड़े समुन्दर हमें मुफ़्त दे रखे हैं। वर्षा भी निःशुल्क है, ऑक्सीजन का दाम वसूलने भी कोई अमीन या तहसीलदार नहीं आता। गरज यह कि शफ़क, धनुक, महताब, घटाएँ, तारे, नग़में, बिजली (आकाश में चमकने वाली), फूल, सब मुफ़्त हैं।

ज़िन्दगी की अनेक नेमतें मनुष्य को जन्म के साथ ही अनायास उपलब्ध हो जाती हैं। प्रकृति ने बच्चे की मुस्कराहट, माँ की ममता या चिड़ियों की चहचहाहट पर कोई कर नहीं लगाया। यही नहीं, उनके लिए जल के अनेक स्रोत खोल दिये। आपकी इच्छा हो तो कुएँ का जल पी सकते हैं अथवा चश्मे का। पवित्र से पवित्र नदी का जल इस धरती पर उपलब्ध है। यह तय है कि यही काम अगर प्रकृति ने सरकार को सौंप दिया होता तो लोग प्यासे मर जाते। कुछ लोगों ने गंगाजल बेचने का धन्धा ज़रूर शुरू किया था, मगर वह ज़्यादा दिन नहीं चल पाया। बहरहाल, इसे प्रकृति का आशीर्वाद ही कहा जाएगा कि लोग नदियों में नहा रहे हैं। तैर रहे हैं और जी भरकर नदियों के जल का सेवन कर रहे हैं, एकदम मुफ़्त!

यही नहीं, अच्छी और नेक सलाह हमेशा मुफ़्त मिलती है। अच्छी शिक्षा और अच्छे प्रवचन मुफ़्त उपलब्ध हैं, देश में जगह-जगह महात्मा लोग ज्ञान की गंगा बहाते रहते हैं। कई बार यह देखकर आश्चर्य होता है कि इस महाजनी सभ्यता के दौर में प्रेम जैसी अमूल्य भावना भी मुफ़्त है। यही स्थिति यश की है। पैसे से ख्याति हासिल नहीं की जा सकती। मगर समाज में अगर यश और ख्याति मुफ़्त उपलब्ध है तो अपयश का भी कोई दाम नहीं है। रामराव आदिक का हवाला देकर कोई भी कह सकता है कि अपयश भी मुफ़्त है।

कुछ चतुर लोगों ने प्रकृति शिक्षा लेकर मनुष्य की मुफ़्तखोरी की प्रवृत्ति का जी भरकर शोषण किया है। बड़ी-बड़ी कम्पनियाँ आये दिन इसका सबूत पेश करती रहती हैं। आपने देखा होगा कि एक साथ साबुन की तीन बट्टियाँ ख़रीदने पर साबुनदानी मुफ़्त मिलती है। कॉफ़ी के चार पैकेट ख़रीदने पर पाचवाँ एकदम मुफ़्त।

मुफ़्तखोरी के रोग से ग्रस्त ग्राहक अपनी ख़ून-पसीने की कमाई से ज़रूरत से ज़्यादा सामान ख़रीद लाता है। देखने में आ रहा है, बाल्टियाँ, चम्मच, कटोरियाँ और कॉपियाँ मुफ़्त पाने के चक्कर में लोगों के घरों में कपड़े धोने के साबुन के अम्बार लग गये हैं। हालात यह हो गयी है कि आज मध्यवर्गीय परिवारों में साबुन अधिक है, कपड़े कम हैं। बाल्टी हैं, पर नल में पानी नहीं है। चम्मच है, तरकारी नहीं है। कॉपी है, क़लम नहीं है। सिर्फ़ कपड़े धोने का साबुन है।

जब से रामाराव आदिक मदिरा प्रकरण से मुफ़्त में बदनाम होकर जर्मनी से वाया रोम भारत पधारे हैं, मेरे जेहन में बार-बार बेग़म अख़्तर का एक दादरा कौंध रहा है, जो अपने समय में संगीत प्रेमियों के बीच बेहद लोकप्रिय हुआ था :

'मुफ़्त हुए बदनाम साँवरिया तेरे लिए
न दिल को हाथों से खोते
न ग़ैर कहलाते
न ताने ग़ैरों के सुनते न जान से जाते
मुफ़्त हुए बदनाम साँवरिया तेरे लिए।'

सुनने में आ रहा है, मिस्टर आदिक ने, जिन्हें कुछ मनचले पत्रकार मिस्टर *'एडिक्ट'* भी कहने लगे हैं, शिवाज रीगल के दो पैग पीकर ही दिल को हाथ से खो दिया था। दिल ही तो था, वह भी उपमुख्यमन्त्री का, कि विमान में ऐसा खोया कि पकड़ में न आया। आदिक साहब फ्रांकफुर्त में, हनोवर में, रोम में, उसके पीछे-पीछे भागते रहे। मगर दिल था कि कभी किसी विमान परिचारिका के गेसुओं में खो जाता और कभी किसी राह चलती युवती के दामन में। कहा-बताया जाता है, उसने एक महिला कर्मचारी के स्कर्ट में भी पनाह लेने की कोशिश की। भारत लौटकर आदिक साहब के दिल को इतनी ठेस लगी कि उन्होंने शराब से तौबा कर ली। अब वे कभी मदिरापान नहीं करेंगे, वह चाहे उनके पास कितनी भी ख़ूबसूरत बोतल में या कितनी भी उत्तेजक स्कर्ट पहनकर क्यों न चली आये! उन्होंने अपने पद से भी त्यागपत्र दे दिया है। बकौल चचा ग़ालिब—

'जब मैकदः छूटा तो फिर अब क्या जगह की क़ैद
मस्जिद हो, मदरसा हो, कोई खानकाह हो।'

आदिक के मदिरा प्रकरण और उस पर राजीव गाँधी के रवैये ने इंकाइयों में खलबली पैदा कर दी है। इंका के मन्त्री, विधायक और सांसद नित नयी क़समें खा रहे हैं कि अव्वल तो वे आदिक साहब की तरह शराब से तौबा कर लेंगे और अगर यह सम्भव न हुआ तो खिड़कियाँ-किवाड़ बन्द करके अँधेरे कमरों में पिया करेंगे। जनता को कहलवा दिया जाएगा कि मन्त्रीजी पूजा कर रहे हैं।

बेग़म के दादरा की निम्न पंक्तियों के बग़ैर यह प्रकरण अधूरा रहेगा :

'क़जाएँ दिल के लगाने की सैकड़ों पायीं।
उठाये रंज भी दर-दर की ठोकरें खायीं।
मुफ़्त हुए बदनाम... ।'

(दिनमान, 6-12 मई '84)

मद्यपान संस्कार की ज़रूरत

धीरे-धीरे राजनीति धरती से उठकर अन्तरिक्ष की ओर बढ़ रही है। अन्तरिक्ष युद्ध की सम्भावना में नये से नये अन्तरिक्ष अस्त्र ईज़ाद किए जा रहे हैं। इस वस्तुस्थिति में विकासशील देश महाशक्तियों से हाथ जोड़ कर केवल यही प्रार्थना कर सकते हैं कि अन्तरिक्ष के सैन्यीकरण की प्रवृत्ति पर फ़ौरन रोक लगाई जाये। जिस गति से अन्तरिक्ष का अनुसन्धान हो रहा है, उससे लगता है कि अन्तरिक्ष में भी शीघ्र ही अफ़गानिस्तान, क्यूबा, लेबनान, कम्पूचिया और वियतनाम को खोजा जा रहा है। धरती के बाद अब अन्तरिक्ष के विभाजन की तैयारियाँ हो रही हैं।

मगर अन्य विकासशील देशों की तरह भारत की स्थिति भिन्न है। यह ज़रूर है कि पड़ोसी मित्र के वाहन में बैठकर भारत का अन्तरिक्ष यात्री अन्तरिक्ष का भ्रमण कर आया है, मगर भारत को अभी बहुत लम्बा सफ़र तय करना है। भारत की राजनीति भी अभी अन्तरिक्ष तक नही पहुँची, आकाश में बादलों के आसपास मँडरा रही है। आदिक मदिरा प्रकरण से ऐसे संकेत ज़रूर मिलते हैं कि भारत की राजनीति आकाशगामी हो रही है। आदिक साहब तो क्या बड़े से बड़ा पियक्कड़ भी, 'शिवाज रीगल' के दो पैग, उसके बाद पूरी बोताल, यानी कि चौदह पैग और, उसके बाद वोदका, जिन और रेड वाइन का एक पैग भी जोड़ा जाए तो लगभग बीस पैग बैठते हैं, नहीं पी सकता। धरती पर तो नहीं पी सकता, आकाश के बारे में आकाशचारी जानें।

पीनेवाला न केवल उपमुख्यमन्त्री, बल्कि मधुमेह का रोगी भी हो तो भगवान ही मालिक हैं। रिन्द लोगों का मत है कि इतनी दारू पीने के बाद आदमी लड़की तो क्या, कुर्सी के साथ भी छेड़खानी करने की स्थिति में नहीं रहता। ऐसा धुत्त आदमी तो लड़की और पेड़ में भी अन्तर करने का विवेक खो बैठेगा। जिन लोगों ने आदिक प्रकरण का भंडाफोड़ किया है, लगता है, स्वयं भी पिए हुए थे। इस सिलसिले में रामराव आदिक के भाई गोविन्दराव ने कुछ और सवाल उठाये हैं। उन्होंने दावा किया है कि एयर इंडिया के फ्लाइट पर्सर श्री गुप्त भारतीय जनता पार्टी के सदस्य हैं और उस उड़ान की एयर होस्टेस फर्नांडीज़ महाराष्ट्र के मुख्यमन्त्री वसन्तदादा

पाटील की बिटिया की अन्तरंग सहेली हैं। अगर इन आरोपों में कोई सचाई है तो लगता है, पूरा विमान आदिक साहब के लिए सजाकर जर्मनी भेजा गया था। मालूम नहीं, खोजी पत्रकार अरुण शौरी इस प्रसंग पर कुछ खोज कर रहे हैं कि नहीं। आशा कम ही है, क्योंकि इधर अरुण शौरी के साथियों ने ख़ुद अरुण शौरी को खोज का विषय बना डाला है।

बहरहाल, इस प्रकरण से मन में कई जिज्ञासाएँ उठ रही हैं। रामराव ने न्याय की फ़रियाद भी नहीं की और इस्तीफ़ा थमा दिया। यह जानना भी ज़रूरी हो गया है कि मुहम्मद यूनुस और रामराव आदिक के सम्बन्ध कैसे थे? एयर इंडिया के दो कर्मचारियों के वक्तव्यों में विरोधाभास क्यों है? शरद पवार ने इस कांड में इतनी दिलचस्पी क्यों दिखायी? इन तमाम सवालों के जवाब महाराष्ट्र की राजनीति को समझने में बहुत मदद कर सकते हैं।

आजकल पश्चिम में मद्यपान को लेकर बड़ी दिलचस्प बहस चल रही है। भारत के भावी मन्त्रियों, उपमुख्यमन्त्रियों और मुख्यमन्त्रियों के लिए यह बहस बहुत उपयोगी साबित होगी। पश्चिम के कुछ समाजशास्त्रियों का मत है कि जब तक बचपन से ही मद्यपान का प्रशिक्षण नहीं दिया जाएगा, लोग शराब पीकर अटपटी हरक़तें करते रहेंगे। मद्यपान की भी एक संस्कृति होती है। एक उम्र के बाद उसे हृदयंगम करना कठिन हो जाता है। जो लोग एक ख़ास उम्र के बाद मदिरा सेवन शुरू करते हैं, वे अक्सर हास्यास्पद स्थिति पैदा कर देते हैं। बग़ैर मद्यपान के तौर-तरीक़े समझाये देश में अच्छे, उच्चकोटि के संस्कारवान 'शराबी' पैदा नहीं किए जा सकते।

हमारे यहाँ भारत में आरम्भ से ही बालक के तरह-तरह के संस्कार किये जाते हैं। जैसे कनछेदन, मुंडन और अन्न-प्राशन संस्कार। पश्चिम चूँकि बड़ी तेज़ी से अन्तरिक्ष युग में प्रवेश कर रहा है, इसलिए मद्यपान संस्कार की आवश्यकता महसूस की जा रही है। आदमी कितने भी विकासशील देश में जन्म ले, माँ के पेट में मद्यपान के तौर-तरीक़े सीखकर नहीं आ सकता! उसका प्रशिक्षण ज़रूरी है।

गुरु की महिमा से हमारे शास्त्र भरे पड़े हैं। रामराव आदिक का विधिवत मद्यपान संस्कार हुआ होता तो वे इतनी वाहियात हरक़तें न करते, जिनकी चारों दिशाओं में धूम मची है। उन्होंने अपने प्रवास में जो हरक़तें कीं, थोड़ी पीकर कीं या ज़्यादा पीकर, उससे यही लगता है कि वे राजनीतिज्ञ हो सकते हैं, संस्कारवान, धीर ललित शराबी नहीं। उन्होंने बर्लिन और रोम की सड़कों पर जो हरक़तें कीं, उनका विश्लेषण करके यही कहा जा सकता है कि वे एक नौसिखिये शराबी हैं। 'चित्रहार' के स्तर के शराबी हैं। जबकि संकट की इस घड़ी में देश को स्वच्छ छवि की ज़रूरत है, संस्कारवान और सभ्य शराबियों की ज़रूरत है। मन्त्रियों-मुख्यमन्त्रियों के मद्य प्रशिक्षण का काम तुरन्त शुरू कर देना चाहिए।

(दिनमान, 13-19 मई '84)

तीसरी क़सम उर्फ़ मारे गये गुलफ़ाम

अगर संयोग से इन दिनों मेरी महाराष्ट्र के भूतपूर्व उपमुख्यमन्त्री रामराव आदिक से भेंट हो गयी तो मैं इनका इंटरव्यू लेना चाहूँगा। प्रश्नावली मैंने तैयार कर ली है और एक योग्य पत्रकार की भाँति उत्तर भी स्वयं लिख लिये हैं। अगर मैं आदिक साहब की स्थिति में होता तो यही उत्तर देता। वरिष्ठ पत्रकार अरुण शौरी जयप्रकाश नारायण के उत्तर और भाषण तैयार कर सकते थे तो बन्दा रामराव आदिक की ओर से उत्तर देने का दुस्साहस क्यों नहीं कर सकता? यहाँ अविकल रूप से 'मिस्टर एडिक्ट' का काल्पनिक इंटरव्यू पेश किया जा रहा है।

प्रश्न : आदिक साहब, यह बताइए कि इस ख़बर में कहाँ तक सचाई है कि जर्मनी में जब आपकी कार ट्रैफिक के रेडलाइट सिग्नल के कारण एक चौराहे पर रुकी तो आप दरवाज़ा खोलकर एक लड़की के पीछे भागे?

उत्तर : रेडलाइट देखकर मैंने सोचा कि रेडलाइट एरिया आ गया है। इससे पहले मेरे कुछ मन्त्री मित्रों ने बताया था कि हिन्दुस्तान का औसत राजनीतिज्ञ सबसे पहले रेडलाइट एरिया ही जाता है। मेरे इरादे नेक थे, मैं तो हनोवर भी जाना चाहता था। मैं कुछ ऐसे नेताओं को भी जानता हूँ, जिन्होंने रेडलाइट एरिया में पहुँचकर अपने तमाम कार्यक्रम रद्द कर दिये और सीधे वहीं से स्वदेश लौट आये। आपने समाचार-पत्रों में पढ़ा ही होगा कि मैं वाया रोम लौटा।

प्रश्न : कुछ लोग यह आरोप भी लगा रहे हैं कि आप अपना टूटा हुआ दाँत ट्रांसप्लांट कराने रोम गये थे?

उत्तर : आप देख रहे हैं, मेरे सब दाँत सही सलामत हैं। 'स्टेट्समैन' ने तो मेरी बत्तीसी का चित्र भी प्रकाशित किया है।

प्रश्न : हो सकता है, वह ट्रांसप्लांटेशन के बाद का चित्र हो।

उत्तर : आपको विश्वास न हो तो मेरा डॉक्टरी मुआयना करा लीजिए। मैं किसी भी डेंटिस्ट का सामना करने को तैयार हूँ। दाँत कंगन को आरसी क्या?

प्रश्न : आजकल आप क्या पी रहे हैं?

उत्तर : सच तो यह है कि सिर्फ़ आँसू पी रहा हूँ। आपने अख़बारों में पढ़ लिया होगा कि अब मैं कभी मद्यपान नहीं करूँगा। (तलत महमूद की तरह निराशा से) हमें तो काटनी है शामे ग़म में ज़िन्दगी अपनी।

प्रश्न : फिर भी कुछ तो पियेंगे, शामे गम क्या पीकर काटेंगे?

उत्तर : (मुस्कराते हुए) नारियल का पानी और नीरा पीकर।

प्रश्न : स्वदेश लौटकर इंका के महासचिव राजीव गाँधी से आपकी क्या बात हुई?

उत्तर : राजीवजी ने बताया कि मेरी हरक़तों का समाचार पढ़कर उन्हें इतना आघात पहुँचा कि वे रात भर सो नहीं पाये।

प्रश्न : आपने क्या जवाब दिया?

उत्तर : मैंने अफ़सोस ज़ाहिर किया और कहा, आप एक रात नहीं सो पाये, यहाँ हमेशा-हमेशा के लिए नींद हराम हो गयी है। (ज़रा रुककर) मगर कालियाजी, जीवन कितना रहस्यमय है, इतना दंड पाकर भी आदमी सबक नहीं लेता। रात में कभी झपकी लग जाती है तो मन दुबारा जर्मनी लौट जाता है। दिमाग़ के पर्दे पर विमान तथा जर्मनी की सड़कों पर देखी रमणियाँ उभरने लगती हैं।

प्रश्न : स्वदेश लौटकर आपने डॉक्टरों से परामर्श किया होगा कि सहसा आपका अपने ऊपर से नियन्त्रण कैसे छूट गया?

उत्तर : लोग तो मेरा विदेश में ही इलाज़ कराना चाहते थे। मैं जानता था, वे मुझे पागलखाने में डाल देंगे। मैं चुपचाप स्वदेश लौट आया। यहाँ कई डॉक्टरों से परामर्श किया है, मगर अभी तक डायगनोसिस नहीं हो पाया। कुछ पत्रकारों ने इस रोग का नाम 'कैलीगुलाइटिस' बताया है। यह रोग तब पैदा होता है, जब आदमी के ऊपर सत्ता का भूत सवार हो जाता है।

प्रश्न : प्रायश्चित्त में आप क्या कर रहे हैं?

उत्तर : सोचाता हूँ दक्षिण, चला जाऊँ। बंगलूर से ख़बर आयी है कि शिमोगा ज़िले के चन्द्रगुट्टी गाँव में रेणुकाँबा का मन्दिर है, जहाँ भक्त और भक्तिनें निर्वसन होकर देवी की पूजा करती हैं। मैं वहीं जाकर प्रायश्चित्त करना चाहता हूँ।

प्रश्न : आपकी रणनीति क्या है?

उत्तर : आपने पढ़ा ही होगा कि मैंने दावा किया है कि सी.आई.ए. ने योजनावृद्ध रूप से मेरा चरित्र हनन करने की साज़िश की है। यह सुनकर के.जी.बी. शान्त नहीं रहेगा। मेरी मदद पर उत्तर आयेगा। आपने देखा होगा, दोषारोपण के बाद सोवियत समर्थक कुछ पत्रिकाओं ने मेरा साथ देना शुरू भी कर दिया है।

प्रश्न : स्वेदश लौटकर आपने एक आदर्श भारतीय की तरह कुछ क़समें ज़रूर खायी होंगी?

उत्तर : तीन क़समें खायी हैं। पहली यह कि कभी एयर इंडिया के विमान में यात्रा नहीं करूँगा। दूसरी, जीवन में अब दुबारा पश्चिम जर्मनी नहीं जाऊँगा। पूर्व जर्मनी जा सकता हूँ। और अन्तिम यह कि कभी भूलकर भी 'शिवाज रीगल' नहीं पिऊँगा।

प्रश्न : 'शिवाज रीगल' के प्रेमियों में इस बात को लेकर बहुत रोष है कि आपने विश्व की एक श्रेष्ठतम व्हिस्की को बदनाम कर दिया!

उत्तर : इसका अफ़सोस मुझे भी है। पत्रकार तो इसे लेकर बहुत परेशान हैं। शायद यही कारण है कि उन्होंने 'शिवाज रीगल' के साथ 'वोदका' को भी जोड़ दिया। आपको समझना चाहिए कि 'वोदका' का नाम केवल रूस को बदनाम करने के लिए जोड़ा गया है। यह भी सी.आई.ए. की साज़िश है।

(दिनमान, 20-26 मई '84)

प्याज पर न अरबी पर चुनाव होगा चरबी पर

एक ज़माना था कि पड़ोस में पराँठा पकता था तो मुँह में पानी भर आता था, और एक ज़माना यह है कि पड़ोस में पराँठा पकता है तो लगता है जैसे चर्बी पक रही है। मितली आने लगती है। चर्बी कांड ने धुएँ का स्वाद ही बदल दिया है, पराँठे का स्वाद बदल दिया है। गृहिणियाँ नाक पर पल्लू रखकर छौंक लगाती हैं।

कैसे दिन आ गये हैं कि शहर में मिठाइयाँ मारी-मारी फिर रही हैं, कोई ख़रीदार नहीं है। मिठाई की जिन दुकानों पर मोटे-मोटे अक्षरों में लिखा रहता था कि यहाँ वनस्पति इस्तेमाल होता है, अब उससे भी मोटे अक्षरों में नयी इबारत नज़र आ रही है : 'यहाँ वनस्पति इस्तेमाल नहीं होता।' जिन कम्पनियों का वनस्पति तेल काले बाज़ार में बिका करता था, आज खुले बाज़ार में ग्राहक की प्रतीक्षा में गुमसुम खड़ा है। बहुत संघर्ष के बाद वनस्पति तेल विज्ञापन से रसोई तक पहुँचा था, अब दुबारा विज्ञापन होकर रह गया है। केवल विज्ञापन की पूड़ियाँ तली जा रही हैं। जनता विज्ञापन देखती है, मुस्कराती है। इन पूड़ियों पर लार नहीं टपकती। अभी हाल में घी का एक रचनात्मक विज्ञापन पढ़ने में आया, 'स्वास्थ्य और धर्म की रक्षा के लिए हमारा शुद्ध घी इस्तेमाल करें।'

हिन्दुस्तानी के स्वास्थ्य को देखकर कोई भी विश्वासपूर्वक कह सकता है कि उसने अपने स्वास्थ्य की कभी चिन्ता नहीं की, मगर अपने धर्म पर कभी आँच न आने दी थी। घी के बदले वनस्पति खा-खाकर स्वास्थ्य तो चौपट हुआ ही था, लगता है अब धर्म भी चौपट हो गया। धर्म तो धर्म, अनेक नेताओं की राजनीति चौपट होने का ख़तरा पैदा हो गया है। इससे बुरा क्या हो सकता है कि स्वास्थ्य, धर्म और राजनीति तीनों तबाह हो जाएँ। स्थिति की गम्भीरता को समझते हुए शंकराचार्य जोशीमठ द्वारका स्वामी स्वरूपानन्द सरस्वती ने दूरदर्शन पर विपक्ष से अपील की है कि वे चर्बी कांड का राजनैतिक लाभ न उठाएँ। इस दिशा में और भी कई प्रयास हो रहे हैं। ऐसा ही एक प्रयास अमेठी में भी हो रहा है। स्वर्गीय संजय गाँधी के जन्मदिवस के आसपास 16-18 दिसम्बर को अमेठी में विराट सन्त सम्मेलन का आयोजन किया जा रहा है, बद्रिकाश्रम के जगद्‌गुरु शंकराचार्य के

सम्मिलित होने की भी प्रबल सम्भावना है। इस विराट सन्त सम्मेलन में सन्त-महात्मा विचार करेंगे कि चर्बीयुक्त तेल के प्रयोग का क्या प्रायश्चित्त हो सकता है। कार्य और कारण के बीच खाई बढ़ती जा रही है। कैसा विरोधाभास है कि चर्बी के आयात का 'ओपन जनरल लाइसेंस' तो जनता सरकार ने जारी किया और उसका दंड इंका सरकार को चुकाना पड़ रहा है।

वास्तव में चर्बी के सवाल ने पूरे देश की फ़िज़ा ही बदल दी है। आज सुबह एक मित्र से भेंट हुई तो बहुत दुबले नज़र आ रहे थे। पूछने पर मालूम हुआ कि जब से उनकी पत्नी कडुए तेल में खाना पकाने लगी हैं, वे बहुत कमज़ोरी महसूस करने लगे हैं। कुछ देर बाद उन्होंने ख़ुद ही शंका प्रकट की कि हो सकता है वह अब तक चर्बी की ताक़त से स्वस्थ महसूस करते रहे हों। एक अन्य मित्र ने चिन्ता प्रकट की कि जब से उन्होंने कडुए तेल का सेवन शुरू किया है, उन्हें बहुमूत्र रोग हो गया है। हो सकता है कडुए तेल में भी जमकर मिलावट की जा रही हो, मगर उसकी तरफ़ किसी का ध्यान नहीं जा रहा।

यह सच है कि इन्दिराजी ने मिलावट की इजाज़त न दी है न देंगी, मगर देश में चोरी छिपे यह काम ज़रूर हुआ है। वरना हमारे नेताओं की देह पर चर्बी की इतनी मोटी तहें न जम जातीं और उनकी खाल इतनी मोटी न हो जाती। मगर हिन्दुस्तानी नेता को आप एक मामूली आदमी न समझिए। उठते-बैठते वह लगातार राजनीति करता रहता है। चर्बी खाते हुए भी वह राजनीति कर रहा था और चर्बी उतारते हुए भी। उसकी दूरदर्शिता की दाद देनी चाहिए कि अनशन करने के बहाने उसने अच्छी-ख़ासी चर्बी उतार फेंकी है। एक लम्बा समय बीत गया था नेताओं को अनशन किये। भला हो चर्बी का कि उन्हें दोबारा राजनीति में ले आयी। जिन नेताओं का जनता नाम भूलती जा रही थी, वे भी अचानक जैसे क़ब्रों से निकल आये हैं। और तो और बाबू जगजीवन राम को भी वक्तव्य जारी करने का अवसर मिल गया।

हमारे देश में चर्बी का सुनहरा इतिहास है। अट्ठारह सौ सत्तावन में चर्बी के सवाल पर गदर हो गया था। अभी कुछ वर्ष पहले तक साबुन के रैपर पर छपा रहता था कि साबुन में मिलावट सिद्ध करने वाले को एक हज़ार का नक़द पुरस्कार दिया जाएगा। इसे इतिहास की क्रूरता ही कहा जाएगा कि वह भारतीय, जो चर्बीयुक्त कारतूस का ढक्कन मुँह से खोलने में प्रतिरोध करता था, उसे इतिहास ने न केवल चर्बीयुक्त साबुन से नहलाया, भरपेट चर्बी भी खिलायी। अबकी चुनाव न प्याज और आलू की दरों पर लड़ा जाएगा न नसबन्दी के सवाल पर। चर्बी का सवाल एक ऐसा नाजुक सवाल है कि इसे लेकर वह मतदाता भी सक्रिय हो जाएगा, जिस दो

जून रोटी भी मयस्सर नहीं होती। यही कारण है कि पक्ष और विपक्ष दोनों एक-दूसरे को दोषी ठहरा रहे हैं। भगवत झा आज़ाद मोहन धारिया को चुनौती दे रहे हैं और मोहन धारिया विश्वनाथप्रताप सिंह को। इस विवाद में जिसकी विजय होगी, चुनाव में भी वही जीतेगा। जनता शासन ने जाते-जाते खटके में चर्बी बाँध कर इंका के लिए जो पिंजरा छोड़ा था, देखना यह है कि वह खटका किसकी गर्दन दबोचता है।

(दिनमान, 20-26 नवम्बर '83)

'चर्बी चुड़ैल' बनाम 'कागज़ी पति'

कुछ वर्ष पूर्व हिन्दी के एक जनवादी लेखक की कहानी पढ़ी थी— 'मैं अमेरिकी गेहूँ नहीं खाऊँगी।' कहानी का मुख्यपात्र एक बुढ़िया थी, जो आख़री दम तक पी.एल. 480 नहीं खाती और दम तोड़ देती है। मगर इसे बुढ़िया का दुर्भाग्य ही कहा जाएगा कि कालान्तर में अमेरिका और चीन के सम्बन्धों में आशातीत सुधार हो गया और अनेक जनवादी रचनाकारों के पात्र जी भर कर पी.एल. 480 खाने लगे। बुढ़िया की क़ुर्बानी व्यर्थ गयी, ऊपर से आलोचकों ने लेखक को हत्यारा घोषित कर दिया।

जब से चर्बी कांड प्रकाश में आया है, मैं इन्तज़ार कर रहा हूँ कि ऐसी रचना पढ़ने को मिले, जिसका शीर्षक हो : 'मैं वनस्पति नहीं खाऊँगा।' अनेक लोग, बड़े-बड़े लोग इस प्रकार का संकल्प कर रहे हैं। मैं तो हिन्दी का एक अदना लेखक हूँ, क्या खाकर संकल्प करूँगा! मेरी तुच्छता का अनुमान इस बात से लगाया जा सकता है कि विश्व हिन्दी सम्मेलन में अपमान कराने दिल्ली तक नहीं जा पाया। घर पर बैठे रहने से तो अपमान होगा नहीं, उसके लिए आदमी को श्रम करना पड़ता है। मुझे उन साथी लेखकों के ईर्ष्या हो रही है जो अपमान कराने के लिए दूर-दराज़ जगहों से दिल्ली पधारे। मैं लेखकों के लिए भगवान से यही प्रार्थना करता रहा कि उन्हें कोई चर्बीयुक्त तेल में पका भोजन न करा दे। आख़िर भगवत झा आज़ाद के इस वक्तव्य से राहत मिली कि दिल्ली में वनस्पति के जो तीन-चार हज़ार नमूने लिये गये, उनमें कहीं चर्बी की मिलावट नहीं पायी गयी।

विपक्ष का तर्क है कि अगर कहीं वनस्पति में चर्बी की मिलावट नहीं पायी गयी तो कुछ लोगों को वनस्पति में मिलावट के अपराध में रासुका के अन्तर्गत गिरफ़्तार क्यों किया गया है? क्या उन पर झूठा मुक़दमा चलाया जा रहा है? दरअसल इस ज्वलन्त समस्या पर विश्व हिन्दी सम्मेलन में एक विचारगोष्ठी होनी चाहिए थी, क्योंकि भारतीय राजनीति में गाय और हिन्दी का गहरा सम्बन्ध रहा है।

लगता है, जब तक देश में चुनाव नहीं हो जाते, कुहासा दूर न होगा, 'चर्बी चर्चा' चलती रहेगी। पंजाब और असम सुलगते रहेंगे। चुनाव की प्रतीक्षा में अनेक

पत्रिकाएँ 'चर्बी' नाम से कॉलम शुरू कर देंगी। आश्चर्य न होगा, यदि 'चर्बी' नाम की पत्रिका ही निकल आये। सामयिक समस्याओं पर पत्रिका निकालना बुरा काम नहीं। अभी हाल में लखनऊ से 'दहेज़ दानव' नाम की पत्रिका निकली है। उम्मीद है भटिंडा से 'चर्बी चुड़ैल' नाम की पत्रिका भी निकल आएगी। अनेक पत्रिकाएँ चर्बी कांड पर सामग्री एकत्र कर रही हैं, नेता लोग भी चर्बी पर अनुसन्धान कर रहे हैं। इस दिशा में हेमवती नन्दन बहुगुणा सबसे आगे हैं। उनकी प्रेस कान्फ्रेंस पढ़कर महसूस हुआ, उन्होंने चर्बी पर ख़ूब 'होमवर्क' किया है। उन्हें अब चर्बी का ही सहारा है। चर्बी ही उनकी डगमगाती नैया को पार लगा सकती है। श्री बहुगुणा ने अपने अध्ययन के आधार पर लोगों को सलाह दी है कि वे 'चीज' यानी पनीर खाना एकदम छोड़ दें क्योंकि 'चीज' में 'रैनेट' नाम के एक पदार्थ की मिलावट की जाती है, जो दो सप्ताह के बछड़े का वध करके उसके पेट में से निकाला जाता है। श्री बहुगुणा ने यह भी बताया कि गुजरात की अमूल डेरी के अलावा करनाल की 'नेशनल डेरी रिसर्च इंस्टीट्यूट' 'चीज' के उत्पादन में 'रैनेट' का उपयोग करती रही है। बहुगुणा ने यह आरोप भी लगाया है कि कानपुर के एक सरकारी प्रतिष्ठान 'गणेश फ्लोर मिल' द्वारा भी प्रतिवर्ष बीस हज़ार टन से पचीस हज़ार टन चर्बी का आयात किया जाता था। कोई भी नागरिक जानना चाहेगा, गणेश फ्लोर मिल में चर्बी का क्या काम है! बहुगुणा ने आयात से सम्बन्धित मन्त्री की गिरफ़्तारी की माँग की है, जबकि विपक्ष के अन्य नेतागण श्री विश्वनाथप्रताप सिंह से फ़क़त इस्तीफ़े की माँग कर रहे हैं। इस लिहाज़ से बहुगुणा एक्सट्रीमिस्ट होते जा रहे हैं।

विश्वनाथप्रताप सिंह इस्तीफ़ों का सहारा लेकर ही वाणिज्य मन्त्री के पद तक पहुँचे हैं। जिस प्रकार हिन्दी के वयोवृद्ध साहित्यकार उपेन्द्रनाथ 'अश्क' को बीमारी फलती है, विश्वनाथप्रताप सिंह को इस्तीफ़ा फलता है। यह विश्वनाथप्रताप के इस्तीफ़े का ही प्रताप था कि वे आज भारत के वाणिज्य मन्त्री हैं, वरना मुख्यमन्त्री के पद पर सड़ते रहते। विश्वनाथप्रताप सिंह इस्तीफ़ा नहीं दे रहे तो ज़ाहिर है कि उनकी अन्तरात्मा इस्तीफ़े की पुकार नहीं कर रही। इस देश के अधिसंख्य नेता अन्तरात्मा की आवाज़ को विपक्ष की आवाज़ समझते हैं। देश के लिए यह एक अत्यन्त सुखद स्थिति है, वरना हमारे ऊपर शासन करने वाला कोई न बचता।

विश्वनाथप्रताप सिंह ने बहुत ज़ोरदार शब्दों में चर्बी से सम्बन्धित विपक्ष के तामाम आरोपों का खंडन किया है। उन्होंने 'निकट दर्शन' से भी खंडन किया है और 'दूरदर्शन' से भी। दूरदर्शन पर तो ऐसा लग रहा था कि विश्वनाथप्रताप सिंह चर्बी शतक लगा डालेंगे। बहरहाल, एक बात मेरी समझ में नहीं आ रही, विश्वनाथप्रताप सिंह के खंडन के बावजूद भारतीय जनता पार्टी का आग्रह क्यों है

कि सुप्रीम कोर्ट के किसी जज द्वारा चर्बी कांड की जाँच कराई जानी चाहिए। इसमें ज़रूर कोई राजनीति है। हो सकता है भारतीय जनता पार्टी को मोहन धारिया से कोई हिसाब किताब बराबर करना हो। मगर सोचने की बात यह है कि मोहन धारिया चुप क्यों है? वे इसी प्रकर चुप रहे तो चर्बी के सवाल को लेकर ही निश्चित रूप से इंका दुबारा चुनाव में जीत जाएगी।

और अन्त में पति-पत्नी सम्बन्धों के बीच चर्बी की भूमिका का ज़िक्र करना इसलिए ज़रूरी हो गया है कि मैं चर्बी को लेकर ही लेखन न करता रहूँ। वाणिज्य मन्त्री महोदय ने इंका के एक बहादुर सिपाही की तरह यह तो स्वीकार कर ही लिया है कि साबुन में चर्बी की मिलावट होती रही है, भविष्य में एकदम नहीं होगी, चाहे साबुन के दाम क्यों न बढ़ जाएँ। सरकारी सूत्रों ने इस आरोप का भी खंडन किया है कि लिपस्टिक में चर्बी प्रयुक्त होती थी। यह तो अच्छा हुआ चर्बी चुड़ैल से पीछा छूटा, वरना भारत की धर्मपरायण जनता के लिए एक नया संकट खड़ा हो जाता। कवि लोगों की सद्यःस्नाता के शैम्पू से धोये बालों से ही नहीं, देह से भी चर्बी की गन्ध आने लगी थी। विचारवान पति चुम्बन पर रोक लगा कर अनुशासन पर्व मना रहे थे। पुरुषों के हाथ में नारी को यातना देने का एक और हथियार आ गया था। वे चर्बी का सहारा लेकर उन्हें ऋण की तरह सता रहे थे। यह चर्बी चुड़ैल उन्हें काग़ज़ी पति बनाकर दम लेती, उसका वश चलता तो उन्हें अख़बारी पति बना डालती।

(दिनमान, 27 नवम्बर-3 दिसम्बर '83)

हंगामा है क्यों बरपा, थोड़ी-सी जो खा ली है

चर्बी चर्चा का बाज़ार भाव गिर रहा है। शहरों में वनस्पति की बिक्री ज़ोर पकड़ रही है। यही नहीं, बड़े-बड़े चौराहों पर वनस्पति के बड़े-बड़े होर्डिंग नज़र आ रहे हैं, जिन्हें देखकर लगता है कि बचपन लौट आया है। पूरी एक पीढ़ी की जवानी इन विज्ञापनों का आनन्द लिये बग़ैर तबाह हो रही थी, मगर अब इन विज्ञापनों ने समाँ बाँध दिया है। जैसे अनायास किसी चौराहे पर बचपन के किसी दोस्त से भेंट हो जाये, जैसे नूरजहाँ की आवाज़ में कोई गा रहा है : 'मेरे बचपन के साथी, मुझे भूल न जाना।' वनस्पति हमारे बचपन का साथी था, हमारी जवानी का समकालीन और हमारे बुढ़ापे का हमसफ़र। वनस्पति तरक्की करते कहाँ से कहाँ पहुँच गया था। जाने उसमें इतनी ताक़त कहाँ से आ गयी थी कि शुद्ध देशी घी को पटक गिराया और अन्त में चर्बी जैसी नापाक चीज़ से मात खा गया।

दरअसल वनस्पति का जन्म ही ऐसे मुहूर्त में हुआ था कि उस पर सदा आरोपों की बौछार होती रही, मगर जैसा कि हम सब जानते हैं, वनस्पति एक बहादुर सैनिक है। हर बार मुस्कराते हुए चक्रव्यूह से निकल आता है। ज्योतिष में दिलचस्पी लेने वाले पाठकों को मालूम होगा कि आजकल विपक्ष के अनेक नेताओं की तरह वनस्पति की भी साढ़ेसाती चल रही है। यही नहीं, शनि अष्टमेश होकर मारकेश है, मगर चूँकि शनि पर वृहस्पति की पूर्ण दृष्टि है, अपनी उच्च राशि तुला में होने के बावजूद वनस्पति के लिए मारक नहीं हो पाया। वनस्पति को विवादग्रस्त ज़रूर कर दिया। इतना भीषण विवाद खड़ा हो गया कि उसमें सत्तारूढ़ दल के और विपक्ष के नेता ही नहीं, शंकराचार्य तक कूद गये। विपक्ष के नेता और विपक्ष के शंकराचार्य दोनों ने विवाद को जारी रखने में सम्पूर्ण प्रतिभा लगा दी, मगर ऐन मौक़े पर चूक गये। दरअसल इस बीच पक्ष ने भी अच्छा ख़ासा 'होमवर्क' कर लिया था। यह पक्ष की ही रणनीति लगती है कि संसद के अधिवेशन से ठीक पहले इंका वीर वीरप्पा का जनता विधायक से टेपित वार्तालाप समाचार-पत्रों में फ्लैश करा दिया। विपक्ष भी डर गया। चर्बी का मोर्चा छोड़कर दलबदल के मोर्चे की तरफ़ भागा। सब किया कराया धूल में मिल गया जब विपक्ष के नेता ही माँग करने लगे कि देश में चर्बी के

आयात पर पूर्ण प्रतिबन्ध नहीं लगाया जाना चाहिए। वर्ना साबुन के दाम इतने बढ़ जाएँगे कि दस रुपये में भी साबुन की बट्टी नहीं मिलेगी। विपक्ष की चिन्ता जायज़ है। अगर चर्बी का आयात एकदम बन्द हो गया तो वह वनस्पति में चर्बी की मिलावट के उदाहरण कहाँ से पेश करेगा?

विपक्ष की दुर्दशा देखकर वाणिज्य मन्त्री में इतना आत्मविश्वास जग गया कि जब जाँच बैठाने का सवाल उठा तो उन्होंने घोषणा कर दी— 'मैं जाँच नहीं बैठा रहा हूँ, मैं केवल आईना दिखा रहा हूँ।' विश्वनाथप्रताप सिंह ने एक जादूगर की तरह उस समय एक चेहरा दिखा भी दिया। यह चेहा भारतीय जनता पार्टी के गणमान्य नेता श्री हंसराज गुप्त का था। वाणिज्य मन्त्री ने बताया कि श्री हंसराज गुप्त 'जैन शुद्ध वनस्पति' के मालिकों की दूसरी कम्पनी 'अजन्ता ट्यूब लिमिटेड' में स्वयं एक डायरेक्टर हैं और उनके धन्धे के साझेदार हैं। विश्वनाथप्रताप सिंह ने यह कहकर अपनी साहित्यिक प्रतिभा का भी परिचय दे दिया कि विपक्ष ने पहले तो चर्बी नामक नाजायज़ बच्चे को जन्म दिया और बाद में बड़ी बेहयायी से उसे अपनाने से इंकार भी कर दिया।

पाठक कहेंगे कि मुझे चर्बी की वहशत हो गयी है। बात दरअसल यह है कि मैं बार-बार चर्बी प्रकरण उठा कर प्रायश्चित कर रहा हूँ, यह जानते हुए भी कि यह प्रायश्चित का युग नहीं है, पश्चात्ताप का ज़माना है। प्रायश्चित और पश्चात्ताप के अन्तर को इस प्रकार समझा जा सकता है कि बहुगुणा, जगजीवन राम, चन्द्रजीत यादव आदि नेताओं ने केवल प्रायश्चित करने के लिए नये नये दलों का संगठन किया, जबकि अन्तुले, दरबारा सिंह, पहाड़िया, जगन्नाथ मिश्र आदि नेतागण इंका में रहकर पश्चात्ताप कर रहे हैं। मेरे कहने का अभिप्राय यह है कि दल में रह कर केवल पश्चात्ताप किया जा सकता है और दल से बाहर जा कर प्रायश्चित। मगर लगता है, जनता का प्रायश्चित से विश्वास उठ गया है। जनता की प्रायश्चित में आस्था होती तो अनेक लोग प्रायश्चित स्वरूप सिर मुँड़ाए नज़र आते, जैसे आँख की बीमारी के दिनों में काले चश्मे में नज़र आते थे। पुरी के जगद्‌गुरु शंकराचार्य स्वागी निरंजनदेव तीर्थ ने प्रायश्चित बता कर लोगों को सिर मुँडाने की प्रेरणा दी, मगर उन्हें सफलता नहीं मिली। उन्होंने कहा कि जिन लोगों ने जाने अथवा अनजाने चर्बी युक्त वनस्पति खाया है, उन्होंने गोमांस खाने का पाप किया है। ऐसे लोगों के लिए धर्मसंघ के निर्णयानुसार प्रायश्चित स्वरूप कार्तिकी एकादशी में लेकर पूस की अमावस्या तक हिमाद्रि संकल्प स्नान मुंडन और यथाशक्ति गोदान करना अनिवार्य है। शास्त्रों में विधान है कि वर्ष में अनजाने अपवित्र वस्तु खाने के पाप से मुक्ति के लिए 12 दिन तक प्रजापति कृष्ण व्रत करना चाहिए।

कार्तिकी एकादशी आयी और आकर चली गयी। मेरी जानकारी में लोगों ने मुंडन नहीं किया। गंगाजी में जितने लोग पहले स्नान किया करते थे, उतने ही आज कर रहे हैं। यह तो शंकराचार्य की अवज्ञा हो गयी। सोचने को जी चाहता है शंकराचार्यजी का प्रतिष्ठान अप्रासंगिक क्यों हो गया? इस पर कानपुर के 'दैनिक जागरण' नें बहुत सटीक टिप्पणी की है : 'जब अनजाने में चर्बीयुक्त वनस्पति खाने का इतना बड़ा प्रायश्चित बताया जा रहा है, तो जो अपराध हिन्दू समाज में जानबूझ कर किए जा रहे हैं, उनका क्या प्रायश्चित है? सवामी निरंजन देव तीर्थ ने यह नहीं बताया कि दहेज़ का प्रायश्चित क्या है? नववधुओं को ज़िन्दा जला देने का प्रायश्चित क्या है, चोर बाज़ारी का प्रायश्चित क्या है, हरिजनों पर अत्याचार का प्रायश्चित क्या है, मन्दिरों में स्थापित देवमूर्तियों का व्यापार करने वालों का प्रायश्चित क्या है? ऐसे असंख्य अपराध हैं जो आज तक जानबूझ कर हिन्दू समाज में हो रहे हैं पर मान्यवर स्वामी निरंजनदेव तीर्थजी ने इन अपराधों की चर्चा करना व उन पर व्यवस्था देना आज तक उचित नहीं समझा।'

सम्पादकीय में यह भी बताया गया है कि गाय का दूध भी गाय के शरीर का हिस्सा है, शायद यही कारण था कि 19वीं शताब्दी के अन्त तक जापान आदि देशों में लोग गाय का दूध नहीं पीते थे। एलोपैथिक दवाइयों के कैप्सूल हमने भी खाए होंगे और हमारे पाठकों ने भी। कैप्सूल 'जिलेटिन' से बनते हैं और 'जिलेटिन' गाय व अन्य पशुओं के शरीर से ही प्राप्त होती है।

(दिनमान, 4-10 दिसम्बर '83)

पक्ष में भी तू है, विपक्ष में भी तू है

गाँधीजी हमारे राष्ट्र के आभूषण हैं और आभूषण की तरह ही उनका उपयोग होने लगा है। जब से 'चेन स्नैचिंग' की घटनाएँ बढ़ी हैं, लोग आभूषणों को लॉकर आदि में बन्द रखते हैं। आभूषण अब तीज-त्यौहारों अथवा शादी-ब्याह के मौक़े पर ही निकाले जाते हैं— कभी शेखी बघारने के लिए, कभी दुश्मनों पर रूआब ग़ालिब करने के लिऐ। गाँधीजी के प्रति भी पक्ष और विपक्ष दोनों का यही रवैया है। गाँधीजी को लेकर पक्ष-विपक्ष में रस्साक़शी चलती रहती है। कई बार चुनाव प्रचार सुनकर तो ऐसा लगता है कि आम चुनाव और कुछ नहीं गाँधीजी की गाँधीजी से टकराहट है। भारत में गाँधीजी के बग़ैर राजनीति की चर्चा ही नहीं की जा सकती। आज़ादी के बाद से यही देखा जा रहा है कि गाँधीजी के कुछ भक्त सत्तारूढ़ हो जाते हैं और कुछ विपक्ष में जा बैठते हैं। आज तो यही कहने की इच्छा हो रही है— 'गाँधी तेरे रूप अनेक! पक्ष में भी तू है और विपक्ष में भी तू है। हरिजन बस्तियों में तुम्हारा वास है और करोड़पतियों के ड्राइंगरूम की शोभा भी तुम्हीं हो। यह तुम्हीं हो जो सरकारी दफ़्तरों की दीवारों की सूली पर लटक रहे हो।'

यह भी सच है और सच हमेशा मीठा नहीं होता, कि देश में गाँधीजी के चित्रों के नीचे जितनी घूस ली गयी है, उतनी किसी अन्य नेता की आड़ में न ली गयी होगी। अफ़सर और मातहत बीसियों बरसों से गाँधीजी के चित्र से प्रेरणा और नैतिक बल प्राप्त करते रहे हैं। दफ़्तर की दीवारों पर गाँधीजी के चित्र न होते तो लोग अपने को नैतिक रूप से बहुत कमज़ोर पाते। उनका मनोबल टूट जाता। उनके घर का खर्चा चलना मुश्किल हो जाता। जो आदमी नैतिक रूप से कमज़ोर हो जाता है, वह समाज के किसी काम का नहीं रहता। गाँधीजी के धैर्य की दाद देनी पड़ेगी। गाँधीजी की आँख के नीचे पेशकार सरेआम घूस लेता है और गाँधीजी मुस्कराते रहते हैं। यह मुस्कराहट ही गाँधीजी की सफलता का राज़ है।

गाँधीजी मुस्कराना छोड़कर भृकुटि तान लेते तो दीवारों पर उनके चित्र नज़र न आते। पेशकार ही उनका जीना हराम कर देता और राष्ट्रपिता का चित्र कार्यालय के कबाड़ के हवाले करने में भी संकोच न करता। गाँधीजी किसी के निजी जीवन में

दखलन्दाज़ी नहीं करते। किसी के मुक़ाबिल आना भी उन्हें प्रिय नहीं रहा है। अँग्रेज़ों की बात और थी। उन्हें निकाल बाहर करने के बाद स्वर्गीय गाँधीजी के रवैये में यह मूक परिवर्तन आया। दूसरा विकल्पना भी नहीं था उनके पास। अपने देशवासियों को भी कोई देश निकाला देता है? यही वजह है कि गाँधीजी ने अपने बचेखुचे बन्दरों को कुछ ऐसा प्रशिक्षित कर दिया है कि वे बुरा न सुनने की प्रक्रिया में बहरे हो गये है; बुरा न बोलने के चक्कर में गूँगे हो गये हैं और बुरा न देखने का अभ्यास करते-करते आँखों की ज्योति खो बैठे हैं। बदली हुई परिस्थितियों में गाँधीजी के आदर्शों का पालन करते गाँधीजी के बन्दर मूक, बधिर और दृष्टिहीन हो चुके हैं। मगर भ्रष्टाचार में उनकी अटूट आस्था है— केवल घ्राणशक्ति के बल पर घूस सूँघ लेते हैं; स्पर्श मात्र से बता सकते हैं कि असामी में घूस देने की कितनी क्षमता है!

जाने किस शरारती तत्त्व ने गाँधीजी के बन्दरों के बीच यह प्रचारित कर दिया कि जो बन्दर घूस नहीं लेगा उस पर भ्रष्टाचार के आरोप लग जाएँगे; व्यवस्था उसके पीछे सी.बी.आई. जैसी कोई चीज़ लगा देगी। यह सरासर झूठा प्रयास है। अब बन्दर भी उतने भोले नहीं रह गये जितने गाँधीजी के ज़माने में थे। अब बन्दर भी अन्तुले और डॉ. जगन्नाथ की शिनाख़्त करने लगे हैं। यह दूसरी बात है कि गाँधीजी के कुछ बन्दर आज भी सोचते हैं कि डॉ. जगन्नाथ ने इतने वर्ष तक बिहार जैसे खनिज प्रधान प्रदेश का मुख्यमन्त्री रहने के बाद क्या पाया? केद्र की बेरुख़ी और जान को कुछ मुक़दमे। अन्तुले की भी यही उपलब्धि थी।

अन्तुले भाग्यशाली थे कि अपने जाति नाम की आहुति नहीं दे दी। जगन्नाथ मिश्र ने तो जो कुछ पल्ले में था, वह भी झाड़ दिया। जातीय सद्भाव स्थापित करने की दिशा में अपने जाति नाम का बलिदान दे दिया। मगर डॉ. जगन्नाथ भाग्यशाली थे कि कूल्हे के नीचे से कुर्सी खिसकते ही उन्हें अपनी ग़लती का अहसास हो गया, कि उनके पतन का एक कारण यह भी था कि उन्होंने पुरखों द्वारा दिया गया जाति नाम त्याग दिया। समाचार प्रकाशित हुए हैं कि प्रायश्चित स्वरूप डॉ. जगन्नाथ दुबारा जगन्नाथ मिश्र हो गये हैं। डॉक्टरी किसी काम न आयी। ले डूबी। डॉक्टर से मिश्र अधिक कारगर साबित हुआ था।

राजनीति में दोबारा कूदना जोख़िम का काम होता है। बदन में आग लगाकर ऊँचाई से पानी में कूदने की तरह। जगन्नाथ मिश्र कपड़ों को दियासलाई दिखा चुके हैं, मगर उनका कूदना बाक़ी है। अभी हाल में उन्होंने मधुबनी में चालीस से ऊपर विधायकों और गाड़ियों की लम्बी कतार के साथ प्रवेश किया और श्रीमती गाँधी के नेतृत्व में दृढ़ विश्वास प्रकट किया। यह कैसा विरोधाभास है, कैसी त्रासदी है,

कैसी सादगी है कि जगन्नाथ मिश्र का इन्दिरा गाँधी पर दृढ़ विश्वास है, मगर इंका के महासचिव राजीव गाँधी का नाम वह किसी जनसभा में नहीं लेते। डॉ. जगन्नाथ तो राजीव गाँधी को यदाकदा याद कर लिया करते थे; मगर जगन्नाथ मिश्र इस मामले में बहुत सिद्धान्तवादी हैं; गाँधीजी के बन्दरों की तरह अड़ियल हैं। देखना यह है कि गाँधी जयन्ती तक उनके साथ कितने विधायक रहते हैं।

(दिनमान, 2-8 अक्तूबर '83)

पदयात्रा, ज्योतिष और मोटापा

यात्रा कई तरह की होती है— पदयात्रा, तीर्थयात्रा, शवयात्रा, कथायात्रा, हवाईयात्रा आदि आदि। यात्री भी कई तरह के होते हैं— पदयात्री, रेलयात्री, से.रा. यात्री, वैद्यनाथ यात्री उर्फ़ नागार्जुन, पथिक, राही, पर्यटक, यायावर आदि आदि। इधर देश में नये-नये यात्री उभर रहे हैं। अब देश में कोई 'यात्रा' नहीं करता, 'पदयात्रा' ही करता है। इसलिए यह कहना अधिक उपयुक्त होगा कि देश में नये-नये पदयात्री उभर रहे हैं। अगर पदयात्रा इसी गति से लोकप्रिय होती गयी तो वह दिन दूर नहीं जब लोग महात्मा गाँधी और विनाबा भावे को भूल जाएँगे। अब यह भी ज़रूरी नहीं रह गया कि पदयात्रा पैदल ही की जाये। आप मोटर, जीप और मैटाडोर की मदद भी ले सकते हैं। हमेशा की तरह इस बार भी कुछ नेतागण विजेता निकले, जो हवाई जहाज़ से पदयात्रा कर रहे हैं।

लगता है, पदयात्रा के पीछे कोई राजनीति काम कर रही है। दिसम्बर के महीने में भारतीय युवा कांग्रेस (इ) ने कन्याकुमारी में मशाल पदयात्रा आरम्भ की तो जनवरी में चन्द्रशेखर पदयात्रा के मैदान में कूद पड़े। वे शहनाई की धुन के पीछे-पीछे कन्याकुमारी से दिल्ली तक की तीन हज़ार किलोमीटर की यात्रा शुरू कर चुके हैं। चन्द्रशेखर का पदयात्रा करने का मौलिक तरीक़ा है। वे बीच-बीच में पदयात्रा स्थगित करके दिल्ली भी आते-जाते रहते हैं। इस ऐतिहासिक पदयात्रा के दौरान वे दिल्ली की अनेक हवाई यात्राएँ कर चुके हैं, मगर पदयात्रा जारी है। जून तक जारी रहेगी। सही रूप में वे मानसून के साथ-साथ दिल्ली प्रवेश करेंगे। पदयात्रा की तरफ़ कई विदेशियों का भी ध्यान गया है। कुछ नवयुवकों ने भारत आकर गाँधीजी की दांडी यात्रा का अनुसरण आरम्भ किया है। और तो और, हिन्दी के वयोवृद्ध साहित्यकार अज्ञेय ने इस बुढ़ापे में 'जय जानकी' यात्रा मोल ले ली।

इन पदयात्राओं का समाज पर बहुत बुरा असर पड़ रहा है, विशेष रूप से सरकारी विभागों पर। आप रेलगाड़ी पर सवार होकर देख लीजिए, आप महसूस करेंगे, रेलगाड़ी पदयात्रा कर रही है। डाक-तार विभाग तो एक लम्बे अरसे से, जब से ओवर टाइम बन्द हुआ है, पदयात्रा कर रहा है। डाक की तारीख़ें देखकर महसूस

होता है कि बेचारा डाकिया दिल्ली से चिट्ठी लेकर पैदल चला आ रहा है। कुछ समय पूर्व जितने समय में पत्र पहुँच जाता था, आज उतने समय में तार भी नहीं पहुँच पाता। अस्पताल के मरीज कराह रहे हैं और डॉक्टर लोग पदयात्रा कर रहे हैं, स्कूल में बच्चे शोर मचा रहे हैं, अध्यापक पदयात्रा पर निकल गये हैं। स्वाधीन भारत में कुछ वर्षों के लिए हरित क्रान्ति आयी थी। कहा-बताया जाता है कि श्वेतक्रान्ति भी आयी थी, और अब पदयात्रा ने क्रान्ति ला दी है। चपरासी, क्लर्क, असिस्टेंट तमाम लोग धुआँधार पदयात्रा कर रहे हैं। कोई दफ़्तर से उठकर चाय पीने चला गया है, कोई दफ़्तर में दस्तख़त मारकर अपना बिजनेस देख रहा है, किसी को दफ़्तर के बाहर टहलने में ही जीवन का आनन्द आता है। केवल बड़े बाबू और फ़ाइलें शान्त हैं। बड़े बाबू को मधुमेह की शिक़ायत है और फ़ाइलों को लकवा मार गया है। फ़ाइलें अब हिलडुल नहीं पातीं। जहाँ पड़ी हैं, पड़ी रहती हैं।

इन पदयात्राओं को देखकर कई बार भ्रम होता है कि देश में पुनर्जागरण की लहर आ रही है। राष्ट्रीय पुनरुत्थान के नाम पर धार्मिक कठमुल्लापन स्थापित करने की कोशिश हो रही है। कभी यह भी भ्रम होता है कि राजनीति और साहित्य से अवकाश प्राप्त लोगों ने, मेरा मतलब सत्ताच्युत लोगों ने, पदयात्रा के नाम पर समय काटने के लिए अच्छी तरक़ीब निकाली है। पदयात्रा के साथ-साथ तफ़रीह भी हो रही है, चन्दा भी इकट्ठा हो रहा है और फोकट में तस्वीरें भी छप रही हैं : पदयात्रा के बाद विश्राम करते हुए, पदयात्रा के दौरान चन्दा उगाहते हुए, गर्म पानी में पैर डुबो कर थकान मिटाते हुए। कुल मिलाकर सौदा बुरा नहीं है। चुनाव तक का समय अच्छा बीता जाएगा। बक़ौल जफ़र 'दो आरजू में कट गये दो इन्तज़ार में।'

कुछ लोगों का मत है कि इन पदयात्राओं के पीछे न राजनीति है न साहित्य, सिर्फ़ मोटापा है। एक थ्योरी यह भी प्रचारित हो रही है कि जनता को मूक देखकर देश के नेताओं और बुद्धिजीवियों पर अचानक मोटापे और मधुमेह ने आक्रमण कर दिया है तथा मोटापा और मधुमेह दोनों ऐसे बेशर्म रोग हैं कि पदयात्रा करके ही दोनों को नियन्त्रण में रखा जा सकता है। आज़ादी के बाद सरकार मलेरिया और चेचक आदि को तो एक हद तक समाप्त करने में सफल हो गयी, मगर भ्रष्टाचार की तरह मोटापे का बाल भी बाँका न कर पायी। आज भारत के अधिसंख्य सफल व्यक्ति मोटापे से परेशान हैं। आप सचिवालय जाकर स्वयं देख लीजिए। आज़ादी के पैंतीस वर्ष बाद आज देश के किसी भी मन्त्री अथवा आला अफ़सर से बात करके पाएँगे कि वह भ्रष्टाचार से परेशान नहीं है, महँगाई से परेशान नहीं है, देश की ग़रीबी से परेशान नहीं है, बीस सूत्री कार्यक्रम के क्रियान्वयन में दिखाई जा रही ढील से भी परेशान नहीं है, वह परेशान है तो मोटापे और मधुमेह से। उसकी दिलचस्पी के दो

बिन्दु हैं— ज्योतिष और मोटापा। शायद यही कारण है कि सचिवालय में ज्योतिषी और तान्त्रिक तो दिखायी देते ही थे, अब डॉक्टर, होम्योपैथ और वैद्य भी दिखाई देने लगे हैं। मोटापे का प्रकोप कम न हुआ तो तान्त्रिक कम दिखायी देंगे, चिकितसक ज़्यादा। संक्षेप में यही शंका व्यक्त की जा सकती है कि जिसे हम 'पदयात्रा' की संज्ञा दे रहे हैं, वह कहीं मोटापा और मधुमेह को क़ाबू में रखने की मासूम कोशिश न हो।

(दिनमान, 17-23 अप्रैल '83)

विश्वनाथप्रताप सिंह की आमद

विश्वनाथप्रताप सिंह की सिद्धावस्था चल रही है। उनका नाम अब गिनीज़ बुक में आ जाना चाहिए। पिछले चार बरसों में उन्होंने जितने कीर्तिमान स्थापित किये हैं, भविष्य में कोई कर पाएगा, इसमें सन्देह है। इस बीच वे उत्तर प्रदेश विधानसभा के सदस्य, उत्तर प्रदेश विधानपरिषद के सदस्य, लोकसभा के सदस्य, राज्यसभा के सदस्य, उत्तर प्रदेश के मुख्यमन्त्री, केन्द्रीय मन्त्रिमंडल के वाणिज्य मन्त्री रह चुके हैं। नारायणदत्त तिवारी की अनुपस्थिति में वे उद्योग मन्त्रालय भी देखेंगे। इंका संगठन अब तक उनकी सेवाओं से वंचित था, उनकी क्षतिपूर्ति हो गयी है। अब वे उत्तर प्रदेश इंका के नये अध्यक्ष हैं। देश के सबसे बड़े प्रदेश के मुख्यमन्त्री रहने के बाद अब वे देश के सबसे बड़े प्रदेश के संगठन के सर्वेसर्वा हैं। उन्होंने इस बीच जितने पदों से इस्तीफ़ा किया है, उतने पद किसी राजनेता ने ज़िन्दगी भर प्राप्त न किए होंगे।

श्रीपति मिश्र के मन्त्रिमंडल के चार सदस्यों अम्मार रिज़वी, स्वरूप कुमारी बख्शी, गुलाब सेहरा और बच्चा पाठक की पदोन्नति हो गयी। ये लोग मन्त्री से महामन्त्री हो गये। सरकार में मन्त्री थे, संगठन में महामन्त्री हो गये। नारायणदत्त तिवारी के मन्त्रिमंडल में भी ऐसे अनेक लोगों ने घुसपैठ कर ली है, जिन्हें मन्त्री नहीं, महामन्त्री होना चाहिए था। बहरहाल, जिन लोगों की पदोन्नति हुई है, मेरा मतलब है, मन्त्री से महामन्त्री बन गये हैं, बधाई के पात्र हैं। उत्तर प्रदेश इंका अध्यक्ष समेत महामन्त्रियों की सूची इतनी प्रभावशाली है कि भ्रम होने लगता है, कहीं दो सरकारें समानान्तर रूप से न चलने लगें। संगठन और सरकार दोनों में मँजे हुए पहलवान हैं, ख़तरा यही है कि कहीं ये विपक्ष को ध्वस्त करने की बजाय आपस में कबड्डी खेलना न शुरू कर दें। वैसे इसकी सम्भावना शून्य है। मुख्यमन्त्री ने विश्वनाथप्रताप सिंह के इंका अध्यक्ष नियुक्त किये जाने पर और इंका अध्यक्ष ने नारायणदत्त तिवारी के चयन पर हार्दिक प्रसन्नता प्रकट की है। दोनों ही सुलझे हुए नेता हैं, घाट-घाट का पानी पी चुके हैं, ज़िन्दगी में अनेक उतार-चढ़ाव देख चुके हैं। आशा करनी चाहिए, अपने-अपने उद्देश्य में सफल होंगे।

विश्वनाथप्रताप सिंह के प्रदेश इंका अध्यक्ष बनाये जाने से लगता है जैसे अध्यक्ष पद की मूल्यवत्ता बढ़ गयी है, जबकि महामन्त्रियों के चेहरे देखकर लगता है कि शराब भी पुरानी है और बोतल भी। कौन नहीं जानता शराब जितनी पुरानी होती है, उतनी अधिक असरदार होती है। पुरानी बोतलों से भी निराश नहीं होना चाहिए, उन पर लेबल तो नया चिपक गया है— संगठन का लेबल। कहा-बताया जा रहा है कि कुछ लोग, जिन पर न संगठन का लेबल चिपका है न सरकार का, वियना के लिए 'वीजा' हासिल करने की योजनाएँ बना रहे हैं। नारायणदत्त तिवारी को वियना से बुलाया गया था और अब विश्वनाथप्रताप सिंह भी वियना से लौटे हैं। वियना न हुआ, मक्का-मदीना हो गया। अब वियना जाकर ही मन की मुराद पूरी होती है।

नारायणदत्त तिवारी दूसरी बार उत्तर प्रदेश के मुख्यमन्त्री बने हैं। वे एक बार फिर मुख्यमन्त्री बनेंगे, इसमें सन्देह नहीं। तीन का अंक उनके लिए अत्यन्त शुभ है। तिवारीजी ने तीसरे दिन अपने मन्त्रिमंडल का गठन किया। उनके मन्त्रिमंडल में कुल 48 सदस्य हैं। चार और आठ का योग बारह बनता है। अंक ज्योतिष में बारह का अर्थ तीन होता है। इससे पूर्व वे 21 जनवरी को पहली बार प्रदेश के मुख्यमन्त्री बने थे। दो और एक का योग भी तीन ही बैठता है। श्री तिवारी को 30 जुलाई को ही वियना से बुलाकर मुख्यमन्त्री पद पर आसीन होने के लिए कहा गया था। यहीं नहीं तिवारीजी ने अपनी टीम के बारह नये चेहरे शामिल किये हैं। उनके मन्त्रिमंडल में तीन महिला राज्यमन्त्री हैं, अनुसूचित जातियों को प्रतिनिधित्व देने के लिए कैबिनेट स्तर के तीन मन्त्री नियुक्त किये गये हैं। मन्त्रिमंडल के विस्तार से पूर्व उनके मन्त्रिमंडल में केवल तीन सदस्य थे।

यदि यह गणित सही है तो निकट भविष्य में उनके मन्त्रिमंडल का विस्तार नहीं होगा। यदि हुआ तो उन्हें मन्त्रिमंडल में एक साथ नौ सदस्यों को शामिल करके मन्त्रिमंडल की संख्या को 57 तक पहुँचाना पड़ेगा, ताकि शुभांक तीन आ सके। जो लोग अगले विस्तार में मन्त्रिपद पाने को बेकरार हो रहे हैं, उन्हें निराश नहीं होना चाहिए। हो सकता है, निकट भविष्य में ही विस्तार हो जाये, क्योंकि यह तिवारी मन्त्रिमंडल का तीसरा विस्तार होगा और तीन का अंक तिवारीजी के लिए अत्यन्त शुभ अंक है। तिवारीजी को चाहिए कि अगले महीने की तीन तारीख़ को तीन जातियों के तीन-तीन सदस्य लेकर अपने 'थ्री टियर' मन्त्रिमंडल की सदस्य संख्या 57 तक पहुँच कर नौ अन्य विधायकों की प्राणरक्षा कर लें, जिन्होंने खाना-पानी छोड़ रखा है। न दिन को चैन है, न रात की नींद। मन्त्रिमंडल का विस्तार न हुआ तो

चुनाव तक वे सूखकर काँटा हो जाएँगे। होम्योपैथी में इस रोग को, यानी बेचैनी, निराशा, घबराहट और आत्मघाती प्रवृत्तियों को रोकने के अचूक नुस्खे हैं। मन्त्रिमंडल का विस्तार न हुआ तो ये लोग मेरी सेवाओं से लाभ उठा सकते हैं। आपको तो मालूम ही है कि मैंने इधर ज्योतिष छोड़कर होम्योपैथी शुरू कर दी है।

(दिनमान, 26 अगस्त-1 सितम्बर '84)

हिट लिस्ट या मेरिट लिस्ट

ये पंक्तियाँ बहुत भारी मन से लिख रहा हूँ। पंजाब में जो घटनाएँ घटीं, उनके लिए प्रधानमन्त्री ने ठीक ही कहा है कि यह किसी की जीत नहीं है। इतिहास की इस नाजुक घड़ी में प्रेस ने अत्यन्त जब्त से काम लिया, मगर बी.बी.सी. को क्या कहिएगा, जिसने जगजीत सिंह चौहान का ज़हरीला इंटरव्यू प्रसारित करके भारत में साम्प्रदायिक वैमनस्य फैलाने की भरपूर कोशिश की। देखना बाक़ी है कि दूरदर्शन पर बीबीसी की जो सीरियल फ़िल्में सुबह-दोपहर-शाम दिखाई जा रही हैं, उनके प्रति सूचना मन्त्रालय क्या रवैया अपनाता है! सरकार इस सांस्कृतिक आक्रमण के प्रति उदासीन है।

सुप्रसिद्ध पत्रकार खुशवन्त सिंह द्वारा स्वर्णमन्दिर परिसर में हुईं घटनाओं के विरोध में 'पद्मभूषण' उपाधि लौटाना भी इसी कोटि की हरक़त है। खुशवन्त सिंह ने उस समय उपाधि नहीं लौटायी जब पंजाब में आतंकवाद का दौर दौरा था, जब निहत्थे-मासूम और निरपराध लोगों को मौत के घाट उतारा जा रहा था, जब धार्मिक स्थानों में गोला बारूद भरकर उनकी पवित्रता नष्ट करने की कोशिशें हो रही थीं। इसका यही अर्थ निकलता है कि खुशवन्त सिंह केवल रस्मी तौर पर आतंकवाद और भिंडराँवाले का विरोध कर रहे थे। अगर यह सच नहीं है तो खुशवन्त सिंह उपाधि लौटाने के लिए इतना नाजुक समय न चुनते। राज्यसभा के मनोनीत सदस्य तथा देश के प्रमुख पत्रकार के नाते उनसे देश में साम्प्रदायिक सद्भाव का वातावरण स्थापित करने की अपेक्षा की जा सकती थी, मगर खुशवन्त सिंह ने उपाधि का इस्तेमाल एक टाइम बम की तरह किया।

हाल में अँग्रेजी की एक नयी महिला पत्रिका 'सैवी' पढ़ रहा था, जिसमें ख़ुशवन्त सिंह का एक दिलचस्प इंटरव्यू भी छपा है। उसमें लोकप्रियता हासिल करने के कुछ गुर बताए गये हैं। एक गुर यही बताया गया है कि अगर आप समाज में लोकप्रियता हासिल करना चाहते हैं तो कुछ ग़ैरमामूली हरक़त कर डालिये। उदाहरणस्वरूप तलाक़ लेकर भी समाज में चर्चित हुआ जा सकता है। बहुत सम्भावना है, खुशवन्त सिंह और अधिक नाम कमाने की इच्छा पाले हों। अनेक

लोग भूल चुके थे खुशवन्त सिंह को कभी 'पद्मभूषण' से अलंकृत किया गया था। कमज़ोर याद्दाश्त के लोगों की स्मृति में यह तथ्य पुनः उजागर हो गया। उजागर क्या हो गया, अपनी पत्रकार बुद्धि से खुशवन्त सिंह ने दुबारा उजागर कर दिया। जिन्हें अब तक मालूम नहीं था, उन्हें भी मालूम हो गया। खुशवन्त सिंह ने एक और रहस्योद्घाटन किया है कि उनका नाम आतंकवादियों की हिट लिस्ट में था। यह बात वह इस अन्दाज़ में कहते हैं, जैसे उनका नाम हिट लिस्ट में न होकर मेरिट लिस्ट में हो। हिट लिस्ट न हुई, मेरिट लिस्ट हो गयी।

अरुण शौरी न जाने आजकल किस काम में व्यस्त हैं, वरना अब तक एक प्रामाणिक हिट लिस्ट ही प्रकाशित करा देते। इसमें उन्हें ज़्यादा मेहनत भी दरकार न होती। अगर आतंकवादियों की कोई हिट लिस्ट थी तो उनका प्रकाश में आना ज़रूरी है। इस काम में पत्रकारों को जुट जाना चाहिए। मगर, मैंने देखा है, रचनात्मक काम में पत्रकारों की दिलचस्पी कम होती जा रही है, अभी तक स्वतन्त्रता सेनानियों को ही पेंशन दी जाती है, बीच में मीसा बन्दियों ने भी जनता शासन से लाभ उठाये थे। अब वक़्त आ गया है कि हिट लिस्ट के लोगों का भी विवरण तैयार कर लिया जाए। मुझे विश्वस्त सूत्रों से यह जानकारी भी हासिल हुई है कि आतंकवादियों के पास न केवल हिट लिस्ट थी, एक प्रिजर्व लिस्ट (परिरक्षित सूची) भी थी। बहुत से लोगों को यह जानकर आश्चर्य होगा कि हरियाणा के मुख्यमन्त्री भजनलाल का नाम परिरक्षित सूची में था। इसके अतिरिक्त बहुसंख्यक सम्प्रदाय के अनेक अलगाववादी नेताओं को भी परिरक्षित सूची में शामिल होने का श्रेय प्राप्त था।

बहरहाल, हिट लिस्ट को लेकर चिन्तित होने का समय अब नहीं रहा। हिट लिस्ट से घबराना भी नहीं चाहिए। मेरा अपना नाम हिट लिस्ट पर था। भिंडराँवाले की हिट लिस्ट पर चाहे न रहा हो, नामवर सिंह की हिट लिस्ट पर ज़रूर है। यही नहीं, इसकी भी सम्भावना है कि मेरा नाम भैरवप्रसाद गुप्त और राजेन्द्र यादव की हिट लिस्ट पर भी टेलीफोन डायरेक्टरी की तरह मोटे अक्षरों में छपा हो। मुझे आश्चर्य नहीं होगा अगर मेरा नाम अनेक मुख्यमन्त्रियों की हिट लिस्ट में पाया गया। बग़ैर हिट लिस्ट में आये निर्भीक पत्रकारिता की ही नहीं जा सकती। आज तो यह ज़माना आ गया है कि अगर आपका नाम आपकी पत्नी की हिट लिस्ट पर नहीं है, तो आप अच्छे पति नहीं हो सकते। सफल अधीनस्थ कर्मचारी भी उसे ही कहा जाएगा, जिसका नाम उसके बॉस की हिट लिस्ट में हो।

बहुत ख़ुशी की बात है कि खुशवन्त सिंह ने आवेश में आकर अपनी राज्यसभा की सदस्यता से त्यागपत्र नहीं दे दिया, जबकि उनके पत्रकार मित्रों की पूरी कोशिश थी कि खुशवन्त सिंह संसद से सड़क पर आ जाएँ। खुशवन्त सिंह ने

ठीक ही कहा है कि जो लोग उनसे राज्यसभा की सदस्यता छोड़ने की बात कर रहे हैं, कल उनसे अपनी सम्पत्ति का त्याग करने की भी बात करेंगे। इससे यही ध्वनि निकलती है कि पद्मभूषण की उपाधि सम्पत्ति नहीं है, जबकि राज्य सभा की सदस्यता सम्पत्ति है। ऐसी उपाधि से क्या लाभ जो किराया न दे सूद। हवाई यात्रा की सुविधा दे न रेल यात्रा की। ऐसी उपाधि पर पड़े-पड़े फफूँद लगने की ही आशंका थी।

(दिनमान, 8-14 जुलाई '84)

भिखारी क्यों आते हैं

दिल्ली के उपराज्यपाल श्री जगमोहन ने अब दिल्ली में भिखारियों का उन्मूलन करने का बीड़ा उठाया है। दिल्ली का सुधार इसी प्रकार हो सकता है। आपको तो मालूम ही होगा कि श्री जगमोहन ने पहले दिल्ली में भ्रष्टाचार का उन्मूलन किया, आप आर.टी. के दफ़्तर में जाकर स्वयं देख आइए, अब वहाँ घूस नहीं चलती। डीडीए में चले जाइए, वहाँ का वातावरण भी स्वच्छ पायेंगे। दिल्ली के ट्रैफिक को लेकर लोगबाग़ बहुत शोर मचाया करते थे, श्री जगमोहन के प्रयत्नों से अब दिल्ली में ट्रैफिक इतना अनुशासित हो गया है कि लगता है यह मोटर गाड़ियाँ नहीं, चींटियों की कतार है, जो चुपचाप अपने बिलों की ओर बढ़ रही हैं। श्री जगमोहन ने गन्दी बस्तियों की सफ़ाई का अभियान चलाया था। यह दूसरी बात है कि श्री जगमोहन सफ़ाई में उतना विश्वास नहीं रखते, जितना सफ़ाया में। जब-जब उन्होंने देखा कि गन्दी बस्तियों की सफ़ाई करना एक दुष्कर काम है, तो उन्होंने गन्दी बस्तियों का सफ़ाया करा डाला। यह किसी से नहीं छिपा कि दिल्ली में अवैध क़ब्ज़े नहीं होते, यमुना में प्रदूषण रुक गया है। आने वाले दिनों में आप कुतुब मीनार पर चढ़कर देख लीजिएगा, दूर-दूर तक कहीं भिखारी नज़र नहीं आयेगा।

श्री जगमोहन का विचार है कि दिल्ली में भिखारी कई रूपों में काम करते हैं। अख़बार बेचने वाले लौंडे, कार साफ़ करने के बहाने मजदूरी माँगने वाले बालक और कुछ नहीं, भिखारी ही हैं। यह जानना ज़रूरी हो गया है कि उन्हें अख़बार बेचने वाले लौंडे भिखारी क्यों नज़र आ रहे हैं! लगता है, श्री जगमोहन को यह देखकर बेहद अफ़सोस होता है कि अख़बार क्यों बिकते हैं! देश में आकाशवाणी है, दूरदर्शन है, फिर भी लोग अख़बार क्यों ख़रीदते हैं! सरकार ने दो बैंड के रेडियो सेट्स पर लाइसेंस फीस हटाकर देख ली, टेलीविजन के दामों में भारी कमी की घोषणा कर दी, मगर लोग अख़बर ख़रीदने से बाज नहीं आ रहे। महँगाई इतनी बढ़ गयी है तो अख़बार ख़रीदना बन्द कीजिए। उस पैसे से बिस्किट खाइए, पान चबाइए, सिगरेट नोश फरमाइए। समाचार जानने की इच्छा ज़्यादा ज़ोर मार रही हो तो पड़ोस में जाकर दूरदर्शन पर श्री जगमोहन को उद्‌घाटन करते हुए देख आइए।

इसे दुर्भाग्य ही कहा जाएगा कि देश की आज़ादी के सैंतीस वर्ष बाद मेहनत से कमाई करने वाला, यानी दिल्ली के जनसेवा ट्रैफिक के बीच अख़बार बेचने वाला बालक भिखारी होकर रह गया है। अपनी जान जोख़िम में डालकर, ट्रैफ़िक चौरोहों पर कोई भिखारी ही मज़दूरी कर सकता है। एक ज़माना था, भीख माँगने की बजाय बूट पॉलिस करके रोज़ी रोटी कमाने वालों को आदर की दृष्टि से देखा जाता था। आज पानी बहुत चढ़ आया है। जूते पॉलिश करने वाले, अख़बार बेचने वाले, कार साफ़ करने वाले तमाम लोग भिखारी करार दे दिये गये हैं। अगर सरकार का यही रवैया रहा तो शीघ्र ही चतुर्थ श्रेणी के कर्मचारियों को भी यही दर्ज़ा हासिल हो जायेगा।

श्री जगमोहन ने प्रत्येक थाने के एसएचओ को अधिकार दे दिया है कि वे भिखारियों को पकड़कर बन्द कर दें और अन्य प्रदेशों से आने वाली बसों और रेलगाड़ियों पर कड़ी निगाह रखें। इधर देखा जा रहा था कि ज़्यादातर भिखारी ग़ैर कांग्रेस शासित प्रदेशों से आते हैं। कर्नाटक, पश्चिम बंगाल, तमिलनाडु, जम्मू कश्मीर आदि प्रदेशों की ओर से आने वाली गाड़ियों का सर्वेक्षण किया जाए तो उनमें बहुत से भिखारी मिलेंगे। जब से पीलीभीत में विपक्ष का उम्मीदवार जीता है, उत्तर प्रदेश से भी भिखारियों का प्रवेश बढ़ने की आशंका पैदा हो गयी है। ये भिखारी बहुरूपिया होते हैं। कई बार तो वित्तमन्त्री के रूप में भीख का कटोरा थामे दिल्ली चले आते हैं। यह आकस्मिक नहीं है कि इधर उपराज्यपाल ने भिखारी उन्मूलन अभियान तेज़ किया, उधर कलकत्ता के विपक्षी सम्मेलन में इंका के इस आरोप को लेकर क्षोभ प्रकट किया गया कि गैर कांग्रेसी सराकारों के प्रतिनिधि भिक्षापात्र लिये दिल्ली दरबार में पड़े रहते हैं। कैसा विरोधाभास है कि राज्य सरकारें भिखारी होती जा रही हैं और केन्द्र आत्मनिर्भर होता जा रहा है। लगता है, केन्द्र तभी आत्मनिर्भर हो सकता है, जब प्रदेश सरकारों का दीवाला पिटने लगे। भारत द्वारा अन्तरराष्ट्रीय वित्त निगम से 1100 करोड़ रुपये की अन्तिम किश्त न लेने के निर्णय से स्पष्ट हो जाता है कि केन्द्र मज़बूत हो रहा है, आत्मनिर्भर हो रहा है। जबकि प्रदेश सरकारों की गर्दन के ऊपर ओवरड्राफ़्ट समाप्त करने की तलवार लटक रही है।

मगर हमारे यहाँ का विपक्ष बहुत बेमुरव्वत है। केन्द्र की किसी भी उपलब्धि को स्वीकार नहीं करता। विपक्ष के नेताओं का मत है कि अन्तरराष्ट्रीय वित्त निगम से मोटा ऋण पाकर किसी भी देश की तात्कालिक स्थिति मज़बूत हो सकती है। विपक्ष के कुछ नेता तो केन्द्र से ऋण का लेखा जोखा माँग रहे हैं। यह फिजूल की बात है। असली बात तो यह है कि राज्यों का केन्द्रों पर आश्रित होना भी एक प्रकार

की भिक्षावृत्ति है। केन्द्र की हार्दिक इच्छा है कि राज्य सरकारें अपने पाँव पर खड़ा होना सीखें।

जैसा कि मैंने शुरू में कहा था कि दिल्ली के भिखारी बहुरूपिया होते हैं। मुख्यमन्त्री के भेस में दिखाई पड़ सकते हैं और वित्तमन्त्री के रूप में भी। अख़बार बेचने वाले का रूप धारण कर सकते हैं और कार साफ़ करने वाले का। उनका भरोसा नहीं रह गया कि कब खादी की वर्दी पहन लें और कब विपक्ष की। अभी चुनाव निकट आ रहे हैं, जगमोहन देखेंगे, टिकटार्थियों की भीड़ भिखारियों से आश्चर्यजनक समानता रखती है। दिल्ली में इतनी ताक़त है कि क्षण भर में मुख्यमन्त्री को भिखारी बना सकती है और भिखारी को मुख्यमन्त्री। भिखारियों से ही दिल्ली की शोभा है। भिखारी लोग दिल्ली न आएँगे तो दिल्ली को कौन पूछेगा?

आलू और अन्तुले

आजकल उत्तर भारत में आलू मारा-मारा फिर रहा है। उसे कई मंडियों में तीस पैसे किलो में भी ग्राहक नहीं मिल रहे। आलू का अस्तित्व संकट में है। रेलवे वैगन उपलब्ध नहीं, इसलिए लदान रुकी है। शीतगृहों में बिजली की कटौती लागू है। ऐसे में आलू कब तक ज़िन्दा रह सकता है! समाज आलू के साथ बेवफ़ाई पर उतर आया है। कहना ग़लत न होगा कि आलू और अन्तुले, दोनों एक-सी कठिन स्थिति से गुज़र रहे हैं। कौन नहीं जानता, राजनीति में जो दर्ज़ा अन्तुले का था, समाज में आलू का था। आज दोनों लावारिस की तरह असहाय नज़र आ रहे हैं। दोनों की नज़रें बदल गयी हैं। कद्रदाँ पीठ दिखा रहे हैं, अन्तुले के मित्र कुछ इस अन्दाज़ में अन्तुले को क़ानून के दरवाज़े पर छोड़ सहसा ग़ायब हो गये हैं, जैसे फर्रुख़ाबाद के किसान आलू से लदे ट्रकों को भाड़ा न देकर मंडी में आलू छोड़कर भाग रहे हैं।

आलू और अन्तुले में कुछ और समानताएँ भी हैं। अन्तुले की तरह आलू भी 'आलराउंडर' था। जिस प्रकार अन्तुले ने अपने राजनैतिक जीवन में किसिम-किसिम की भूमिकाएँ निभायीं, आलू भी हमेशा अनेक मोर्चों पर डटा रहा। समाज ने उसे बैंगन के साथ भून दिया तो वह आलू बैंगन हो गया। टमाटर और मटर के साथ वह आज भी उबलने को तैयार रहता है। आलू ने किस तरकारी का साथ नहीं दिया? गोभी में मिला तो गोभीमय, पालक में मिला तो पालकमय। आलू की तरह अन्तुले ने भी आज़माइश के कम इम्तिहान पास नहीं किये। ट्रस्ट बनाये तो अपनी सम्पूर्ण ऊर्जा उसी में लगा दी। किसानों के करोड़ों रुपये के ऋण योजना आयोग से जूझकर मुआफ़ करा दिये। नतीज़ा सामने है, आज आलू और अन्तुले दोनों चौराहे पर खड़े हैं। अन्तुले को ट्रस्टों ने धोखा दिया और आलू को शीतगृहों ने। एक क़ानून के कठघरे में खड़ा है तो दूसरा मंडियों की अदालत में।

आलू के बारे में विश्वासपूर्वक कहा जा कसता है कि आलू के दिन ज़रूर बहुरेंगे। आलू का भविष्य उज्ज्वल है। जो-जो नेतागण आलू की शरण में गये और आलू को अपना आदर्श माना, उन्होंने राजनीति में कभी मात नहीं खायी। मिश्र मन्त्रिमंडल हो या सिंह मन्त्रिमंडल, वे दोनों में स्थान पाते रहे। वे गोभी में भी खप

गये और मटर में भी। आलू का यह लचीलापन राजनीति में भी काम आता है। कुछ लोग तो इस लचीलेपन का इतना फ़ायदा उठाते देखे गये हैं कि मन्त्रिपद पाने के लिए दल बदल कर दिखा दिया। इस दृष्टि से भजनलाल में आलू के तमाम गुण हैं। दरअसल, आलू दलों की दलदल से ऊपर है। वह निर्दलीय है, निर्गुट है, निमर्ल है, निद्वन्द्व है। चरण सिंह भी शौक़ से उसका सेवन करते रहे हैं और बाबूजी भी। अगर राजीव गाँधी को आलुओं की तलाश है तो अटलबिहारी वाजपेयी को भी।

राजनीति हो या तरकारी, बग़ैर आलू के चल नहीं सकती, अल्पता का बोध कराती रहती है। जिस प्रकार अचानक मेहमान आने पर गृहिणियाँ तरकारी में दो-चार उबले हुए आलू और मिला देती हैं, नेता लोगा भी आलुओं के बल पर भी अपनी दुकान चलाते हैं। हमारे समाज में आलू सर्वसुलभ है। कई बार तो शक़ होता है कि आलू नेता का नहीं, जनता का प्रतीक है। जिस प्रकार ट्रकों में लादकर आलू मंडी में फेंक दिये जाते हैं, आजकल नेताओं को ख़ुश करने के लिए जनता को भी बसों में भरकर सभास्थल पर उतार दिया जाता है। एक ज़माना था, नेता लोग अपनी ज़िम्मेदारी समझते थे, सभा के बाद जनता को घर तक पहुँचाते थे। मगर इधर देखा जा रहा है, छुटभैये नेता पैसा बचाने के चक्कर में जनता को आलू की तरह सभास्थल पर छोड़कर ग़ायब हो जाते हैं। मगर जनता और आलू में एक मूलभूत अन्तर है— आलू के पास मतदान का अधिकार नहीं है। यही कारण है कि जनता को ज़्यादा देर तक आलू नहीं बनाया जा सकता।

भारत में प्रथम अन्तरिक्ष यात्री श्री राकेश शर्मा को अपने साथ अन्तरिक्ष में कुछ आलू ज़रूर ले जाने चाहिए थे। हो सकता था, अन्तरिक्ष में आलू का कायाकल्प हो जाता। आलू आलू न रहता, सेब होकर लौटता या इस्पात बनकर। सेब होकर धरती पर लौटने से आलू को विशेष ख़ुशी न होती, क्योंकि सेब को तो वह कई बार धरती पर ही पीट चुका है। सेब के मौसम में सेब की स्थिति तो आलू से भी बदतर हो जाती है। सेब एक रुपये किलो बिकता है तो आलू दो रुपये किलो।

यह एक क्रूर सचाई है कि नेता हो या तरकारी, दोनों अपने ही मौसम में पिटते हैं। जनता पार्टी अपने मौसम में, यानी कि जब वह सत्ता में थी, तभी पिटी। सतहत्तर में इंका भी अपने ही मौसम में पिटी थी। आलू तो दो-चार महीने में ही अपनी स्थिति मज़बूत कर लेता है, मगर राजनैतिक दल को इस प्रक्रिया में बार कई पाँच साल लग जाते हैं। यही कारण है कि आलू के क्षणिक अवमूलयन को लेकर आलू उत्पादक, आलू प्रशंसक, आलू मतावलम्बी और आलूवादी सम्पादक-पत्रकार ज़्यादा परेशान नहीं हैं। वे जानते हैं, जनाब ग़नी ख़ाँ चौधरी साहब किसी भी दिन 'आलू स्पेशल' चलवाकर आलू को दलदल से निकाल लेंगे। ईश्वर ने चाहा तो चौधरी साहब का ध्यान इस तरफ़ ज़रूर जाएगा।

चन्द्रशेखर जाओ, बहुगुणा जाओ

विपक्ष के एक पत्रकार ने चन्द्रशेखर से हाथ जोड़कर प्रार्थना की है कि वे बरायमेहरबानी इंका में लौट आएँ। आप पूछ सकते हैं कि यह विपक्ष का पत्रकार क्या चीज़ होता है! पत्र-पत्रिकाओं से ताल्लुक रखने वाला कोई भी पाठक विश्वासपूर्वक कह सकता है कि अब पत्रकार फ़क़त पत्रकार नहीं रहे, वे पक्ष से जा मिले हैं अथवा विपक्ष से। प्रत्येक राजनीतिक दल के अपने-अपने पत्रकार हैं। राजनीतिक दल ही नहीं, प्रत्येक नेता के पास भी पत्रकारों की अच्छी ख़ासी टीम है। पत्रकारों के अपने-अपने राम हैं और अपने अपने रावण। राम ही नहीं, जगजीवनराम हैं, अपने अपने रामलाल हैं। रामाराव हैं। रामकृष्ण हेगड़े हैं। पत्र-पत्रिकाओं के पन्ने पलटे हुए महसूस होता है, आप जैसे रामलीला देख रहे हैं।

विपक्ष के एक अन्य पत्रकार ने राय ज़ाहिर की है कि चूँकि चन्द्रशेखर के दिल में इन्दिराजी के लिए एक 'सॉफ्टकार्नर' है और अपने असावधान क्षणों में वे एक से अधिक बार स्वीकारोक्ति कर चुके हैं, अतः उन्हें चुपचाप कांग्रेस यानी इंका में लौट जाना चाहिए। चन्द्रशेखर के हित में यही है कि वे इंका में लौट जाएँ, वरना देश रसातल में चला जाएगा। बची-खुची कपड़ा मिलों का भी राष्ट्रीयकरण हो जाएगा, बिक्री कर ख़त्म हो जाएगा। देश की करेंसी बदल जाएगी। रूस पैदल अफ़गानिस्तान से चलेगा और हिन्दुस्तान में आकर दम लेगा। चन्द्रशेखर! ज़िन्दगी से भागे हुए सिद्धार्थ की नकल करने की कोशिश मत करो। घर लौट आओ, वहाँ इन्दिराजी तुम्हारा इन्तज़ार कर रही हैं।

यही नहीं, विपक्ष के एक अन्य पत्रकार ने अपनी पत्रिका के 'अफ़वाह' कॉलम में घोषणा कर दी कि विश्वस्त सूत्रों से ज्ञात हुआ है कि अगले आम चुनाव से पूर्व चन्द्रशेखर और बहुगुणा इंका में लौट जाएँगे। दरअसल आज पत्रकारिता दो ही स्तम्भों पर खड़ी है : 'अफ़वाह' और 'साप्ताहिक भविष्य।' दोनों स्तम्भ अन्योन्याश्रित हैं। कुछ दिनों बाद साप्ताहिक भविष्य में इस तरह के वाक्य पढ़ने को मिलेंगे— इस सप्ताह चन्द्रशेखर और बहुगुणा के इंका में जाने के योग पड़ रहे हैं। इन्दिराजी प्रसन्न रहेंगी मगर राजीव गाँधी को जुकाम हो सकता है। वृहस्पति के धनु

में प्रवेश के साथ ही सोनिया गाँधी अमेठी निर्वाचन क्षेत्र से हरे रंग की छह चूड़ियाँ खरीदेंगी। आदि आदि।

स्थिति यह है कि जिस प्रकार पत्रिकाएँ साप्ताहिक भविष्य के बल पर पल हरी हैं, राजनीतिक दल अफ़वाहों के सहारे रेंग रहे हैं। अनेक दल हैं, जिनका एकसूत्री कार्यक्रम है, अफ़वाह फैलाओ। सब लोगों को ज्ञात है कि मेरे देश की धरती अफ़वाहों के लिए अत्यन्त उपजाऊ है। अफ़वाह एक कैक्टस होता है जो पत्थर के बीच में भी फूट सकता है, रेगिस्तान में लहलहा सकता है। ड्राईंगरूम में मुस्करा सकता है। भारत ही एक देश है जहाँ महज़ अफ़वाह के लिए पर चुनाव जीता जा सकता है, दंगे कराए जा सकते हैं, दंगल कराया जा सकता है।

मगर इन तमाम अफ़वाहों के बीच चन्द्रशेखर अटल बिहारी बने हुए हैं। अपने ही दल की छाती पर बैठकर अपने ही दल की मूँग दल रहे हैं। और बेचारे सुब्रह्मण्यम स्वामी के पाँव देश में टिकने नहीं दे रहे। यही कारण है कि सुब्रह्मण्यम स्वामी आज देश में दिखाई देते हैं और कल विदेश में। आज पाकिस्तान में हैं और कल चीन में। मालूम नहीं, श्रीलंका गये कि नहीं। कई बार तो भ्रम होता है कि कहीं सुब्रह्मण्यम स्वामी अमेरिका से चुनाव लड़ने की तैयारी तो नहीं कर रहे?

मुझे अमेरिका की चिन्ता नहीं है। मेरी चिन्ता का विषय है चन्द्रशेखर। कोई भी भला आदमी सोच सकता है कि चन्द्रशेखर की इंका में लौटना होता तो वे इतनी लम्बी पदयात्रा क्यों करते! क्या उन्होंने ढाई हज़ार किलोमीटर की पदयात्रा राजीव गाँधी के लिए की थी? भजनलाल के लिए की थी? चन्द्रशेखर को इंका में लौटना होता तो अपने चारों ओर देश के प्रधानमन्त्री होने का प्रभामंडल क्यों रचाते? चन्द्रशेखर इतने नादान भी नहीं हैं कि न जानते हों कि इंका में प्रधानमन्त्री पद के दावेदारों के लिए कोई स्थान नहीं है।

इंका को प्रधानमन्त्रियों की ज़रूरत नहीं, इंका को सिपाहियों की ज़रूरत है, सोल्जर्स की ज़रूरत है, अवकाश प्राप्त योद्धाओं की ज़रूरत है। वाई बी. चव्हाण, स्वर्ण सिंह और ब्रह्मानन्द की रेड्डी की ज़रूरत इंका में भक्त वत्सलम, हितेन्द्र देसाई और के.आर. गणेश दरकार हैं, प्रियरंजनदास मुंशी और मुहम्मद शेफी कुरैशी जैसे कार्यकर्त्ताओं की आवश्यकता है। जिस सरलता से बम्बई के कांग्रेसी महासमिति के अधिवेशन में प्रियरंजनदास मुंशी ने दोनों कान पकड़ कर अपनी भूल स्वीकार कर ली और अन्तुले ने इस्लाम की दुहाई देकर एक नयी भूल कर दी, वह हर किसी के वश की बात नहीं।

पत्रकारों को समझना चाहिए कि प्रियरंजनदास मुंशी और अब्दुर्रहमान अन्तुल रास्ता साफ़ करने वाले लोग हैं जबकि चन्द्रशेखर और बहुगुणा रास्ता रोको अभियान

के लोग हैं। पत्रकार लोग लाख गुमराह करें कि बहुगुणा ने पिछले दिनों रात ग्यारह बजे के बाद श्रीपति मिश्र से भेंट करके इंका में आने की ख़्वाहिश ज़ाहिर की, देश की राजनीति में दिलचस्पी रखने वाला कोई भी पाठक विश्वास न करेगा, जबकि पत्रकार ने अपनी प्रतिभा का पूर्ण उपयोग करते हुए ऐसा समय दिया है जो ख़्वाहिश ज़ाहिर करने का ही समय होता है। जाने कौन लोग ऐसे समाचार प्रकाशित कराते रहते हैं! लगता है यह करामात भी विदेशी शक्तियों की है। हम विदेशी शक्तियों से बुरी तरह घिर गये हैं। सचिवालय से लेकर मदिरालय तक में उनका साम्राज्य छा गया है। असम और पंजाब जल रहे हैं, श्रीनगर स्टेडियम के भारतीय दर्शक भारतीय टीम पर ही पथराव कर रहे हैं। देश में विदेशी शक्तियाँ इतनी सक्रिय हैं तो देशी शक्तियाँ क्या कर रही हैं? देशी शक्तियाँ क्रिकेट का आँखों देखा हाल देख रही हैं, भाषण पिला रही है। ग़रीबी हटा रही है। बीससूत्री कार्यक्रम की कामधेनु का दोहन कर रही हैं। चन्द्रशेखर और बहुगुणा के भविष्य को लेकर चिन्तित हैं।

(दिनमान, 6-12 नवम्बर '83)

हेलीकॉप्टर संस्कृति

महाराष्ट्र के असन्तुष्ट विधायकों ने एक नया शब्द दिया है : हेलीकॉप्टर की राजनीति। उनके एक प्रवक्ता ने यह चेतावनी भी दी है कि अब महाराष्ट्र में हेलीकॉप्टर की राजनीति नहीं चलेगी। बड़ा अच्छा शब्द है यह। प्रासंगिक और अर्थगर्भित। मेरी बुद्धि में इसका यही अर्थ आता है कि बदली हुई परिस्थितियों में विधायक लोग यह स्वीकार करने की मन:स्थिति में नहीं हैं कि इस बार भी मन्त्रालय की इमारत पर हेलीकॉप्टर से कोई मुख्यमन्त्री उतार दिया जाये। लगता है, कांग्रेस ने ख़ुद सबक लेना छोड़ दिया है। यह तो पार्टी के विधायकों के साथ सरासर ज़्यादती है कि उन्हें अपनी पार्टी को सबक सिखने के लिए असन्तुष्ट होना पड़े। इस दृष्टि से कांग्रेस ट्रेड यूनियनिज्म की तरफ़ बढ़ रही है। कांग्रेस को अन्तुले से, गुंडूराव से, भोंसले से अपने आप सबक ले लेना चाहिए था। अन्तुले को उतारा था, उन्होंने सीमेंट का इतने बड़े पैमाने पर हैलिपेड बना डाला कि ख़ुद हाईकमान बगल झाँकने लगा। गुंडूराव को उतारा, उन्होंने कर्नाटक में कांग्रेस की मिट्टी पलीद कर दी। भोंसले को उतारने की कोशिश की, वे उतर ही नहीं। कई महीने त्रिशंकु की तरह अधर में लटकते रहे। आँखें बाहर आ गयीं। जब-जब किसी पत्र-पत्रिका में भोंसले का चित्र देखा है, यही लगता है कि वे हेलीकॉप्टर से निकल नहीं पा रहे हैं। कौन सा भाव नहीं है भोंसले की आँखों में? हर्ष, विषाद, कौतुक, विस्मय, लाचारी, असुरक्षा। उन आँखों को देखकर लगता है, जैसे अचानक मुख्यमन्त्री का पद पाकर उनकी आँखें खुली की खुली रह गयी हों। लगता है, केवल अर्जुन सिंह की लैंडिंग शुभ मुहूर्त में हुई थी। वे असन्तुष्टों के साथ सफलतापूर्वक 'तुम डाल डाल, हम पात पात' की रासलीला रचाये हुए हैं। अभी पिछले दिन जब मध्य प्रदेश के असन्तुष्ट विधायकों से पूछा क्या कि वही लोग बताएँ कि अर्जुन सिंह का क्या विकल्प हो सकता है। अनेक विधायकों के चेहरे कुँआरी कन्याओं की तरह सुर्ख हो गये और पैर के अँगूठे से ज़मीन कुरेदने की स्थिति आ गये। वैसे यह स्थिति बहुत दिन रहेगी, इसका भी क्या भरोसा! हो सकता है, अर्जुन सिंह ही 'नख-लेखक धरणौ' की स्थिति में आ जाएँ।

बहरहाल, 'हेलीकॉप्टर की राजनीति' एक बहुआयामी शब्द हो गया है। ज्योतिषी लोग बताते हैं कि नये वर्ष का राजा शुक्र है। शुक्र वाहक का कारण ग्रह माना गया है। हो सकता है वाहन की राजनीति को नया मोड़ देने की स्थिति में आ जाये। भविष्यवक्ता लोग देश में 'मारुति' कार के उत्पादन का श्रेय भी शुक्र को ही देंगे। इस तर्क से रामाराव की पार्टी 'तेलुगू देशम्' के चुनाव चिह्न 'साइकिल' की सफलता का श्रेय भी शुक्र को जायेगा। अब्दुल ग़नी ख़ाँ चौधरी को भी जा सकता है। वास्तव में रामाराव और जनाब अब्दुल ग़नी ख़ाँ चौधरी के सोचने का तरीक़ा अलग अलग है। ख़ाँ साहब रेल मन्त्रालय के लिए विमान ख़रीदना चाहते हैं और रामाराव आन्ध्रप्रदेश द्वारा ख़रीदा गया हेलीकॉप्टर नब्बे लाख में बेचने पर आमादा हैं। जिन दिनों ख़ान अब्दुल ग़नी ख़ाँ चौधरी रेलवे में 'स्पूतनिक' की बातें कर रहे थे, रामाराव ने चुपचाप 'साइकिल' को अपनी पार्टी का चुनाव चिह्न घोषित करा लिया। इससे शिक्षा यही मिलती है कि चुनाव जीतने के लिए अपने विरोधियों के वाचाल नेताओं की बातों के अन्तर्विरोध का विश्लेषण करते रहना चाहिए।

रामाराव ने हेलीकॉप्टर बेचने का निर्णय लेकर कांग्रेस मुख्यमन्त्रियों का रक्तचाप बढ़ा दिया है। गुंडूराव पहले ही हेलीकॉप्टर को देख-देख कर रो रहे हैं। जानकार लोगों का विचार है कि हेलीकॉप्टर ही उन्हें ले डूबा। जनता अब अपने से ऊपर उड़ने वाले मुख्यमन्त्रियों में अपना विश्वास खो बैठी है। मगर सत्ता का नशा ऐसा होता है कि मुख्यमन्त्री दूसरों के अनुभव से शिक्षा नहीं लेना चाहते। जाने मुख्यमन्त्री लोग कब समझेंगे कि यह ज़रूरी नहीं होता कि हेलीकॉप्टर दुर्घटनाग्रस्त होकर मुख्यमन्त्री को नष्ट कर सकता है। आजकल के हेलीकाप्टर इतने होशियार हो गये हैं कि बग़ैर दुर्घटनाग्रस्त हुए मुख्यमन्त्री के राजनैतिक जीवन का फातिहा पढ़ सकते हैं। कहा जाता है कि एक विशाल प्रदेश के कृशकाय मुख्यमन्त्री अपने परिवार के अनुरोध पर हेलीकॉप्टर को ठीक अपने पुश्तैनी मकान के द्वार पर उतारने को राज़ी हो गये। फिर उन्हें हेलीकॉप्टर की सवारी इतनी भा गयी कि जहाँ वे कार द्वारा हेलीकॉप्टर से पहले पहुँच सकते थे, उन्होंने कार में चलने से इंकार कर दिया। बताने वाले तो यह भी बताते हैं कि जब हेलीकॉप्टर में सवार होकर मुख्यमन्त्रीजी अपने ननिहाल गये तो हेलीकॉप्टर की आवाज़ सुनकर एक हाथी भड़क गया और बौखला कर कुएँ में जा गिरा। 'दिनमान' के पाठकों को अत्यन्त शोक के साथ यह समाचार दिया जा रहा है कि बेचारे हाथी की इस दुर्घटना में मृत्यु हो गयी। सहानुभूतिस्वरूप जनता ने पूरे क्षेत्र के मत हाथी की मतपेटी में डाल दिये।

अब समय आ गया है कि कांग्रेस हेलीकॉप्टर से पर्चों की तरह मुख्यमन्त्री फेंकना बन्द कर दे और जिन-जिन मुख्यमन्त्रियों ने कांग्रेस की भलमनसाहत का

नाजायज़ फ़ायदा उठाकर हेलीकॉप्टर ख़रीदे हैं, उन्हें 'हेलीकॉप्टर विधेयक' पास करा के तुरन्त जब्त कर ले और यूनुस मियाँ की मदद से जब्तशुदा हेलीकॉप्टरों की चल प्रदर्शनी लगा दे। रामाराव की 'साइकिल' की सफलता ने सिद्ध कर दिया है कि भारत अभी साइकिल के दौर से गुज़र रहा है। मुख्यमन्त्रियों को अगर सफल होना है तो साइकिल पर चलें, ज़्यादा से ज़्यादा मोपेड पर चल सकते हैं। हेलीकॉप्टर को दुःस्वप्न की तरह भूलने की कोशिश करें। नम्बूदिरीपाद ने साइकिल पर सचिवालय जाकर देर तक केरल की सरकार चलायी थी, राजस्थान के महबूब मियाँ समझदार निकले, जनता राज में मन्त्री होने पर भी साइकिल का पिंड न छोड़ा। महात्मा गाँधी ने अनेक पदयात्राएँ की थीं। अब महात्मा गाँधी के आजमाए हुए नुस्खे पर अगर चन्द्रशेखर बोइंग से उतरकर पदयात्रा करने को मजबूर हो गये हैं तो यह अकारण नहीं है।

(दिनमान, 13-19 फरवरी '83)

डिस्को राजनीति और डॉ. अब्दुल्ला

आपने देखा होगा, देश में धीरे-धीरे काफी हाउस और टी हाउस की संस्था नष्ट होती जा रही है। काफी हाउस उजड़ रहे हैं। इन जगहों पर, जहाँ कुछ वर्ष पूर्व काफी पीते हुए महसूस होता था कि देश के कवि, पत्रकार, चित्रकार और बुद्धिजीवी देश की समस्याओं पर धुआँधार बहस करते हुए मानो कह रहे हैं कि 'सारे जहाँ का दर्द हमारे जिगर में हैं।' आज अन्दर क़दम रखते ही कानों में ज़फर की पंक्तियाँ गूँज जाती हैं कि 'लगता नही है जी मेरा उजड़े दयार में'। देखते-देखते जिस गति से राजनीति का अवमूल्यन हुआ है, काफ़ी हाउस वीरान हो गये हैं। कई बड़े-बड़े नगरों से काफी हाउसों की हालत तो इतनी बदतर है कि लगता है आप किसी मनहूस, भुतहा अथवा अभिशप्त कहवाघर में आ गये हैं। यह अकारण नहीं है।

कई स्थानों पर तो यह भी देखने में आ रहा है, जहाँ कुछ वर्ष पूर्व काफी हाउस था, आज बैंक खुल गया है अथवा किसी जौहरी ने अपना शोरूम खोल लिया है। श्रीनगर के रेजीडेंसी रोड स्थित काफी हाउस की गरिमा अक्षुण्ण थी, मगर इधर उसके बारे में भी दिलचस्प क़िस्से सुनाई पड़ रहे हैं। कहा-बताया जाता है कि जम्मू-कश्मीर के जिस-जिस मुख्यमन्त्री ने अपने कार्यकाल के दौरान इस काफी हाउस में क़दम रखा, उसे अपने पद से हाथ धोना पड़ा। उदाहरणस्वरूप भूतपूर्व मुख्यमन्त्री जी.एम.सादिक तथा सैयद मीर कासिम तथा भू.पू. शिक्षामन्त्री ए.जी. लोन का नाम लिया जा रहा है। इन तीनों महानुभवों को पदमुक्त होने से पूर्व काफी हाउस का चस्का लग गया था। जब से पत्रकारों ने रेजीडेंसी रोड स्थित काफी हाउस में फारुख़ अब्दुल्ला को अपने बेटे के साथ काफी पीते देखा है, पेशीगोइयाँ होने लगी हैं कि अब फारुख़ अब्दुल्ला के भी इने-गिने दिन बाक़ी हैं।

इस अभिशाप को देखते हुए यही कहने की इच्छा हो रही है कि काफी हाउस न हुआ, मयखाना हो गया या चकला। इसे विडम्बना ही कहा जाएगा कि चकलों और मयखानों में पड़े रहने वाले लोग अपने पद पर बने रहते हैं और काफी हाउस जाने वालों पर बिजली गिरने लगी है। इस काफी हाउस के बारे में तो नहीं कहा जा सकता, मगर बहुत से मालिक मकान किरायेदार को धमकाने के लिए इस तरह की

अफ़वाहें फैलाते देखे गये हैं। बम्बई के बहुत से मकान मालिकान को अपने ही मकान को भुतहा घोषित करते देखा गया है, ताकि किरायेदार मारे दहशत के मकान छोड़कर भाग निकलें या उसका मनोबल गिर जाये।

फारुख़ अब्दुल्ला अगर जाएँगे तो काफी हाउस में काफी पीने की वजह से नहीं, उसके दूसरे कारण हैं। सबसे बड़ा करण तो यही है कि वह न तो अपनी पार्टी नेशनल कांफ्रेंस को एकजुट रख पा रहे हैं, न अपने परिवार को। उनके भाई तारिक अब्दुल्ला ने तो बग़ावत का बिगुल बजाया ही था, अब उनकी बहन ख़ालिदा शाह और बहनोई जीएम शाह भी इस सत्तासंघर्ष में शामिल हो गये हैं। डॉ. फारुख़ अब्दुल्ला हताशा की स्थिति में आरोप लगा रहे हैं कि उनकी पार्टी के विधायकों को ख़रीदने के लिए दिल्ली से पैसा आ रहा है, जबकि असन्तुष्टों का आरोप है कि उन्हें जान से मार डालने और उनकी सम्पत्ति को नष्ट करने की धमकियाँ दी जा रही हैं। उनका यह भी आरोप है कि फारुख़ अब्दुल्ला सत्ता में बने रहने के लिए अलगाववादी और फिरका परस्त ताक़तों को बढ़ावा दे रहे हैं। इस प्रकार जम्मू-कश्मीर में पैसे और चाकू की राजनीति चल रही है।

लगता है, असन्तुष्टों के पास पैसा है और सन्तुष्टों के पास चाकू। वैसे पैसा और चाकू दोनों धारदार चीज़ें हैं, इनकी टकराहट कोई न कोई रंग ज़रूर लाएगी। 'दिनमान' में आज से डेढ़ वर्ष पूर्व, जम्मू कश्मीर के चुनाव से ज़रा पहले, एक भविष्यवाणी प्रकाशित हुई थी कि फारुख़ अब्दुल्ला सत्ता में आ जाएँगे, मगर अपना कार्यकाल पूरा न कर पाएँगे। घटनाओं से यही संकेत मिल रहे हैं कि भविष्यवाणी ठीक निकलने जा रही है। दरअसल फारुख़ अब्दुल्ला ने एक नयी तरह की राजनीति को जन्म दिया है, जिसे डिस्को राजनीति कहा जा सकता है। जिन लोगों ने फारुख़ अब्दुल्ला को श्रीनगर की सड़कों पर मिथुन चक्रवर्ती की तरह मोटर साइकिल दौड़ाते देखा है, विश्वासपूर्वक कह सकते हैं कि न सही राजनीति में, फ़िल्मों में वे ज़रूर क़ामयाब होंगे।

ग़नीमत है कि वे मोटरसाइकिल पर कलाबाज़ियाँ नहीं दिखा रहे, उनकी कलाबाज़ियाँ राजनीति तक सीमित है। सचाई तो यह है, अब छवि के बग़ैर राजनीति नहीं की जा सकती। देखना बाक़ी है कि यह डिस्को छवि फारुख़ अब्दुल्ला को कहा ले जाती है।

(दिनमान, 27 मई-2 जून '84)

अगर गुंडूराव फ़िल्मों में चले जायें...

जब से तमिल फ़िल्मों के अभिनेता एम.जी.रामचन्द्रन तमिलनाडु के मुख्यमन्त्री हुए हैं, तेलुगु, कन्नड़ और मलयालम फ़िल्मों के अभिनेताओं की महत्त्वाकांक्षाएँ राजनीति के 'बॉक्स ऑफिस' पर सफल होने के लिए जिया बेकरार कर रही है। तेलुगु फ़िल्मों के सुप्रसिद्ध अभिनेता एन.टी.रामाराव ने तो बाक़ायदा 'तेलुगु देशम' की शूटिंग शुरू कर दी है। कन्नड़ फ़िल्मों के अभिनेता राजकुमार क्रान्तिरंग पार्टी के नेता बंगरप्पा के साथ मिलकर मुहूर्त की तैयारी कर रहे हैं।

आप तो जानते हैं, जब ईश्वर देता है तो छप्पर फाड़ कर देता है। एन.टी.रामाराव का छप्पर तो ईश्वर ने बहुत पहले फाड़ दिया था। इसें यों भी कहा जा सकता है कि ईश्वर ने उन्हें पैंतीस वर्षों तक फ़िल्मों में शीर्श स्थान दिलाकर उनका छप्पर फाड़े रखा। गयारह बच्चे दिये। यही नहीं, राज्य में उनके बारह सौ 'फैन क्लब' खुलवा दिये। अब उन्हें राजनीति में ले आया है। लगता है, एन.टी.रामाराव का राहु दशमेश के साथ केन्द्र में पड़ा हुआ है।

जिस गति से सिने अभिनेता राजनीति में आ रहे हैं, उस गति से राजनीतिज्ञ फ़िल्म जगत में नहीं जा रहे। यह एक चिन्ताजनक स्थिति है। राजनीतिज्ञों को फ़िल्म जगत की ओर प्रेरित करना आवश्यक हो गया है। तभी सन्तुलन बना रह सकता है। वरना दोनों में से एक उद्योग नष्ट हो जाएगा।

जो लोग राजनारायण, अटलबिहारी वाजपेयी, हेमवती नन्दन बहुगुणा, जार्ज फर्नांडीज़, तारकेश्वरी सिन्हा आदि का अभिनय देख चुके हैं, वे विश्वासपूर्वक कह सकते हैं कि ये नेतागण चाहें तो चुटकियों में अशोक कुमार, ए.के.हंगल, उत्पल दत्त और मदन पुरी आदि को अपदस्थ कर सकते हैं। तारकेश्वरीजी के जलवे लोगों ने राजनीति में देखे हैं, उनके एक भूतपूर्व कैबिनेट सहकर्मी उनके बारे में आज तक यही कहते हैं कि वे फ़िल्म जगत के लिए ही पैदा हुई थीं। वे आज भी चाहें तो ज़रा सी जुम्बिश से निरूपा राय और ललिता पवार को राजनीति की तरफ़ धकेल सकती हैं। हनुमान की भूमिका के लिए राजनारायण से उत्तम कौन होगा। कौन हो सकता है? यह दूसरी बात है कि राजनारायण ऐसे हनुमान हैं कि हर छठे-छमासे अपना

राम बदल लेते हैं। इस लिहाज़ से वे एक आदर्श फ़िल्मी हनुमान हैं।

इस समीकरण में कई व्यावहारिक कठिनाइयाँ उपस्थित होंगी। मुझे लग रहा है कि ये लोग 'हीरो' से कम की भूमिका स्वीकार ही न करेंगे। वैसे मेरे पास एक और विकल्प है। उससे इंका की अनेक समस्याएँ हल हो जायेंगी। इंका को चाहिये कि अमिताभ बच्चन की सहायता से अपने कुल सुन्दर रईस युवा सांसदों और विधायकों की फ़िल्म जगत में प्रवेश दिला दें। इस युवा पीढ़ी में 'हीरो' भी मिल जायेंगे और 'प्रोड्यूसर' भी। कुछ लोगों की बहुमुखी प्रतिभा देखकर किशोर कुमार जैसे लोग भी हथियार डाल देंगे। मुझे पूर्ण विश्वास है कि फ़िल्म जगत में पहुँच कर ये लोग ख़ुशी ख़ुशी राजनीति से किनाराक़शी कर लेंगे।

इससे इंका की अनेक समस्याएँ हल होने लगेंगी, वर्ना कितने लोगों को कितने दिन तक संयुक्त राष्ट्र महासभा में भारतीय प्रतिनिधि बनाकर सन्तुष्ट रखा जा सकता है। फ़िल्म जगत में भेजने से पूर्व इन लोगों को लिखित आश्वासन दे दिया जाना चाहिए कि जब वे फ़िल्म जगत में लोकप्रियता हासिल कर लेंगे तो इन्हें राजनीति में वापस बुला लिया जायेगा। इस तरह एमजी रामचन्द्रन, रामाराव और राजकुमार की आने वाली पीढ़ियों का मुक़ाबला करने के लिए इंका की टीम तैयार होती रहेगी। चेन्ना रेड्डी, अंजैया, वेंकटरमण और जिक्र भास्कर रेड्डी को आज ये दिन न देखने पड़ते, अगर ये राजनीति में फ़िल्म जगत से प्रशिक्षण लेकर आए होते। एक जमाना था कि राजनीतिक कार्यकर्ताओं को बाक़ायदा प्रशिक्षित किया जाता था। उनकी क्लासें लगती थीं। अब दिन बहुत चढ़ गया है। कांग्रेस के साधारण कार्यकर्ताओं की बात छोड़ दीजिए, बहुत कम ऐसे मुख्यमन्त्री और केन्द्रीय मन्त्री मिलेंगे, जिन्हें बीससूत्री कार्यक्रम कंठस्थ होगा। एमजी रामचन्द्रन ने सिद्ध कर दिया है कि अब राजनीति में वही सफल हो सकता है जो फ़िल्म जगत में सफल हो सकता है।

लगता है, देश में एक नयी क्रान्ति जन्म ले रही है। रास्ते बदल रहे हैं। पत्रकारिता भी इससे अप्रभावित नहीं है। सुनील गावस्कर क्रिकेट के रास्ते पर चल रहे थे, मगर पहुँच गये पत्रकारिता में। कुछ वर्ष पूर्व पटौदी भी इसी रास्ते से पत्रकारिता में पधारे थे। इसलिए अगर कल गुंडूराव बरास्ता राजनीति फ़िल्मों में चले जाएँ तो आश्चर्य नहीं कीजिएगा। मैंने तो इसके लिए दुआ करना शुरू कर दिया है।

(दिनमान, 21-27 नवम्बर '82)

गन्नूराम अब कभी नहीं लौटेगा

इस वर्ष हिमाचल प्रदेश में न केवल आलू और सेब की फ़सल अच्छी होने के आसार हैं, सेक्स स्कैंडलों का भी दौर दौरा है। पुलिस के व्यवहार में भी अभूतपूर्व परिवर्तन आया है। सेक्स स्कैंडलों में हमारी दिलचस्पी नहीं, वह किसी भी पार्टी का अन्दरूनी मामला हो सकता है।

मुख्य बात है पुलिस के व्यवहार की। अन्य प्रान्तों को भी हिमाचल की पुलिस का अनुकरण करना चाहिए। दूसरे प्रदेशों में तो पुलिस हर वक़्त धरपकड़ के लिए घात लगाये बैठी रहती है। अभी कल ही एक मित्र ने एक दारोगा की कहानी सुनायी। एक सेठजी ने एक दारोगा को बिटिया की शादी के समय दो हज़ार रुपये उधार दिये। लड़की की शादी हो गयी, बाल-बच्चे भी हो गये, मगर दारोगाजी ने रुपये नहीं लौटाये। सेठजी की आत्मा बेचैन रहने लगी। बहुत सोच-विचार के बाद उन्होंने अपने मुनीम को तक़ादे के लिए भेजा। दारोगाजी ने आश्वासन दिया कि कल शाम तक रुपये अवश्य लौटा देंगे। अगले रोज़ सुबह दो सिपाही सेठजी को पकड़ ले गये। सेठजी पर तस्करी आदि के कई आरोप लगा दिए गये। सेठजी प्रभावशाली व्यक्ति थे। बहुत से लोगों ने सेठजी की सिफ़ारिश और पैरवी की, मगर दारोगा नहीं माने। आख़िर मामला एक हज़ार रुपये पर रफा-दफा हुआ। सेठजी दो हज़ार देकर ही पछता रहे थे कि एक हज़ार और देने पड़ गये। मगर दारोगा अपनी बात का धनी था। उसने आदरपूर्वक एक हज़ार रुपये सेठजी को तुरन्त लौटा दिये और उनके क़दमों पर गिर पड़ा, आपने मुसीबत में मेरी मदद की थी, मैं इस एहसान को कभी न भूलूँगा। ईश्वर ने चाहा तो बाक़ी एक हज़ार भी अगले माह तक अवश्य लौटा दूँगा।

हिमाचल प्रदेश में स्थित भिन्न है। वहाँ की पुलिस का धरपकड़ में विश्वास उठ गया है। गत सप्ताह भूतपूर्व मुख्यमन्त्री शान्ताकुमार के नेतृत्व में पचीस विधायक 'माल' पर स्थित पुलिस रिपोर्टिंग रूम पर ज़बरन क़ब्ज़ा किए रहे, मगर पुलिसकर्मियों ने उन्हें गिरफ़्तार करने से इंकार कर दिया। शान्ताकुमार ने प्रतिबन्धित क्षेत्र में भाषण दिया, नारे लगाये, पुलिस ने कोई कार्रवाई न की। हिमाचल पुलिस का यही रवैया रहा तो विपक्ष की जमानत जब्त होने के खतरे पैदा हो जाएँगे। विपक्ष जेल नहीं जाएगा तो वोट किस मुँह से माँगेगा?

आप पूछ सकते हैं, शान्ताकुमार व उनके साथी जेल क्यों जाना चाह रहे थे? वे सोना माँग रहे न चाँदी, सिर्फ़ अपना बिछड़ा साथी माँग रहे थे। माल पर वे बार-बार एक नारा बुलन्द कर रहे थे, 'गन्नूराम वापस करो। गन्नूराम वापस करो।' यह गन्नूराम कौन है? शान्ताकुमारजी उसे क्यों वापस माँग रहे थे, किससे वापस माँग रहे थे। गन्नूरामजी विधायक हैं और लगता है उन्होंने दल बदल लिया है। अगर गन्नूराम ने अपनी इच्छा से दल बदला है तो यह नारा ही ग़लत है कि गन्नूराम वापस करो। वास्तव में नारा यह होना चाहिए था— गन्नूराम वापस जाओ। यह भी क्या नारा हुआ कि गन्नूराम वापस करो। क्या गन्नूराम कोई अटैची केस था जो कोई उठाकर भाग गया था और अब शान्ताकुमारजी उसे वापस माँग रहे थे। जहाँ तक मेरी अकल साथ दे रही है, मुझे लगता है केवल जड़ चीज़ें वापस माँगी जाती है, चेतन चीज़ों को वापिस बुलाया जाता है।

मुझे लगता है, गन्नूराम न जड़ हैं, न चेतन। स्त्रीलिंग न पुल्लिंग। संस्कृत में एक तीसरा लिंग भी होता है। मगर मेरा विवास है कि गन्नूराम को व्याकरण के माध्यम से व्याख्यायित किया ही नहीं जा सकता। इसमें ज्योतिष शास्त्र की मदद लेनी पड़ेगी। ज्योतिष में तीन प्रकार की राशियाँ होती हैं। स्थिर, चर, और द्विस्वभावी। जिन विधायकों का चन्द्र स्थिर राशि में होता है, वे एक ही पार्टी में पड़े रहते हैं। चाहे कितने आँधी तूफ़ान आएँ। जैसे पं. कमलापति त्रिपाठी, नारायणदत्त तिवारी, विद्याचरण शुक्ल। चर राशि का विधायक चलता रही रहता है। एक पार्टी से दूसरी पार्टी, दूसरी से तीसरी। उसकी यात्रा अन्तहीन होती है। जैसे बहुगुणा, राजनारायण। जार्ज फर्नांडीज़ आदि। द्विस्वभाव राशियाँ बहुत ख़तरनाक होती है। इन राशियों में उत्पन्न विधायक एक साथ कई पार्टियों में रहते हैं। कांग्रेस में रहते हुए मेनका के साथ। मेनका के साथ रहते हुए कांग्रेस में। माकपा में रहते हुए कांग्रेस या कांग्रेस में रहते हुए माकपा में। मतलब है कांग्रेस में अन्तुले की तरह रहते हैं।

हो सकता है, गन्नूराम द्विस्वभावी राशी के विधायक हों। स्थिर राशी के होते तो शान्ताकुमार यों माल पर उन्हें पुकार-पुकार कर बेहाल न होते। चर राशि के होते तो उनकी पुकार सुनकर फौरन लौट आते और अब तक अपनी अगली यात्रा की तैयारी में जुट गये होते।

मुझे शान्ताकुमारजी की पीड़ा का एहसास है। उन्हें न तो पुलिस गिरफ़्तार कर रही है, न गन्नूराम लौट रहे हैं। शान्ताकुमारजी को मेरी सलाह है कि यह सोचकर सब्र कर लें— गन्नूराम यौवन की तरह होता है, एक बार जाता है तो कभी लौटकर नहीं आता। अब गन्नूराम कभी नहीं लौटेगा।

(दिनमान, 17-23 अक्तूबर '83)